www.ingramcontent.com/pod-product-compliance
Lightning Source LLC
Chambersburg PA
CBHW070542010526
44118CB00012B/1197
9781068901409

كُنْ أمينًا

دراسة عملية في ما يقوله الروح
للكنائس في سفر الرؤيا

تأليف: د. جورج مليكة

مراجعة التعليم: د. ق. هاني باسيلي
مراجعة لغوية: الأخت هبة السيقلي (بكالوريوس العلوم اللاهوتية)
مراجعة: أ. جمال يعقوب

٢

Be Faithful

Copyright © 2024 by George Meleka

All Rights Reserved. No part of this book or any of its contents may be reproduced, copied, modified, distributed, stored, transmitted in any way, form, or by any means, prior to the written consent of the author.

This book is licensed for the purchaser's enjoyment only. This book may not be resold. If you would like to share a copy of this book, please purchase an extra copy for each individual. If you are reading this book and did not purchase it, or it was not purchased for your use only, then please buy your copy to enjoy. Thank you for respecting the hard work put into the making of this book.

كن أميناً

حقوق النشر © 2024 لجورج مليكة

جميع الحقوق محفوظة. لا يجوز إعادة إنتاج أي جزء من هذا الكتاب أو محتوياته، أو نسخه، أو تعديله، أو توزيعه، أو تخزينه، أو نقله بأي شكل من الأشكال، أو بأي وسيلة، قبل الحصول على موافقة كتابية من المؤلف.

جميع الاقتباسات من الكتاب المقدس المستخدمة مأخوذة من ترجمة فان دايك والترجمة العربية المبسطة.

هذا الكتاب مرخص للاستمتا ع به من قبل المشتري فقط. لا يجوز إعادة بيع هذا الكتاب. إذا كنت ترغب في مشاركة نسخة من هذا الكتاب، يرجى شراء نسخة إضافية لكل فرد. إذا كنت تقرأ هذا الكتاب ولم تشتره، أو لم يتم شراؤه لاستخدامك الشخصي فقط، فيرجى شراء نسختك للاستمتا ع بها. شكرًا لك على احترام الجهد الكبير المبذول في كتابة ونشر هذا الكتاب.

I was helped to publish my book by...

AuthorsHub

www.authorshub.ca

"Everything To Make Your Book Business Grow and Go!"

٣

فهرس المحتويات

- المقدمة ٤
- أوجه الدراسة ٥
- طريقة الدراسة ٥
- أهداف الدراسة ٥
- الآراء المختصة بتفسير سفر الرؤيا ٦
- الآراء المختصة بالمُلك الألفي ونهاية العالم ٧
- المحتويات العامة للسبع رسائل إلى كنائس آسيا الصغرى ٩
- الفصل الأول: الإصحاح الأول من سفر الرؤيا ١٠
- الفصل الثاني: الرسالة إلى ملاك كنيسة أفسس ٣١
- الفصل الثالث: الرسالة إلى ملاك كنيسة سميرنا ٥٦
- الفصل الرابع: الرسالة إلى ملاك الكنيسة التي في برغامس ٧٠
- الفصل الخامس: الرسالة إلى ملاك الكنيسة التي في ثياتيرا ٨٦
- الفصل السادس: الرسالة إلى ملاك الكنيسة التي في ساردس ١١٦
- الفصل السابع: الرسالة إلى ملاك الكنيسة التي في فيلادلفيا ١٤٠
- الفصل الثامن: الرسالة إلى ملاك كنيسة اللاودكيين ١٦٨
- الفصل التاسع: الخاتمة ٢١٠
- الملحق رقم ١: من هي السبعة الأرواح التي أمام عرش الله ٢١٩
- الملحق رقم ٢: معنى سر السبعة كواكب أي ملائكة السبع كنائس ٢٢٨
- الملحق رقم ٣: معنى لقب "القدوس" ٢٣٦
- الملحق رقم ٤: ساعة التجربة العتيدة أن تأتي على العالم كله لتجرب الساكنين على الأرض ٢٤١
- الملحق رقم ٥: من هو الإنسان البارد، والحار، والفاتر؟ ٢٤٨
- المراجع ٢٥١

المقدمة

في البداية أحب أن أقدم الشكر الكثير لأخي القس هاني باسيلي لتشجيعه لي على نشر هذا الكتاب، كما أود أيضاً أن أشكر الأحباء أ. جمال يعقوب والأخت هبة السيقلي على تعب محبتهم في مراجعة الكتاب وعلى جميع المقترحات القيمة التي قدماها.

لقد شغلني الرب بدراسة رسائل المسيح إلى السبع كنائس في عام ٢٠١٧، وقدمتها بشكل مختصر لشباب الكنيسة، ثم بعد وقت قصير تعرضت لوعكة صحية جعلتني اترك عملي لعدة أشهر، وفي هذه الأثناء شغلني الرب بدراسة هذه الرسائل مرة أخرى بأكثر عمق، فوجدت أنني لن أستطيع أن أتذكر كل ما أتعلمه إن لم أكتب الدراسة. بعد أن كتبت ما تعلمته من أول رسالتين قمت بعرض الدراسة على القس هاني باسيلي الذي شجعني كثيراً على أن أنشرها في صورة كتاب ليستفيد منها آخرون أيضاً، فبدأت بإضافة بعض الدروس العملية للدراسة وتحويلها من نقاط مختصرة إلى كتاب. لقد حول الهنا الصالح ذلك الوقت الصعب الذي مررت به إلى وقت ممتع جداً لي في محضره تعلمت فيه الكثير من الدروس الروحية التي قمت بكتابتها في هذا الكتاب.

إن أحد أُسُس الحياة المسيحية هو دراسة الكتاب المقدس وفهم ما يقوله. لقد قال الرب يسوع للصدوقيين الذين لم يكونوا يؤمنون بالقيامة: "تَضِلُّونَ إِذْ لاَ تَعْرِفُونَ الْكُتُبَ وَلاَ قُوَّةَ اللهِ." (مت ٢٢: ٢٩)، فمعرفة كلٍ من الكتب المقدسة وقوة الله هو ما يحفظ كل تلميذ حقيقي في الطريق الصحيح، وهذا الكتاب يسلط الضوء على ثلاثة أصحاحات هامة في الكتاب المقدس ويشرحها ببعض التفصيل ليعطي القارئ معرفة لجزء صغير من الكتاب أهمله الكثيرون. لكني أصلي أن يعمل الروح القدس أيضاً في كل من يقرأ هذا الكتاب لكي يحول التعليم المكتوب إلى دروس حية تغير حياة القارئ وسلوكه ليصبح أكثر شبهاً بربنا يسوع المسيح.

أشجعك عزيزي القارئ أن تصلي للرب قبل كل مرة تقرأ فيها في هذا الكتاب لكي يكلمك إلهنا بشكل شخصي فيما تقرأ، كما أشجعك ألا تقرأ أكثر من فصل واحد في اليوم، وأن تتأمل في المعاني التي تقرأها وأن تراجع الآيات والشواهد المكتوبة لتحصل على أقصى استفادة.

أخيراً أود أن أشير إلى أن بعض الآيات في هذا الجزء محل الدراسة قد تكون صعبة، وقد اختلف المفسرون وحتى آباء الكنيسة في تفسير بعضها، ولذلك فقد يبدو لك أن التفسير المكتوب لهذه الآيات عسر الفهم بعض الشيء، فإن وجدته هكذا، فلا تجعل هذه الأجزاء تبعدك عن الهدف الرئيسي من هذه الدراسة وهو أن تتعلم الكتاب المقدس وتعطي فرصة للروح القدس لكي يطبق الدروس المستفادة من هذه الدراسة على حياتك بشكل عملي، لذلك فإني أنصحك بأن لا تتوقف عن القراءة بسبب تلك الأجزاء، بل صلي لكي ما يشرحها لك الروح القدس بطريقة تفهمها حتى وإن فعل ذلك لاحقاً.

د. جورج مليكة

أوجه الدراسة

تتبنى هذه الدراسة الرأي الانتقائي (Eclecticism) الذي يرى أن الرسائل إلى الكنائس السبعة تحمل في طياتها جميع النقاط التالية:
١- هذه الرسائل كتبت لكنائس حقيقية كانت موجودة في العصر الرسولي (القرن الأول الميلادي).
٢- هذه الرسائل كتبت أيضاً للكنيسة على مر العصور.
٣- هذه الرسائل كتبت أيضاً لكل تلميذ حقيقي ليسوع المسيح.
٤- هذه الرسائل تحمل نبوات عن حالة الكنيسة من وقت نشأتها وحتى نهاية الأيام.

طريقة الدراسة

١- فهم الخلفية التاريخية لكل كنيسة،
٢- دراسة أسباب المدح في كل رسالة،
٣- دراسة أسباب التوبيخ في كل رسالة،
٤- دراسة التحذيرات ومعانيها في كل رسالة،
٥- دراسة المكافآت في نهاية كل رسالة،
٦- دراسة أوجه التشابه والاختلاف بين الرسائل من حيث تركيب الرسالة والألفاظ والتعبيرات المستخدمة فيها،
٧- ملخص كل رسالة.

أهداف الدراسة

١- فهم استراتيجيات الشيطان لإضعاف وإسقاط الكنائس والأشخاص طبقاً للسبع رسائل.
٢- فهم الاختلاف بين رأي كل كنيسة في نفسها، ورأي العالم فيها، ورأي الرب فيها، وكيف أن الرب له أولويات واهتمامات مختلفة عن تلك التي للبشر.
٣- فهم مكافآت الله المختلفة للكنائس والأشخاص الذين يعيشون بأمانة برغم الصعوبات والمعوقات.
٤- فهم التسلسل التاريخي لأحداث الكنيسة منذ بدايتها وحتى نهاية الأيام من وجهة النظر التي ترى في هذه الرسائل ٧ حقب مختلفة للكنيسة قبل نهاية الأيام.

الآراء المختصة بتفسير سفر الرؤيا

قبل أن نبدأ في دراسة رسائل الرب يسوع إلى الكنائس السبعة، من المهم جداً أن يعرف القارئ مختلف الآراء المختصة بتفسير أحداث سفر الرؤيا. فيما يلي مختصر للآراء الرئيسية التي تتبناها الكنائس المختلفة اليوم:

١- الرأي السابقي (Preterists)

أول من وثق هذا الرأي وشرح النبوات سابقياً هو راهب الجيزويت: Luis de Alcasa (1554–1613)

نشأ هذا الرأي كرد على حركة الإصلاح التي كان لها رأي تاريخي مختلف يتهم البابا الكاثوليكي بأنه يمكن أن يكون هو ضد المسيح (The Antichrist) أو المسيح الكذاب كما يطلق عليه البعض. يتكون هذا الرأي السابقي (Preterism) من مدرستين، الأولى تقول باختصار أن كل أو معظم أحداث سفر دانيال وسفر الرؤيا حدثت قبل نهاية القرن الميلادي الأول، كما أن الكنيسة المسيحية هي امتداد اسرائيل بعد دمار الهيكل سنة ٧٠ ميلادية.

المدرسة الثانية تقول أن سفر الرؤيا يتكلم عن تاريخ الإمبراطورية الرومانية التي اعتبروها بابل العظيمة حتى سقوطها سنة ٤٧٦ ميلادية.

٢- الرأي التاريخي (Historicists)

وهو الرأي الذي تبنته حركة الإصلاح والذي يقول أن سفري دانيال والرؤيا يتكلمان عن أحداث بعضها حدث بالفعل والبعض الآخر لم يحدث بعد، وأن السبع كنائس المذكورة في رؤيا ٢ و ٣ هي سبع حقب الكنيسة من بدايتها وحتى نهاية الأيام، كما يعتبر هذا الرأي أن ضد المسيح وبابل الزانية العظيمة المذكوران في سفر الرؤيا يتكلمان عن بابا الكاثوليك والكنيسة الكاثوليكية، وسنشرح في هذه الدراسة أجزاء من هذا الرأي بأكثر تفصيل.

٣- الرأي المستقبلي (Futurists)

وهو يقول أن أحداث سفر الرؤيا خاصة من أصحاح ٤ إلى آخر السفر لم تحدث بعد بل ستحدث في نهاية الأيام.

٤- الرأي المثالي (Idealists)

يرى هذا الرأي أن سفر الرؤيا يشرح حقائق أبدية تتعلق بالنزاع بين الخير والشر، وهي المعركة التي ستستمر طوال عصر الكنيسة، فبدلاً من التنبؤ

بالمستقبل، فإن سفر الرؤيا يتحدث بشكل رمزي عن ملكوت الله الروحي على قلب المؤمن، وهو - أي الرأي المثالي - لا يرى أن نبوات سفر الرؤيا حدثت أو ستحدث بشكل حرفي في أي وقت إلا نبوات المجئ الثاني والدينونة الأبدية.

٥- الرأي الانتقائي (Eclectics)

يجمع هذا الرأي مواطن القوة في الآراء الأربعة الأخرى بينما يتجنب جوانب ضعفها، فمثلاً يتفق هذا الرأي مع الرأي السابقي أن كتاب الرؤيا كان له معنى بالنسبة لمستقبليه في القرن الأول، لذلك فعلينا أن نقرأ القرينة التاريخية بدقة. كما يتفق مع الرأي المستقبلي أن أجزاء من سفر الرؤيا ستحدث في المستقبل، لذلك فإننا ننتظر متوقعين أن يقضي الرب على الشرير وشره في المستقبل. يتفق أيضاً هذا الرأي مع الرأي المثالي في أن سفر الرؤيا يحمل رسائل روحية ذات معنى للكنيسة في كل عصر، لذلك فعلينا أن ننقب في تلك المعاني لكي نستنير ونحصل على تطبيقات عملية تصلح لنا اليوم.
يتبنى الكثير من الأكاديميين الإنجيليين اليوم الرأي الانتقائي إذ يرون أنه يقدم رؤية متوازنة للكلمة المقدسة ويتجنب الميل الخطير للتطرف في أي من وجهات النظر الأربعة الأخرى.

الآراء المختصة بالملك الألفي ونهاية الأيام

بالإضافة إلى الآراء المختلفة المختصة بتفسير أحداث سفر الرؤيا، هناك أيضاً ثلاثة مدارس رئيسية فيما يخص تفسير مُلك المسيح الألفي المذكور في الأصحاح العشرين من السفر، ونرى أنه من المهم أيضاً فهم هذه الآراء المختلفة باختصار لأن اختلاف تفسير نوع وطريقة حدوث الملك الألفي يجعل مدارس التفسير تختلف في تفسير باقي أحداث سفر الرؤيا، وهو ما يؤثر على فهمنا لبعض آيات الرسائل إلى السبع كنائس.
والمدارس الثلاثة التي تفسر الملك الألفي هي:

١- المدرسة اللا ألفية (Amillenial)

يؤمن هذا الرأي أن مُلك الرب يسوع الألفي هو مُلك روحي على قلوب المؤمنين (الله يملك على القلوب فقط)، ومدة الألف سنة هي إشارة إلى طول الزمان.
مؤسس هذا الرأي هو القديس أوغسطينوس (٣٥٤ - ٤٣٠م) الذي تبنى التفسير الروحي للكتاب بدلاً من التفسير الحرفي، وهي طريقة التفسير التي أنشأها وتبناها العلامة أوريجانوس (حوالي ١٨٥ - ٢٥٣م).

تبنت كل من الكنيسة الكاثوليكية والأرثوذكسية والإنجيلية المشيخية هذا الرأي الذي أخذوه عن القديس أوغسطينوس.

٢ـ المدرسة القبل ألفية (Pre-millenial)

يؤمن هذا الرأي أن المسيح سيملك على الأرض ملك حرفي بعد نهاية ٧ سنوات الضيقة، وهذا الرأي كان هو الرأي السائد في كتابات الآباء منذ فجر المسيحية، لكنه أصبح رأي الأقلية بعد أن انتشر تعليم القديس أوغسطينوس إلى أن بدأ ينتشر ثانية في عصر الإصلاح حين تبنت بعض الكنائس التفسير الحرفي من جديد.

يرى أصحاب هذا الرأي أن الرب سيختطف الكنيسة قبل ملكه الألفي، ثم يعود ثانية مع المؤمنين ليملك معهم على الأرض، لكنهم ينقسمون إلى خمسة آراء مختلفة تتعلق بميعاد اختطاف الكنيسة كالتالي:

أـ الاختطاف قبل الضيقة (يتبنى هذا الرأي كلا من كنيسة الأخوة والكنيسة المعمدانية)

بـ الاختطاف بعد الضيقة

جـ الاختطاف في منتصف سبع سنين الضيقة (قبل الضيقة العظيمة)

دـ الاختطاف على مرحلتين (البعض قبل الضيقة والآخرون في منتصف الضيقة أو بعدها)

هـ الاختطاف قبل الغضب (يحدث في وقت ما أثناء الجزء الثاني من ٧ سنين الضيقة المسمى الضيقة العظيمة)

٣ـ المدرسة البعد ألفية (Post-millenial)

يقول هذا الرأي أن الكرازة ستنتشر في كل الأرض ونتيجة لذلك سيعرف الجميع الرب وحينئذ سيأتي المسيح ليملك ملكه الألفي. تبنى هذا الرأي الكثير من المبشرين والقادة الروحيين في القرنين السابع عشر والثامن عشر الميلادي، لكن هذا الرأي ضعف بعد الحربين العالميتين إذ بدأ أصحابه في إدراك أن انتشار الكرازة بالإنجيل لم يحول الأمم إلى المسيح كما كانوا يظنون.

المحتويات العامة للسبع رسائل إلى كنائس آسيا الصغرى

تضم كل رسالة من الرسائل السبع التي سنقوم بدراستها كل أو معظم الأمور التالية:

١- إعلان المسيح عن نفسه بصفات مأخوذة غالباً من الصفات التي وُصِفَ بها المسيح في الأصحاح الأول من السفر، وهذه الصفات لها علاقة مباشرة برسالة المسيح لهذه الكنيسة.

٢- وصف المسيح لحالة الكنيسة كما يراها أهلها.

٣- وصف المسيح لحالة الكنيسة كما يراها هو.

٤- مدح المسيح للكنيسة على الأمور التي فعلتها بنجاح.

٥- توبيخ المسيح للكنيسة على الأمور التي قصرت فيها.

٦- توجيه المسيح للكنيسة بالتوبة.

٧- حكم المسيح على الكنيسة إن لم تتب.

٨- مكافأة المسيح للغالبين.

في الفصول التالية سوف نقوم بدراسة كل رسالة من الرسائل السبعة مع التركيز على هذه النقاط.

الفصل الأول
الأصحاح الأول من سفر الرؤيا

لقد وضع الرسول يوحنا مقدمة قصيرة في الأصحاح الأول من سفر الرؤيا، لكنها مهمة جدا لفهم السفر (رؤ ١: ١-٣)، ثم بدأ بتوجيه حديثه إلى السبع الكنائس التي في آسيا وحياهم (الأعداد من ٤-٨)، ثم وصف كيف بدأت الرؤيا التي رآها ووصف الشخص الذي تكلم معه الذي هو الرب يسوع نفسه (الأعداد من ٩-١٦)، ثم بدأ الرب حديثه إلى يوحنا (الأعداد من ١٧-٢٠) قبل أن يوجه حديثه إلى الكنائس في الأصحاحين التاليين.

تفسير الأصحاح الأول من سفر الرؤيا ليس هو موضوع هذا الكتاب، لكننا لا نستطيع أن ننتقل إلى تفسير الأصحاحين التاليين بدون التوقف عند بعض الأعداد المهمة في هذا الأصحاح لفهم بعض الأمور المفتاحية:

مقدمة الرؤيا:

يبدأ السفر بهذه الكلمات: "إِعْلاَنُ يَسُوعَ الْمَسِيحِ، الَّذِي أَعْطَاهُ إِيَّاهُ اللهُ، لِيُرِيَ عَبِيدَهُ مَا لاَ بُدَّ أَنْ يَكُونَ عَنْ قَرِيبٍ، وَبَيَّنَهُ مُرْسِلاً بِيَدِ مَلاَكِهِ لِعَبْدِهِ يُوحَنَّا، الَّذِي شَهِدَ بِكَلِمَةِ اللهِ وَبِشَهَادَةِ يَسُوعَ الْمَسِيحِ بِكُلِّ مَا رَآهُ. طُوبَى لِلَّذِي يَقْرَأُ وَلِلَّذِينَ يَسْمَعُونَ أَقْوَالَ النُّبُوَّةِ، وَيَحْفَظُونَ مَا هُوَ مَكْتُوبٌ فِيهَا، لأَنَّ الْوَقْتَ قَرِيبٌ." (رؤ ١: ١-٣)

نتعلم من هذه الأعداد الثلاثة الأولى عدة أمور مهمة:

١- أن هذا السفر هو إعلان، والإعلان معناه أن ما سيعلن عنه كان أمراً مخفيا فيما سبق، فكُتُبْ العهدين القديم والجديد الأخرى لا تعلن كل ما جاء في هذا السفر، ومع أن السفر يقتبس الكثير من آيات العهد القديم، ومع أن العهدين القديم والجديد تكلما عن أمور كثيرة مما جاءت في هذا السفر إلا أن السفر مازال يحتوي على الكثير من الأمور التي لم تكن واضحة أو معلنة في الأسفار الأخرى كلها.

من المهم عزيزي القارئ أن تصلي دائماً لكي يعلن لك الروح القدس عن معنى ما هو مكتوب في الإنجيل الذي تقرأه، وعن ما يريد أن يقول لك أنت شخصياً، فكلمة الرب فيها إعلان لكل المؤمنين، وهي أيضاً تتحدث إلى كل مؤمن على حدة بشكل مختلف عن الباقين بهدف تعليمه أو توبيخه أو تقويمه أو تأديبه لكي تجعل كل مؤمن إنساناً كاملاً لله متأهبًا لكل عمل صالح (راجع: ٢تي ٣: ١٦-١٧).

٢- مصدر الإعلان هو الله (قارن مع: دا ٢: ٢٨-٢٩)، وكما نفهم من سياق الحديث، فإن أقنوم الآب هو المقصود هنا، وهو الذي أعطى الإعلان للابن

يسوع المسيح ليظهره ليوحنا، فالابن هو دائماً من يعلن عن شخص وإرادة الآب (راجع: يو ١: ١٨؛ ١٢: ٤٩؛ ١٧: ٨؛ مت ١١: ٢٧).
٣- يرى بعض المفسرين أن لفظ "إعلان يسوع المسيح" قد يعني أيضاً أن المُعْلَن عنه في هذا الكتاب هو الرب يسوع المسيح (١١)، وأن الإعلان في كتاب سفر الرؤيا هو عما في قلب المسيح وعن سلطانه المطلق وعظمته. أما ما يختص بأحداث نهاية الأيام، فهو الهدف الثانوي من الكتاب.
٤- نرى هنا أن هناك دور للملائكة، فالمسيح بدوره أرسل بيد ملاكه إلى يوحنا، ودور الملاك في هذا السفر لم يظهر حتى (رؤ ١٧: ١)، ثم جاء في (رؤ ١٧: ٧، ١٥؛ ١٩: ٩؛ ٢١: ٩؛ ٢٢: ١، ٦، ٩)، وهو ما يماثل أيضاً ما قاله بولس الرسول عن الناموس أنه "مُرَتَّباً بِمَلاَئِكَةٍ" (غل ٣: ١٩)
٥- مع أن الرب استخدم الملاك لكي يصحب يوحنا في الرؤيا ويشرح له بعض الأشياء، إلا أن الرؤيا بدأت بالرب يسوع نفسه في (رؤ ١: ١٠) وانتهت به في (رؤ ٢٢: ١٦)، فالمسيح هو صاحب الإعلان وهو الوحيد المستحق أن يفتح ختوم السفر الذي يُظهِر ما سوف يحدث في المستقبل.
٦- نرى من هذه الأعداد أن الرب هو من يحدد المصير والمستقبل وليس أفكار الناس أو إرادتهم، فالله يعلم كل شئ، ويعلم المستقبل أيضاً، وقد حدد "مَا لاَ بُدَّ أَنْ يَكُونَ" (قارن مع: يو ٣: ١٤؛ ١٠: ١٦؛ ١٢: ٣٤؛ ٢٠: ٩؛ أع ٢: ٢٣).
٧- التطويب الذي كتبه يوحنا مسوقاً من الروح القدس هو لمن يقرأ السفر قراءة علنية في الكنيسة، ولكل من يسمع تلك القراءة العلنية ويحفظ ما هو مكتوب فيها (١، ٢) بمعنى أنه يهتم بالنبوة ويجعل عينه عليها وينفذ أوامر الرب المذكورة للمؤمن في هذه النبوة (٣، ٧٧) (قارن مع: لو ١١: ٢٨).

تحية افتتاحية إلى السبع كنائس:

يقول الكتاب: "يُوحَنَّا، إِلَى السَّبْعِ الْكَنَائِسِ الَّتِي فِي أَسِيَّا: نِعْمَةٌ لَكُمْ وَسَلاَمٌ مِنَ الْكَائِنِ وَالَّذِي كَانَ وَالَّذِي يَأْتِي، وَمِنَ السَّبْعَةِ الأَرْوَاحِ الَّتِي أَمَامَ عَرْشِهِ، وَمِنْ يَسُوعَ الْمَسِيحِ الشَّاهِدِ الأَمِينِ، الْبِكْرِ مِنَ الأَمْوَاتِ، وَرَئِيسِ مُلُوكِ الأَرْضِ. الَّذِي أَحَبَّنَا، وَقَدْ غَسَّلَنَا مِنْ خَطَايَانَا بِدَمِهِ، وَجَعَلَنَا مُلُوكاً وَكَهَنَةً للهِ أَبِيهِ، لَهُ الْمَجْدُ وَالسُّلْطَانُ إِلَى أَبَدِ الآبِدِينَ. آمِينَ. هُوَذَا يَأْتِي مَعَ السَّحَابِ، وَسَتَنْظُرُهُ كُلُّ عَيْنٍ، وَالَّذِينَ طَعَنُوهُ، وَيَنُوحُ عَلَيْهِ جَمِيعُ قَبَائِلِ الأَرْضِ. نَعَمْ آمِينَ. أَنَا هُوَ الأَلِفُ وَالْيَاءُ، الْبِدَايَةُ وَالنِّهَايَةُ، يَقُولُ الرَّبُّ الْكَائِنُ وَالَّذِي كَانَ وَالَّذِي يَأْتِي، الْقَادِرُ عَلَى كُلِّ شَيْءٍ. " (رؤ ١: ٤-٨)
تحتوي هذه الأعداد على معان وحقائق روحية كثيرة سوف نناقش بعضها بالتدقيق في السطور التالية:

يُوحَنَّا، إِلَى السَّبْعِ الْكَنَائِسِ الَّتِي فِي أَسِيَّا: من المهم أن ندرك أن سفر الرؤيا ككل هو عبارة عن رسالة أرسلها الرسول يوحنا إلى السبع الكنائس التي في آسيا، وهو يبدأها بالافتتاحية في عدد ٤ المكتوب أعلاه، وينتهي بالبركة المذكورة في آخر عدد من السفر حين يقول: "نِعْمَةُ رَبِّنَا يَسُوعَ الْمَسِيحِ مَعَ جَمِيعِكُمْ. آمِينَ." (رؤ ٢٢: ٢١) [١].

نِعْمَةٌ لَكُمْ وَسَلاَمٌ: النعمة والسلام في التحية الافتتاحية هنا مماثلان للتحيات الافتتاحية التي كتبها كلا من الرسولين بطرس وبولس في رسائلهما (راجع: ١بط ١: ٢؛ ٢بط ١: ٢؛ رو ١: ٧؛ ١كو ١: ٣؛ ٢كو ١: ٢؛ ١تي ١: ٢؛ ٢تي ١: ٢؛ تي ١: ٤؛ غل ١: ٣؛ أف ١: ٢؛ في ١: ٢؛ كو ١: ٢؛ ١تس ١: ١؛ ٢تس ١: ٢؛ فل ١: ٣)، ونلاحظ أنه في كل مرة ألقى الرسل التحية في رسائلهم ذكروا النعمة قبل السلام، وهذا يعلمنا أننا لا يمكن أن نتمتع بالسلام الحقيقي في حياتنا دون أن نختبر ونتمتع أولاً بنعمة الرب التي أجزلها لنا، وعن هذه النعمة يقول الكتاب: "الَّذِي فِيهِ لَنَا الْفِدَاءُ بِدَمِهِ، غُفْرَانُ الْخَطَايَا، حَسَبَ غِنَى نِعْمَتِهِ، الَّتِي أَجْزَلَهَا لَنَا بِكُلِّ حِكْمَةٍ وَفِطْنَةٍ" (أف ١: ٧-٨)، فالمسيح أنعم علينا بغفران خطايانا، والنعمة هي عطية مجانية لا يستحقها المُنعَم عليه، فهو لم ولن يفعل شيئاً ليستحق هذه النعمة، ولذلك فحين يدرك الإنسان أنه لا يستحق غفران الخطايا، وأنه لم ولن يفعل شيئاً ليحصل على هذه النعمة، بل هي هبة مجانية بكل ما تحويه الكلمة من معنى، فحينئذ يمتلئ قلبه بالسلام إذ قد وجد السلام مع الله.

الْكَائِنِ وَالَّذِي كَانَ وَالَّذِي يَأْتِي: يكلمنا هذا التعبير عن الله السرمدي (الأزلي الأبدي) (راجع: تك ٢١: ٣٣)، وهو كما يقول عن نفسه: "الألف والياء، البداية والنهاية"، فهو مُبتدِئ الخليقة وصانعها، وهو الذي به وإليه تنتهي هذه الخليقة، كما أنه المتحكم في كل ما يدور بين هذه البداية وتلك النهاية، فهو إذاً الإله كلي القدرة والعظيم في الجبروت؛ وقد تكرر هذا التعبير عدة مرات في سفر الرؤيا (راجع: رؤ ١: ٨؛ ٤: ٨؛ ١١: ١٧؛ ١٦: ٥).
لقد ظن بعض المفسرين مثل "جون جيل" وبعض اباء الكنيسة مثل القديس اندراوس القيصري (القرن السادس الميلادي) أن تعبير "الكائن والذي كان والذي يأتي" يتكلم عن الثالوث مفصلاً إياه، فقالوا أن الكائن هو الآب، والذي كان هو الابن الذي كان مع الآب في البدء، أما الذي يأتي فهو الروح القدس الذي أرسله الآب والابن [٢٣]، لكنه سوف يأتي بشكل أكثر وضوح في الدهر الآتي [٧١]، لكن هذا التفسير معيب لأن لفظ الذي يأتي يتكلم دائماً في الكتاب المقدس عن المسيح في مجيئه الثاني وليس عن الروح القدس (قارن مع: مت ١١: ٣؛ ٢١: ٩؛ يو ٦: ١٤؛ ١١: ٢٧؛ عب ١٠: ٣٧)، وبالتالي لا يوافقهم غالبية المفسرين في هذا الرأي.

التفسير الأدق لتعبير "الكائن والذي كان والذي يأتي" هو أن الرب هنا يشير إلى اسمه "يهوه" (יהוה) المأخوذ من كلمة "حياة" (היה) في العبرية (١٠)، وإلى اسمه " اهيه الذي اهيه" (خر ٣: ١٤)؛ وترجوم فلسطين - وهو الترجمة الآرامية (اللغة العامية لشعب إسرائيل في ذلك الوقت) للعهد القديم - (بداية القرن الثالث الميلادي) يترجم اسم "أهيه" في (خر ٣: ١٤) : "أنا هو الكائن والذي سيكون"، كما يترجم اسم "يهوه" المذكور في (تث ٣٢: ٣٩) : "أنا هو الكائن والذي كان والذي سوف يكون" (٤٥). من هنا نفهم أن اليهود في لغتهم الدارجة التي استخدمت في وقت كتابة العهد الجديد فهموا أن المقصود بـ "الكائن والذي كان والذي يأتي" هو الإله يهوه، فإله العهد القديم هو نفسه إله العهد الجديد، وتتفق الكثير من كتب التفسير (مثل NIC, NIGTC, Adam Clarke وغيرهم) مع هذا الرأي.
يلاحظ الدارس أن النعمة والسلام مرسلين من "الكائن والذي كان والذي يأتي، ومن السبعة الأرواح التي أمام عرشه، ومن يسوع المسيح"، ومن هنا رأى الكثير من الشراح أن يوحنا كان يتكلم عن الثالوث في هذه الآية حيث يكون المقصود بالكائن والذي كان والذي يأتي هو الله الآب، والسبعة الأرواح التي أمام عرشه تشير إلى الروح القدس. لكننا سبق وأوضحنا أن المقصود بلفظ "الكائن والذي كان والذي يأتي" هو الإله يهوه، فهل كان العهد القديم يتكلم عن الآب في كل مرة ذكر فيها الإله يهوه؟ كلا، فكما أشار اسم الإله يهوه إلى أقنوم الآب في بعض المواضع (راجع: مز ٢: ٢، ٧؛ إش ٢٨: ١٦؛ ٤٨: ١٦؛ ٥٠: ٤-٥)، فإنه أشار أيضاً إلى أقنوم الابن في مواضع كثيرة أخرى (راجع: إش ٤٠: ٣، ١٠-١١؛ صف ١: ٧)، كما أن الكتاب أيضاً يكلمنا بوضوح عن الروح القدس داعياً إياه "روح يهوه" (راجع: إش ٤٠: ٧؛ ٦١: ١)، لذلك فاسم "يهوه" يتكلم عن الإله بأقانيمه الثلاثة وليس عن الآب وحده، وبذلك يكون "الكائن والذي كان والذي يأتي" هو الإله مثلث الأقانيم. ولعلنا لا ننسى أن الكتاب يذكر لنا لفظاً مشابهاً عن الرب يسوع المسيح إذ يقول: "يَسُوعُ الْمَسِيحُ هُوَ هُوَ أَمْساً وَالْيَوْمَ وَإِلَى الأَبَدِ." (عب ١٣: ٨).

السَّبْعَةِ الأَرْوَاحِ الَّتِي أَمَامَ عَرْشِهِ: هناك رأيين رئيسيين يحاولان شرح معنى هذا التعبير:
الرأي الأول: يرى العديد من المفسرين أن السبعة الأرواح أو "السبعة أرواح الله" كما يطلق عليها الكتاب في (رؤ ٣: ١) هي إشارة إلى الروح القدس سواء في كمال إعلانه عن نفسه أو لكونه العامل في السبع كنائس التي أرسِلَ إليها هذا السفر في صورة رسالة.
الرأي الثاني: يرى العديد من المفسرين الآخرين أن هذه السبعة أرواح الله هي إشارة إلى كائنات ملائكية جبارة وليس إلى الروح القدس، وهذا هو التفسير الأرجح في رأيي، إلا أن له بعض أوجه الضعف؛ ويمكنك مراجعة الرأيين بأكثر تدقيق في الملحق رقم ١ في نهاية هذا الكتاب.

وَمِنْ يَسُوعَ الْمَسِيحِ: المرسِل الثالث لتحية النعمة والسلام هو مخلصنا يسوع المسيح، وهو يرسل التحية هنا باعتباره الإنسان الممجد وليس باعتباره أقنوم الابن، إذ يصفه بثلاثة صفات تتفق مع كونه إنسان كامل وهي "الشاهد الأمين" التي سوف نوضح معناها بأكثر تفصيل في شرح الرسالة إلى كنيسة اللاودكيين، كما يصفه بأنه "البكر من الأموات" وأنه "رئيس ملوك الأرض".
هذا الجزء (رؤ ١: ٥-٦) غني جداً في المعاني والاقتباسات من كلا العهدين القديم والجديد، وليس بإمكاننا هنا شرح كل ما يتعلق بهذه الصفات وما يليها من أمور صنعها المسيح لنا، لكننا سنكتفي في السطور التالية بشرح بعض المعاني والدروس الهامة التي يجب ألا نغفلها أثناء دراسة هاتين الآيتين المحوريتين.

الشَّاهِدِ الأَمِينِ، الْبِكْرِ مِنَ الأَمْوَاتِ: كلمة شاهد في اللغة اليونانية هي " martus" والتي يتم ترجمتها في بعض الأحيان إلى "martyr" أي شهيد وقتيل لأجل تمسكه بالشهادة التي عنده، وسوف نرى هذا المعنى لاحقاً في شرح الرسالة إلى الكنيسة التي في برغامس عندما يتكلم المسيح عن الشهيد أنتيباس (رؤ ٢: ١٣) (راجع أيضاً: رؤ ١٧: ٦). لقد اضطهد المسيح وصُلب لأجل شهادته الثابتة للحق كما سبق وقال لبيلاطس البنطي: "أَنْتَ تَقُولُ إِنِّي مَلِكٌ. لِهَذَا قَدْ وُلِدْتُ أَنَا وَلِهَذَا قَدْ أَتَيْتُ إِلَى الْعَالَمِ لأَشْهَدَ لِلْحَقِّ. كُلُّ مَنْ هُوَ مِنَ الْحَقِّ يَسْمَعُ صَوْتِي" (يو ١٨: ٣٧) (راجع أيضاً: ١تي ٦: ١٣)، وقد فعل المسيح ذلك مثالاً لنا لنسير نحن أيضاً في خطواته متمسكين بالشهادة للحق بسلوكنا وكلامنا عالمين أن العالم الخاطئ لن يرضى بهذه الشهادة أو يحبها إذ يقول الرب أيضاً: "لَيْسَ عَبْدٌ أَعْظَمَ مِنْ سَيِّدِهِ. إِنْ كَانُوا قَدِ اضْطَهَدُونِي فَسَيَضْطَهِدُونَكُمْ" (يو ١٥: ٢٠)، لكن علينا أن نعرف يقيناً أن الاضطهاد والموت المحتمل ليسا هما النهاية، فالمسيح الذي صُلِبَ قام بكراً من الأموات، والمقصود بكونه "البكر" هو كلا من المقام والترتيب إذ يقول عنه الكتاب: "وَهُوَ رَأْسُ الْجَسَدِ: الْكَنِيسَةِ. الَّذِي هُوَ الْبَدَاءَةُ، بِكْرٌ مِنَ الأَمْوَاتِ، لِكَيْ يَكُونَ هُوَ مُتَقَدِّماً فِي كُلِّ شَيْءٍ" (كو ١: ١٨) (راجع أيضاً معنى البكر في: مز ٨٩: ٢٧)، وكما قام هو من الأموات فإنه سيقيمنا نحن أيضاً إن لم نخونه نتيجة للاضطهاد كما يقول الكتاب: "عَالِمِينَ أَنَّ الَّذِي أَقَامَ الرَّبَّ يَسُوعَ سَيُقِيمُنَا نَحْنُ أَيْضًا بِيَسُوعَ" (٢كو ٤: ١٤)، ويقول أيضاً: " وَرَأَيْتُ نُفُوسَ الَّذِينَ قُتِلُوا مِنْ أَجْلِ شَهَادَةِ يَسُوعَ وَمِنْ أَجْلِ كَلِمَةِ اللهِ. وَالَّذِينَ لَمْ يَسْجُدُوا لِلْوَحْشِ وَلاَ لِصُورَتِهِ، وَلَمْ يَقْبَلُوا السِّمَةَ عَلَى جِبَاهِهِمْ وَعَلَى أَيْدِيهِمْ، فَعَاشُوا وَمَلَكُوا مَعَ الْمَسِيحِ أَلْفَ سَنَةٍ .... هَذِهِ هِيَ الْقِيَامَةُ الأُولَى." (رؤ ٢٠: ٤-٥).

وَرَئِيسِ مُلُوكِ الأَرْضِ: إن النتيجة لطاعة المسيح وتمسكه بالشهادة للحق لم تقتصر فقط على القيامة من الأموات كما يوضح الكتاب قائلاً: "وَإِذْ وُجِدَ فِي

الْهَيْئَةِ كَإِنْسَانٍ، وَضَعَ نَفْسَهُ وَأَطَاعَ حَتَّى الْمَوْتَ مَوْتَ الصَّلِيبِ. لِذلِكَ رَفَّعَهُ اللهُ أَيْضًا، وَأَعْطَاهُ اسْمًا فَوْقَ كُلِّ اسْمٍ لِكَيْ تَجْثُوَ بِاسْمِ يَسُوعَ كُلُّ رُكْبَةٍ مِمَّنْ فِي السَّمَاءِ وَمَنْ عَلَى الأَرْضِ وَمَنْ تَحْتَ الأَرْضِ" (في ٢: ٨-١٠). لقد عرض إبليس المُلك على المسيح بشرط أن يسجد له المسيح فيكون إبليس بذلك هو الملك الأعلى (راجع: مت ٤: ٨-١٠)، لكن المسيح اختار أن يسير في طريق الطاعة والألم فكافأه الاب بأن جعله ملك الملوك كما يقول الكتاب: "وَلَهُ عَلَى ثَوْبِهِ وَعَلَى فَخْذِهِ اسْمٌ مَكْتُوبٌ: مَلِكُ الْمُلُوكِ وَرَبُّ الأَرْبَابِ." (رؤ ١٩: ١٦) (راجع أيضاً: رؤ ١٧: ١٤). إن لفظ ملك الملوك ليس لفظاً معنوياً بمعنى أن المسيح ذو مقام عال فقط، بل إن الكتاب يقصد أن المسيح ملك الملوك بشكل حرفي، فهو السيد الذي له السلطان المطلق والحق المطلق في المُلك على كل الخليقة، وهو بحسب رأي المدرسة القبل ألفية سوف يأتي ثانية ليُثَبِّت ملكه على الأرض، وسفر الرؤيا ككل يوضح كيف أن للمسيح السلطان المطلق على مجريات الأمور والأحداث عبر التاريخ وفي المستقبل القريب والبعيد، وكيف أن له السلطان المطلق في السماء والحق في التصرف في كل الخليقة.

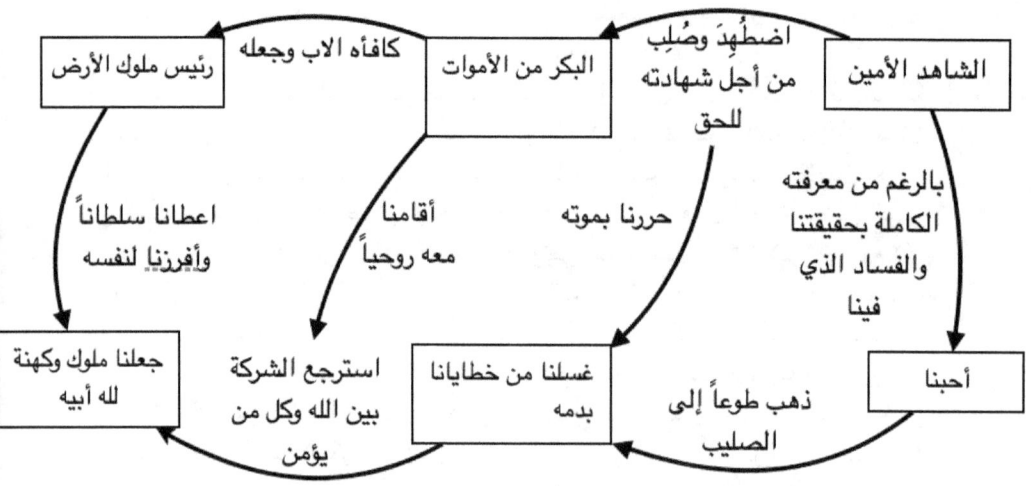

الَّذِي أَحَبَّنَا، وَقَدْ غَسَّلَنَا مِنْ خَطَايَانَا بِدَمِهِ: بعد الصفات الثلاثة التي تكلمنا عنها يسرد يوحنا ثلاثة أمور فعلها المسيح معنا نحن البشر إذ يقول أن المسيح أحبنا (الفعل يأتي في الأصل اليوناني في زمن المضارع المستمر، فتكون الترجمة الأصح: "الذي يحبنا")، وقد غسلنا من خطايانا بدمه، وجعلنا ملوكاً وكهنة لله أبيه. إن ترتيب هذه الأمور الثلاثة مقصود ويقابل الثلاث صفات الأولى بترتيبهم، فالمسيح الشاهد الأمين الذي لم يعرف خطية، ولم يكن في فمه غِش

(راجع: إش ٥٣: ٩)، ومع أنه عرف قلب الإنسان وكل ما فيه من فساد وظلم (يو ٢: ٢٤-٢٥)، إلا أنه أحب الإنسان حباً بلا حدود، وذهب طوعاً إلى الصليب من أجله (يو ١٠: ١٨)، ووضع على نفسه عقاب الموت الذي نستحقه جميعاً لكي ما يغسِّلنا من خطايانا بدمه المسفوك، وكلمة "غسَّلنا" في اللغة اليونانية تعني الغسيل الكامل للجسم أو الملابس وليس غسيل جزئي لها (٣، ٧٧)، وقد ترجمتها العديد من ترجمات الكتاب المقدس إلى "فكنا" فتكون الآية: "الذي أحبنا، وقد فكنا من خطايانا بدمه"، أي أن خطايانا لم تعد ملتصقة بنا ولم نعد بعد متسخين ورائحتنا عفنة أمام الله بسبب خطايانا، بل قد نظَّفنا وجعلنا اطهار كما كان آدم طاهراً قبل سقوطه.

لقد انتصر ربنا يسوع المسيح على الموت وقام بالجسد الممجد من بين الأموات، كما أن دمه الذي سَفِك على الصليب أحيانا نحن أيضاً روحياً كما يقول الكتاب: " اَللهُ الَّذِي هُوَ غَنِيٌّ فِي الرَّحْمَةِ، مِنْ أَجْلِ مَحَبَّتِهِ الْكَثِيرَةِ الَّتِي أَحَبَّنَا بِهَا، وَنَحْنُ أَمْوَاتٌ بِالْخَطَايَا أَحْيَانَا مَعَ الْمَسِيحِ بِالنِّعْمَةِ أَنْتُمْ مُخَلَّصُونَ وَأَقَامَنَا مَعَهُ، وَأَجْلَسَنَا مَعَهُ فِي السَّمَاوِيَّاتِ فِي الْمَسِيحِ يَسُوعَ،" (أف ٢: ٤-٦)، ولأننا بالإيمان بعمل المسيح أصبحنا أحياء روحياً معه، فقد أصبحت لنا شركة وعلاقة مع الله، وأساس هذه العلاقة هو أن الله لا يرانا بعد في خطايانا بل يرانا أبراراً بسبب عمل المسيح (راجع: رو ٣: ٢١-٢٦). لقد أعطت هذه الشركة لكل من يؤمن بالمسيح إيماناً حقيقياً دور كهنوتي سنفهم معناه في السطور التالية، وهذا الكهنوت هو كهنوت ملوكي لأن المؤمنين كهنة تابعين لملك الملوك ورب الأرباب ورئيس ملوك الأرض، كما أن الرب الملك سوف يُمَلِّك المؤمنين الحقيقيين معه كما يقول الكتاب: "إِنْ كُنَّا نَصْبِرُ فَسَنَمْلِكُ أَيْضًا مَعَهُ." (٢تي ٢: ١٢)

جَعَلَنَا مُلُوكاً وَكَهَنَةً لِلَّهِ أَبِيهِ: هذا المقطع مهم جداً إذ أنه يتكرر بأشكال مختلفة في العهدين القديم والجديد، وهو مقتبس من سفر الخروج إذ يقول الرب لشعب إسرائيل على لسان موسى: "وَأَنْتُمْ تَكُونُونَ لِي مَمْلَكَةَ كَهَنَةٍ وَامَّةً مُقَدَّسَةً." (خر ١٩: ٦)، ثم يتكرر ثانية ذكر كهنوت شعب إسرائيل في نبوة إشعياء النبي إذ يقول: "أَمَّا أَنْتُمْ فَتُدْعَوْنَ كَهَنَةَ الرَّبِّ تُسَمَّوْنَ خُدَّامَ إِلَهِنَا. تَأْكُلُونَ ثَرْوَةَ الأُمَمِ وَعَلَى مَجْدِهِمْ تَتَأَمَّرُونَ." (إش ٦١: ٦)، ثم يقتبس بطرس الرسول هذا الجزء مرتين في رسالته الأولى إذ يقول: "كُونُوا أَنْتُمْ أَيْضاً مَبْنِيِّينَ كَحِجَارَةٍ حَيَّةٍ، بَيْتاً رُوحِيّاً، كَهَنُوتاً مُقَدَّساً، لِتَقْدِيمِ ذَبَائِحَ رُوحِيَّةٍ مَقْبُولَةٍ عِنْدَ اللهِ بِيَسُوعَ الْمَسِيحِ." (١بط ٢: ٥)، ويقول أيضاً: "وَأَمَّا أَنْتُمْ فَجِنْسٌ مُخْتَارٌ، وَكَهَنُوتٌ مُلُوكِيٌّ، أُمَّةٌ مُقَدَّسَةٌ، شَعْبُ اقْتِنَاءٍ، لِكَيْ تُخْبِرُوا بِفَضَائِلِ الَّذِي دَعَاكُمْ مِنَ الظُّلْمَةِ إِلَى نُورِهِ الْعَجِيبِ." (١بط ٢: ٩)، ثم يتكرر المُلك والكهنوت مرة أخرى في سفر الرؤيا إذ يترنم الأربعة حيوانات والأربعة والعشرون شيخاً الذين رآهم يوحنا حول العرش قائلين: "... وَجَعَلْتَنَا لإِلَهِنَا مُلُوكاً وَكَهَنَةً، فَسَنَمْلِكُ عَلَى الأَرْضِ" (رؤ ٥: ١٠)، ثم يتكرر مرة

أخيرة في نهاية سفر الرؤيا إذ يقول الكتاب: "مُبَارَكٌ وَمُقَدَّسٌ مَنْ لَهُ نَصِيبٌ فِي الْقِيَامَةِ الأُولَى. هؤُلاَءِ لَيْسَ لِلْمَوْتِ الثَّانِي سُلْطَانٌ عَلَيْهِمْ، بَلْ سَيَكُونُونَ كَهَنَةً للهِ وَالْمَسِيحِ، وَسَيَمْلِكُونَ مَعَهُ أَلْفَ سَنَةٍ." (رؤ ٢٠: ٦)
لكي نستطيع أن نفهم ما يقصده الكتاب بأن الرب جعلنا ملوكاً وكهنة لله الاب، فإنه من المهم جداً أن نقوم بدراسة أول مرة ذَكَرَ فيها الكتاب أن شعب الرب سيكونون ملوكاً وكهنة إذ يقول الرب: "فَالآنَ إِنْ سَمِعْتُمْ لِصَوْتِي، وَحَفِظْتُمْ عَهْدِي تَكُونُونَ لِي خَاصَّةً مِنْ بَيْنِ جَمِيعِ الشُّعُوبِ. فَإِنَّ لِي كُلَّ الأَرْضِ. وَأَنْتُمْ تَكُونُونَ لِي مَمْلَكَةَ كَهَنَةٍ وَأُمَّةً مُقَدَّسَةً." (خر ١٩: ٥-٦). لقد قال الرب هذا الكلام لشعب إسرائيل في الشهر الثالث بعد خروجهم من مصر (خر ١٩: ١)، في ذلك الوقت كان هناك كهنة آخرين في الشعب (خر ١٩: ٢٢-٢٤) (راجع أيضاً: خر ٢٤: ٥)، غير أن كهنوت هؤلاء أُلغي لاحقاً حين اختار الرب هارون وبنيه للكهنوت في (خر ٢٨: ١). في ذلك الوقت قال الرب لموسى أنه سينزل على جبل سيناء أمام عيون جميع الشعب (خر ١٩: ١١) ويكلمه بصوت مسموع في آذان الشعب، ثم تكلم الرب إليه بالوصايا العشر وبأحكام ووصايا أخرى كثيرة مذكورة في أربعة أصحاحات كاملة (خر ٢٠-٢٣). هذه الوصايا أعطيت للشعب لكي تعلمهم أن يعيشوا بحسب فكر الرب وليس بحسب ما تعودوا عليه ورأوه في مصر أو ما سوف يروه في كنعان من ممارسات وثنية لا يقبلها يهوه القدوس.
إن طاعة الشعب لهذه الوصايا تجعلهم شعباً مخصصاً للرب ومنفصلاً عن باقي الشعوب، وهو ما يطلق عليه الكتاب لفظ "أمة مقدسة" أي أمة منفصلة عن العالم المحيط بها ومخصصة للرب، والرب سيكون هو الملك على هذه الأمة التي أقامها بدون ملك أرضي، وهو ما يؤكده قول الرب لصموئيل النبي لاحقاً حين طلب منه الشعب أن يقيم عليهم ملكاً مثل باقي الشعوب المحيطة بهم: "اسْمَعْ لِصَوْتِ الشَّعْبِ فِي كُلِّ مَا يَقُولُونَ لَكَ، لأَنَّهُمْ لَمْ يَرْفُضُوكَ أَنْتَ بَلْ إِيَّايَ رَفَضُوا حَتَّى لاَ أَمْلِكَ عَلَيْهِمْ." (١صم ٨: ٧) (راجع أيضاً: ١صم ١٢: ١٢)، فالرب كان هو الملك على شعب إسرائيل إلى أن مسح صموئيل النبي شاول ملكاً في (١صم ١٠: ١).
من كل ما سبق نستطيع أن نفهم ما كان الرب يقصده بأن الشعب كله سيكون مملكة كهنة للرب، فهو مملكة لأنه شعب الرب، والرب هو الملك، وسيكونون كهنة بمعنى أنهم سوف تكون لهم علاقة خاصة بالإله يهوه، وسوف يستطيعون الاقتراب منه وخدمته خدمة مقبولة في الصلاة والتسبيح وتقديم الذبائح (لكن ليس اصعادها إذ كان هذا هو دور هارون وبنيه)، وسوف يكونون كوسطاء بين الإله يهوه والأمم الوثنية المحيطة، فيكونون لهذه الأمم مثالاً حياً، ومعلمين، وأنبياء (٢).
نفس المعنى موجود في نبوة إشعياء التي تتكلم عن أمور تحقق بعضها في مجئ المسيح الأول وسوف يتحقق باقيها في المستقبل إذ يقول: "رُوحُ السَّيِّدِ الرَّبِّ عَلَيَّ، لأَنَّ الرَّبَّ مَسَحَنِي لأُبَشِّرَ الْمَسَاكِينَ، أَرْسَلَنِي لأَعْصِبَ مُنْكَسِرِي الْقَلْبِ،

لأُنَادِيَ لِلْمَسْبِيِّينَ بِالْعِتْقِ، وَلِلْمَأْسُورِينَ بِالإِطْلاَقِ ... فَيُدْعَوْنَ أَشْجَارَ الْبِرِّ، غَرْسَ الرَّبِّ لِلتَّمْجِيدِ. وَيَبْنُونَ الْخِرَبَ الْقَدِيمَةَ. يُقِيمُونَ الْمُوحِشَاتِ الأُوَلَ، وَيُجَدِّدُونَ الْمُدُنَ الْخَرِبَةَ، مُوحِشَاتِ دَوْرٍ فَدَوْرٍ. وَيَقِفُ الأَجَانِبُ وَيَرْعَوْنَ غَنَمَكُمْ، وَيَكُونُ بَنُو الْغَرِيبِ حَرَّاثِيكُمْ وَكَرَّامِيكُمْ. أَمَّا أَنْتُمْ فَتُدْعَوْنَ كَهَنَةَ الرَّبِّ، تُسَمَّوْنَ خُدَّامَ إِلهِنَا. تَأْكُلُونَ ثَرْوَةَ الأُمَمِ، وَعَلَى مَجْدِهِمْ تَتَأَمَّرُونَ." (إش ٦١: ١-٦) في هذه الأعداد المهمة كان الرب يتكلم عن الشعب ككل وليس عن الكهنة من نسل هارون، وكان يقول للشعب أنه سوف يباركهم ويفرحهم، وأنهم سيعودون ويجددون المدن التي تُركَت مهجورة ومحطمة وأنه سيجعلهم أغنياء، وسيجعل الغرباء من الشعوب الأخرى يخدمونهم ويعملون في حقولهم، أما هم فسيكونون "كهنة الرب ... خدام الهنا"، ثم يكمل قائلاً: "سَتَسْتَمْتِعُونَ بِثَرْوَةِ الأُمَمِ، وَسَتَتَسَلَّطُونَ عَلَى غِنَاهُمْ." (الترجمة العربية المبسطة)، فهم سيكونون للأمم الأخرى بمثابة الأسياد لأن الرب قد ميزهم، وسوف يكون اهتمامهم الأول وعملهم الأساسي هو خدمة الإله الحقيقي يهوه، وسيدعون جميعاً كهنة الرب. من هنا ندرك أن المقصود بكهنوت هؤلاء هو أنهم سوف يكونون شعباً مخصصاً ومكرساً لعبادة الرب وخدمته، وسوف يكون لهم علاقة خاصة بالرب في حياتهم اليومية.

وكما تحدثت آيات العهد القديم التي قمنا بدراستها أعلاه عن كهنوت الشعب ككل وليس كهنوت هارون وأولاده، فإن آيات العهد الجديد التي تتكلم عن الكهنوت والكهنة والتي سوف ندرسها حالاً تتكلم هي أيضاً عن كهنوت المؤمنين جميعاً وليس عن فئة معينة من المؤمنين لهم وظيفة كهنوتية. يقول القديس "بيدي \ Bede" من آباء القرن السابع والثامن الميلادي (والذي تحتفل به الكنيسة الكاثوليكية يوم ٢٥ مايو من كل عام) في تعليقه على العدد محل الدراسة (رؤ ١: ٦): "بما أن ملك الملوك والكاهن السماوي وحَّدَنا إلى جسده بتقديم نفسه لنا ، فلا أحد من القديسين محروم روحيًا من منصب الكهنوت ، لأن الجميع أعضاء في الكاهن الأبدي." (٧٣)، كما يعلق نفس القديس على (١بط ٢: ٥) قائلاً: "يندمج المسيحيون في أمة جديدة توصف هنا بالكهنوت الملوكي. وهذا يعني أننا نشارك في حكومة مملكته لأننا استفدنا من التضحية التي قدمها من أجلنا." (٧٤)، ويقول القديس أغسطينوس: "في العصور القديمة كان رئيس كهنة واحد فقط يُمسح، ولكن الآن يُمسح جميع المسيحيين." (٧٥)، ويقول البابا ليو الأول "Leo the Great" من القرن الخامس الميلادي: "كل الذين ولدوا ثانية في المسيح صاروا ملوكًا بعلامة الصليب وكهنة مكرسين بمسحة الروح القدس." (٧٦)

في العهد الجديد نجد أن الرسول بطرس يقتبس لفظ "الكهنوت الملوكي" مرتين في رسالته الأولى ويطبقه على مؤمني العهد الجديد فيقول: "كُونُوا أَنْتُمْ أَيْضاً مَبْنِيِّينَ كَحِجَارَةٍ حَيَّةٍ، بَيْتاً رُوحِيّاً، كَهَنُوتاً مُقَدَّساً، لِتَقْدِيمِ ذَبَائِحَ رُوحِيَّةٍ مَقْبُولَةٍ عِنْدَ اللهِ بِيَسُوعَ الْمَسِيحِ." (١بط ٢: ٥)، فدور هذا الكهنوت المقدس في العهد الجديد بحسب هذا العدد هو تقديم ذبائح روحية مقبولة عند الله، وهي مقبولة فقط لأنها

مقدمة من خلال يسوع المسيح، فكل خدمة أو عمل نفعله مهما كان جيداً فإنه لن يكون مقبولاً إلا من خلال الرب يسوع المسيح. أما الذبائح الروحية بحسب العهد الجديد فهي:

- تقديم الجسد ذبيحة حية للرب (رو ١٢: ١-٢).

إن التلميذ الحقيقي للرب يسوع المسيح يقوم بأمور مُتعِبة لكي يخدم إلهه مثل الذهاب إلى اجتماع صلاة بعد يوم متعب في العمل، أو زيارة أشخاص بغرض خدمتهم رغم ضيق الوقت والانشغالات الكثيرة، أو بذل الوقت والمجهود لمساعدة شخص لا يعرفه من أجل الرب، أو الالتزام في خدمة مُرهِقة جسدياً. مثل هذه التضحيات يسميها الكتاب تقديم الجسد ذبيحة حية.

- ذبيحة الإيمان (في ٢: ١٧)
- ذبيحة التسبيح، أي ثمر شفاه معترفة باسمه (عب ١٣: ١٥)
- فعل الخير والتوزيع للفقراء (عب ١٣: ١٦)
- تقديم العطايا لخدام المسيح (في ٤: ١٨)

ثم يعود الرسول بطرس فيقول: "وَأَمَّا أَنْتُمْ فَجِنْسٌ مُخْتَارٌ، وَكَهَنُوتٌ مُلُوكِيٌّ، أُمَّةٌ مُقَدَّسَةٌ، شَعْبُ اقْتِنَاءٍ، لِكَيْ تُخْبِرُوا بِفَضَائِلِ الَّذِي دَعَاكُمْ مِنَ الظُّلْمَةِ إِلَى نُورِهِ الْعَجِيبِ." (١بط ٢: ٩). يخاطب الرسول بطرس المؤمنين جميعاً في هذا العدد (٧٢) كما في العدد السابق ويشرح لنا أن المسيح أعطانا جميعاً بالنعمة هذه الامتيازات العظيمة بما فيها امتياز الكهنوت لغرض سامي، وهو أن نخبر ونُذيع صفاته العظيمة، فوظيفة الكهنوت بحسب هذا العدد موجهة نحو الخارج أي إلى الخطاة في العالم المحيط.

لعلنا لا نغفل أيضاً أن دور الكهنوت في كلا العهدين القديم والجديد ينطوي على قيام الكاهن بالصلاة والتضرع لأجل الآخرين وهو ما نطلق عليه اليوم "التشفع"، ونستطيع أن نرى هذا الدور بوضوح في أمثلة كثيرة من العهدين نذكر منها على سبيل المثال لا الحصر: تضرع موسى لأجل شعب اسرائيل (خر ٣٢: ٩-١٤)، وتضرع دانيال لأجل رجوع الشعب من السبي (دا ٩)، وصلاة المسيح لأجل بطرس لكي لا يفنى إيمانه (لو ٢٢: ٣١-٣٢)، وصلاة الكنيسة بلجاجة لأجل بطرس حين كان في السجن (أع ١٢: ٥)، وأمثلة أخرى كثيرة لا حاجة لنا أن نتكلم عنها بالتفصيل هنا لأنها مشروحة بأكثر دقة في كتب أخرى كثيرة، لكننا نود أن ننوه هنا إلى أن دور التضرع لأجل الآخرين ليس هو الدور الوحيد أو الأساسي الذي يتكلم عنه العهد الجديد حين يذكر كهنوت المؤمنين، بل هو واحد من أمور كثيرة يتكلم عنها كهنوت المؤمنين، وهذا الأمر يتضح جلياً حين يعود الكتاب ويتكلم عن كهنوت الأربعة والعشرون شيخاً الذين كانوا حول العرش في السماء (رؤ ٥: ١٠)، وحين يتحدث عن مؤمني الضيقة الذين قاموا من الموت في القيامة الأولى ويقول أنهم سيكونون كهنة لله والمسيح ويملكون معه ألف سنة (رؤ ٢٠: ٦)، فلا نرى في أي جزء في الكتاب دوراً واضحاً للشفاعة في

كهنوت هؤلاء الذين في السماء أو أولئك الذين قاموا من الموت، بل إن دورهم الكهنوتي يمكن فهمه في ضوء باقي أدوار كهنوت العهد الجديد التي شرحناها. نلاحظ أيضاً في العددين المذكورين من رسالة بطرس الرسول أنه لا يتكلم عن المؤمنين كأفراد فيقول أنهم "كهنة"، بل يتكلم عن الجماعة أو الكنيسة ككل فيقول أنها "كهنوت"، ولعلنا ننتبه إلى هذا المعنى المهم، فالعالم المحيط بنا يحاول أن يُرَسِّخ في أذهاننا طوال الوقت مبادئ الإنفرادانية والاهتمام بالفرد، وتؤدي هذه المبادئ إلى انعزال الفرد عن أية جماعة لا تحقق له رغباته الشخصية، لكن الرب دائماً ما يكلمنا عن أهمية الجماعة أي الكنيسة التي لا يمكن للمؤمن الذي يريد أن يحيا بحسب الكلمة أن يتخلى أو يبتعد عنها حتى لو كانت غير مريحة بالنسبة له.

إذاً فمعنى كهنوت المؤمنين في العهد الجديد هو:

- أن لهم علاقة خاصة بالإله الحقيقي يهوه، فهم يستطيعون الدخول لحضرته والتكلم معه في كل وقت.
- أنهم يعبدونه بتقديم ذبائح العهد الجديد المقبولة.
- أنهم يقومون بدورهم في الكرازة عن طريق إذاعة صفات الإله يهوه العظيمة بكلامهم وتصرفاتهم، فيكونون مثالاً حيًا على الأرض لصفات إلههم الجميلة.
- أنهم يصلون بانتظام لأجل إخوتهم المحتاجين للصلاة، ولأجل الخطاة، ولأجل الذين هم في منصب كما يعلمنا الكتاب في مواضع كثيرة.

لَهُ الْمَجْدُ وَالسُّلْطَانُ إِلَى أَبَدِ الآبِدِينَ: إن يسوع المسيح "الَّذِي وُضِعَ قَلِيلاً عَنِ الْمَلاَئِكَةِ" (عب ٢: ٩) أي تجسد وصار إنساناً بكل ما تحمله الكلمة من معنى (ما عدا الخطية) ليس أقل من الملائكة الذين جاء ذكره بعدهم في (رؤ ١: ٤-٥)، فهو وحده له المجد والسلطان، وهو كما يقول الكتاب عنه: "بَعْدَ مَا صَنَعَ بِنَفْسِهِ تَطْهِيراً لِخَطَايَانَا، جَلَسَ فِي يَمِينِ الْعَظَمَةِ فِي الأَعَالِي، صَائِراً أَعْظَمَ مِنَ الْمَلاَئِكَةِ بِمِقْدَارِ مَا وَرِثَ اسْماً أَفْضَلَ مِنْهُمْ." (عب ١: ٣-٤)، وحين يقارنه أيضاً بالملائكة يقول: "ثُمَّ لِمَنْ مِنَ الْمَلاَئِكَةِ قَالَ قَطُّ: اجْلِسْ عَنْ يَمِينِي حَتَّى أَضَعَ أَعْدَاءَكَ مَوْطِئاً لِقَدَمَيْكَ؟ أَلَيْسَ جَمِيعُهُمْ أَرْوَاحاً خَادِمَةً مُرْسَلَةً لِلْخِدْمَةِ لأَجْلِ الْعَتِيدِينَ أَنْ يَرِثُوا الْخَلاَصَ!" (عب ١: ١٣-١٤)

وصف ما حدث في بداية الرؤيا:

يقول الكتاب: "أَنَا يُوحَنَّا أَخُوكُمْ وَشَرِيكُكُمْ فِي الضِّيقَةِ وَفِي مَلَكُوتِ يَسُوعَ الْمَسِيحِ وَصَبْرِهِ. كُنْتُ فِي الْجَزِيرَةِ الَّتِي تُدْعَى بَطْمُسَ مِنْ أَجْلِ كَلِمَةِ اللهِ وَمِنْ أَجْلِ شَهَادَةِ

يَسُوعَ الْمَسِيحِ. كُنْتُ فِي الرُّوحِ فِي يَوْمِ الرَّبِّ، وَسَمِعْتُ وَرَائِي صَوْتاً عَظِيماً كَصَوْتِ بُوقٍ .... فَالْتَفَتُّ لأَنْظُرَ الصَّوْتَ الَّذِي تَكَلَّمَ مَعِي. وَلَمَّا الْتَفَتُّ رَأَيْتُ سَبْعَ مَنَايِرَ مِنْ ذَهَبٍ، وَفِي وَسَطِ السَّبْعِ الْمَنَايِرِ شِبْهُ ابْنِ إِنْسَانٍ..." (رؤ ١: ٩-١٣)

في هذه الأعداد المهمة نلاحظ عدة أشياء:
١- كان يوحنا منفياً في جزيرة بطمس حين كتب هذه الرؤيا، وقد كان سبب نفيه هو "كلمة الله" و "شهادة يسوع المسيح"، وهذا يعني أنه كان منفياً بسبب أنه كان يتكلم بكلمة الرب ويشهد برسالة الخلاص الذي بيسوع المسيح، وكثيراً ما يكون التلميذ الحقيقي ليسوع المسيح مضطهداً من العالم، بل وأحياناً أيضاً من بعض الذين يطلقون على أنفسهم مسيحيين. لقد سبق وقال الرب للتلاميذ: "إِنْ كَانَ الْعَالَمُ يُبْغِضُكُمْ فَاعْلَمُوا أَنَّهُ قَدْ أَبْغَضَنِي قَبْلَكُمْ. لَوْ كُنْتُمْ مِنَ الْعَالَمِ لَكَانَ الْعَالَمُ يُحِبُّ خَاصَّتَهُ. وَلَكِنْ لأَنَّكُمْ لَسْتُمْ مِنَ الْعَالَمِ بَلْ أَنَا اخْتَرْتُكُمْ مِنَ الْعَالَمِ لِذَلِكَ يُبْغِضُكُمُ الْعَالَمُ. اُذْكُرُوا الْكَلاَمَ الَّذِي قُلْتُهُ لَكُمْ: لَيْسَ عَبْدٌ أَعْظَمَ مِنْ سَيِّدِهِ. إِنْ كَانُوا قَدِ اضْطَهَدُونِي فَسَيَضْطَهِدُونَكُمْ وَإِنْ كَانُوا قَدْ حَفِظُوا كَلاَمِي فَسَيَحْفَظُونَ كَلاَمَكُمْ." (يو ١٥: ١٨-٢٠).

٢- كان يوحنا مضطهَداً واقعاً تحت ضيقة مثله مثل باقي المؤمنين، وكان المضطهِد الرئيسي لهم في ذلك الوقت هو الإمبراطورية الرومانية التي كانت تحكم العالم في ذلك الوقت. ولكن هذا الإضطهاد لم يمنع يوحنا من أن يكون "في الروح"، كذلك فإن لكل تلميذ حقيقي للرب يسوع المسيح القدرة على أن يتواصل مع الله في أي ظرف من الظروف حتى وإن كان في أحلك أوقات حياته. يقول الكتاب المقدس عن بولس وسيلا: "فَوَضَعُوا عَلَيْهِمَا ضَرَبَاتٍ كَثِيرَةً وَأَلْقَوْهُمَا فِي السِّجْنِ وَأَوْصُوا حَافِظَ السِّجْنِ أَنْ يَحْرُسَهُمَا بِضَبْطٍ. وَهُوَ إِذْ أَخَذَ وَصِيَّةً مِثْلَ هَذِهِ أَلْقَاهُمَا فِي السِّجْنِ الدَّاخِلِيِّ وَضَبَطَ أَرْجُلَهُمَا فِي الْمِقْطَرَةِ. وَنَحْوَ نِصْفِ اللَّيْلِ كَانَ بُولُسُ وَسِيلاَ يُصَلِّيَانِ وَيُسَبِّحَانِ اللهَ وَالْمَسْجُونُونَ يَسْمَعُونَهُمَا." (أع ١٦: ٢٣-٢٥). لم تستطع الضربات الكثيرة ولا ظلمة السجن الداخلي ولا المقطرة أن تمنع بولس وسيلا من التواصل مع الإله الحي، بل إن صلواتهما وتسبيحاتهما كانتا شهادة لجميع المسجونين الذين كانوا يسمعونهما، وحين تَدَخَّل الله في المشهد وفك قيود جميع السجناء كما يقول الكتاب: "فَحَدَثَ بَغْتَةً زَلْزَلَةٌ عَظِيمَةٌ حَتَّى تَزَعْزَعَتْ أَسَاسَاتُ السِّجْنِ فَانْفَتَحَتْ فِي الْحَالِ الأَبْوَابُ كُلُّهَا وَانْفَكَّتْ قُيُودُ الْجَمِيعِ." (أع ١٦: ٢٦)، لم يهرب أي من المسجونين الآخرين الذين انفكت قيودهم. لماذا؟ لأنهم تأثروا بما حدث إذ علموا يقيناً أن رب بولس وسيلا هو من فعل ذلك. حتى حافظ السجن نفسه ارتعد مما حدث وسألهما سؤالاً واحداً كما يقول الكتاب: "فَطَلَبَ ضَوْءاً وَانْدَفَعَ إِلَى دَاخِلٍ وَخَرَّ لِبُولُسَ وَسِيلاَ وَهُوَ مُرْتَعِدٌ ثُمَّ أَخْرَجَهُمَا وَقَالَ: يَا سَيِّدَيَّ مَاذَا يَنْبَغِي أَنْ أَفْعَلَ لِكَيْ أَخْلُصَ؟" (أع ١٦: ٢٩-٣٠). لذلك فإني أشجعك عزيزي القارئ أن تصلي وتسبح الله أكثر، وأن تكون مثل

يوحنا "في الروح" حين تكون ظروفك أصعب، وحين تواجه اضطهادات أو متاعب أكثر؛ وإن لم تكن لديك القوة أو الإيمان لفعل ذلك، فصلي واطلب من أبيك السماوي أن يعطيك المعونة والإيمان لتسبحه ولتتواصل معه بالرغم من قسوة ظروفك.

٣- في وسط هذه الضيقة رأى الرسول يوحنا هذه الرؤيا العظيمة التي ختمت أسفار الكتاب المقدس. لم تكن هذه هي المرة الوحيدة التي يرى فيها كُتَّاب الكِتاب المقدس رؤى تغير حياتهم وشهادتهم أثناء مرورهم بضيقة شديدة أو أثناء وجودهم في المنفى، ففي المنفى رأى يعقوب الرب في بيت إيل حيث باركه ووعده بأن يعطيه نسلاً كثيراً جداً وأن يرده إلى أرضه (تك ٢٨)، وفي المنفى رأى موسى الله في العليقة المشتعلة وأخذ منه التكليف بإخراج شعب إسرائيل من مصر التي كانوا مستعبدين فيها (خر ٣)، وفي المنفى تكلم الرب مع إيليا بصوته المنخفض الخفيف وأعطاه تكليفه الأخير قبل أن يأخذه في المركبة إلى السماء (١مل ١٩)، وفي السبي انفتحت السماء ورأى حزقيال رؤى الله (حز ١)، وفي السبي أيضاً رأى دانيال رؤاه (دا ٧، ٨، ١٠-١٢)، وفي خضم الضيق والإحباط بسبب وفاة عزيا الملك صديقه رأى إشعياء النبي السيد الرب في منظر مهيب جداً، وأرسله الرب ليشهد بالكلمة للشعب وليتنبأ بنبوات عظيمة جداً عن المسيح فيما بعد (إش ٦).
فِهمنا لهذا يعلمنا أن الرب مهتم بتشجيع أنفس عبيده في وقت ضيقتهم، كما أن هذا الضيق والإحباط الذي كان يعاني منه هؤلاء الأنبياء لم يعيق الله أبداً عن أن يتواصل معهم ويعطيهم رؤاه وكلماته التي غيرت حياتهم وأخرجت الكثير منهم من حالة الإحباط التي كانوا يعانون منها.
هذا الأمر ينطبق عليك عزيزي القارئ، فمهما كانت ظروفك فإن هذا لن يمنع الرب من التواصل معك وتشجيعك أو إرسالك للعمل في حقله، فلا تفشل أو تكتئب، بل اجلس في محضره في غرفتك، أو اذهب إلى اجتماع إخوتك المؤمنين وتوقع أن يتكلم إلهك الحي إليك بطريقته الخاصة وفي الوقت الذي يراه هو مناسباً، وتأكد أنه لن يتأخر عليك لأنه راعيك الصالح.

٤- كتب يوحنا بالوحي قائلاً: "كُنْتُ فِي الرُّوحِ فِي يَوْمِ الرَّبِّ"، ويمكن تفسير هذا المقطع بطريقتين:
أ- أن يوحنا الرسول كان تحت تأثير وسلطان الروح القدس في يوم الرب (المقصود بيوم الرب بحسب هذا الرأي: أول أيام الأسبوع أي يوم الأحد)، ولكنه مع ذلك كان ينظر في الاتجاه الخطأ إذ أن الصوت الذي تكلم معه لم يأت من أمامه بل من خلفه (رؤ ١: ١٠)، ونحن كتلاميذ للمسيح أحياناً ما نكون موجهين للاتجاه الخطأ بسبب دوافع داخلية أو بسبب ظروف وأحداث خارجية، لكننا حين نجلس أمام الرب ونسلمه السلطان على أفكارنا وصلواتنا وحياتنا، فإنه عادة ما

يتكلم إلينا من اتجاه مختلف تماماً عن الاتجاه الذي كنا ننظر إليه، بل وغالباً ما يكلمنا في مواضيع وأمور لم نكن نعلمها أو نصلي لأجلها أساساً؛ والتلميذ الحقيقي للرب هو الشخص المرن الذي يستدير ويغير اتجاه بصره وتركيزه عن الأمور التي كان يفكر فيها إلى تلك التي بدأ الرب في التكلم بها إليه، تماماً كما فعل يوحنا إذ التفت إلى الصوت فرأى ما جاء في بقية الرؤيا.

ب- التفسير الآخر الذي تبناه عدد أقل من المفسرين، -لكنه تفسير متزن في رأيي- هو أن يوحنا أُخِذ بالروح ليرى يوم الرب الذي سوف يأتي في نهاية الأيام (إش ١٣: ٦؛ عا ٥: ١٨؛ صف ١: ١٤؛ زك ١٤: ١؛ مل ٤: ٥؛ ١تس ٥: ٢؛ ٢بط ٣: ١٠) [٧٨]، ومع أن الكلمات اليونانية المترجمة "يوم الرب" في (١تس ٥: ٢؛ ٢بط ٣: ١٠) تختلف عن تلك الكلمات المترجمة "يوم الرب" في هذا العدد محل الدراسة، إلا أنه ليس هناك ما يمنع أن نفسر أن يوحنا يقول هنا أن الرب أخذه بالروح إلى المستقبل ليرى "مَا هُوَ عَتِيدٌ أَنْ يَكُونَ بَعْدَ هَذَا" (رؤ ١: ١٩) خاصة أن هذا هو ما حدث بالفعل لاحقاً. يؤيد هذا الرأي أيضاً أن نفس تعبير "في الروح" يذكر ثانية في سفر الرؤيا بنفس المعنى (أن يوحنا أُخِذ بالروح لمكان وزمان مختلفين) إذ يقول: "وَلِلْوَقْتِ صِرْتُ فِي الرُّوحِ، وَإِذَا عَرْشٌ مَوْضُوعٌ فِي السَّمَاءِ، وَعَلَى الْعَرْشِ جَالِسٌ." (يو ٤: ٢) (راجع أيضاً: رؤ ١٧: ٣؛ ٢١: ١٠)، كما أن التعبير اليوناني المترجم هنا "يوم الرب" غير موجود في أي مكان آخر في العهد الجديد، ويوم الأحد عادة ما يطلق عليه في العهد الجديد: "أول الأسبوع" (راجع: لو ٢٤: ١؛ أع ٢٠: ٧؛ ١كو ١٦: ٢).

٥- حين نتأمل في الرؤى المكتوبة في الكتاب المقدس نجد أن أول ما يراه أو يصفه الرائي كثيراً ما لا يكون أهم ما في الرؤيا، لكنه عادة ما يبدأ بوصف محور اهتمام الرؤيا، فيوحنا هنا لم يقل أنه رأى الرب ومن حوله السبع منابر، بل قال أنه رأى السبع منابر وفي وسطها الرب، وهذا يوضح لنا أن محور اهتمام هذه الرؤيا هو المنابر التي يتكلم عنها الرب بالتفصيل في الأصحاحين التاليين. ثم حين نذهب إلى الأصحاح الرابع، فإننا نجد رؤيا جديدة يبدأ يوحنا وصفها بالكلمات التالية: "بَعْدَ هَذَا نَظَرْتُ وَإِذَا بَابٌ مَفْتُوحٌ فِي السَّمَاءِ، وَالصَّوْتُ الأَوَّلُ الَّذِي سَمِعْتُهُ كَبُوقٍ يَتَكَلَّمُ مَعِي قَائِلاً: اصْعَدْ إِلَى هُنَا فَأُرِيَكَ مَا لاَ بُدَّ أَنْ يَصِيرَ بَعْدَ هَذَا. وَلِلْوَقْتِ صِرْتُ فِي الرُّوحِ، وَإِذَا عَرْشٌ مَوْضُوعٌ فِي السَّمَاءِ، وَعَلَى الْعَرْشِ جَالِسٌ." (رؤ ٤: ١-٢). ومع أن الرب الجالس على العرش هو أهم من في المشهد إلا أن أهم ما يجب أن يلتفت إليه القارئ في هذه الرؤيا هو العرش، فإن لم يدرك قارئ الأصحاحات التالية أن الرب جالس على العرش في السماء وله مطلق السلطان ومتحكم في كل شيء، فالمعنى والغرض من الأصحاحات التالية سيكون غير واضح للقارئ [٤].

سر الكواكب والمناير الذهبية

نأتي بعد ذلك إلى العددين ١٩ و٢٠ من الأصحاح الأول، ذلك لأنهما يرتبطان بشدة بالأصحاحين التاليين اللذَيْن يتناولهما هذا الكتاب بالتفصيل.

يقول الكتاب: "فَاكْتُبْ مَا رَأَيْتَ، وَمَا هُوَ كَائِنٌ، وَمَا هُوَ عَتِيدٌ أَنْ يَكُونَ بَعْدَ هَذَا. سِرُّ السَّبْعَةِ الْكَوَاكِبِ الَّتِي رَأَيْتَ عَلَى يَمِينِي، وَالسَّبْعِ الْمَنَايِرِ الذَّهَبِيَّةِ: السَّبْعَةُ الْكَوَاكِبُ هِيَ مَلاَئِكَةُ السَّبْعِ الْكَنَائِسِ، وَالْمَنَايِرُ السَّبْعُ الَّتِي رَأَيْتَهَا هِيَ السَّبْعُ الْكَنَائِسِ." (رؤ ١: ١٩-٢٠)

في العدد ١٩ يتكلم الرب يسوع الظاهر بمجده ليوحنا آمراً إياه أن يكتب السفر الذي يصف ثلاثة أمور سماها "ما رأيت، وما هو كائن، وما هو عتيد أن يكون"، وهذه الأمور الثلاثة تقسم السفر بأكمله إلى ثلاثة أقسام:
١- ما رأيت: وهي الأمور التي رآها يوحنا وكتبها في الأصحاح الأول من سفر الرؤيا،
٢- ما هو كائن: وهو الواقع الذي تعيشه الكنائس في أيام يوحنا، وهو الذي يتكلم عنه الرب في الأصحاحين الثاني والثالث من هذا السفر (موضوع هذا الكتاب)،
٣- ما هو عتيد أن يكون: وهو ما سوف يحدث في نهاية الأيام، وهو مكتوب بدءاً من الأصحاح الرابع وحتى نهاية السفر (١).

ثم في العدد ٢٠ يعلن الرب سراً جديداً ليوحنا ولنا، وهو سر السبعة كواكب والسبع منابر. وكلمة سر في الكتاب المقدس تعني أن الأمر المتكلم عنه لم يكن معروفاً لدى الإنسان من قبل، فقد كان سراً لم يعلنه الله لأحد ولم يكتبه في الكتب المقدسة قبل إعلانه (قارن مع: دا ٢: ٤٧)؛ وأسرار العهد الجديد المكتوبة في الكلمة المقدسة هي:
١- اسرار ملكوت السموات (مت ١٣)، أو سر ملكوت الله (مر ٤: ١١)، وهو أيضاً بحسب بعض المفسرين "سر الله" المذكور في (رؤ ١٠: ٧) [قارن مع: رؤ ١١: ١٥] (١).
٢- سر أن القساوة قد حصلت جزئياً لإسرائيل إلى ان يدخل ملء الأمم (رو ١١: ٢٥).
٣- سر الإختطاف (١كو ١٥: ٥١-٥٢؛ أف ١: ٩).
٤- سر إتحاد المسيح بالكنيسة كجسده (أف ٥: ٣٢؛ كو ١: ٢٦-٢٧؛ ٤: ٢-٣)، (قارن أيضاً مع: رو ١٦: ٢٥؛ ١كو ٢: ٧؛ أف ٦: ١٩)، وهو أيضاً يشير إلى شراكة الأمم في الميراث والجسد ونوال موعد الروح (أف ٣: ٣-٦، ٩)، وهذا السر عظيم.
٥- سر الإيمان (١تيم ٣: ٩) (أي مُجْمَل الحق).

٦- سر التقوى (١تيم ٣: ١٦)، وهذا السر أيضاً عظيم.
٧- سر السبعة كواكب والسبع منابر الذهبية.

هناك أيضاً سرين شِرِيرَيْن وهما:
١- سر الإثم (٢تس ٢: ٧)، وهو السر الشرير الذي يقابل سر التقوى العظيم.
٢- سر اسم المرأة بابل العظيمة أم الزواني (رؤ ١٧: ٥)، وسر المرأة والوحش الحامل لها (رؤ ١٧: ٧)، وهو السر الشرير الذي يقابل سر اتحاد المسيح بالكنيسة العظيم.

وبالعودة إلى الآيات محل الدراسة نجد أن الرب بنفسه فسَّرَ ليوحنا أن السبع منابر التي سبق ذكرها أيضاً في الأعداد ١٢ و١٣ من نفس الأصحاح هي نفسها السبع كنائس المذكورة في العدد ١١ حيث يقول: "أَنَا هُوَ الأَلِفُ وَالْيَاءُ. الأَوَّلُ وَالآخِرُ. وَالَّذِي تَرَاهُ اكْتُبْ فِي كِتَابٍ وَأَرْسِلْ إِلَى السَّبْعِ الْكَنَائِسِ الَّتِي فِي أَسِيَّا: إِلَى أَفَسُسَ، وَإِلَى سِمِيرْنَا، وَإِلَى بَرْغَامُسَ، وَإِلَى ثِيَاتِيرَا، وَإِلَى سَارْدِسَ، وَإِلَى فِيلاَدَلْفِيَا، وَإِلَى لاَوُدِكِيَّةَ". ثم عاد الرب وتكلم عن الكنائس السبع بالتفصيل في الأصحاحين التاليين.
لقد سبق وتكلم الرب مع تلاميذه عن دورهم في العالم كسراج منير إذ قال في بداية موعظته على الجبل: "أَنْتُمْ نُورُ الْعَالَمِ. لاَ يُمْكِنُ أَنْ تُخْفَى مَدِينَةٌ مَوْضُوعَةٌ عَلَى جَبَلٍ وَلاَ يُوقِدُونَ سِرَاجاً وَيَضَعُونَهُ تَحْتَ الْمِكْيَالِ بَلْ عَلَى الْمَنَارَةِ فَيُضِيءُ لِجَمِيعِ الَّذِينَ فِي الْبَيْتِ. فَلْيُضِئْ نُورُكُمْ هَكَذَا قُدَّامَ النَّاسِ لِكَيْ يَرَوْا أَعْمَالَكُمُ الْحَسَنَةَ وَيُمَجِّدُوا أَبَاكُمُ الَّذِي فِي السَّمَاوَاتِ." (مت ٥: ١٤-١٦)، (قارن أيضاً مع: مر٤: ٢١، ومع: لو ٨: ١٦؛ ١١: ٣٣)، لكنه لم يسبق أن قال أن الكنيسة منارة تحمل نور المسيح للعالم المحيط. المؤمن الحقيقي إذاً هو سراج صغير ينير المكان الذي يحيط به، لكن جماعة المؤمنين (الكنيسة) ليست عدة سُرُجْ قريبة من بعضها، لكنها منارة كبيرة تنير مساحة ضخمة حولها. قد تكون هناك مشاكل كثيرة في هذه الكنيسة، وقد تكون كنيسة ضعيفة مثل كنيسة اللاودكيين أو كنيسة ساردس، لكن الرب مازال يراها كمنارة دورها أن تنير في الظلمة المحيطة بنور المسيح.

نأتي بعد ذلك إلى السبع كواكب الذين فسرهم الرب بأنهم ملائكة السبع كنائس المذكورين في بداية رسائله إلى كل كنيسة من الكنائس السبع في الأصحاحين التاليين، ومن المهم هنا ألا نغفل أننا أمام إعلان جديد من الرب، فمعنى الكواكب سر لم يعلنه الرب من قبل، وإعلانه هنا غرضه هو أن نفهم الرسائل التالية إذ يأتي مباشرة قبل الرسالة إلى ملاك كنيسة أفسس.
في البداية أحب أن أوضح أن الكواكب تختلف عن النجوم في علومنا الحديثة، أما في زمن كتابة الكتاب المقدس حين لم يكن لديهم هذا التطور العلمي، فقد

كانوا يستخدمون الكلمتين على أساس أنهما كلمتين مترادفتين، ولذلك نلاحظ أن هناك تداخل للكلمتين في معظم ترجمات الكتاب المقدس الموجودة اليوم.
يشير الكوكب في الكتاب المقدس إلى القيادة والسلطان سواء كان سماوي أو مدني، وبذلك يكون الكوكب رمز لأعلى سلطان [قارن مع نبوة بلعام التي قال فيها: "يَبْرُزُ كَوْكَبٌ مِنْ يَعْقُوبَ" (عد ٢٤: ١٧) حيث تنبأ عن المسيح الذي حين ولد أعلن ميلاده بكوكب (نجم) (مت ٢: ٢). (قارن أيضاً مع: إش ١٤: ١٢)].
يقول دانيال النبي أيضاً عن الرعاة والمعلمين الأمناء: "وَالَّذِينَ رَدُّوا كَثِيرِينَ إِلَى الْبِرِّ كَالْكَوَاكِبِ إِلَى أَبَدِ الدُّهُورِ" (دا ١٢: ٣)، كما تقول رسالة يهوذا عن المعلمين الكذبة أنهم نجوم تائهة (يهوذا ١٣). لكن الكتاب المقدس يسمي أيضاً الملائكة الأشرار "نجوم" حين يتكلم عن سقوطهم من السماء (رؤ ٦: ١٣؛ ٨: ١٠؛ ١٢: ٤)؛ لكننا لا نستطيع التأكد. من معنى الكواكب. كما أعلنها الرب هنا بالروح إلا إذا فهمنا معنى تفسير الرب لتلك الكواكب (النجوم) بأنهم "ملائكة السبع الكنائس". (٥)
لقد اختلف المفسرون في فهم المقصود بالملائكة هنا، ففسر البعض الملائكة بأنهم ملائكة حقيقيين، وفسرهم آخرون بأنهم قادة الكنائس، وآخرون بأنهم تجسيد للروح المسيطرة على الكنيسة بشكل عام، وآخرون بأنهم رسل السبع كنائس الذين ذهبوا إلى يوحنا في المنفى ليستلموا تعليماته لكنائسهم؛ ولكل تفسير من هذه التفاسير مواطن قوة ومواطن ضعف يمكنك القراءة عنها باستفاضة في الملحق رقم ٢ في نهاية الكتاب، لكننا سنكتفي هنا بالقول أن التفسير الصحيح من وجهة نظر المؤلف هو أن هؤلاء الملائكة هم قادة وخدام الكنائس، أو أصحاب المواهب التي تنير في الكنيسة ولاسيما المعلمين أو الأساقفة الذين يحكمون مميزين بين الصواب والخطأ وبين الخير والشر وبين الأمور المتخالفة، ويحكمون أيضاً في التعليم.
يمكن أن يكون هناك شخص واحد بعينه يقود الكنيسة مثل تيموثاوس الذي قاد كنيسة أفسس لفترة، أو قد يكون في كنيسة كيان أو جماعة شيوخ أو قسوس يديرون الكنيسة من خلال مجلس أو مجمع أو لجنة؛ في كل الأحوال يكلم الرب هذا الشخص أو الكيان بصيغة المفرد باعتبارهم قيادة الكنيسة المسؤولة عن حالة الكنيسة أمامه، وباعتبارهم ممثلين عن هذه الكنائس.
إن فكرة تمثيل القائد للرعية موجودة في مواضع أخرى في الكتاب المقدس، فمثلاً نقرأ في سفر زكريا: "وَأَرَانِي يَهُوشَعَ الْكَاهِنَ الْعَظِيمَ ... لاَبِسًا ثِيَابًا قَذِرَةً وَوَاقِفًا قُدَّامَ الْمَلاَكِ. فَأَجَابَ وَكَلَّمَ الْوَاقِفِينَ قُدَّامَهُ قَائِلاً: انْزِعُوا عَنْهُ الثِّيَابَ الْقَذِرَةَ. وَقَالَ لَهُ: انْظُرْ. قَدْ أَذْهَبْتُ عَنْكَ إِثْمَكَ، وَأُلْبِسُكَ ثِيَابًا مُزَخْرَفَةً." (زك ٣: ١-٤)، ويهوشع بصفته أول رئيس كهنة بعد السبي كان يمثل حال الشعب أمام الله، فظهر في الرؤيا بلباس قذرة بسبب الإثم، ولم يكن ذلك يعني بالضرورة أن يهوشع كان به إثم، لكنه كان يمثل حال شعب الرب المملوء آثاماً (٢)، ولذلك يقول الرب لاحقاً: "وَأُزِيلُ إِثْمَ تِلْكَ الأَرْضِ فِي يَوْمٍ وَاحِدٍ." (زك ٣: ٩)؛ كما لا

نغفل أن نذكر هنا أن رئيس كهنتنا وملكنا وربنا يسوع المسيح حمل خطايانا على خشبة الصليب وصار لعنة لأجلنا وبدلاً منا لننال نحن بر الله. لقد فعل هذا بصفته رئيس كهنتنا وملكنا وقائدنا، فحمل هو العار واللعنة التي نستحقها نحن؛ وعلى ذلك فإنه من الممكن أن يلام القائد على خطايا الشعب، كما أنه من الممكن أيضاً أن يحدث عكس ذلك فيؤدب الشعب بسبب خطايا القائد، وهو ما حدث مع داود في (١أخ ٢١) إذ أتى الرب بوباء على الشعب قتل منه سبعين ألف رجل بسبب أن داود لم يحفظ وصية الرب من جهة عد الشعب (المذكورة في: خر ٣٠: ١١-١٦).
فكرة تمثيل القائد للرعية هذه مهمة جداً، ذلك لأننا سنرى لاحقاً أن الرب يخاطب ملائكة الكنائس بأمور من الصعب أن تنطبق على تلميذ حقيقي للمسيح، وسوف نفهم من الدراسة سبب مخاطبة الرب لبعض الملائكة بهذه الصفات والأمور.

المسيح الملك والقاضي

في نهاية هذا الفصل أحب أن أسلط الضوء على الصورة التي أظهر بها الرب نفسه ليوحنا في بداية الرؤيا إذ يقول الكتاب: "وَفِي وَسْطِ السَّبْعِ الْمَنَايِرِ شِبْهُ ابْنِ إِنْسَانٍ، مُتَسَرْبِلاً بِثَوْبٍ إِلَى الرِّجْلَيْنِ، وَمُتَمَنْطِقًا عِنْدَ ثَدْيَيْهِ بِمِنْطَقَةٍ مِنْ ذَهَبٍ. وَأَمَّا رَأْسُهُ وَشَعْرُهُ فَأَبْيَضَانِ كَالصُّوفِ الأَبْيَضِ كَالثَّلْجِ، وَعَيْنَاهُ كَلَهِيبِ نَارٍ. وَرِجْلاَهُ شِبْهُ النُّحَاسِ النَّقِيِّ، كَأَنَّهُمَا مَحْمِيَّتَانِ فِي أَتُونٍ. وَصَوْتُهُ كَصَوْتِ مِيَاهٍ كَثِيرَةٍ. وَمَعَهُ فِي يَدِهِ الْيُمْنَى سَبْعَةُ كَوَاكِبَ، وَسَيْفٌ مَاضٍ ذُو حَدَّيْنِ يَخْرُجُ مِنْ فَمِهِ، وَوَجْهُهُ كَالشَّمْسِ وَهِيَ تُضِيءُ فِي قُوَّتِهَا. فَلَمَّا رَأَيْتُهُ سَقَطْتُ عِنْدَ رِجْلَيْهِ كَمَيِّتٍ، فَوَضَعَ يَدَهُ الْيُمْنَى عَلَيَّ قَائِلًا لِي: لاَ تَخَفْ، أَنَا هُوَ الأَوَّلُ وَالآخِرُ،" (رؤ ١: ١٣-١٧)، هذا المنظر البهي المخيف للرب جعل يوحنا الرسول الذي كان يتكئ على صدر الرب في أيام جسده قبل الصلب والقيامة يرتعب إلى الدرجة التي فقد معها كل قوة في جسده ولم يستطع الوقوف أو حتى الحركة فسقط كما يسقط الإنسان إذا فارقت روحه جسده ومات. يذكر لنا الكتاب المقدس أحداث مماثلة حدثت مع بعض الرسل والأنبياء مثل بولس الرسول (أع ٢٢: ٦-٧)، ويشوع (يش ٥: ١٤)، وحزقيال (حز ١: ٢٨؛ ٤٤: ٤)، وكهنة الرب في الهيكل (١مل ٨: ١١؛ ٢أخ ٥: ١٤؛ ٧: ١-٢)، وبطرس ويعقوب ويوحنا في حادثة التجلي (مت ١٧: ٦).
في كل من هذه المواقف السابق ذكرها لم يتراءَ الرب لهؤلاء الرسل والأنبياء كحمل وديع أو كإنسان ضعيف، بل تراءى ببهاء مجده، وقد تراءى ليوحنا هنا كملك ذا جلال (١٠) وكقاضٍ ديّان عادل (١٥)، وقد أتى الرب بهذه الصورة لكي يدين ويحكم على الكنائس أولاً (رؤ ٢ و٣) قبل أن يدين ويحكم على العالم (رؤ ٦-٢٠)، وهو ما قد سبق وأوضحه بطرس الرسول حين قال مسوقاً بالروح

القدس: "لأَنَّهُ الْوَقْتُ لابْتِدَاءِ الْقَضَاءِ مِنْ بَيْتِ اللهِ. فَإِنْ كَانَ أَوَّلاً مِنَّا، فَمَا هِيَ نِهَايَةُ الَّذِينَ لاَ يُطِيعُونَ إِنْجِيلَ اللهِ؟" (١بط ٤: ١٧).
أرى وأسمع الكثيرين في الكنائس يصلون طالبين حضور الرب ويتضرعون لأجل نهضة عظيمة، ولكي ما يقتحم الرب المشهد ويترائ ببهاء مجده فيَشفي المرضى ويفتح أعين العمي روحياً وجسدياً فيتوب الخطاة؛ وهذا الأمر بالطبع مهم جداً ومطلوب كما يعلمنا الكتاب المقدس في سفر الأعمال الأصحاح الرابع إذ نقرأ صلاة التلاميذ والرسل طالبين قوة للكرازة وتأييد من الرب باستعلان قوته بالآيات والعجائب (أع ٤: ٢٤-٣١)؛ لكن أحياناً ما ينسى بعض هؤلاء المصلين في الكنائس أن حضور الرب الذي يطلبونه قد يكون مخيفاً، وأن الرب حين يأتي للقضاء، فإنه يقضي ويحكم أولاً في بيته وعلى خاصته قبل أن يحكم على الخطاة.
لقد ظهر الرب لموسى في العليقة قديماً ليكلفه بمهمة إخراج شعب إسرائيل من مصر، لكن أول ما قاله الرب لموسى حين التقاه لم يكن تشجيعاً أو تكليفاً بمهمة أو حتى عرَّفه من يكون هو، بل قال له: "لاَ تَقْتَرِبْ إِلَى ههُنَا. اخْلَعْ حِذَاءَكَ مِنْ رِجْلَيْكَ، لأَنَّ الْمَوْضِعَ الَّذِي أَنْتَ وَاقِفٌ عَلَيْهِ أَرْضٌ مُقَدَّسَةٌ». ثُمَّ قَالَ: «أَنَا إِلهُ أَبِيكَ، إِلهُ إِبْرَاهِيمَ وَإِلهُ إِسْحَاقَ وَإِلهُ يَعْقُوبَ». فَغَطَّى مُوسَى وَجْهَهُ لأَنَّهُ خَافَ أَنْ يَنْظُرَ إِلَى اللهِ." (خر ٣: ٥-٦). لقد طلب الرب من موسى أول كل شئ أن يخلع حذاءه، وهي إشارة إلى طلب الرب منه التخلي عن طرقه وأساليبه القديمة التي لا يرضى الرب عنها [١٦]، وأن يتخلى عن أعماله الميتة -أي التي بلا قيمة في عيني الله- [١٧] قبل أن يتقدم ليلتقي بالرب. لكن يبدو أن موسى لم يفهم الدرس جيداً، فبعد اللقاء ذهب ليخدم الرب وينفذ تكليفه بإخراج إسرائيل من مصر دون أن يصحح طرقه أمام الرب، إذ أنه لم يكن قد ختن ابنه بعد (راجع أمر الرب بالختان في: تك ١٧: ١٠-١٤)، فيبدو أن صفورة زوجة موسى المديانية لم تكن مقتنعة بالختان، واعتبرته أمراً دموياً لا يجب تطبيقه، وموسى رأس الأسرة تجاوب مع رغبتها ولم يختن ابنه متغاضياً عن أمر الرب وتحذيره بأن كل من لا يختن يقتل لأنه قد نكث عهد الرب [١٨]. يسرد الكتاب ما حدث بعد ذلك قائلاً: "وَحَدَثَ فِي الطَّرِيقِ فِي الْمَنْزِلِ أَنَّ الرَّبَّ الْتَقَاهُ (أي التقى موسى) وَطَلَبَ أَنْ يَقْتُلَهُ. فَأَخَذَتْ صَفُّورَةُ صَوَّانَةً وَقَطَعَتْ غُرْلَةَ ابْنِهَا وَمَسَّتْ رِجْلَيْهِ. فَقَالَتْ: إِنَّكَ عَرِيسُ دَمٍ لِي. فَانْفَكَّ عَنْهُ (أي أن الرب انفك عن موسى ولم يقتله). حِينَئِذٍ قَالَتْ: عَرِيسُ دَمٍ مِنْ أَجْلِ الْخِتَانِ." (خر ٤: ٢٤-٢٦). قد تتسائل قائلاً: "كيف للرب أن يقتل من أرسله لتحرير الشعب؟"، و"هل كان الرب سيخاطر حقاً بترك شعبه في مصر بقتل موسى فقط لأنه لم يختن ابنه؟ فما ذنب الشعب؟". والكتاب المقدس يجيبنا بوضوح على هذه التساؤلات إذ يذكر في سفر الملوك الأول الأصحاح الثالث عشر قصة النبي الذي أرسله الرب برسالة مؤيدة بالمعجزات وأوصاه وصية ألا يأكل خبزاً ولا يشرب ماء ولا يرجع من الطريق التي ذهب فيها، فإذ انخدع

بكلام نبي آخر ودخل إلى بيت ذلك النبي وأكل وشرب، أرسل الرب أسداً قابله في الطريق وقتله لكنه لم يأكل جثته ولم يقتل الحمار الذي كان يركبه.
لقد كان الرب مزمعاً حقاً أن يقتل موسى لولا أن فهمت صفورة وختنت الصبي، فالرب كان سيخرج شعب إسرائيل على أي حال من الأحوال بحسب وعده، لكنه كان سيجد لنفسه شخصاً آخر- غير موسى- ليقود الشعب. إن الرب القدوس لا يتنازل أبداً عن القداسة في حياة خدامه، وحين يؤيد الرب خدامه ويصنع نهضة في كنيسة، فإنه يحكم أولاً على الخطيئة في داخل كنيسته قبل أن يحكم على الخطاة خارج الكنيسة.
نرى في الكتاب المقدس قصة أخرى مشابهة لقصة موسى في الأصحاح الخامس من سفر يشوع، فقبل أن يبدأ بنو اسرائيل أول حروبهم لامتلاك أرض الموعد، أمر الرب يشوع أن يختن كل الشعب الذي ولد في البرية ولم يُخْتَن، ففعل يشوع كما أمره الرب (يش ٥: ٢-١٠)، ثم ظهر ملاك الرب ليشوع قبل معركة أريحا في صورة رجل واقف قبالته وسيف مسلول بيده، فذهب إليه يشوع وسأله: "هَلْ لَنَا أَنْتَ أَوْ لأَعْدَائِنَا؟" (يش ٥: ١٣)، "فَقَالَ: كَلاَّ، بَلْ أَنَا رَئِيسُ جُنْدِ الرَّبِّ. الآنَ أَتَيْتُ. فَسَقَطَ يَشُوعُ عَلَى وَجْهِهِ إِلَى الأَرْضِ وَسَجَدَ، وَقَالَ لَهُ: بِمَاذَا يُكَلِّمُ سَيِّدِي عَبْدَهُ؟ فَقَالَ رَئِيسُ جُنْدِ الرَّبِّ لِيَشُوعَ: اخْلَعْ نَعْلَكَ مِنْ رِجْلِكَ، لأَنَّ الْمَكَانَ الَّذِي أَنْتَ وَاقِفٌ عَلَيْهِ هُوَ مُقَدَّسٌ. فَفَعَلَ يَشُوعُ كَذلِكَ." (يش ٥: ١٤-١٥). لقد فعل الرب مع يشوع تماماً كما فعل مع موسى، لقد اهتم بالختان الذي هو علامة العهد، ثم اهتم بخلع الحذاء الذي يمثل طرق العالم ثم أعطى ليشوع خطة الحرب مع أريحا (يش ٦: ١-٥).
وإذا طبقنا هذه المبادئ على حياتنا اليوم، نفهم أنه لم يكن الرب ليسمح لأي شخص خارج عهد الختان أن يحارب حروبه، وكذلك الكنيسة اليوم يجب أن تنتبه أن غير المؤمنين لا يجب أن يخدموا الرب في الكنيسة، فالخدمة ليست نشاط اجتماعي لكنها عمل حربي ضد مملكة الظلمة، والكنيسة أو الجماعة التي تتهاون في ذلك تخسر معركتها، وقد ينهي الرب عمله فيها ويتركها أو يحكم عليها قبل أن تبدأ خدمتها. وإن كنت خادماً للرب، فاحذر أن تخرج للخدمة وأنت متساهل مع خطيئة في حياتك، فمثال موسى يوضح كيف أن الرب كان على استعداد لقتله بسبب تسيبه في بيته، واذكر أيضاً مثال عخان بن كرمي من سبط يهوذا الذي كسر وصية الرب واشتهى رداءً شنعارياً وبعض الفضة والذهب من غنيمة أريحا، وسرقها وأخفاها في خيمته بدلاً من أن يحرقها كما أمر الرب، فتسبب في خسارة شعب اسرائيل لمعركة عاي الأولى ومقتل ستة وثلاثين من إخوته الإسرائيليين (يش ٧). إن التساهل مع الخطيئة لا يكلف الشخص ثمناً باهظاً فقط، لكنه قد يسبب الخسارة الفادحة للجماعة أو الكنيسة أيضاً، لذلك فمن المهم جداً أن يكون الخادم أميناً وأن يكون القادة على اتصال دائم بالرب، فلو كان يشوع قد سأل الرب قبل دخول معركة عاي الأولى، فإن الرب كان سوف

يخبره بكل شئ ولم يكن ليخسر المعركه أو الستة والثلاثين رجلاً الذين قتلوا فيها.
إنه لأمر أساسي أن يدرك القارئ هذا المبدأ وهو على أعتاب دراسة رسائل الرب إلى كنائسه في الأصحاحين التاليين من سفر الرؤيا، فكما حكم الرب على موسى قبل أن يحكم على فرعون، وكما حكم على يشوع والشعب قبل أن يحكم على أريحا وعاي، كذلك فإنه مزمع أن يحكم على كنائسه قبل أن يحكم على الأمم الخطاة.

لماذا تكلم الرب بهذه الرسائل إلى السبع كنائس؟

لقد أرسل الرسول بولس مسوقاً من الروح القدس رسائل إلى سبعة كنائس هي: روما وكورنثوس وغلاطية وأفسس وفيلبي وكولوسي وتسالونيكي. في هذه الرسائل وضع بولس الرسول كل الأسس التعليمية التي تحتاجها الكنيسة مثل: لاهوت المسيح، وعلاقة الإيمان بالأعمال، والأخرويات، والقداسة، وإدارة الكنيسة، وتعيين الأساقفة والشمامسة، والانفصال عن العالم، إلخ.
ثم بعد حوالي ثلاثين سنة كتب الرسول يوحنا هذه الرسائل إلى السبع كنائس مسوقاً من الروح القدس ليفضح فيها الواقع الروحي والأخلاقي للكنيسة في كل تاريخها من وجهة نظر المسيح الذي عينيه كلهيب نار [١٩].
لم يكن الكتاب المقدس ليكتمل بدون هذه الرسائل المهمة التي سوف ندرسها في الفصول التالية، لذلك عزيزي القارئ فإني أدعوك أن ترفع معي صلاة للرب أن يفتح عينيك وقلبك لتدرك معنى ما قاله الرب في هذه الرسائل، ولكي تتعلم منها دروساً عملية تغير حياتك وتشكل في شخصيتك. كما أشجعك أن تصلي لكي يحفظ الرب ذهنك من تشتيت الشيطان له ولكي لا تنسى ما سوف تتعلمه في الفصول التالية.

الفصل الثاني
الرسالة إلى ملاك كنيسة أفسس
(رؤ ٢: ١-٧)

رؤ ٢:١ اُكْتُبْ إِلَى مَلاَكِ كَنِيسَةِ أَفَسُسَ: هَذَا يَقُولُهُ الْمُمْسِكُ السَّبْعَةَ الْكَوَاكِبَ فِي يَمِينِهِ، الْمَاشِي فِي وَسَطِ السَّبْعِ الْمَنَايِرِ الذَّهَبِيَّةِ:

رؤ ٢:٢ أَنَا عَارِفٌ أَعْمَالَكَ وَتَعَبَكَ وَصَبْرَكَ، وَأَنَّكَ لاَ تَقْدِرُ أَنْ تَحْتَمِلَ الأَشْرَارَ، وَقَدْ جَرَّبْتَ الْقَائِلِينَ إِنَّهُمْ رُسُلٌ وَلَيْسُوا رُسُلاً، فَوَجَدْتَهُمْ كَاذِبِينَ.

رؤ ٢:٣ وَقَدِ احْتَمَلْتَ وَلَكَ صَبْرٌ، وَتَعِبْتَ مِنْ أَجْلِ اسْمِي وَلَمْ تَكِلَّ.

رؤ ٢:٤ لَكِنْ عِنْدِي عَلَيْكَ أَنَّكَ تَرَكْتَ مَحَبَّتَكَ الأُولَى.

رؤ ٢:٥ فَاذْكُرْ مِنْ أَيْنَ سَقَطْتَ وَتُبْ، وَاعْمَلِ الأَعْمَالَ الأُولَى، وَإِلَّا فَإِنِّي آتِيكَ عَنْ قَرِيبٍ وَأُزَحْزِحُ مَنَارَتَكَ مِنْ مَكَانِهَا، إِنْ لَمْ تَتُبْ.

رؤ ٢:٦ وَلَكِنْ عِنْدَكَ هَذَا: أَنَّكَ تُبْغِضُ أَعْمَالَ النُّقُولاَوِيِّينَ الَّتِي أُبْغِضُهَا أَنَا أَيْضاً.

رؤ ٢:٧ مَنْ لَهُ أُذُنٌ فَلْيَسْمَعْ مَا يَقُولُهُ الرُّوحُ لِلْكَنَائِسِ. مَنْ يَغْلِبُ فَسَأُعْطِيهِ أَنْ يَأْكُلَ مِنْ شَجَرَةِ الْحَيَاةِ الَّتِي فِي وَسَطِ فِرْدَوْسِ اللهِ.

خلفية تاريخية عن أفسس

كانت مدينة أفسس تعتبر الأولى والأعظم بين كل مدن مقاطعة آسيا. كانت تسمى عاصمة آسيا، وكان الرومان الزائرين لآسيا دائما ما يرسون أولاً في أفسس حيث كانت الطرق التجارية القادمة من الشرق تنتهي في أفسس، بينما ميناء المدينة الشهير كان مقصداً للسفن التجارية القادمة من الغرب والشمال، ولذلك كانت أفسس مدينة غنية مشهورة عالمياً في ذلك الوقت. ولأن جزيرة بطمس حيث كتب يوحنا سفر الرؤيا كانت على بعد يوماً واحداً إبحاراً من مدينة أفسس، فإن بعض شُرَّاح الكتاب المقدس يرون أن سرد القديس يوحنا لبضاعة بابل في (رؤ ١٨: ١٢-١٣) مأخوذ عن ما رآه يوحنا في أفسس من بضاعة.

كانت أفسس المركز الرئيسي لعبادة الإلهة أرطاميس (أع ١٩: ٢٨) إلهة الحياة والخصوبة والولادة، وكان معبدها الموجود في أفسس من عجائب الدنيا السبع القديمة، فقد كان أطول بمرة ونصف وأعرض من ملعب كرة قدم، وكان حوله ١٢٧ عاموداً رخامياً ضخماً، وكان المعبد يقوم بأدوار كثيرة أكثر من العبادة، فهو كان بمثابة البنك المركزي للمدينة. ولأن أرطاميس كانت إلهة الخصوبة والولادة، فقد كان في المعبد العديد من ممارسي البغاء من الذكور والإناث، وكانت الكثير من احتفالات أرطاميس تتخللها ممارسات جنسية جماعية. في

وسط ساحة المعبد كانت هناك شجرة كبيرة، ولأن أرطاميس كانت إلهة الخصوبة والحياة كما سبق وذكرنا، فإن هذه الشجرة كانت ترمز إلى الحياة، وكانت النساء اللاتي يُرِدْنَ أن ينجبن أولاداً يأتين ويلمسن الشجرة، كذلك الذين كانوا يريدون الصحة أو الحياة المديدة يأتون ليلمسوا الشجرة، وربما كانت مكافأة الرب لمن يغلب في نهاية هذه الرسالة بأن يأكل من شجرة الحياة فيها مفارقة مع هذه الشجرة.

لكن لم يكن هذا هو المعبد الوحيد في المدينة، بل كان هناك ١٤ معبداً لآلهة وثنية مختلفة في مدينة أفسس، وكان أحد أهم هذه المعابد هو معبد الإمبراطور. كانت المدن القديمة تتمنى أن تحظى بشرف وجود معبد للإمبراطور فيها، ولكن مدينة أفسس كان بها معبدين للأباطرة: معبد لأوغسطس قيصر، ومعبد للإمبراطور دوميتيان (٨١ - ٩٦م) الذي بُني على أعلى نقطة في أفسس لكي يراه الجميع، وكان الإمبراطور دوميتيان من أكثر الأباطرة الذين اضطهدوا المسيحيين في القرن الأول مثل نيرون. كان معبد الإمبراطور مركزاً للديانة الإمبراطورية حيث كانوا يعبدون الإمبراطور الحي، وكان الأباطرة يفعلون ذلك لكي يوحدوا الإمبراطورية الشاسعة حولهم، فمن حق أي شخص أن يعبد من يريد، لكن على الجميع عبادة الإمبراطور، وبذلك يضمنون ولاء الامبراطورية كلها؛ وكان الأباطرة يطلقون على أنفسهم ألقاباً مثل "السيد"، و"المخلص"، و"الرب"، و" الإله". وقد كان السبب الرئيسي لاضطهاد المسيحيين في وقت دوميتيان هو أنهم رفضوا أن يعبدوا الإمبراطور بالإضافة إلى عبادة المسيح.

كان هناك أيضاً وسطاء روحيين في أفسس، وكان هؤلاء سحرة، وكانوا يتعاملون مع العالم السفلي ويفعلون الكثير من المعجزات والأمور فوق الطبيعية، كما كان السحر منتشراً جداً في وسط المجتمع حتى أنه حين جمع الذين آمنوا بالمسيح في مدينة أفسس كتب السحر التي كانوا يمتلكونها وحسبوا قيمتها وجدوها خمسين ألفاً من الفضة (أع ١٩: ١٩)، ودرهم الفضة الواحد كان هو أجر العامل في اليوم (قارن مع مت ٢٠: ٩-١٠)، أي أن قيمة الكتب كانت تعادل أجر ٥٠ ألف يوم عمل، وهو ما يقدر حالياً بحوالي ٥ مليون دولار أمريكي؛ لذلك فحين كتب بولس في رسالته أن "مُصَارَعَتَنَا لَيْسَتْ مَعَ دَمٍ وَلَحْمٍ، بَلْ مَعَ الرُّؤَسَاءِ، مَعَ السَّلاَطِينِ، مَعَ وُلاَةِ الْعَالَمِ عَلَى ظُلْمَةِ هذَا الدَّهْرِ، مَعَ أَجْنَادِ الشَّرِّ الرُّوحِيَّةِ فِي السَّمَاوِيَّاتِ" (أف ٦: ١٢) كان الأفسسيون يدركون جيداً ما يعنيه بولس بما يقول.

كانت أفسس تتمتع أيضاً بسوقها الذي كان يسمى "الأغورا" (the agora)، وكان السوق عبارة عن ساحة مربعة محاطة بالأعمدة ولها ثلاثة مداخل. كان الجانب الشمالي مفتوحا، بينما كانت الجوانب الثلاثة الأخرى محاطة برواق به صفوف من المحلات التجارية، وفي وسط السوق كانت هناك ساعة شمسية. كان السوق هو المكان الرئيسي الذي تحدث فيه معظم الأمور المهمة في المدينة، وعلى كل من أبواب السوق وضعت مبخرة، ولكي يدخل الشخص السوق كان

عليه أن يأخذ قطعة بخور صغيرة ويضعها في المبخرة كدليل على ولائه للإمبراطور الروماني الذي كان يَدَّعي الألوهية ويطلب العبادة، وكان هذا تحدياً حقيقياً للمؤمنين، فمَنْعِهم من دخول السوق كان بمثابة استقصاء لهم من المجتمع.
أنشئت كنيسة أفسس حوالي سنة ٥٥ ميلادية من خلال كرازة بولس الرسول حيث قضى في المدينة حوالي ٣ سنوات وتلمذ فيها الكثيرين، ومن أفسس سَمِعَ كلمة الرب جميع الساكنين في آسيا (أع ١٩: ١-١٢)، ثم حين ذهب القديس بولس إلى مقدونيا ترك تيموثاوس في أفسس (١تي ١: ٣) لكي يراجع المعتقدات الغير مسيحية التي بدأ بعض المؤمنين بتبنيها (سوف ندرس ذلك لاحقاً).
ولأن تيموثاوس كان في أفسس، فقد أرسل بولس كلا من رسالتيه إلى تيموثاوس إلى مدينة أفسس حوالي سنة ٦٢ و٦٧ ميلادية. ونفهم من (٢تي ٤: ٩ و٢١) أن تيموثاوس على الأغلب تبع بولس إلى روما، ثم رجع إلى أفسس بعد استشهاد بولس طبقاً للتقليد المسيحي حيث يقال أنه استشهد أيضاً في احتفال مخصص للإلهة أرطاميس. أما رسالة بولس التي كتبها وأرسلها إلى هذه الكنيسة مع كنائس أخرى (رسالة أفسس) فقد كتبت حوالي سنة ٦٣ ميلادية.
يوحنا الرسول أيضاً قضى آخر سنوات عمره في أفسس، ومنها قام بقيادة باقي الكنائس حتى توفي في نفس المدينة حيث قبره وبقايا الكنيسة التي بنيت فوق هذا القبر.
نفهم من دراسة تاريخ المدينة كيف كان المسيحيون يعيشون في مدينة أفسس في مجتمع وثني له قيم كلها مضادة لتعاليم المسيح، وكيف كان المجتمع يحاول إغوائهم وتحويلهم عن المسيح طول الوقت، وكيف أن تبعية المسيح كانت تضعهم في دائرة الاضطهاد، وأنهم كانوا يدركون أنهم إذا قبلوا بالحلول الوسط التي تتضمن خيانة المسيح، فإنهم كانوا سيعيشون حياة أسهل بكثير. ثم إذا نظرنا إلى رسالة الرسول بولس إليهم نجده يعظهم بأن يعيشوا حياة مختلفة عن المجتمع المحيط بهم في تواضع ووداعة وطول أناة ومحبة (أف ٤: ٢)، وفي قداسة (أف ٤: ١٧-٢٠؛ ٥: ٣-٥)، وصدق (أف ٤: ٢٥)، وأمانة (أف ٤: ٢٨)، ولطف وتسامح (أف ٤: ٣٢)، وبتدقيق (أف ٥: ١٥)، وشكر دائم لله (أف ٥: ٢٠). باختصار كان بولس يطلب منهم أن يعيشوا مثل المسيح في مجتمع ينكر المسيح.

لقد تكلم القديس اغناطيوس (وهو أحد آباء الكنيسة الأوائل) عن كنيسة أفسس مادحاً إياها كثيراً ومظهراً أنها استفادت من التوبيخ الموجة إليها في هذه الرسالة، كما قال أن الكنيسة هناك كانت تخلو من الهرطقات برغم أن الهرطقات كانت تحوم حولها، وكانت الكنيسة ذات وعي روحي واتخذت الله كقانون حياة لها [٢٠].

محتوى الرسالة:

رؤ ٢: ١ أُكْتُبْ إِلَى مَلاَكِ كَنِيسَةِ أَفَسُسَ: هَذَا يَقُولُهُ الْمُمْسِكُ السَّبْعَةَ الْكَوَاكِبَ فِي يَمِينِهِ، الْمَاشِي فِي وَسَطِ السَّبْعِ الْمَنَايِرِ الذَّهَبِيَّةِ:

أُكْتُبْ إِلَى مَلاَكِ كَنِيسَةِ أَفَسُسَ: لقد سبق وشرحنا من هو الملاك بالتفصيل في الفصل الأول. لكنني أحب أن أضيف هنا أن استخدام كلمة ملاك (Angelos) بدلاً من رسول (Apostolos) يخدم هدفاً مهماً، وهو تذكير الكنيسة متمثلة في قادتها بأنها كيان يعيش في العالم الروحي ويقيم فيه، وأن رسالتها في العالم رسالة روحية، وأن لها مهمة سماوية لأنها كائن سماوي كما يقول الرسول بولس: "فَإِنَّ سِيرَتَنَا (جنسيتنا) نَحْنُ هِيَ فِي السَّمَاوَاتِ، الَّتِي مِنْهَا أَيْضًا نَنْتَظِرُ مُخَلِّصًا هُوَ الرَّبُّ يَسُوعُ الْمَسِيحُ" (في ٣: ٢٠)، وكما يقول أيضاً: "كَمَا هُوَ السَّمَاوِيُّ هكَذَا السَّمَاوِيُّونَ أَيْضًا" (١كو ١٥: ٤٨). فالكنيسة إذا مهمتها هنا هي تتميم رسالة سماوية تماماً كما أن ملائكة السماء المرسلين من الرب يأتون للأرض لتتميم رسائل سماوية [٢١].

كَنِيسَةِ أَفَسُسَ: إن كلمة كنيسة في اللغة اليونانية هي "إكليزيا" (ekklēsia)، وهي كلمة تتكون من جزئين هما "إك - ek" التي تعني "خارجاً من"، وكلمة مشتقة من "كاليو - kaleō" التي تعني "يدعو" [٣]، فيكون معنى كلمة "إكليزيا" النهائي: "دعوة للخروج - a calling out" [٣]، أو بمعنى آخر:"جماعة من الناس مدعوة للخروج من منازلهم إلى مكان عام" [٣٤]، فالكنيسة المسيحية هي جماعة المؤمنين بالرب يسوع المسيح وليست المباني التي يجتمعون فيها، وحين أتكلم في هذا الكتاب عن الكنيسة أنها ينبغي أن تفعل هذا وذاك فإنني أقصدك أنت وكل من يقرأ من المؤمنين بربنا ومخلصنا يسوع المسيح. كنيسة أفسس إذاً هي المؤمنين بالمسيح الذين يجتمعون معاً في مدينة أفسس.

هَذَا يَقُولُهُ: هذه البداية التي بدأ بها المسيح رسائله لجميع الكنائس تطابق الصيغة التي استخدمها أنبياء العهد القديم في كتاباتهم كمقدمة لكلام النبوة الذي أخذوه من الله (١٢ مرة في سفر زكريا، ٦٥ مرة في سفر حزقيال، ٣٠ مرة في سفر إرميا، و٨ مرات في سفر عاموس)، واستخدام المسيح لهذه الصيغة هنا يدل على أنه يرسل هذه الرسائل باعتباره يهوه إله العهدين وليس إلهاً جديداً أتت به المسيحية، كما أنه يدل أيضاً على أن هذه الرسائل يجب فهمها في سياق أنها نبوة وليس فقط مجموعة من الرسائل الموجهة لكنائس قديمة بعينها [٧].

الْمُمْسِكُ السَّبْعَةَ الْكَوَاكِبَ فِي يَمِينِهِ، الْمَاشِي فِي وَسَطِ السَّبْعِ الْمَنَايِرِ الذَّهَبِيَّةِ:
يعلن المسيح عن نفسه هنا بصفات مأخوذة من (رؤ ١: ١٦،١٣)، وقد شرح الرب معنى هذه الكواكب والمناير في آخر آية من الأصحاح الأول حين قال: " سِرَّ السَّبْعَةِ الْكَوَاكِبِ الَّتِي رَأَيْتَ عَلَى يَمِينِي، وَالسَّبْعِ الْمَنَايِرِ الذَّهَبِيَّةِ: السَّبْعَةُ الْكَوَاكِبُ هِيَ مَلاَئِكَةُ السَّبْعِ الْكَنَائِسِ، وَالْمَنَايِرُ السَّبْعُ الَّتِي رَأَيْتَهَا هِيَ السَّبْعُ الْكَنَائِسِ." (رؤ ١: ٢٠)، وهنا نرى أن الرب يُذَكِّر القائد والكنيسة بأنهم نور في الظلمة، وأن هذه هي وظيفة الكنيسة ورسالتها الأساسية في العالم. إن المنارة لا تعطي الضوء من ذاتها، لكن وظيفتها الأساسية هي حمل الزيت الذي يشتعل فينير المكان، كذلك الكنيسة أيضاً لا تنير للعالم من ذاتها، بل إن الروح القدس الحال فيها والعامل فيها ومنها هو من يضئ للعالم بنور المسيح؛ فالمسيح هو النور الحقيقي الذي ينير كل إنسان (يو ١: ٩)، والكنيسة هي الإناء الذي يحمل هذا النور ويظهره في وسط العالم، فإن خلت المنارة من الزيت وانطفأ نورها فإنها تصير بلا نفع للعالم حتى وإن ظل المجتمع يراها أو يعتبرها مؤسسة ناجحة.
فكيف تُظْهِر الكنيسة نور المسيح للعالم؟
يقول الكتاب المقدس عن الرب يسوع: "فِيهِ كَانَتِ الْحَيَاةُ، وَالْحَيَاةُ كَانَتْ نُورَ النَّاسِ" (يو ١: ٤). إن الحياة التي كانت في المسيح كانت هي نور الناس، بمعنى أنها كانت حياة إلهية نقية مختلفة عن حياة البشر الخطاة الذين في العالم، ولذلك كانت مميزة جداً عن حياة الآخرين. ترى ذلك واضحاً في المواجهات التي خاضها المسيح مع الذين عادوه من اليهود إذ تحداهم أن يبكته أحدهم على خطيئة (يو ٨: ٤٦) فلم يجدوا شيئاً فيه بل شتموه، وحين قبضوا عليه قبل الصلب لم يستطيعوا أن يجدوا له ما يدينونه به سوى تهمة أنه شهد بأنه هو المسيح ابن الله (مت ٢٦: ٦٣-٦٦).
لقد كره العالم المسيح لأن حياته كانت تشهد بأن العالم خاطئ، إذ أن بره العملي في كل تفاصيل حياته كان يظهر فساد العالم المحيط به بشكلٍ جَلِيّ كما يُظْهِر نور النهار اتساخ الملابس الشديد الذي لم يكن مرئياً في ظلام الليل؛ وهذا هو بالضبط دور الكنيسة (جماعة المؤمنين) في العالم، فعلى الكنيسة أن تُظهِر للعالم بر المسيح بأن يعيش أعضاؤها حياة البر العملي تماماً كما عاشها المسيح، وحين يفعل المؤمنون ذلك سيرى العالم فساده في ضوء بر المسيح المعلن من خلال الكنيسة، كما أنه سيعرف من هو الله من خلال صفاته الظاهرة في المؤمنين. هذا هو دور المنارة.
يقول الرسول بولس: "أَنْتُمْ رِسَالَتُنَا، مَكْتُوبَةً فِي قُلُوبِنَا، مَعْرُوفَةً وَمَقْرُوءَةً مِنْ جَمِيعِ النَّاسِ. ظَاهِرِينَ أَنَّكُمْ رِسَالَةُ الْمَسِيحِ، مَخْدُومَةً مِنَّا، مَكْتُوبَةً لاَ بِحِبْرٍ بَلْ بِرُوحِ اللهِ الْحَيِّ، لاَ فِي أَلْوَاحٍ حَجَرِيَّةٍ بَلْ فِي أَلْوَاحِ قَلْبٍ لَحْمِيَّةٍ." (٢كو ٣: ٢-٣).
هذه الآيات تقول أننا رسالة المسيح المكتوبة بالروح القدس إلى العالم، فنحن لا نحمل فقط رسالة الإنجيل، بل إن حياتنا أمام العالم هي أيضاً رسالة، فإذا

انفصلت رسالة الإنجيل التي نحملها عن جوهرنا كرسالة المسيح تصبح رسالة الإنجيل التي نحملها عديمة الثمر والفائدة للناس، كما نصير نحن مرائين تماماً كما كان الفريسيون مرائين في أيام المسيح.
لقد ظن البعض أن المسيح في بداية رسالته إلى هذه الكنيسة يريد أن يشجعهم مظهراً أنه يمسك خاصته في يمينه بقوة وثبات (هذا هو معنى كلمة ممسك المستخدمة هنا في الأصل اليوناني) لأن هذه الكنيسة كانت في خطر أن تُزَحْزَحَ منارتها (سنرى معنى ذلك لاحقاً)، لذلك فقد كان لها إحتياج أن تتذكر أن المسيح يتمشى بين المناير السبع الذهبية ليملأها بالزيت حين تبدأ شعلتها تضعف، ولينيرها ثانية إذا انطفأت (٢)؛ لكن المشهد هنا ليس مشهد تعزية، والرب لم يَظهر في صورة راعي الخراف العظيم، بل في صورة القاضي العادل الذي جاء ليحكم في بيته هو أولاً، وهو بذلك يقصد أن يُذكِّر كنيسة أفسس أنه موجود دائماً في وسطها متابعاً باهتمام أسلوب حياة قادتها وأعضائها، وهو بعينيه الفاحصتين يرى كل خبايا وأسرار حياتهم، وعلى هذا الأساس ينطق بأحكامه على الكنائس، فهو صاحب السلطان واليد العليا في القضاء، وقد يحكم على كنيسة بالنجاح وعلى أخرى بالانتهاء بحسب رؤياه لحقيقة ما يجري في هذه الكنائس.
يقول داود النبي: "يَا رَبُّ، قَدِ اخْتَبَرْتَنِي وَعَرَفْتَنِي. أَنْتَ عَرَفْتَ جُلُوسِي وَقِيَامِي. فَهِمْتَ فِكْرِي مِنْ بَعِيدٍ. مَسْلَكِي وَمَرْبَضِي ذَرَّيْتَ، وَكُلَّ طُرُقِي عَرَفْتَ..... عَجِيبَةٌ هذِهِ الْمَعْرِفَةُ، فَوْقِي ارْتَفَعَتْ، لاَ أَسْتَطِيعُهَا. أَيْنَ أَذْهَبُ مِنْ رُوحِكَ؟ وَمِنْ وَجْهِكَ أَيْنَ أَهْرُبُ؟ إِنْ صَعِدْتُ إِلَى السَّمَاوَاتِ فَأَنْتَ هُنَاكَ، وَإِنْ فَرَشْتُ فِي الْهَاوِيَةِ فَهَا أَنْتَ. إِنْ أَخَذْتُ جَنَاحَيِ الصُّبْحِ، وَسَكَنْتُ فِي أَقَاصِي الْبَحْرِ، فَهُنَاكَ أَيْضًا تَهْدِينِي يَدُكَ وَتُمْسِكُنِي يَمِينُكَ." (مز ١٣٩: ١-٣، ٦-١٠)، فأفكار الإنسان وطرقه ونوايا قلبه وكل شيء مكشوف أمام عيني الله، لذلك فالإنسان الحكيم هو من يسير في مخافة الرب (مز ١١١: ١٠) دون أن يحاول إخفاء أو تجاهل أي أفكار أو نوايا شريرة في قلبه، بل يضعها أمام خالقه طالباً منه أن يظهر حقيقة ما بداخله ويهديه إلى سبل البر كما يقول داود أيضاً: "اخْتَبِرْنِي يَا اَللهُ وَاعْرِفْ قَلْبِي. امْتَحِنِّي وَاعْرِفْ أَفْكَارِي. وَانْظُرْ إِنْ كَانَ فِيَّ طَرِيقٌ بَاطِلٌ، وَاهْدِنِي طَرِيقًا أَبَدِيًّا." (مز ١٣٩: ٢٣-٢٤).
عزيزي القارئ، إني أدعوك في هذه اللحظات أن ترفع قلبك إلى أبيك السماوي وتفصح له عن حقيقة ما بداخل قلبك من أمور لا ترضيه، وافصح له عن رغباتك التي لا تتوافق مع كلمته المقدسة، واطلب منه مثلما طلب داود النبي أن يهديك طريقاً أبدياً، وأن يعطيك نصرة على تلك الأمور التي لا ترضيه.

رؤ ٢: ٢ أَنَا عَارِفٌ أَعْمَالَكَ وَتَعَبَكَ وَصَبْرَكَ، وَأَنَّكَ لاَ تَقْدِرُ أَنْ تَحْتَمِلَ الأَشْرَارَ،
وَقَدْ جَرَّبْتَ الْقَائِلِينَ إِنَّهُمْ رُسُلٌ وَلَيْسُوا رُسُلاً، فَوَجَدْتَهُمْ كَاذِبِينَ.

أنا عارف: هذا التمهيد "أنا عارف" يظهر في كل الرسائل السبعة. إن ذاك الذي "عَيْنَاهُ كَلَهِيبِ نَارٍ" (رؤ ١: ١٤) يعرف كل شيء عن خدامه وأولاده، ومعرفته هذه هي الأساس الذي يبني عليه مديحه أو توبيخه.

أعمالك: كانت هذه الكنيسة ممتلئة بالأعمال الجيدة والخدمة النشيطة، وقد ذكر الرب هنا هذه الأعمال ضمن الأمور التي امتدحها، لكن الأعمال المقصودة هنا قد تعني أيضاً أسلوب حياة الكنيسة ككل [١]. في هذا المدح نرى كم أن أعمال الكنيسة وحياتها المستقيمة أمام الله مهمة، لكن الأهم من ذلك بكثير هو الدافع الداخلي الذي يجعل الكنيسة تقوم بهذه الأعمال. هل هو الحب أم شيء آخر؟

وتعبك: كلمة تعب هنا تعني العمل حتى الإرهاق. والمسيح هنا يقصد تعب المؤمنين في الكرازة والتلمذة من اجل انتشار الانجيل وبناء المؤمنين. إن هذا المديح يظهر لنا كيف أن الرب يرى ويُقَدِّر تعب أولاده في خدمته، فإن كنت تتعب في عمل الرب فإنه يرى تعبك وسوف يمدحك ويجازيك عليه.

وصبرك: الصبر في الكتاب المقدس يختلف عن مفهومنا اليوم عن الصبر بعض الشيء، فالصبر المقصود هنا ليس صبر شخص على حالة مؤسفة يمر بها وليس في يديه أية إمكانية لتغييرها، لكنه يعني "المثابرة"، وهي أن يعمل الشخص بجد في شيء معين واضعا نظره على مكافأة أو نتيجة ستحدث في المستقبل، ويكون انتظار هذه المكافأه أو النتيجة مصحوب بإيمان مبني على كلمة الله.
لقد تكلم الرسول بولس عن هذا النوع من الصبر في رسالته الثانية إلى التسالونيكيين حين قال: "حَتَّى إِنَّنَا نَحْنُ أَنْفُسَنَا نَفْتَخِرُ بِكُمْ فِي كَنَائِسِ اللهِ، مِنْ أَجْلِ صَبْرِكُمْ وَإِيمَانِكُمْ فِي جَمِيعِ اضْطِهَادَاتِكُمْ وَالضِّيقَاتِ الَّتِي تَحْتَمِلُونَهَا،" (٢تس ١: ٤)، ثم صلى طالباً لأجلهم لاحقاً: "الرَّبُّ يَهْدِي قُلُوبَكُمْ إِلَى مَحَبَّةِ اللهِ وَإِلَى صَبْرِ الْمَسِيحِ." (٢تس ٣: ٥)، فالتسالونيكيين كانوا يلاقون اضطهاداً شديداً من الأشرار الذين رفضوا رسالة الخلاص (٢تس ١: ٦)، وكانت صلاة بولس ووصيته لهم هنا هي أن لا يتراجعوا عن تبعية المسيح وعن التبشير باسمه (٢تس ١: ١١؛ ٣: ٤) مذكراً إياهم برجاء الحياة الأبدية الذي لهم، ومصير الهلاك الأبدي الذي سيلاقيه أولئك الذين يضطهدونهم (٢تس ١: ٦-١٠)، كما يُذَكِّرَهم بأنه مهما كانت قوة أولئك الذين يسودون على الأمم ويضطهدون تلاميذ المسيح، فإن الرب مازال هو الأقوى الذي سيدين الجميع في النهاية (٢تس ٢:

١-١٢). هذا الرجاء هو السبب الدائم لصبرنا كتلاميذ للمسيح، تماماً كما كان تتميم الخلاص على خشبة الصليب هو سبب صبر المسيح على كل ما مر به وعاناه من خطاة أشرار كما يقول الكتاب: "لِذَلِكَ نَحْنُ أَيْضاً إِذْ لَنَا سَحَابَةٌ مِنَ الشُّهُودِ مِقْدَارُ هَذِهِ مُحِيطَةٌ بِنَا، لِنَطْرَحْ كُلَّ ثِقْلٍ وَالْخَطِيَّةَ الْمُحِيطَةَ بِنَا بِسُهُولَةٍ، وَلْنُحَاضِرْ بِالصَّبْرِ فِي الْجِهَادِ الْمَوْضُوعِ أَمَامَنَا، نَاظِرِينَ إِلَى رَئِيسِ الإِيمَانِ وَمُكَمِّلِهِ يَسُوعَ، الَّذِي مِنْ أَجْلِ السُّرُورِ الْمَوْضُوعِ أَمَامَهُ احْتَمَلَ الصَّلِيبَ مُسْتَهِيناً بِالْخِزْيِ، فَجَلَسَ فِي يَمِينِ عَرْشِ اللهِ. فَتَفَكَّرُوا فِي الَّذِي احْتَمَلَ مِنَ الْخُطَاةِ مُقَاوَمَةً لِنَفْسِهِ مِثْلَ هَذِهِ لِئَلاَّ تَكِلُّوا وَتَخُورُوا فِي نُفُوسِكُمْ." (عب ١٢: ١-٣)

يُظْهِر لنا هذا الجزء الأول من الآية محل الدراسة مَبدءاً هاماً للغاية، وهو أن عمل الرب ليس رخيصاً، فلا يستطيع تلميذ المسيح أن يخدمه خدمة حقيقية دون العمل والتعب وتحمل المشقات في سبيل ذلك، وفي بعض الأحيان لن يرى التلميذ أي نتائج لخدمته الكثيرة، لكنه يجب ألا يتوانى أو يتراجع، بل أن يُكمل المسير بإيمان أن النتائج والمكافآت ستظهر في وقت الله وليس في وقته هو. لقد خدم إرميا الرب قرابة الأربعين سنة دون أن يرى أية ثمار أو نتائج لخدمته، بل على العكس، فقد كانت الأغلبية العظمى تضطهده وتكره كلامه، بل وتستهزئ به كما يقول الكتاب: "لأَنِّي كُلَّمَا تَكَلَّمْتُ صَرَخْتُ. نَادَيْتُ: ظُلْمٌ وَاغْتِصَابٌ! لأَنَّ كَلِمَةَ الرَّبِّ صَارَتْ لِي لِلْعَارِ وَلِلسُّخْرَةِ كُلَّ النَّهَارِ." (إر ٢٠: ٨)، ونتيجة لذلك قرر إرميا تحت كل هذه الضغوط والظروف السيئة أن يتوقف عن التكلم بكلام الرب، فلم يستطع إذ يقول: "فَقُلْتُ: لاَ أَذْكُرُهُ وَلاَ أَنْطِقُ بَعْدُ بِاسْمِهِ. فَكَانَ فِي قَلْبِي كَنَارٍ مُحْرِقَةٍ مَحْصُورَةٍ فِي عِظَامِي، فَمَلِلْتُ مِنَ الإِمْسَاكِ وَلَمْ أَسْتَطِعْ." (إر ٢٠: ٩). إن الصبر المسيحي في هذه الحالة هو المفتاح الرئيسي الذي يحتاجه كل تلميذ حقيقي ليسوع المسيح لكي يكمل مسيرته مع المسيح ضد العالم الذي حوله الذي قد وضع في الشرير (١يو ٥: ١٩)، لكن الإنسان لا يكتسب الصبر دفعة واحدة، بل يتعلمه من خلال الضيقات كما يقول الكتاب: "وَلَيْسَ ذلِكَ فَقَطْ، بَلْ نَفْتَخِرُ أَيْضًا فِي الضِّيقَاتِ، عَالِمِينَ أَنَّ الضِّيقَ يُنْشِئُ صَبْرًا" (رو ٥: ٤)، فلا تنزعج حين تمر بضيقات، آمن أنه حين يسمح لك الله بالاجتياز فيها، فإنه يرغب أن يعلمك من خلالها دروساً روحية وعملية سوف تغير حياتك وتجعلك أكثر شبهاً بيسوع المسيح. لقد تأثر القديس أغناطيوس كثيراً بصبر مؤمني أفسس فكتب عن نفسه أنه يجب عليه أن يتدرب على الصبر وطول الأناة على يد الأفسسيين [٢٢].

يقول الكتاب المقدس في رسالة بولس الرسول للتسالونيكيين: "مُتَذَكِّرِينَ بِلاَ انْقِطَاعٍ عَمَلَ إِيمَانِكُمْ، وَتَعَبَ مَحَبَّتِكُمْ، وَصَبْرَ رَجَائِكُمْ، رَبَّنَا يَسُوعَ الْمَسِيحَ، أَمَامَ اللهِ وَأَبِينَا" (١تس ١: ٣). هذه الآية الأخيرة تذكر الإيمان والتعب والصبر بنفس الترتيب المذكور في الآية محل الدراسة، لكنها أيضاً تذكر الأمور العملية التي تبرهن عن وجود كل منهم، فالإيمان الحقيقي يكون له ثمر هو عمل الإيمان،

والكتاب المقدس يتكلم عن الأعمال التي تثبت وجود الإيمان قائلاً: " مَا الْمَنْفَعَةُ يَا إِخْوَتِي إِنْ قَالَ أَحَدٌ إِنَّ لَهُ إِيمَانًا وَلكِنْ لَيْسَ لَهُ أَعْمَالٌ، هَلْ يَقْدِرُ الإِيمَانُ أَنْ يُخَلِّصَهُ؟ إِنْ كَانَ أَخٌ وَأُخْتٌ عُرْيَانَيْنِ وَمُعْتَازَيْنِ لِلْقُوتِ الْيَوْمِيِّ، فَقَالَ لَهُمَا أَحَدُكُمُ: امْضِيَا بِسَلاَمٍ، اسْتَدْفِئَا وَاشْبَعَا وَلكِنْ لَمْ تُعْطُوهُمَا حَاجَاتِ الْجَسَدِ، فَمَا الْمَنْفَعَةُ؟ هكَذَا الإِيمَانُ أَيْضًا، إِنْ لَمْ يَكُنْ لَهُ أَعْمَالٌ، مَيِّتٌ فِي ذَاتِهِ. لكِنْ يَقُولُ قَائِلٌ: أَنْتَ لَكَ إِيمَانٌ، وَأَنَا لِي أَعْمَالٌ أَرِنِي إِيمَانَكَ بِدُونِ أَعْمَالِكَ، وَأَنَا أُرِيكَ بِأَعْمَالِي إِيمَانِي. أَنْتَ تُؤْمِنُ أَنَّ اللهَ وَاحِدٌ. حَسَنًا تَفْعَلُ. وَالشَّيَاطِينُ يُؤْمِنُونَ وَيَقْشَعِرُّونَ! وَلكِنْ هَلْ تُرِيدُ أَنْ تَعْلَمَ أَيُّهَا الإِنْسَانُ الْبَاطِلُ أَنَّ الإِيمَانَ بِدُونِ أَعْمَالٍ مَيِّتٌ؟ أَلَمْ يَتَبَرَّرْ إِبْرَاهِيمُ أَبُونَا بِالأَعْمَالِ، إِذْ قَدَّمَ إِسْحَاقَ ابْنَهُ عَلَى الْمَذْبَحِ؟ فَتَرَى أَنَّ الإِيمَانَ عَمِلَ مَعَ أَعْمَالِهِ، وَبِالأَعْمَالِ أُكْمِلَ الإِيمَانُ، وَتَمَّ الْكِتَابُ الْقَائِلُ: فَآمَنَ إِبْرَاهِيمُ بِاللهِ فَحُسِبَ لَهُ بِرًّا وَدُعِيَ خَلِيلَ اللهِ. تَرَوْنَ إِذًا أَنَّهُ بِالأَعْمَالِ يَتَبَرَّرُ الإِنْسَانُ، لاَ بِالإِيمَانِ وَحْدَهُ. كَذلِكَ رَاحَابُ الزَّانِيَةُ أَيْضًا، أَمَا تَبَرَّرَتْ بِالأَعْمَالِ، إِذْ قَبِلَتِ الرُّسُلَ وَأَخْرَجَتْهُمْ فِي طَرِيقٍ آخَرَ؟ لأَنَّهُ كَمَا أَنَّ الْجَسَدَ بِدُونِ رُوحٍ مَيِّتٌ، هكَذَا الإِيمَانُ أَيْضًا بِدُونِ أَعْمَالٍ مَيِّتٌ." (يع ٢: ١٤-٢٦).

أما المحبة الحقيقية لله، فنتيجتها الطبيعية هي أن يتعب الشخص من أجل من يحب، أما التعب بدون محبة فليست له قيمة إذ يقول الكتاب المقدس: "إِنْ كُنْتُ أَتَكَلَّمُ بِأَلْسِنَةِ النَّاسِ وَالْمَلاَئِكَةِ وَلكِنْ لَيْسَ لِي مَحَبَّةٌ، فَقَدْ صِرْتُ نُحَاسًا يَطِنُّ أَوْ صَنْجًا يَرِنُّ. وَإِنْ كَانَتْ لِي نُبُوَّةٌ، وَأَعْلَمُ جَمِيعَ الأَسْرَارِ وَكُلَّ عِلْمٍ، وَإِنْ كَانَ لِي كُلُّ الإِيمَانِ حَتَّى أَنْقُلَ الْجِبَالَ، وَلكِنْ لَيْسَ لِي مَحَبَّةٌ، فَلَسْتُ شَيْئًا. وَإِنْ أَطْعَمْتُ كُلَّ أَمْوَالِي، وَإِنْ سَلَّمْتُ جَسَدِي حَتَّى أَحْتَرِقَ، وَلكِنْ لَيْسَ لِي مَحَبَّةٌ، فَلاَ أَنْتَفِعُ شَيْئًا. " (١كو ١٣: ١-٣).

لاحظ أن الرب يسوع في رسالته إلى كنيسة أفسس لم يقل لها "أنا عارف تعب محبتك"، أو "أنا عارف محبتك"، لكنه قال أنا عارف تعبك، ففي بعض الأحيان يتعب المؤمنون من أجل الرب في الخدمة، لكن مع الوقت تبرد المحبة ويبقى التعب والخدمة، ويتحولان من نتيجة للمحبة إلى إلتزام في حد ذاته، أو إلى مصدر للإشباع الشخصي، أو إلى طريقة للاحتفاظ بمكانة إجتماعية في الكنيسة، لذلك فعلى التلميذ الحقيقي أن يراجع دوافعه دائماً وأن يصلي في كل وقت: " اختبرني يا الله واعرف قلبي. امتحني واعرف أفكاري" (مز ١٣٩: ٢٣).

أما الرجاء الحقيقي فينتج الصبر الفعَّال الذي يتكلم عنه الكتاب المقدس كما سبق وشرحنا. (قارن مع: عب ١٠: ٣٢-٣٦ و يع ٥: ٧-١١)

وَأَنَّكَ لاَ تَقْدِرُ أَنْ تَحْتَمِلَ الأَشْرَارَ: لقد كان مؤمني أفسس كذلك في مبادئهم أو في ممارساتهم أو في كليهما. هؤلاء الذين عاشوا حياة مستبيحة وتبنوا تعاليم خاطئة ضالة، لم تحتملهم الكنيسة بمعنى أنها لم تقبلهم في الوسط ولم تعطهم الفرصة لنشر تعاليمهم، ولم تدعهم يشتركون في الشركة المقدسة (كسر الخبز) (١كو ٥: ٧-١٢). لقد عاتبوهم ووبخوهم بحسب مقدار خطأهم، وأفرزوا من وسطهم

المعاندين والغير قابلين للتقويم، كما أفرزوا أنفسهم من العلاقات مع الذين لم يتبعوا الترتيب (٢يو ١: ١٠-١١)، ورفضوا المهرطقين بعد الإنذار الأول والثاني (تي ٣: ١٠-١١) (٢٣). لقد رأى الله غيرة ملاك كنيسة أفسس للتقويم والتهذيب الكنسي وامتدحها.

وَقَدْ جَرَّبْتَ الْقَائِلِينَ إِنَّهُمْ رُسُلٌ وَلَيْسُوا رُسُلاً، فَوَجَدْتَهُمْ كَاذِبِينَ: حدث هذا في مدينة أفسس بعد أن تركها بولس الرسول حيث دخلها ذئاب في ثياب حملان كما قام من بينهم من يتكلمون بتعاليم منحرفة. وقد سبق بولس وحذر قسوس كنيسة أفسس من هؤلاء حين قال لهم: "لأَنِّي أَعْلَمُ هذَا: أَنَّهُ بَعْدَ ذِهَابِي سَيَدْخُلُ بَيْنَكُمْ ذِئَابٌ خَاطِفَةٌ لاَ تُشْفِقُ عَلَى الرَّعِيَّةِ. وَمِنْكُمْ أَنْتُمْ سَيَقُومُ رِجَالٌ يَتَكَلَّمُونَ بِأُمُورٍ مُلْتَوِيَةٍ لِيَجْتَذِبُوا التَّلاَمِيذَ وَرَاءَهُمْ." (أع ٢٠: ٢٩-٣٠)
نذكر هنا مثالين من التاريخ الكنسي عن هؤلاء المهرطقون: الأول جاء على فم كل من القديسين ترتليان (٢٤) وجيروم (٢٥) عن يوحنا الرسول أنه حين كتب أحد القسوس في أفسس سيرة بولس الرسول وادعى أن كتابه قانوني (canonical) - بمعنى أنه وحي - فإن الرسول يوحنا أدان الكاتب والكتاب كليهما. أما المثال الثاني فجاء على لسان القديس إيرينيوس عن سيرينثوس (Cerinthus) المهرطق (٥٠ - ١٠٠ ميلادية)، وهو من أوائل الغنوسيين (سنشرح بعضاً من أفكارهم بأكثر تفصيل لاحقاً)، ويقول القديس إيرينيوس أن يوحنا الرسول كتب بداية إنجيله بهذه الطريقة ليُفَنِّد وينهي على تعاليم سيرينثوس الهرطوقية (٢٦)، كما أنه يذكر أيضاً أن الرسول يوحنا رفض أن يظل تحت نفس السقف (في نفس المكان) مع هذا المهرطق حينما رآه في المكان الذي كان ذاهباً إليه (٢٧).
على كل تلميذ حقيقي للمسيح إذاً أن يمتحن دائماً التعليم الذي يسمعه. لقد امتدح الرب يسوع كنيسة أفسس في هذا الجزء لأنها كانت تفعل ذلك، كما امتدح الكتاب المقدس أهل بيرية لأنهم كانوا يفحصون الكتب كل يوم ليروا إن كانت شهادة بولس حق أم أنه إنسان مبتدع (أع ١٧: ١٠-١١)، وأيضاً أوصى الرسول يوحنا المؤمنين مُساقاً من الروح القدس: "أَيُّهَا الأَحِبَّاءُ، لاَ تُصَدِّقُوا كُلَّ رُوحٍ، بَلِ امْتَحِنُوا الأَرْوَاحَ: هَلْ هِيَ مِنَ اللهِ؟ لأَنَّ أَنْبِيَاءَ كَذَبَةً كَثِيرِينَ قَدْ خَرَجُوا إِلَى الْعَالَمِ." (١يو ٤: ١)، لذلك فمن المهم ألا تصدق كل تعليم تسمعه حتى وإن كان من أشخاص تثق فيهم، بل إفحص الكلمة دائماً لترى إن كان هذا التعليم صحيحاً أم لا.

لقد ترك بولس الرسول تلميذه تيموثاوس في أفسس لكي يصحح التعليم الذي يقوله هؤلاء المهرطقون ولكي يسلط الضوء على المحبة على أساس أنها غاية الوصية كما يوضح الكتاب قائلاً: "إِلَى تِيمُوثَاوُسَ، الابْنِ الصَّرِيحِ فِي الإِيمَانِ: نِعْمَةٌ وَرَحْمَةٌ وَسَلاَمٌ مِنَ اللهِ أَبِينَا وَالْمَسِيحِ يَسُوعَ رَبِّنَا. كَمَا طَلَبْتُ إِلَيْكَ أَنْ تَمْكُثَ فِي أَفَسُسَ، إِذْ كُنْتُ أَنَا ذَاهِبًا إِلَى مَكِدُونِيَّةَ، لِكَيْ تُوصِيَ قَوْمًا أَنْ لاَ يُعَلِّمُوا تَعْلِيمًا

آخَرَ، وَلاَ يُصْغُوا إِلَى خُرَافَاتٍ وَأَنْسَابٍ لاَ حَدَّ لَهَا، تُسَبِّبُ مُبَاحَثَاتٍ دُونَ بُنْيَانِ اللهِ الَّذِي فِي الإِيمَانِ. وَأَمَّا غَايَةُ الْوَصِيَّةِ فَهِيَ الْمَحَبَّةُ مِنْ قَلْبٍ طَاهِرٍ، وَضَمِيرٍ صَالِحٍ، وَإِيمَانٍ بِلاَ رِيَاءٍ. الأُمُورُ الَّتِي إِذْ زَاغَ قَوْمٌ عَنْهَا، انْحَرَفُوا إِلَى كَلاَمٍ بَاطِلٍ. يُرِيدُونَ أَنْ يَكُونُوا مُعَلِّمِي النَّامُوسِ، وَهُمْ لاَ يَفْهَمُونَ مَا يَقُولُونَ، وَلاَ مَا يُقَرِّرُونَهُ.......هذِهِ الْوَصِيَّةُ أَيُّهَا الابْنُ تِيمُوثَاوُسُ أَسْتَوْدِعُكَ إِيَّاهَا حَسَبَ النُّبُوَّاتِ الَّتِي سَبَقَتْ عَلَيْكَ، لِكَيْ تُحَارِبَ فِيهَا الْمُحَارَبَةَ الْحَسَنَةَ، وَلَكَ إِيمَانٌ وَضَمِيرٌ صَالِحٌ، الَّذِي إِذْ رَفَضَهُ قَوْمٌ، انْكَسَرَتْ بِهِمِ السَّفِينَةُ مِنْ جِهَةِ الإِيمَانِ أَيْضًا، الَّذِينَ مِنْهُمْ هِيمِينَايُسُ وَالإِسْكَنْدَرُ، اللَّذَانِ أَسْلَمْتُهُمَا لِلشَّيْطَانِ لِكَيْ يُؤَدَّبَا حَتَّى لاَ يُجَدِّفَا. " (١تيم ١: ٢-٧، ١٨-٢٠)

إذاً فالتعاليم الخاطئة التي تكلم عنها بولس الرسول في هذه الآيات تنقسم إلى:

- تعليماً آخر (غير الذي علّمه بولس في الكنيسة).
- خرافات وأنساب (نسب للمسيح أو لأحد الرسل أو نسب يهودي).
- العودة إلى تعاليم الناموس.
- تجاديف (كلام أثيم، فيه افتراء على - أو طعن في - الله أو احد أقانيم الثالوث).

أما غاية الوصية بحسب هذه الآيات السابقة فهي المحبة من قلب طاهر وضمير صالح وإيمان بلا رياء.

من الواضح أن الشيطان كان قد استطاع أن يحول نظر الكنيسة عن الهدف الأساسي من الوصية ويشغلهم بأمور أخرى كثيرة. هذه الآيات كتبت حوالي سنة ٦٢ ميلادية، لكن هذه المشكلة في الكنيسة استمرت أو عادت مرة أخرى بعد العلاج، وكانت هي المشكلة الأساسية في الكنيسة في الوقت الذي كتب يوحنا فيه سفر الرؤيا في نهاية القرن الأول الميلادي.

لقد أستودع بولس هذه الوصية لتيموثاوس وطلب منه أن يحارب فيها المحاربة الحسنة. إن الحفاظ على المحبة للمؤمنين الآخرين وخاصة المختلفين معنا قد يكون أمر صعب في بعض الأحيان، لكن الله يريدنا أن نحارب فيه لكي نحافظ عليه، كما أن بولس لم يكتف بذلك، لكنه أكد على هذا المبدأ في رسالته إلى كنيسة أفسس أيضاً ليحثهم على أن يجتهدوا ليحافظوا على الوحدة والمحبة المتبادلة قائلاً: "فَأَطْلُبُ إِلَيْكُمْ، أَنَا الأَسِيرَ فِي الرَّبِّ: أَنْ تَسْلُكُوا كَمَا يَحِقُّ لِلدَّعْوَةِ الَّتِي دُعِيتُمْ بِهَا. بِكُلِّ تَوَاضُعٍ، وَوَدَاعَةٍ، وَبِطُولِ أَنَاةٍ، مُحْتَمِلِينَ بَعْضُكُمْ بَعْضًا فِي الْمَحَبَّةِ. مُجْتَهِدِينَ أَنْ تَحْفَظُوا وَحْدَانِيَّةَ الرُّوحِ بِرِبَاطِ السَّلاَمِ. جَسَدٌ وَاحِدٌ، وَرُوحٌ وَاحِدٌ، كَمَا دُعِيتُمْ أَيْضًا فِي رَجَاءِ دَعْوَتِكُمُ الْوَاحِدِ." (أف ٤: ١-٤)

رؤ ٢: ٣ وَقَدِ احْتَمَلْتَ وَلَكَ صَبْرٌ، وَتَعِبْتَ مِنْ أَجْلِ اسْمِي وَلَمْ تَكِلَّ.

القراءة الأدق لهذه الآية في المخطوطات الأقدم تأتي كالتالي: "ولك صبر واحتملت من أجل اسمي ولم تكل" (٢)، والمعنى أن ملاك الكنيسة لم يكل في تحمله من أجل اسم المسيح؛ ولعلنا نلاحظ التضاد الموجود في قول الرب: "لاَ تَقْدِرُ أَنْ تَحْتَمِلَ الأَشْرَارَ" في عدد ٢ وبين قوله هنا للملاك: "احْتَمَلْتَ"، فالرب هنا يتكلم عن نوعين من الاحتمال: الأول هو احتمال الأشرار في وسط الكنيسة وهذا أمر يرفضه الرب كما ذكرنا سابقاً لأن الكتاب يقول صراحة: "لَيْسَ افْتِخَارُكُمْ حَسَنًا. أَلَسْتُمْ تَعْلَمُونَ أَنَّ خَمِيرَةً صَغِيرَةً تُخَمِّرُ الْعَجِينَ كُلَّهُ؟ إِذًا نَقُّوا مِنْكُمُ الْخَمِيرَةَ الْعَتِيقَةَ، لِكَيْ تَكُونُوا عَجِينًا جَدِيدًا كَمَا أَنْتُمْ فَطِيرٌ. لأَنَّ فِصْحَنَا أَيْضًا الْمَسِيحَ قَدْ ذُبِحَ لأَجْلِنَا. إِذًا لِنُعَيِّدْ، لَيْسَ بِخَمِيرَةٍ عَتِيقَةٍ، وَلاَ بِخَمِيرَةِ الشَّرِّ وَالْخُبْثِ، بَلْ بِفَطِيرِ الإِخْلاَصِ وَالْحَقِّ." (١كو ٥: ٦-٨). لقد كان بولس يتكلم في هذه الآيات عن زاني كورنثوس، والخميرة في الكتاب المقدس تتكلم دائماً عن الخطيئة [باستثناء (مت ١٣: ٣٣) والمكررة في (لو ١٣: ٢١) حيث اختلف عليها المفسرون]، والتنقية في هذه الآيات تعني إخراج ونبذ ذلك الخاطئ من وسط العجين (الذي هو الكنيسة) لكي لا تنتشر هذه الخطيئة في باقي العجين فيختمر كله ويفسد؛ أما النوع الثاني من الاحتمال الذي يتكلم عنه الرب في عدد ٣ فهو احتمال المشقات والاضطهاد ومقاومة الأشرار للكرازة مع الاستمرار في عمل الرب دون كلل حباً للرب وطاعة له (٢٣).

نرى أيضاً في هذه الآية بعضاً من استراتيجيات إبليس لإضعاف الكنائس، فإن لم يكن لدى الملاك صبر بإيمان فإنه لن يستطيع احتمال اضطهاد الأشرار بصمود لفترة طويلة، وكما رأينا سابقاً فإن الرجاء هو دائماً المصدر الأساسي لهذا الصبر المبارك؛ ثم نرى أيضاً في قول الرب "وَلَمْ تَكِلَّ" ما يحاول الشيطان أن يفعله مع الكنيسة، فكلما أطال الشيطان زمن الاضطهاد والرفض لرسالة الكنيسة كلما زاد ذلك من احتمال أن تفقد الكنيسة حماسها وينطفئ قلبها المشتعل فتتراجع عن إكمال مسيرتها في الكرازة، وهو ما سوف يضعفها بشدة ويجعلها كنيسة غير مؤثرة.

هل هذا هو ما يحدث معك عزيزي القارئ؟ هل يضعف الشيطان من عزيمتك بإطالة وقت مضايقاته لك؟ إن كان هذا هو ما يحدث، فاطلب من الرب أن يضع في قلبك ذلك الرجاء الذي يحفظك من التخلي عن الخدمة والرؤيا التي سبق ووضعها الرب على قلبك، واطلب منه أيضاً أن يعطيك القدرة لتكمل بلا كلل إذ أن الرب هو الوحيد الذي يستطيع أن "يُعْطِي الْمُعْيِيَ قُدْرَةً، وَلِعَدِيمِ الْقُوَّةِ يُكَثِّرُ شِدَّةً." (إش ٤٠: ٢٩).

مِنْ أَجْلِ اسْمِي: لقد رأى الرب بعينيه الفاحصتين أن كنيسة أفسس كانت تفعل كل ما سبق من أجل اسم الرب، وليس من أجل اسمها أو اسم ملاكها أو اسم أي شخص أو منظمة أو سلطة أو هيئة أخرى، ومن أجل ذلك امتدحها الرب. قد يخدم الكثيرين ويتعبون في العمل الكنسي، لكنهم لا يفعلوا ذلك لأجل اسم الرب بل لكي تعلو وتلمع أسماؤهم ويصبحوا مشهورين أو يأخذوا مكانة بين المؤمنين، وهو أمر خطر جداً لأنه يؤدي إلى تصلف الشخص ورفضه للتعليم الصحيح والمعلمين الحقيقيين كما يقول يوحنا الرسول: "كَتَبْتُ إِلَى الْكَنِيسَةِ، وَلكِنَّ دِيُوتْرِيفِسَ -الَّذِي يُحِبُّ أَنْ يَكُونَ الأَوَّلَ بَيْنَهُمْ- لاَ يَقْبَلُنَا. مِنْ أَجْلِ ذلِكَ، إِذَا جِئْتُ فَسَأُذَكِّرُهُ بِأَعْمَالِهِ الَّتِي يَعْمَلُهَا، هَاذِرًا عَلَيْنَا بِأَقْوَال خَبِيثَةٍ. وَإِذْ هُوَ غَيْرُ مُكْتَفٍ بِهذِهِ، لاَ يَقْبَلُ الإِخْوَةَ، وَيَمْنَعُ أَيْضًا الَّذِينَ يُرِيدُونَ، وَيَطْرُدُهُمْ مِنَ الْكَنِيسَةِ. أَيُّهَا الْحَبِيبُ، لاَ تَتَمَثَّلْ بِالشَّرِّ بَلْ بِالْخَيْرِ، لأَنَّ مَنْ يَصْنَعُ الْخَيْرَ هُوَ مِنَ اللهِ، وَمَنْ يَصْنَعُ الشَّرَّ، فَلَمْ يُبْصِرِ اللهَ." (٣يو ٩-١١).

رؤ ٢: ٤ لَكِنْ عِنْدِي عَلَيْكَ أَنَّكَ تَرَكْتَ مَحَبَّتَكَ الأُولَى.

في اللغة اليونانية تُقرأ هذه الآية هكذا: "عندي عليك هذا الأمر الفظيع، أنك تركت محبتك... محبتك الأولى (بالتشديد على المحبة)"؛ والمقصود بالمحبة هنا هو حبنا للإله وحبنا لإخوتنا، وهي لا توصف بأنها الأولى لكونها أتت أولاً في التوقيت، لكنها قد تكون الأولى من حيث المكانة، وهو ما يتفق مع قول الرب يسوع: "مَنْ أَحَبَّ أَبًا أَوْ أُمًّا أَكْثَرَ مِنِّي فَلاَ يَسْتَحِقُّنِي، وَمَنْ أَحَبَّ ابْنًا أَوِ ابْنَةً أَكْثَرَ مِنِّي فَلاَ يَسْتَحِقُّنِي" (مت ١٠: ٣٧)، فالرب لا يقبل أن تأتي محبته في مرتبة ثانية بعد أي شخص أو شيء آخر إذ يقول الرب يسوع في الكتاب المقدس شارحاً أعظم وصايا الناموس: "وَسَأَلَهُ وَاحِدٌ مِنْهُمْ، وَهُوَ نَامُوسِيٌّ، لِيُجَرِّبَهُ قِائِلًا: يَا مُعَلِّمُ، أَيَّةُ وَصِيَّةٍ هِيَ الْعُظْمَى فِي النَّامُوسِ؟ فَقَالَ لَهُ يَسُوعُ: تُحِبُّ الرَّبَّ إِلهَكَ مِنْ كُلِّ قَلْبِكَ، وَمِنْ كُلِّ نَفْسِكَ، وَمِنْ كُلِّ فِكْرِكَ. هذِهِ هِيَ الْوَصِيَّةُ الأُولَى وَالْعُظْمَى. وَالثَّانِيَةُ مِثْلُهَا: تُحِبُّ قَرِيبَكَ كَنَفْسِكَ. بِهَاتَيْنِ الْوَصِيَّتَيْنِ يَتَعَلَّقُ النَّامُوسُ كُلُّهُ وَالأَنْبِيَاءُ" (مت٢٢: ٣٥-٤٠).

لقد وقفت كثيراً أمام ما قاله الرب في (مت ١٠: ٣٧)، فأنا كأي أب صالح أحب أولادي كثيراً جداً أكثر حتى مما أحب نفسي، وحين حاولت تطبيق هذه الآية على نفسي وجدتني أسأل الرب: "كيف تريدني أن أفعل ذلك؟ إنه أمر صعب للغاية." لكن الرب يقول بوضوح أننا إن لم نحبه هو أكثر من أي شخص آخر فإننا لا نستحقه، فالرب لا يدعونا لأن نكره الآخرين، بل أن تفوق محبتنا له أي محبة لأي شخص أو شيء آخر. فهل تحب الرب فعلاً من كل قلبك ونفسك وفكرك وقدرتك أكثر من أي شئ أو شخص آخر مهما كان هذا الشخص؟ إن

كانت الإجابة لا فاطلب من الرب أن يسكب محبته في قلبك فتستطيع أن تحبه بهذا الحب وبالتالي تستطيع أن تحب الآخرين أيضاً.
لقد سبق وأوصى الرب شعبه في القديم بأن يحبوا إخوتهم قائلاً: "لا تَنْتَقِمْ وَلا تَحْقِدْ عَلَى ابْنَاءِ شَعْبِكَ بَلْ تُحِبُّ قَرِيبَكَ كَنَفْسِكَ. انَا الرَّبُّ." (لا ١٩: ١٨)، لكن المسيح في حديثه الأخير للتلاميذ أوصاهم قائلاً: "وَصِيَّةً جَدِيدَةً أَنَا أُعْطِيكُمْ: أَنْ تُحِبُّوا بَعْضُكُمْ بَعْضاً. كَمَا أَحْبَبْتُكُمْ أَنَا تُحِبُّونَ أَنْتُمْ أَيْضاً بَعْضُكُمْ بَعْضاً." (يو ١٣: ٣٤)، والجديد في وصية المسيح لتلاميذه هو مقدار وعمق هذا الحب، فهو ليس فقط كما يحب الإنسان نفسه، بل كما أحب الرب تلاميذه وأحبنا، وهو بالتالي حب أعمق وأقوى بكثير من الحب الذي تكلمت عنه شريعة موسى إذ أن حب الرب لنا وصل إلى الحد الذي أهان الرب فيه نفسه وأسلمها للتعذيب والموت لكي ما ينجينا من الهلاك، ليس ذلك فقط، بل إن حب الرب قد انسكب للجميع سواء كانوا من تلاميذه أو من أولئك الذين صرخوا أصلبه، فهل نحب نحن إخوتنا بهذا المستوى من الحب؟ أم أننا نسلك كما يسلك العالم في خصام وعداوة وشقاق؟

لقد استخدمت اللغة اليونانية القديمة أربعة كلمات مختلفة لوصف أربعة أنواع من الحب هي:
١- ستورج (Storge): وهي كلمة تصف حب أفراد العائلة لبعضهم (المحبة الأسرية أو العائلية)، وهي ليست مذكورة في العهد الجديد.
٢- إروس (Eros): وهي كلمة تصف محبة الشهوة الجنسية، ومنها اشتُقَت الكلمة الإنجليزية (Erotic)، وهذه الكلمة أيضاً غير مذكورة في العهد الجديد.
٣- فيلو (Phileo): وهي كلمة تصف محبة الأخوة لبعضهم، وقد ذكرت هذه الكلمة عدة مرات في العهد الجديد كما في قول الرب: "لَوْ كُنْتُمْ مِنَ الْعَالَمِ لَكَانَ الْعَالَمُ يُحِبُّ (Phileo) خَاصَّتَهُ. وَلَكِنْ لأَنَّكُمْ لَسْتُمْ مِنَ الْعَالَمِ بَلْ أَنَا اخْتَرْتُكُمْ مِنَ الْعَالَمِ لِذَلِكَ يُبْغِضُكُمُ الْعَالَمُ." (يو ١٥: ١٩)، فالعالم يصادق ويآخي فقط من يتفقون معه، أما المختلفين عنه فيبغضهم تماماً كما أبغض الرب يسوع، لذلك فإن اضطهاد العالم وبغضه للمؤمنين هو الأمر الطبيعي وليس العكس، وكل مؤمن يحاول أن يتصالح مع العالم فإنه عليه أن يضحي أولاً بتبعيته الحقيقية للرب.
٤- أغابي (Agape): وهي الكلمة اليونانية المذكورة في الآية محل الدراسة، وهذه الكلمة تصف حب الله المضحي الذي لا ينتظر مقابل إذ يقول الكتاب المقدس: "وَاسْلُكُوا فِي الْمَحَبَّةِ كَمَا أَحَبَّنَا الْمَسِيحُ أَيْضاً وَأَسْلَمَ نَفْسَهُ لأَجْلِنَا، قُرْبَاناً وَذَبِيحَةً لِلَّهِ رَائِحَةً طَيِّبَةً." (أف ٥: ٢)، فالمسيح أحبنا وأسلم نفسه لأجلنا ونحن بعد خطاة وليس حين طلبناه أو آمنا به إذ يقول الكتاب أيضاً: "وَلَكِنَّ اللهَ بَيَّنَ مَحَبَّتَهُ لَنَا، لأَنَّهُ وَنَحْنُ بَعْدُ خُطَاةٌ مَاتَ الْمَسِيحُ لأَجْلِنَا." (رو ٥: ٨).

إن الأسئلة الأساسية التي يجب أن يسألها كل مؤمن لنفسه دائماً هي: هل أسلك في المحبة نحو إخوتي بالمستوى والمثال الذي تكلم عنه الرب هنا؟ وهل محبتي

لهم متوقفة على تصرفاتهم واتفاقهم معي في الآراء والتصرفات؟ ولماذا أحب الله؟ هل أحبه لأجل منفعة شخصية، أو هل أنتظر مقابل من الله لمحبتي له؟
يقول الكتاب المقدس: "وَنَحْنُ قَدْ عَرَفْنَا وَصَدَّقْنَا الْمَحَبَّةَ الَّتِي للهِ فِينَا. اَللهُ مَحَبَّةٌ، وَمَنْ يَثْبُتْ فِي الْمَحَبَّةِ، يَثْبُتْ فِي اللهِ وَاللهُ فِيهِ. بِهذَا تَكَمَّلَتِ الْمَحَبَّةُ فِينَا: أَنْ يَكُونَ لَنَا ثِقَةٌ فِي يَوْمِ الدِّينِ، لأَنَّهُ كَمَا هُوَ فِي هذَا الْعَالَمِ، هكَذَا نَحْنُ أَيْضًا. لاَ خَوْفَ فِي الْمَحَبَّةِ، بَلِ الْمَحَبَّةُ الْكَامِلَةُ تَطْرَحُ الْخَوْفَ إِلَى خَارِجٍ لأَنَّ الْخَوْفَ لَهُ عَذَابٌ. وَأَمَّا مَنْ خَافَ فَلَمْ يَتَكَمَّلْ فِي الْمَحَبَّةِ. نَحْنُ نُحِبُّهُ لأَنَّهُ هُوَ أَحَبَّنَا أَوَّلاً. إِنْ قَالَ أَحَدٌ إِنِّي أُحِبُّ اللهَ وَأَبْغَضَ أَخَاهُ، فَهُوَ كَاذِبٌ. لأَنَّ مَنْ لاَ يُحِبُّ أَخَاهُ الَّذِي أَبْصَرَهُ، كَيْفَ يَقْدِرُ أَنْ يُحِبَّ اللهَ الَّذِي لَمْ يُبْصِرْهُ؟ وَلَنَا هذِهِ الْوَصِيَّةُ مِنْهُ: أَنَّ مَنْ يُحِبُّ اللهَ يُحِبُّ أَخَاهُ أَيْضًا." (١يو ٤: ١٦-٢١)، كما يقول أيضاً: "اَلَّذِي عِنْدَهُ وَصَايَايَ وَيَحْفَظُهَا فَهُوَ الَّذِي يُحِبُّنِي وَالَّذِي يُحِبُّنِي يُحِبُّهُ أَبِي وَأَنَا أُحِبُّهُ وَأُظْهِرُ لَهُ ذَاتِي." (يو ١٤: ٢١)
فإذا درسنا هذين الجزئين الكتابيين بعناية فإننا نتعلم عدة أمور منهما كالتالي:

- لا خوف في المحبة: محبة الله لي تطرح خوفي إلى خارج حتى في أحلك الظروف، فإيماني بأن الرب يحبني بلا حدود يُطمئِن قلبي وأنا أسيرُ في الحياة عالماً أنه لن يغدر بي أبداً. (قارن مع: مز ٣٧: ٢٣-٢٦)
- إن كنت تبغض أخاك الإنسان فأنت لا تحب الله ولا تعرفه. إن من يتمتع بحب الله لا يستطيع أن يبغض أخاه.
- حب الله ليس بالمشاعر فقط لأن المشاعر تتغير. الحب المذكور هنا هو "أغابي"، بمعنى أنه حب مضحي من جهة المؤمن أيضاً، وأحد جوانب هذه التضحية هي أن يطيع المؤمن وصايا الرب بالرغم من أنها قد لا تروقه في بعض الأحيان؛ أما الجانب الآخر لتلك التضحية فهو عدم انتظار المؤمن لأي مقابل لطاعته لله، فطاعة المؤمن سببها الوحيد هو حبه للرب وليس انتظاره أو توقعه الحصول على شيء في مقابل هذا الحب.

يصف لنا أيضاً بولس الرسول أهمية حب الأغابي في رسالته إلى أهل كورنثوس قائلاً: "إِنْ كُنْتُ أَتَكَلَّمُ بِأَلْسِنَةِ النَّاسِ وَالْمَلاَئِكَةِ وَلكِنْ لَيْسَ لِي مَحَبَّةٌ، فَقَدْ صِرْتُ نُحَاسًا يَطِنُّ أَوْ صَنْجًا يَرِنُّ. وَإِنْ كَانَتْ لِي نُبُوَّةٌ، وَأَعْلَمُ جَمِيعَ الأَسْرَارِ وَكُلَّ عِلْمٍ، وَإِنْ كَانَ لِي كُلُّ الإِيمَانِ حَتَّى أَنْقُلَ الْجِبَالَ، وَلكِنْ لَيْسَ لِي مَحَبَّةٌ، فَلَسْتُ شَيْئًا. وَإِنْ أَطْعَمْتُ كُلَّ أَمْوَالِي، وَإِنْ سَلَّمْتُ جَسَدِي حَتَّى أَحْتَرِقَ، وَلكِنْ لَيْسَ لِي مَحَبَّةٌ، فَلاَ أَنْتَفِعُ شَيْئًا." (١كو ١٣: ١-٣)، فالحب الذي يطلب الله منا أن نحبه له وللآخرين هو الذي يجعل لحياتنا المسيحية قيمة، إذ أن بدونه يصير كل شيء آخر بلا معنى أو قيمة في نظر الله وفي عيني الناس أيضاً.
بعد ذلك يتطرق بولس إلى وصف صفات حب الأغابي ليشرح لكل مؤمن معنى ذلك الحب الذي يطلبه الله منه قائلاً: "الْمَحَبَّةُ تَتَأَنَّى (تصبر) وَتَرْفُقُ (تشفق). الْمَحَبَّةُ لاَ تَحْسِدُ. الْمَحَبَّةُ لاَ تَتَفَاخَرُ (لا تتباهى)، وَلاَ تَنْتَفِخُ (لا تتكبر)، وَلاَ تُقَبِّحُ

(لا تتصرف أو تتكلم دون لياقة)، وَلاَ تَطْلُبُ مَا لِنَفْسِهَا (لا تسعى إلى تحقيق غاياتها الشخصية - ليست أنانية)، وَلاَ تَحْتَدُّ (ليست سريعة الإهتياج)، وَلاَ تَظُنُّ السُّوءَ (أو\او لا تحفظ سجلاً للإساءات)، وَلاَ تَفْرَحُ بِالإِثْمِ (لا تفرح بالشر) بَلْ تَفْرَحُ بِالْحَقِّ، وَتَحْتَمِلُ كُلَّ شَيْءٍ (تحتمل، أو تغطي كالسقف أو تحمي أو تحتفظ بالسر دائماً)، وَتُصَدِّقُ كُلَّ شَيْءٍ، وَتَرْجُو كُلَّ شَيْءٍ (تنتظر النتائج الجيدة بفرح وثقة كاملة)، وَتَصْبِرُ عَلَى كُلِّ شَيْءٍ (تحتمل دائماً، لا تتراجع أو تقل تحت أي ظرف من الظروف بل تبقى ثابتة). اَلْمَحَبَّةُ لاَ تَسْقُطُ أَبَدًا (لا تموت ولا تقل أو تتلاشى)." (١كو ١٣: ٤-٨).

إن هذه الآيات السابقة التي تصف حب الأغابي تتكلم إلى كل مؤمن وتوبخ قلبه على أمور يفعلها في حق إخوته لا تتفق مع مبادئ هذا النوع من الحب الذي سبق الله وأجزله لنا ومازال يجزله متأنياً علينا ومتوقعاً منا أن نجزله نحن أيضاً لإخوتنا إذ سبق أن تذوقناه وتمتعنا به، لكن العائق الذي يمنع الكثير من المؤمنين من إجزال هذا النوع من الحب لإخوتهم عادة ما يكون عدم إدراكهم القلبي واختبارهم وتمتعهم ببعض أو معظم جوانب هذا الحب، فمثلاً المؤمن الذي يحتفظ للآخرين بسجل إساءاتهم كثيراً ما يكون غير متمتع بالإحساس بغفران الله لبعض خطاياه السالفة، فهو قد يكون محتفظاً لنفسه بسجل أخطائه الشخصية، كما أن المؤمن الأناني الذي يطلب دائماً ما لنفسه كثيراً ما يكون غير متمتع بإشباع الله لاحتياجاته الشخصية مع أن الله لم يمنع عنه شيئاً يحتاجه من قبل، لكنه لا يدرك مدى حب الله المليء بالعطاء له.

لذلك عزيزي القارئ فإني أدعوك أن تقرأ معي هذه الآيات مرة ثانية وأن تطلب من الرب أن يفحص قلبك بتلك الآيات وأن يعلن لك عن مواضع الخلل في حبك لله وللآخرين، وأن يعلن لقلبك بشكل جديد عن حبّه الفياض لك في كل موضع من مواضع الخلل تلك لتتغير إلى صورته المليئة بالحب للجميع. يقول الكتاب المقدس: "وَنَحْنُ جَمِيعًا نَاظِرِينَ مَجْدَ الرَّبِّ بِوَجْهٍ مَكْشُوفٍ، كَمَا فِي مِرْآةٍ، نَتَغَيَّرُ إِلَى تِلْكَ الصُّورَةِ عَيْنِهَا، مِنْ مَجْدٍ إِلَى مَجْدٍ، كَمَا مِنَ الرَّبِّ الرُّوحِ." (٢كو ٣: ١٨)، فالحل لنقص الحب من جهة المؤمن لأخيه ليس في أن يحاول جاهداً أن يصلح من أخطائه ويتغير، بل أن ينظر للرب ويرى ويدرك حب الله المتدفق له أولاً، وهو ما سيجعله يمتلئ بهذا الحب ويفيض به للآخرين دون أدنى عناء.

رؤ ٢: ٥ فَاذْكُرْ مِنْ أَيْنَ سَقَطْتَ وَتُبْ، وَاعْمَلِ الأَعْمَالَ الأُولَى، وَإِلاَّ فَإِنِّي آتِيكَ عَنْ قَرِيبٍ وَأُزَحْزِحُ مَنَارَتَكَ مِنْ مَكَانِهَا، إِنْ لَمْ تَتُبْ.

لم يستهل الرب رسائله بهذه الرسالة إلى كنيسة أفسس على سبيل المصادفة، بل لأن موضوع المحبة يأتي على رأس أولوياته حتى أنه هدد هذه الكنيسة بزحزحة

منارتها إن لم تتب، وهو ما سوف نشرح معناه لاحقاً، والرب يطلب من الكنيسة هنا ٣ أشياء: أذكر، تب، اعمل. هذه الثلاثة مرتبطة، فلا يمكن أن تتوب بدون أن تذكر ولا يمكن أن تعمل بدون أن تتوب كما سنرى...

فَاذْكُرْ مِنْ أَيْنَ سَقَطْتَ: يحمل التركيب اللغوي لهذه الجملة معنيين:
١- أذكر الحالة أو المكانة التي سقطت منها، ولا تقبل الحالة الأقل لأن الله أيضاً لا يقبلها.
٢- أذكر ما هي نقطة التحول التي منها سقطت، أو بكلمات أخرى: "أذكر كيف سقطت" [قارن معنى كلمة "من أين" المذكورة في هذه الآية مع تلك مع المذكورة في (مت ١٣: ٢٧) وفي (يو ١: ٤٨) إذ أنهم جميعاً نفس الكلمة في اللغة اليونانية]، وهذا يعني أن هناك خطيئة أو قرار خاطئ جعل هذا الملاك وتلك الكنيسة تحب شيئاً آخر أكثر من محبتها للمسيح وللمؤمنين.
إن الطريقة الثانية لفهم هذا المقطع أفضل من الأولى لأن بقية الجملة تطلب من الكنيسة أن تتوب، والتوبة هي الاعتراف بالخطأ الذي تذكرته الكنيسة، ثم تغيير المسار الذي كانت الكنيسة تسلك فيه، فدائماً ما تكون الخطيئة هي السبب الرئيسي لبرود المحبة إذ يقول الكتاب المقدس: "وَلِكَثْرَةِ الإِثْمِ تَبْرُدُ مَحَبَّةُ الْكَثِيرِينَ." (مت ٢٤: ١٢)، لذلك انتبه دائماً عزيزي القارئ ألا تترك الخطايا وإن كانت صغيرة دون أن تحكم عليها وتتوب عنها أولاً بأول.
إن الهدف الذي يبتغيه إبليس من وراء إيقاع المؤمن في الخطيئة هو أن يفصله عن الله كما يقول الكتاب المقدس: "بَلْ آثَامُكُمْ صَارَتْ فَاصِلَةً بَيْنَكُمْ وَبَيْنَ إِلهِكُمْ، وَخَطَايَاكُمْ سَتَرَتْ وَجْهَهُ عَنْكُمْ حَتَّى لاَ يَسْمَعَ." (إش ٥٩: ٢)، ويقول أيضاً: "إِنْ رَاعَيْتُ إِثْمًا فِي قَلْبِي لاَ يَسْتَمِعُ لِيَ الرَّبُّ." (مز ٦٦: ١٨)، فحين يفصل إبليس المؤمن بالخطايا عن الشركة الحميمة الدائمة مع الرب، تبدأ محبة المؤمن في البرود، والبرود لا يحدث في لحظة لكنه أمر تدريجي يأخذ بعض الوقت، وحين يبرد المؤمن يبدأ إبليس في استغلال ذلك لإيقاعه في خطايا أشد يريد من خلالها تدمير ذلك المؤمن أو تدمير سمعته لكي لا يستطيع أن يخدم الرب ثانية، والحل دائماً وفي أي مرحلة من هذه المراحل هو التوبة.
إن فتور المحبة قد لا يؤرِّق الكثير من المؤمنين مثل ارتكاب الخطايا، لكنه في الحقيقة قد يكون أشد فتكاً لأنه يسحب المؤمن دون أن يدري أو يدرك إلى حالة من الفتور واللامبالاة الروحية التي بدورها تجعل حياته بلا تأثير أو قيمة حقيقية، وسوف ندرس هذه الحالة من الفتور باستفاضة حين نصل إلى كنيسة اللاودكيين.

وَاعْمَلِ الأَعْمَالَ الأُولَى: الأعمال المذكورة هنا تأتي بخلاف الأعمال المذكورة في عدد ٢ في قول الرب: "أَنَا عَارِفٌ أَعْمَالَكَ وَتَعَبَكَ وَصَبْرَكَ"، والمقصود بهذه الأعمال الأولى هو تلك الأعمال التي كانت موجودة قبل أن تبرد محبة هذه الكنيسة، والمؤمنون كثيراً ما يخدمون الرب ويتعبون في خدمته وهم باردين،

وتكون خدمتهم هذه مدفوعة بإحساسهم بالمسؤولية أو بسبب مكانتهم في الكنيسة، أو قد تكون مدفوعة بتشجيع الآخرين أو لكي يحتفظوا بصورة روحية أو مكانة ما أمام الآخرين، وهذا النوع من الخدمة يراه الله ويعرفه، لكنه ليس نوع الخدمة الذي يأتي بالثمر، وهو أيضاً ليس نوع الخدمة الذي يريده الله، والآيات هنا واضحة: فالله يطلب من كنيسة أفسس أن تتوب عن خطيئتها وأن تعود إلى الأعمال الأولى وَإِلَّا فَإِنِّي آتِيكَ عَنْ قَرِيبٍ وَأُزَحْزِحُ مَنَارَتَكَ مِنْ مَكَانِهَا، إِنْ لَمْ تَتُبْ.

وَإِلَّا فَإِنِّي آتِيكَ عَنْ قَرِيبٍ: يأتي الفعل آتيك في الأصل اليوناني في المضارع، والمخطوطات القديمة لا تحتوي على اللفظ "عن قريب"، فيكون التركيب الصحيح لهذه الآية: "وإلا فإني آت اليك"، واستخدام الرب لزمن المضارع يدل على أن هذا الإتيان ليس أمر مستقبلي بل هو أمر وشيك الحدوث أو في طريقه إلى الحدوث. لكننا يجب أيضاً ألا ننسى أن الله موجود في كل مكان، وهو ليس ببعيد عن الكنيسة في أي وقت. فهو إذاً لا يعني بهذا التعبير أنه يتحرك من مكان آخر متجهاً نحو الكنيسة، لكنه يريد أن يوضح من خلال هذا التعبير أنه سيغير من طريقة تعامله مع هذه الكنيسة في القريب العاجل، فبدلاً من إظهار لطفه وطول أناته، فإنه مزمع أن يستخدم عصا التأديب (٢٨)، فهو آتٍ الآن ليزيح منارة هذه الكنيسة، والشيء الوحيد الذي سيوقف هذا هو توبة هذه الكنيسة؛ ومن هذا نتعلم أن الاستمرار في الخطيئة بدون توبة له نتائج حتمية، وأن عدم رؤية نتائج فورية للخطيئة ليس معناه أن النتائج ليست قادمة حتماً، وقد تأتي في القريب العاجل.

وَأُزَحْزِحُ مَنَارَتَكَ مِنْ مَكَانِهَا، إِنْ لَمْ تَتُبْ: هذا التهديد بزحزحة المنارة ليس معناه أن الله سيزيح ملاك الكنيسة من مكانه، لكن معناه أن الله سينهي وجود هذه الكنيسة في هذا المكان وسيحرك المنارة إلى مكان آخر، فالهدف من المنارة أساساً هو أن تحمل النور وتنشره، لكن بدون دافع الحب الحقيقي، تفقد هذه المنارة المسيحية هدفها الرئيسي، وبالتالي تفقد حقها في البقاء كجزء من عمل الرب؛ وقد تستمر هذه الكنيسة كمؤسسة ناجحة في عيني الإنسان الطبيعي، لكنها ستفقد دورها الإلهي، أو بكلمات أدق: سيُفقدها الرب دورها ويلفظها من عمله وخطته الإلهية.

تاريخياً: يبدو من كتابات القديس إغناطيوس في بداية القرن الثاني الميلادي بعد وقت قليل من كتابة يوحنا للرسالة أن كنيسة أفسس ثابت على الأقل لفترة قصيرة، فقد امتدح إغناطيوس الحب ونقاوة التعليم في كنيسة أفسس (٢٩).
في القرن الثالث الميلادي وبالتحديد سنة ٢٦٣ ميلادية تم تدمير مدينة أفسس على يد "القوط" (The Goths) وهم شعب من شرق ألمانيا الحالية، ثم تم

إعادة بناء المدينة، لكن أهميتها كمركز تجاري انخفضت لأن الميناء استدت مع الوقت بالطمي بسبب نهر كوجوكندرز (ميناء أفسس القديمة يقع اليوم على بعد ٥ كيلومترات من الشاطئ)، بعد ذلك دمرت المدينة جزئياً بسبب زلزال ضربها سنة ٦١٤ ميلادية. أخيراً استسلمت المدينة في ٢٤ أكتوبر سنة ١٣٠٤ للجيش التركي الذي نقض اتفاق الإستسلام ونهب كنيسة القديس يوحنا ورحَّل معظم السكان إلى اليونان حين شعر أنهم قد يثورون ضد الحكم التركي. في أثناء هذه الأحداث تم إبادة الكثير من السكان المتبقين، وكانت هذه هي نهاية مدينة أفسس.
نتعلم من هذه الأحداث التاريخية أمراً آخر مهم هو أن حياة التوبة يجب أن تستمر، فلا يكفي أن تغير طريقك لفترة ثم تعود إلى ما كنت عليه من قبل. هذا الأمر يمثل تحدي حقيقي لكثيرين، لكنه أمر أساسي لكل تلميذ حقيقي للمسيح، ودائماً مفتاح النصرة هو الحياة الثابتة في الله، والتوبة أولاً بأول عن جميع الخطايا الصغيرة والكبيرة.
يعلمنا الكتاب المقدس عن استراتيجيات الشيطان: أنه "يُبْلِي قِدِّيسِي الْعَلِيِّ" (دا ٧: ٢٥) بمعنى أنه يعرضهم لظروف قاسية حتى يبلوا كالثوب القديم. كما يقول أيضاً: "وَرَأَيْتُ الْمَرْأَةَ (بابل) سَكْرَى مِنْ دَمِ الْقِدِّيسِينَ وَمِنْ دَمِ شُهَدَاءِ يَسُوعَ" (رؤ ١٧: ٦)، ويظهر هنا أنها ليست سكرى من دم الشهداء فقط بل من دم القديسين الأحياء أيضاً، وهذا يُظهِر جانب آخر من استراتيجيات الشيطان، وهو أنه يحاول أن يسحب الحياة من المؤمنين حتى وإن استغرق ذلك الكثير من الوقت، فالوقت لا يهمه كثيراً لكن النتائج أهم. هذا الأمر من المهم أن ندركه جيداً في حربنا اليومية ضد العالم الذي يحكمه الشيطان.

رؤ ٢ : ٦ وَلَكِنْ عِنْدَكَ هَذَا: أَنَّكَ تُبْغِضُ أَعْمَالَ النُّقُولاَوِيِّينَ الَّتِي أُبْغِضُهَا أَنَا أَيْضاً.

عِنْدَكَ هَذَا أَنَّكَ تُبْغِضُ ... الَّتِي أُبْغِضُهَا: من الملاحظ هنا أن الرب يمتدح الملاك والكنيسة على أنهم يبغضون أموراً يقول أنه هو أيضاً يبغضها، فالرب يبغض الخطيئة ويريدنا نحن أيضاً أن نبغضها، ومعنى ذلك أننا إن أحببنا الخطيئة وسلكنا فيها فهذا معناه أننا لا نحب الرب. يؤكد الكتاب المقدس على هذا المعنى قائلاً: "وَهذِهِ هِيَ الْمَحَبَّةُ: أَنْ نَسْلُكَ بِحَسَبِ وَصَايَاهُ." (٢يو ٦)، فالسلوك بالحق هو تجسيد وبرهان لمحبة المسيح الموجودة في قلب المؤمن.

النُّقُولاَوِيِّينَ: لقد ذكر الكتاب المقدس النيقولاويين مرتين جاء كليهما في نفس الأصحاح: المرة الأولى جاءت هنا، وهي تتكلم عن أعمال النيقولاويين، أما المرة الثانية فكانت في الرسالة إلى كنيسة برغامس، وهي تتكلم عن تعاليم

النيقولاويين. يقول الكثير من آباء الكنيسة الأوائل من أمثال القديس ترتليان وكليمندس وهيبوليتوس وغيرهم أن النيقولاويين كانوا يتبعون شخصاً إسمه نيقولاوس، ويقول بعضهم أنه هو نفسه نيقولاوس المذكور في (أع ٦: ٥)، والذي كان أحد أوائل الشمامسة في العهد الجديد.
يقول القديس كليمندس عن النيقولاويين: إن أولئك الذين يدَّعون أنهم أتباع نيقولاوس يحفظون أحد أقوال الرجل ويدَّعون أنها تعني أن الإنسان يجب أن يسئ استخدام الجسد، لكن هذا الرجل الرائع أظهر أنه يجب علينا الحد من الملذات والرغبات وأن نستخدم هذا الانضباط لإضعاف نبضات ونزوات الجسد. إن أولئك الذين يتمرغون في الملذات كالماعز فإنهم - يمكنك القول - ينتهكون الجسد، كما أنهم منغمسين في متع الهوى، لكنهم لا يدركون أن الجسد ذا الطبيعة العابرة يقع في الخرق بينما تُدْفَنُ النفس في مستنقع الرذيلة. كل ذلك يحدث حين يتبعون توجيهات (تعاليم) اللذة بدلاً من شخص ذا إيمان رسولي [٣٠]. يتفق البعض من أمثال القديس بيدي Saint Bede مع هذا الرأي بينما يتهم آخرون - مثل القديس إيرينيوس - الشماس نيقولاوس بأنه مصدر هذه الهرطقة [٣١].
سوف نتكلم عن بعض أفكار وتعاليم النيقولاويين بأكثر استفاضة في تفسير الرسالة إلى كنيسة برغامس، لكن من المهم أن ننتبه إلى عدة نقاط في هذا الجزء:
١- هرطقة النيقولاويين بدأت بأعمال في كنيسة أفسس ثم تطورت إلى تعاليم في كنيسة برغامس.
٢- كانت أعمالهم مرفوضة من كنيسة أفسس، لكن قَبِلَهُم البعض في كنيسة برغامس وصارت لهم تعاليم تنتشر في وسط الكنيسة.
٣- الرب يشهد في رسائله إلى الكنيستين أنه يبغض كلاً من أعمال النيقولاويين وتعاليمهم لكنه لا يقول أبداً أنه يكره النيقولاويين أنفسهم لأن الله يحب الخاطئ لكنه يكره الخطيئة.
هذه النقاط الثلاثة توضح استراتيجية أخرى للشيطان وهي أنه يحاول أن يغوي الكنائس من خلال بعض المؤمنين الجدد أو الدخلاء أو حتى بعض أعضاء الكنيسة لكي يمارسوا بعض الأمور التي يرفضها الله، وذلك لكي يتهاون المؤمنون في قداستهم؛ وحتى إن رفضت الكنيسة أعمال هؤلاء، فإن استمرارهم مفيد بالنسبة للشيطان، ذلك لأن وجودهم يتحول بعد فترة إلى أمر واقع، ومع الوقت يصير مقبولاً من البعض في الكنيسة، ثم بعد وقت تتحول أعمالهم إلى رأي كنسي معترف به (تعاليم) ثم يتم قبوله بشكل أوسع وهكذا، وهذه صورة أخرى لسياسة النَفَس الطويل التي ينتهجها الشيطان مع الكنائس. العلاج لهذا الأمر يكمن في فهم وممارسة التأديب الكنسي كما يعلمه الكتاب المقدس، وهو موضوع آخر يمكن دراسته لاحقاً؛ لكن ببساطة يمكننا أن نرى هنا أن الرب يشجع الأفسسيين لأنهم يبغضون هذه الأعمال، وفي الرسالة إلى كنيسة برغامس يوبخهم على التمسك بتعاليمهم ويأمرهم بأن يتوبوا.

رؤ ٢: ٧ مَنْ لَهُ أُذُنٌ فَلْيَسْمَعْ مَا يَقُولُهُ الرُّوحُ لِلْكَنَائِسِ. مَنْ يَغْلِبُ فَسَأُعْطِيهِ أَنْ يَأْكُلَ مِنْ شَجَرَةِ الْحَيَاةِ الَّتِي فِي وَسَطِ فِرْدَوْسِ اللهِ.

مَنْ لَهُ أُذُنٌ فَلْيَسْمَعْ: هذه الخاتمة في كل رسالة تُذَكِّرنا بخاتمة الكثير من أمثال المسيح (قارن مع: مت ١١: ١٥ ، مت ١٣: ٩)، ومن الملاحظ أنه مع أن الرسائل موجهة في بدايتها إلى ملائكة الكنائس، إلا أن التشجيع والوعد في نهاية كل رسالة موجه لكل مؤمن، فكل تلميذ حقيقي للمسيح يجب أن يسمع لأجل نفسه، فمن الممكن أن تفنى كنيسته، لكنه إن غلب هو فسيحيا، أو قد تُتَوج كنيسته بإكليل الحياه، ولكنه إن انغلب فسيخسر هو المكافأة.
من الملاحظ هنا أيضاً أن الرب لا يقول: من له أذنين فليسمع كما في الأناجيل (مت ١١: ١٥؛ ١٣: ٩؛ مر ٧: ١٦)، بل يقصر الرب الحاجة هنا إلى أذن واحدة وكأنه يريد أن يقول أنه حتى لو كان هذا المؤمن تائه إلى حد كبير في العالم أو ساقط في خطيئة عدم المحبة ولا يعرف كيف يسمع الله بوضوح بأذنيه، فيكفيه أذن واحدة أو التفاتة سريعة إلى ما يقوله الرب في رسائله ليسمع ويفهم ما يريد الرب منه أن يفعله مع ضعفه.
كما أننا يمكن أن نرى من الاستخدام العام لنداء "من له أذنان للسمع فليسمع" في العهد الجديد (مت ١٣: ٩-١٧؛ مر ٤: ٩، ٢٣؛ لو ٨: ٨) أن له دلالة واضحة على أن الرسالة الرمزية سوف تُستَقبل من مختارين يقبلونها ومن غير مؤمنين يرفضونها، وبناء على هذا فإن التحذير والنصيحة التي يقولها المسيح هنا قد تفترض جمهور مختلط من المستمعين سيستجيب فقط جزء منهم بإيجابية [٧]، فهل أنت ضمن هؤلاء؟ اشجعك أن ترفع قلبك معي إلى إلهنا وتطلب منه أن يُنَبِّه أذنك وقلبك لتستمع لصوته وتستجيب لتوجيهاته.

مَا يَقُولُهُ الرُّوحُ: يلاحظ القارئ المتأني أن المتكلم إلى يوحنا بهذه الرسائل هو المسيح، بينما تقول رسالته هنا أنها كلمات الروح إلى الكنائس! وقد احتار البعض في تفسير هذا الجزء فقالوا أن الروح هنا قد تكون روح النبوة أو روح المسيح ذاته [١]، ورأى آخرون أنه كما أن المسيح قال للسامرية أن الله بكل أقانيمه هو روح (يو ٤: ٢٤) فكذلك المسيح قال عن نفسه أنه الروح في هذه الآية [٢٨]، لكن كاتب هذه السطور يرى أن التفسير الأدق لهذا المقطع هو أن يوحنا قد سبق وقال في الأصحاح الأول أنه كان في الروح في يوم الرب (رؤ ١: ١٠)، وهذا معناه أنه كان تحت قوة وسيطرة الروح القدس [٣٢]، فكان يرى ويسمع أموراً في عالم الروح وكأنه يراها ويسمعها بعينيه وأذنيه الجسدية [٣٣] حتى أنه وصف أنه سمع صوت خلفه والتفت إليه فرأى المسيح (رؤ ١: ١٠-١٣)، وقد تكلم المسيح بكلمات هذه الرسائل ليوحنا من خلال الروح القدس

الذي أعطَى ليوحنا القدرة على سماع الرسائل من المسيح. أي أن المتكلم بالرسالة هو المسيح، لكن الوسيط الذي قام بتوصيل الرسالة إلى يوحنا وإلى الكنائس وأعطاهم القدرة على سماعها وفهمها هو الروح القدس. من هذا نفهم أيضاً أن المسيح يسكن في هذه الكنائس من خلال الروح القدس (٧).
وعلى كل حال، فهذه الرسائل ليست من يوحنا الرسول لكنها رسائل من السماء، ويوحنا هو فقط الأداة التي استخدمها ابن الله وروح الله لتوصيل الرسائل.

لِلْكَنَائِسِ: ليس ما يقوله الروح لهذه الكنيسة، بل ما يقوله للكنائس، فمحتوى كل رسالة من هذه الرسائل إنما هو مُوجَّه لكل واحد من المؤمنين، كما أنه مُوجَّه للسبع كنائس وللكنيسة المسيحية ككل، وهو أيضاً مُوجَّه إلى كنيسة أفسس على وجه الخصوص.
من الملاحظ أيضا أنه في الرسائل الثلاثة الأولى يأتي التشجيع لسماع وطاعة الرسالة قبل الوعد الذي يعده الرب للمنتصر، وفي الرسائل الأربعة الأخيرة يأتي التشجيع بعد الوعد خاتماً للرسالة. هل هذا التغيير في الترتيب مقصود أم غير متعمد؟ بالتأكيد هو أمر مقصود، وسوف نشرح السبب لاحقاً حين نأتي إلى التغيير في الكنيسة الرابعة.

مَنْ يَغْلِبُ: كلمة "يَغْلِبُ" من الكلمات المميزة لكتابات يوحنا الرسول، فقد جاءت ٧ مرات في إنجيله ورسالته الأولى و١٦ مرة في سفر الرؤيا، غير ذلك جاءت مرتين فقط في (لو ١١: ٢٢) وفي (رو ١٢: ٢١). والمقصود بالغالب في سياق هذه الرسالة هو من أكمل مسيرته إلى النهاية متمسكاً بحب المسيح كأساس وسبب ومصدر لكل ما يقدمه من خدمات سواء أعمال أو تعب أو صبر.
إن الغالبين في سفر الرؤيا ليسوا أولئك الذين غلبوا أعداء أرضيين بالقوة، ولكنهم أولئك الذين بقوا أمناء للمسيح إلى النهاية، والنصرة التي حققوها على نفس نهج نصرة المسيح على عود الصليب (١).

فَسَأُعْطِيهِ أَنْ يَأْكُلَ: المسيح هو الوحيد الذي له الحق في أن يعطي لأي إنسان أن يأكل من شجرة الحياة، فهو القاضي العادل الذي حرم آدم من الأكل منها في تكوين ٣ حتى لا يعيش في خطاياه وآلامه إلى الأبد، وهو أيضاً الذي سيعطي للمفديين وللغالبين أن يأكلوا منها في نهاية الأيام ويحيوا في محضره في أورشليم السمائية بلا احتياج مادي أو روحي إلى الأبد.

مِنْ شَجَرَةِ الْحَيَاةِ: مصطلح شجرة الحياة يعني "الشجرة التي تعطي الحياة"، تماماً مثل مصطلح "ماء الحياة" المذكور في (رؤ ٢١: ٦) (٢)، وآخر ذكر لشجرة الحياة التي كانت موجودة في وسط الجنة جاء في تكوين ٣ حين وضع الله ملائكة كروبيم ولهيب سيف متقلب ليحرسوا الطريق إليها حتى لا يأكل منها

آدم وحواء ويحيا إلى الأبد بعد أن سقطا وأكلا من ثمر شجرة معرفة الخير والشر (تك ٣: ٢٢-٢٤)، ثم نجد في سفر الأمثال تشبيه آخر بها إذ يقول الكتاب عن الحكمة: "هِيَ شَجَرَةُ حَيَاةٍ لِمُمْسِكِيهَا وَالْمُتَمَسِّكُ بِهَا مَغْبُوطٌ." (أم ٣: ١٨). (قارن أيضاً مع: أم ١١: ٣٠؛ ١٣: ١٢؛ ١٥: ٤)
ثم يصف الكتاب لاحقاً أورشليم السمائية ويقول: "فِي وَسَطِ سُوقِهَا وَعَلَى النَّهْرِ مِنْ هُنَا وَمِنْ هُنَاكَ شَجَرَةُ حَيَاةٍ تَصْنَعُ اثْنَتَيْ عَشْرَةَ ثَمَرَةً، وَتُعْطِي كُلَّ شَهْرٍ ثَمَرَهَا، وَوَرَقُ الشَّجَرَةِ لِشِفَاءِ الأُمَمِ." (رؤ ٢٢: ٢)، وقد رأى حزقيال منظراً مماثلاً لمياه تخرج من الهيكل وتُكَوِّن نهراً وصفه قائلاً: "وَعَلَى النَّهْرِ يَنْبُتُ عَلَى شَاطِئِهِ مِنْ هُنَا وَمِنْ هُنَاكَ كُلُّ شَجَرٍ لِلأَكْلِ, لاَ يَذْبُلُ وَرَقُهُ وَلاَ يَنْقَطِعُ ثَمَرُهُ. كُلَّ شَهْرٍ يُبَكِّرُ لأَنَّ مِيَاهَهُ خَارِجَةٌ مِنَ الْمَقْدِسِ, وَيَكُونُ ثَمَرُهُ لِلأَكْلِ وَوَرَقُهُ لِلدَّوَاءِ." (حز ٤٧: ١٢)

وهناك ٣ كلمات تترجم "حياة" في العهد الجديد:
١- "بيوس" (Bios) التي ذكرت حوالي ١٠ مرات في العهد الجديد، وتعني حياة الجسد المادي، ومنها اشتقت كلمة "بيولوجي (Biology)" (لو ٨: ١٤).
٢- "بسوتشي" (Psuche) وتتكلم عن حياة النفس البشرية من فكر ومشاعر وإرادة (مت ١٦: ٢٥).
٣- "زوي" (Zoe) التي تعني الحياة الأبدية، وهي حياة الله كما يقول الكتاب: "وَنَحْنُ فِي الْحَقِّ فِي ابْنِهِ يَسُوعَ الْمَسِيحِ. هَذَا هُوَ الإِلَهُ الْحَقُّ وَالْحَيَاةُ الأَبَدِيَّةُ." (١يو ٥: ٢٠). ذكرت هذه الكلمة أكثر من ١٠٠ مرة في العهد الجديد. وهي نفس الكلمة المذكورة هنا في "شجرة الحياة"، كما أنها هي نفسها المذكورة في "ماء حياة" (رؤ ٢١: ٦)، وفي "خبز الحياة" (يو ٦: ٣٥).

وبهذا يمكننا هنا أن نقارن شجرة الحياة بالمسيح الذي قال عن نفسه أنه الخبز الحي الذي نزل من السماء: "أَنَا هُوَ الْخُبْزُ الْحَيُّ الَّذِي نَزَلَ مِنَ السَّمَاءِ. إِنْ أَكَلَ أَحَدٌ مِنْ هذَا الْخُبْزِ يَحْيَا إِلَى الأَبَدِ. وَالْخُبْزُ الَّذِي أَنَا أُعْطِي هُوَ جَسَدِي الَّذِي أَبْذِلُهُ مِنْ أَجْلِ حَيَاةِ الْعَالَمِ«." (يو ٦: ٥١)، فحين وقع آدم في الخطيئة وأكل من شجرة معرفة الخير والشر حُرِمَ من علاقة الشركة مع الله ومن شجرة الحياة التي عَيَّن الله ملائكة (كروبيم) ولهيب سيف متقلب ليحرسها حتى لا يقترب إليها ادم وحواء (تك ٣: ٢٢-٢٤)؛ ومن كل ذلك نفهم أن اللعنة التي مَنَعَت آدم من الأكل من شجرة الحياة سوف تُلْغَى في المسيح لمن يغلب، فقد كان الموت هو نتيجة الأكل من شجرة معرفة الخير والشر في جنة عدن، أما في اورشليم السمائية فالحياة والشفاء هما نتيجة الأكل من شجرة الحياة، أو بكلمات أخرى الإيمان بالمسيح الذي تشير إليه شجرة الحياة، فالله يعكس في نهاية الأيام ما حدث في البداية حين أخطأ آدم.

بهذا يكون لكل مؤمن حقيقي بالمسيح يسوع رجاءاً إذ أنه وإن مات فسيحيا ثانية ويقوم من الأموات بجسد ممجد في قيامة الأبرار تماماً كما قام المسيح بالجسد باكورة للراقدين (١كو ١٥: ١)، كما أنه سيأخذ حياة أبدية. يقول الكتاب عن هذا الرجاء: "حَتَّى إِذَا تَبَرَّرْنَا بِنِعْمَتِهِ، نَصِيرُ وَرَثَةً حَسَبَ رَجَاءِ الْحَيَاةِ الأَبَدِيَّةِ." (تي ٣: ٧)، ويقول أيضاً: "بُولُسُ، عَبْدُ اللهِ، وَرَسُولُ يَسُوعَ الْمَسِيحِ، لأَجْلِ إِيمَانِ مُخْتَارِي اللهِ وَمَعْرِفَةِ الْحَقِّ، الَّذِي هُوَ حَسَبُ التَّقْوَى، عَلَى رَجَاءِ الْحَيَاةِ الأَبَدِيَّةِ، الَّتِي وَعَدَ بِهَا اللهُ الْمُنَزَّهُ عَنِ الْكَذِبِ، قَبْلَ الأَزْمِنَةِ الأَزَلِيَّةِ،" (تي ١: ١-٢)

الَّتِي فِي وَسَطِ فِرْدَوْسِ اللهِ: لفظ فردوس الله هو لفظ فارسي الأصل، وهو يعني "حديقة" أو "ساحة ترفيه"، وهذا المصطلح الكتابي لم يُذْكَر منذ قصة آدم وحواء إلا عندما قال الرب يسوع للِّص المصلوب معه: "الْحَقَّ أَقُولُ لَكَ: إِنَّكَ الْيَوْمَ تَكُونُ مَعِي فِي الْفِرْدَوْسِ" (لو ٢٣: ٤٣). نفهم من هذا أن الفردوس هو مكان الراحة للمقدسين الذين رحلوا عن العالم (٢). ثم يقول بولس الرسول في رسالته الثانية إلى أهل كورنثوس: "أَعْرِفُ إِنْسَانًا فِي الْمَسِيحِ ... اخْتُطِفَ هذَا إِلَى السَّمَاءِ الثَّالِثَةِ ... أَنَّهُ اخْتُطِفَ إِلَى الْفِرْدَوْسِ، وَسَمِعَ كَلِمَاتٍ لاَ يُنْطَقُ بِهَا، وَلاَ يَسُوغُ لإِنْسَانٍ أَنْ يَتَكَلَّمَ بِهَا." (٢كو ١٢: ٢-٤). من هذا نفهم أن الفردوس موجود في السماء الثالثة.

يجد أيضاً الدارس المدقق لكلمة الله أن المخطوطات القديمة مثل الفولجاتا والسريانية والقبطية وغيرها تقرأ "فردوس إلهي" بدلاً من "فردوس الله"، وعلى الدارس أن يلاحظ أيضاً أن المتكلم هنا هو المسيح وليس يوحنا، وهو بذلك ينسب الفردوس إلى الآب باعتباره إلهه (قارن مع ما قاله المسيح في: يو ٢٠: ١٧، ومع ما كتبه بولس في: أف ١: ١٧).

لقد كان لدى الأباطرة الرومان حدائق كبيرة جميلة في قصورهم، وكان يمكن لضيوفهم من الشرفاء والأغنياء فقط أن يتمتعوا بالتجول في هذه الحدائق، لكن المسيحيين المضطهدون الفقراء بسبب سلب أموالهم واستقصائهم من المجتمع لم يكونوا ليحلموا برؤية تلك الحدائق والتمشي فيها، كما أننا سبق أن تكلمنا في مقدمة هذه الرسالة عن الشجرة التي كانت موجودة في ساحة هيكل أرطاميس التي كانت ترمز للحياة وكان الناس يلمسونها لكي ينجبوا الأطفال أو لكي ينالوا الصحة. من هذا يمكننا أن نرى في هذه المكافأة الإلهية للمؤمن تعويضاً عن كل ما تألم به في الحياة، فبدلاً من اضطهاد الإمبراطور الروماني سوف يكافئه الرب باستقباله للتمتع بفردوس الأب ليس فقط كضيف شرف لكن كأحد أفراد أسرته (أف ٢: ١٩)، وبدلاً من العزلة الاجتماعية التي تعرضوا لها ورفضهم من قبل عبدة أرطاميس، فإن الرب يكافئهم ليس بلمس شجرة عديمة القيمة يسميها البشر شجرة الحياة، ولكن بالأكل من شجرة الحياة الحقيقية.

ونرى أيضاً في هذه المكافأة إستمراراً للعلاقة الحميمة مع المسيح التي حارب لأجلها الغالبون من هذه الكنيسة إذ تمسكوا بشركتهم العميقة مع الرب وحافظوا

على حبهم الأول له بالرغم من مغريات الحياة، ففي النهاية سيكافئهم الرب باستكمال العلاقة الحميمة مع المسيح إلى أبد الآبدين إذ سيأكلون من شجرة الحياة التي ترمز إلي المسيح مصدر الحياة الإلهية ومعطيها.

أخيراً نرى هنا أيضاً تضاد بين زحزحة منارة الكنيسة وإعطاء الغالب أن يأكل من شجرة الحياة، فالذي لا يتوب سيزيحه الرب بنفسه، والذي يغلب سيطول وجوده وتأثيره بسبب أنه سوف يتغذى من شجرة حياة الله التي ترمز للمسيح ذاته.

على القارئ هنا أن يلاحظ أن الأكل من شجرة الحياة يبدأ هنا خلال فترة حياة المؤمن على الأرض، والمؤمن الغالب هو من سيمتعه الرب هنا بشركة أعمق مع المسيح تجعله يرى كم أن فردوس الله الذي يتمتع به الآن أعظم وأجمل كثيراً من أي فردوس أرضي يتمتع به الحاكم الروماني هنا بشكل مؤقت.

ملخص الرسالة:

الرسالة موجهة إلى كنيسة أفسس التي تعب فيها بولس وتيموثاوس من بعده، ثم أقام فيها يوحنا الرسول وقاد منها بقية كنائس العالم. هذه الكنيسة كانت تخدم الرب وتتعب من أجله كثيراً، كما أنها كانت تحب التعليم الصحيح ولا تطيق الأشرار والمهرطقين.

تبدو هذه الكنيسة وكأنها الكنيسة المثالية من الظاهر، لكن الله يرى خفايا القلوب ويعلم كل شيء. لقد وَبَّخ الله هذه الكنيسة لأنها أحبت أموراً أخرى أكثر من محبتها للرب وصارت تخدم بدوافع أخرى غير دافع المحبة للرب وللآخرين. هناك أسباب عدة لفقدان الحب الأول، لكن أهمها السلوك في الخطايا دون توبة حقيقية. إن الحل الوحيد الذي وضعه الرب أمام هذه الكنيسة هو التوبة الحقيقية وإلا فإنه آت اليها ليزحزح منارتها أي يزيل شهادتها أو ينهي وجودها، فالخدمة التي لا تنبع من حب مشتعل للرب لا تهمه كثيراً، بل إنَّ الرب مستعد أن يوقفها بنفسه إنْ لم يَتُب القائمين عليها عن هذا السلوك ويحبوا الرب أكثر من كل شيء ومن أي شيء أو شخص آخر.

لقد حارب الشيطان هذه الكنيسة من عدة جبهات، لكن الجبهة الرابحة بالنسبة له كانت أنه استطاع أن يفصلهم عن العلاقة الحية مع المسيح، وبذلك أكملوا خدمتهم بالشكل فقط دون وجود محتوى حقيقي. هذه هي أول وأنجح خطط الشيطان لإضعاف المؤمنين والكنائس.

أما الذين يحافظون على علاقة الحب هذه مشتعلة إلى النهاية، فإن الرب يعدهم بأن يعطيهم أن يأكلوا من شجرة الحياة التي ترمز إلى المسيح بعد أن مُنِعَ آدم من أن يأكل منها بسبب سقوطه في الخطيئة.

الفصل الثالث
الرسالة إلى ملاك كنيسة سميرنا
(رؤ ٢: ٨-١١)

رؤ ٢: ٨ وَاكْتُبْ إِلَى مَلاَكِ كَنِيسَةِ سِمِيرْنَا: هَذَا يَقُولُهُ الأَوَّلُ وَالآخِرُ، الَّذِي كَانَ مَيْتاً فَعَاشَ.
رؤ ٢: ٩ أَنَا أَعْرِفُ أَعْمَالَكَ وَضِيْقَتَكَ، وَفَقْرَكَ (مَعَ أَنَّكَ غَنِيٌّ) وَتَجْدِيفَ الْقَائِلِينَ إِنَّهُمْ يَهُودٌ وَلَيْسُوا يَهُوداً، بَلْ هُمْ مَجْمَعُ الشَّيْطَانِ.
رؤ ٢: ١٠ لاَ تَخَفِ الْبَتَّةَ مِمَّا أَنْتَ عَتِيدٌ أَنْ تَتَأَلَّمَ بِهِ. هُوَذَا إِبْلِيسُ مُزْمِعٌ أَنْ يُلْقِيَ بَعْضاً مِنْكُمْ فِي السِّجْنِ لِكَيْ تُجَرَّبُوا، وَيَكُونَ لَكُمْ ضِيقٌ عَشَرَةَ أَيَّامٍ. كُنْ أَمِيناً إِلَى الْمَوْتِ فَسَأُعْطِيكَ إِكْلِيلَ الْحَيَاةِ.
رؤ ٢: ١١ مَنْ لَهُ أُذُنٌ فَلْيَسْمَعْ مَا يَقُولُهُ الرُّوحُ لِلْكَنَائِسِ. مَنْ يَغْلِبُ فَلاَ يُؤْذِيهِ الْمَوْتُ الثَّانِي.

خلفية عن مدينة سميرنا:

تقع سميرنا في الشمال الغربي من أفسس، وهي مدينة إزمير الحالية.

كانت سميرنا مدينة كبيرة، لكن أهميتها الاستراتيجية كانت أقل من أفسس في أيام يوحنا. في تلك الأيام، إذا كنت تريد أن تزور كنائس آسيا، كان عليك أن تمر على سميرنا أولاً، وكانت سميرنا من أجمل مدن آسيا، وكانت تسمى "تاج أيونا" نظراً لجمال المدينة ولأن قمم الجبال حولها كانت على شكل التاج، وكان التاج مطبوعاً على عملتهم المعدنية؛ كما كانت سميرنا تعتبر أقرب ميناء بحري لأوروبا في آسيا الصغرى.

تاريخ هذه المدينة غريب، فقد كانت مدينة كبيرة قديماً، ثم دُمِّرَت على يد الأيدييِّن (The Lydians) في القرن السابع قبل الميلاد، لكنها لم تفنى بل بقيت كمدينة صغيرة متواضعة إلى أن قرر الإسكندر الأكبر أن يعيد بناءها ويرجعها إلى أمجادها السالفة في نهاية القرن الرابع قبل الميلاد، فكان سكانها يفتخرون بأنها المدينة التي ماتت ثم عادت إلى الحياة.

كانت سميرنا تشتهر بتجارة أعشاب الُمر العطرية الغالية الثمن (قارن مع مت ٢: ١١)، ويقال أن اسم "سميرنا" مشتق من اسم أعشاب المر(٣٤)، وكانت هذه الأعشاب تستخدم كعطور في طقوس دفن المتوفين.

ليس لدينا في التاريخ ما يوضح كيف نشأت كنيسة سميرنا، لكنها قد تكون أُنشِئت على يد بعض المبشرين تحت إشراف بولس الرسول الذي قضى ٣ سنوات يبشر ويعلم في أفسس حتى سمع كلمة الله جميع الساكنين في آسيا (أع ١٩: ١-١٢).

في القرن الثاني الميلادي كانت هذه الكنيسة من الكنائس الكبيرة، وهي لازالت

موجودة حتى الآن. في نهاية القرن ال١٩ كان هناك حوالي ٧٠ ألف مسيحي في هذه المدينة. ثم ما بين ١٩١٤ إلى ١٩٢٧ هبطت نسبة المسيحيين في تركيا من حوالي ٢٠-٢٥٪ إلى ٢٪ فقط، وذلك نتيجة الحرب العالمية الأولى، وجرائم التطهير العرقي للأشوريين واليونانيين والأرمن، وهجرة المسيحيين خارج تركيا هرباً من الاضطهاد. لازالت هناك كنائس مفتوحة في إزمير حتى يومنا هذا لكن تعداد المسيحيين قليل.

في حين كانت أرطاميس هي الإلهة الرئيسية التي كان الأفسسيين يعبدونها، كان الإله ديونيسوس هو الإله الرئيسي في سميرنا، وكانوا يضيفون إلى إسمه صفة "السيد \ الذي يسود". كان ديونيسوس هو إله الكروم، وصناعة الخمر، والخمر نفسه، وكان أيضاً إله الطقوس المجنونة (ritual madness)، وإله الخصوبة، كما أنه كان بالنسبة لهم إله المسرح إذ كانت الاحتفالات التي تقام له هي الأساس الذي بُنِيَت عليه فكرة المسرح اليوناني، وإله النشوة الدينية، وهي حالة من انخفاض الوعي الخارجي وزيادة الإدراك الروحي والباطني، وتكون مصحوبة في أوقات كثيرة برؤى ونشوة عاطفية.

وكان ديونيسوس يعتبر أنه هو الإله الذي يحمي أولئك الذين لا ينتمون إلى المجتمع التقليدي، لذلك فقد كان يمثل الفوضى والخطورة والأشياء الغير متوقعة والغير منطقية.

<u>الإله الذي مات ثم عاش:</u>

في طقوس عبادة ديونيسوس، كانوا يقدمون ذبائح دموية ليتغذى عليها الموتى، وكان هو يعتبر همزة الوصل بين الأحياء والأموات، ذلك لأنه كان معروفاً بأنه الإله الذي كان ميتاً ثم عاش. تقول الأسطورة أن أباه الإله زيوس عرف امرأة اسمها "سيميل \ Semele" وهي ابنة الملك "كادموس \ Cadmus" ملك طيبة \ Thebes"، ثم اكتشفت الإلهة "هيرا" زوجة زيوس خيانة زوجها أثناء حمل سيميل، فواجهتها فاعترفت سيميل بأن الطفل هو ابن زيوس.، فزرعت هيرا بذوراً من الشك في عقل سيميل. فطلبت سيميل من زيوس أن يريها نفسه بمجده الحقيقي إن كان هو حقاً زيوس، ففعل زيوس ذلك بعد إلحاح سيميل، فلما رأته سيميل بكل مجده ماتت لأن البشر لا يستطيعون أن يروا مجد الآلهة ويعيشوا بحسب اعتقادهم، فأخذ زيوس الجنين وزرعه في فخذه وخاط الفخذ عليه حتى جاء موعد ولادته فولده في جبل "برامنوس \ Pramnos". على ذلك يعتبر ديونيسوس أيضاً أنه الإله الذي وُلد مرتين الأولى من سيميل والثانية من زيوس. قصة الولادة مرتين هذه هي السبب الرئيسي وراء انتشار عبادة ديونيسوس بحسب المؤرخين، ولأنه مات ثم عاش، فقد كان من الآلهة القليلين الذين يستطيعون أن يُحيوا الموتى مرة أخرى.

بعد ولادة ديونيسوس، أعطاه زيوس لآخرين لكي يربوه ولكي يخفيه عن هيرا، وفي بعض الأساطير تمت تربيته على أنه فتاة، لذلك فقد كان معروفاً عنه أنه رجل وفتاة في نفس الوقت.

أكاليل كهنة ديونيسوس:
كان كهنة ديونيسوس الذين كانوا يُحيون عيد قيامته كل عام أشخاصاً معتبرين جداً في المجتمع، وكانوا في نهاية العام الذي يقضونه في خدمة هذا الإله يعطون أكاليل (تيجان)، وكانوا حين يموتون يدفنونهم وهذه الأكاليل على رؤوسهم.

بوليكارب: هو واحد من الآباء الرسوليون الثلاثة (بوليكارب، إغناطيوس، كليمنت).
وُلد بوليكارب سنة ٦٩ ميلادية، وتتلمذ على يد يوحنا الرسول الذي عينه أسقفاً على كنيسة سميرنا، ثم استشهد سنة ١٥٦ ميلادية.
يظن الكثير من المفسرين أن بوليكارب هو ملاك كنيسة سميرنا في وقت كتابة سفر الرؤيا (حوالي سنة ٩٦ ميلادية). هذه الرسالة بكل تأكيد كانت مليئة بالتشجيع لبوليكارب في نهاية حياته، فقد حُكِم عليه بالموت حرقاً وهو في ال٨٦ من عمره، وقد ذكَّرَهُ المُخَلِّصُ في هذه الرسالة أن هناك إكليل في انتظاره كمكافأة على أمانته بعد أن تنتهي آلام هذه الحياة القصيرة .
في اليوم الذي استشهد فيه بوليكارب قال للذين كانوا يحاكمونه: "خدمته لمدة ست وثمانين سنة ولم يُسيء إليَّ قط. كيف أجدف على ملكي ومخلصي؟ أنتم تهددونني بنار تحرق لوقت قصير ثم تنطفئ، لكنكم تجهلون نار العقاب الأبدي المعدة للأشرار".
استشهد بوليكارب محروقاً بعد أن أوثقوه إلى وتد، ثم أخيراً طعنوه بحربة، وفي لحظاته الأخيرة قال: "أباركك أيها الآب إذ احتسبتني أهلاً لهذه الساعة حتى أشارك في كأس المسيح بين جماعة الشهداء".

محتوى الرسالة:

رؤ ٢: ٨ وَاكْتُبْ إِلَى مَلاَكِ كَنِيسَةِ سِمِيرْنَا: هَذَا يَقُولُهُ الأَوَّلُ وَالآخِرُ، الَّذِي كَانَ مَيْتاً فَعَاشَ.

سِمِيرْنَا: معنى اسم سميرنا هو "المُر" (myrrh) (٣٤، ٥٦)، وهو نبات شديد المرارة، وله رائحة جميلة، فكان يستخدم كعطر (مز ٤٥: ٨؛ أم ٧: ١٧)، وكان أحد مكونات دهن المسحة المقدس في العهد القديم (خر ٣٠: ٢٣-٢٥)، كما كان يستخدم في طقوس دفن الموتى كما سبق وذكرنا (يو ١٩: ٣٩)، ويقول لنا

الكتاب أنه كان أحد الهدايا التي قدمها المجوس للصبي يسوع (مت ٢: ١١)، كما يخبرنا الكتاب أيضاً أن الرومان حاولوا إعطاء الرب خمراً ممزوجاً بمر في وقت الصلب لكي يخفف من آلامه (٥٦) لكنه لم يقبل أن يشرب منه (مر ١٥: ٢٣).

إنه لأمر جميل وعجيب أن يكلمنا اسم هذه المدينة عن الاضطهاد والموت الذي كانت تتعرض له الكنيسة التي فيها، ومع أن الألم والموت لهما مذاق شديد المرارة مثل هذا العشب، إلا أن هذه الكنيسة المضطهدة كانت تفوح منها رائحة زكية مثل رائحة المسيح الذي تألم ومات عنا، لكنه قام أيضاً وانتصر على الموت، وهو سيعطي المنتصرين من هذه الكنيسة إكليل الحياة كما سنرى لاحقاً.

هَذَا يَقُولُهُ الأَوَّلُ وَالآخِرُ، الَّذِي كَانَ مَيْتاً فَعَاشَ: هذه البداية مأخوذة مثل باقي البدايات من الأصحاح الأول حيث يقول الكتاب: "أَنَا هُوَ الأَلِفُ وَالْيَاءُ. الأَوَّلُ وَالآخِرُ." (رؤ ١: ١١)، ويقول أيضاً: "لاَ تَخَفْ، أَنَا هُوَ الأَوَّلُ وَالآخِرُ، وَالْحَيُّ. وَكُنْتُ مَيْتًا، وَهَا أَنَا حَيٌّ إِلَى أَبَدِ الآبِدِينَ! آمِينَ. وَلِي مَفَاتِيحُ الْهَاوِيَةِ وَالْمَوْتِ." (رؤ ١: ١٧-١٨). في الإصحاح الأول وصف الرب نفسه بالأول والآخر لكي يشجع يوحنا ويزيل منه الخوف الشديد الذي انتابه فسقط على الأرض كميت حين رأى الرب بمجده في صورة قاض، وفي هذه الرسالة إلى كنيسة سميرنا أراد الرب أيضاً أن يشجع الكنيسة ويزيل منها الخوف الذي انتابها بسبب الاضطهاد وخطر الموت فوصف نفسه ثانية بأنه الأول والآخر؛ وهذا الوصف مماثل إلى حد كبير لوصف الرب لنفسه بأنه "الألف والياء، البداية والنهاية" (رؤ ١: ٨؛ ٢٢: ١٣).

لقد سبق الرب فقال لشعبه في القديم: "هَذَا هُوَ مَا يَقُولُهُ اللهُ مَلِكُ إِسْرَائِيلَ وَفَادِيهِ، اللهُ الْقَدِيرُ: أَنَا الأَوَّلُ وَالآخِرُ، وَلاَ إِلَهَ سِوَايَ. مَنْ هُوَ مِثْلِي؟ فَلْيَتَكَلَّمْ وَيُعلِنْ ذَلِكَ، وَيُقنِعنِي. مَنْ أَعْلَنَ مُنْذُ زَمَنٍ بَعِيدٍ عَنِ الأَحْدَاثِ الآتِيَةِ؟ فَلْيُخبِرْنَا بِمَا فِي الْمُسْتَقْبَلِ. لاَ تَخَافُوا وَلاَ تَرْهَبُوا. أَلَمْ أُخبِرْكُمْ وَأُعلِنْ لَكُمْ مُنْذُ زَمَنٍ بَعِيدٍ؟ أَنْتُمْ شُهُودِي. فَهَلْ مِنْ إِلَهٍ غَيرِي، أَوْ مِنْ صَخرَةٍ سِوَايَ؟" (إش ٤٤: ٦-٨) (الترجمة العربية المبسطة) (قارن أيضاً مع: إش ٤٨: ١٢). كانت رسالة الرب للشعب القديم واضحة، فلا يوجد مثل الإله يهوه القدير الذي يدير مجريات التاريخ ويعرف كل ما سيحدث في المستقبل، وهو الصخرة الثابتة التي لا تتأثر بالعواصف أو الفيضانات أو الشمس الحارقة، لذلك فعلى الشعب ألا يخاف من أي شئ، وأن يظل شاهداً للرب وسط الشعوب المحيطة؛ وهذه هي نفسها الرسالة التي أراد الرب أن يرسلها لكنيسة سميرنا ولك أنت أيضاً عزيزي القارئ. لا تخف من أي شئ أو شخص أو أحداث أو أخطار لأن الرب إلهك هو الإله القدير صاحب الكلمة الأخيرة في كل شئ.

الَّذِي كَانَ مَيْتاً فَعَاشَ: كما ذكرنا من قبل، فإن الرب يسوع في هذه الرسائل دائماً ما يصف نفسه للكنائس بأوصاف تتعلق بالرسالة التي يريد أن يرسلها للكنيسة، ومن هذا المنطلق يرى الشراح مَعْنَيين أساسيين لهذه البداية، وكلاهما يكمل الآخر:

١- الإشارة إلى ديونيسوس

إشارة الرب إلى أنه "الذي كان ميتاً فعاش" في بداية رسالته إلى هذه الكنيسة يجعل ذهنهم يفكر حالاً في مقارنة سريعة مع الإله الذي يعبده سكان مدينتهم والذي كان هو أيضاً ميتاً فعاش بحسب الأساطير. لكن هناك اختلافات كبيرة وجوهرية بين الاثنين، فالمسيح قبل أن يقول أنه كان ميتاً فعاش، شهد بأنه هو الأول والآخر، وأنه هو الألف والياء. هؤلاء الآلهة الوثنيين لم يكن أي منهم هو الأول والآخر، حتى زيوس رئيسهم لم يكن يعلم كل شئ وكان الآلهة الآخرين يصنعون مؤامرات من خلف ظهره. يقول الكتاب المقدس: "لأَنَّ كُلَّ آلِهَةِ الأُمَمِ أَصْنَامٌ، وَأَمَّا الرَّبُّ فَقَدْ صَنَعَ السَّمَاوَاتِ" (١أخ ١٦: ٢٦). إن ربنا يسوع المسيح ليس نصف إله كـ"ديونيسوس"، ولا هو صنم أو تمثال يُعبَد في معبد، ولا هو إله محدود، بل إنه هو من صنع كل الأشياء، وهو أيضاً يحملها جميعاً بكلمة قدرته. يقول الكتاب المقدس: "الَّذِي، وَهُوَ بَهَاءُ مَجْدِهِ، وَرَسْمُ جَوْهَرِهِ، وَحَامِلٌ كُلَّ الأَشْيَاءِ بِكَلِمَةِ قُدْرَتِهِ، بَعْدَ مَا صَنَعَ بِنَفْسِهِ تَطْهِيرًا لِخَطَايَانَا، جَلَسَ فِي يَمِينِ الْعَظَمَةِ فِي الأَعَالِي" (عب ١: ٣)

لقد مات الرب يسوع ليصنع تطهيراً لخطايانا، وليس نتيجة مؤامرة كما حدث مع ديونيسوس، وهو - أي الرب يسوع - حي إلى أبد الآبدين. كل هؤلاء الآلهة اليونانيين انتهت أساطيرهم وأصبحوا جزءاً من التاريخ، أما الرب يسوع فيعبده الملايين من البشر على مر العصور، وأكبر دليل على أنه إله حي وحقيقي هو أنه يغير حياة الذين يعبدونه ويجعلهم أكثر فأكثر مشابهين لصورته. يقول الكتاب المقدس: "وَنَحْنُ جَمِيعًا نَاظِرِينَ مَجْدَ الرَّبِّ بِوَجْهٍ مَكْشُوفٍ، كَمَا فِي مِرْآةٍ، نَتَغَيَّرُ إِلَى تِلْكَ الصُّورَةِ عَيْنِهَا، مِنْ مَجْدٍ إِلَى مَجْدٍ، كَمَا مِنَ الرَّبِّ الرُّوحِ." (٢كو ٣: ١٨).

إن ربنا يسوع المسيح ليس حياً فقط، بل هو الحياة نفسها إذ شهد هو عن نفسه قائلاً: "أَنَا هُوَ الطَّرِيقُ وَالْحَقُّ وَالْحَيَاةُ. لَيْسَ أَحَدٌ يَأْتِي إِلَى الآبِ إِلاَّ بِي." (يو ١٤: ٦)

في (رؤ ١: ١٨) يكمل الرب يسوع قائلاً: "وَلِي مَفَاتِيحُ الْهَاوِيَةِ وَالْمَوْتِ."، فالرب يسوع ليس له سلطان فقط على الأحياء والملائكة والأرواح، بل له مفاتيح الهاوية أيضاً، وهي بحسب القرينة يرى الكثيرون أنها مكان انتظار الأرواح قبل الدينونة الأخيرة. أما "الموت" المذكور هنا فهو النهاية، وفيه البحيرة المتقدة بالنار والكبريت، ولذلك فإن الكتاب قَصَدَ ذِكر الهاوية قبل الموت. لقد أثبت المسيح يسوع قدرته هذه حين أقام لعازر بعد أربعة أيام من موته (يو ١١)،

وحين أقام إبنة يايرس (مت ٩؛ مر ٥؛ لو٨)، وحين أمات حنانيا وسفيرة الذين كذبا على الروح القدس (أع ٥).

٢- رسالة مباشرة إلى الكنيسة

لقد كانت كنيسة سميرنا في احتياج شديد لأن تدرك جيداً أنه مهما أهاج الشيطان الدنيا من حولهم قاتلاً ومعذباً الكثيرين، فإن الرب يسوع المسيح اجتاز قبلهم في كل هذا حتى أنه مات على خشبة الصليب، ليس ذلك فقط، بل إنه فعل ذلك طوعاً ليفدينا من الهلاك الأبدي. نتيجة هذا الفداء هي أن المؤمنين بيسوع سيقومون جميعاً كما قام هو بكراً من الأموات (قارن مع ١كو ١٥: ١٦-٢٣)، فنهاية ما يمرون به من اضطهاد ليست هي موت الجسد بل القيامة من الأموات والحياة الأبدية.

الكنيسة أيضاً كانت في احتياج لأن تتذكر أن يسوع هو الأول والآخر، وهو صاحب مفاتيح الهاوية والموت. لم يكن شيء مما هو عتيد أن يحدث بعيداً عن قدرته، فهو يستطيع أن ينقذ جميع أولاده، لكنه أحياناً يختار أن يعطي للمجَرِب الحق في أن يجرب هؤلاء الأولاد. قد لا نفهم الأسباب دائماً، لكننا نثق أن الله لايزال هو الحكيم المتحكم في المشهد وأنه إله صالح وأمين (قارن مع لو ٢٢: ٣١-٣٢)، لذلك ينبغي على الكنيسة ألا تخاف من التعذيب والسجن والاستشهاد.

رؤ ٢: ٩ أَنَا أَعْرِفُ أَعْمَالَكَ وَضِيقَتَكَ، وَفَقْرَكَ (مَعَ أَنَّكَ غَنِيٌّ) وَتَجْدِيفَ الْقَائِلِينَ إِنَّهُمْ يَهُودٌ وَلَيْسُوا يَهُوداً، بَلْ هُمْ مَجْمَعُ الشَّيْطَانِ.

كلمة "أعمالك" غير موجودة في المخطوطات الأقدم مثل الفولجاتا، القبطية، والأثيوبية، فتكون الآية: "أنا أعرف ضيقتك وفقرك مع أنك غني".

أَعْرِفُ: تأتي كلمة "أعرف" في الأصل اليوناني في زمن الماضي، وهي لا تعني فقطَ المعرفة بل أيضاً رؤية وإدراك أمر ما، فالرب قد رأى وعرف وأحس بهم مع أنهم قد لا يكونوا يشعرون بذلك في وسط ضيقتهم، وهذا يعلمنا شيئاً مهما وهو أن الرب يعرف ما نمر به ويفهم ما نشعر به إذ أنه عاش مثلنا ومات مُضطَهَداً، فلا تستسلم عزيزي القارئ للشعور بالخوف والإحباط في وسط ظروفك مهما كانت هذه الظروف صعبة لأن إلهك ومخلصك قد سبق وعبر في مثلها، وهو يشعر بك ويعرف جيداً تفاصيل كل ما تمر به.

ضَيْقَتَكَ: الكلمة اليونانية المستخدمة هنا تعني وضع شيء تحت ضغط (٣٤، ٧٧)، وقد كانوا في القديم يحكمون على بعض الأشخاص بالضيق أي أنهم يجعلون

الشخص يستلقي على ظهره ثم يبدأوا بوضع الأحجار على صدره واحداً فوق الآخر حتى تبدأ الأثقال في سحق صدره ومنعه من التنفس. لقد تكلم الرب عن ثلاثة أثقال وضعها الشيطان فوق هذه الكنيسة هي: الفقر، واضطهاد اليهود، واضطهاد الحكومة (٣٥)؛ لكنه مع ذلك أمرهم ألا يخافوا وأن يثابروا حتى النهاية كما سنرى.

وَفَقْرَكَ (مَعَ أَنَّكَ غَنِيٌّ): مثل معظم المدن الكبيرة، كان في سميرنا الكثير من الأغنياء والكثير من الفقراء، ومثل معظم كنائس العصر الأول كان معظم المؤمنين من الفقراء (٢، ٣٦)، كما كان المؤمنين الأغنياء يُجَرَّدون من أملاكهم حين يرفضون إنكار المسيح (٢، ٢٣، ٣٧)، وكان هذا جزء كبير من ضيقتهم. في نظر العالم هم فقراء مضطهدين، لكن الله يراهم بطريقة مختلفة، فهم في نظره أغنياء لأن لهم الإبن ولهم الحياة الأبدية: "مَنْ لَهُ الابْنُ فَلَهُ الْحَيَاةُ، وَمَنْ لَيْسَ لَهُ ابْنُ اللهِ فَلَيْسَتْ لَهُ الْحَيَاةُ." (ايو ٥: ١٢) (قارن أيضاً مع ٢كو ٦: ١٠ ، ٢كو ٨: ٢)

هذه النظرة المختلفة التي يراها الرب في أولاده هي التي تعلمنا ألا نفرق في تعاملنا بين فقير وغني، وبين متعلم وأمي، وبين مثقف وجاهل، فللرب رؤية مختلفة تماماً، فالغني هو من له الحياة، والفقير هو من ليست له الحياة مهما كان يملك من مال أو تعليم أو غيره (قارن مع يع ١: ٩-١١، يع ٢: ١-١٠).

هذه النظرة المختلفة تعلمنا أيضاً أن نتعامل مع المال بطريقة مختلفة عن العالم، فالمال للاستعمال وهو ليس إلهاً لنا، وإن فقدناه لن نصبح فقراء، فلا يصح أن نجري وراءه أو أن نستعبد نفوسنا له أو أن نقَيِّم كل شيء بقيمته المالية، فالأغنياء ليسوا بالضرورة سعداء، ولا الفقراء بالضرورة بؤساء.

فقط حين يدرك أعضاء كنيسة سميرنا هذه المفاهيم فإنهم سوف يتعاملون مع سلب أموالهم بفرح تماماً كما فعل العبرانيين الذين شهدت الرسالة التي كُتِبَت إليهم قائلة: "وَلكِنْ تَذَكَّرُوا الأَيَّامَ السَّالِفَةَ الَّتِي فِيهَا بَعْدَمَا أُنِرْتُمْ صَبَرْتُمْ عَلَى مُجَاهَدَةِ آلاَمٍ كَثِيرَةٍ. مِنْ جِهَةٍ مَشْهُورِينَ بِتَعْيِيرَاتٍ وَضِيقَاتٍ، وَمِنْ جِهَةٍ صَائِرِينَ شُرَكَاءَ الَّذِينَ تُصُرِّفَ فِيهِمْ هكَذَا. لأَنَّكُمْ رَثَيْتُمْ لِقُيُودِي أَيْضًا، وَقَبِلْتُمْ سَلْبَ أَمْوَالِكُمْ بِفَرَحٍ، عَالِمِينَ فِي أَنْفُسِكُمْ أَنَّ لَكُمْ مَالاً أَفْضَلَ فِي السَّمَاوَاتِ وَبَاقِيًا. فَلاَ تَطْرَحُوا ثِقَتَكُمُ الَّتِي لَهَا مُجَازَاةٌ عَظِيمَةٌ." (عب ١٠: ٣٢-٣٥)

وَتَجْدِيفَ الْقَائِلِينَ إِنَّهُمْ يَهُودٌ وَلَيْسُوا يَهُوداً: لقد كان لليهود وضع خاص في الإمبراطورية الرومانية، إذ كانوا مستثنين من عبادة الإمبراطور باعتبار أنه أمر مخالف لديانتهم، والمسيحيون كانوا في نظر الإمبراطورية الرومانية فصيل يهودي، لكن اليهود الأشرار كانوا يشتكون على المسيحيين بأنهم ليسوا يهوداً لكي يحرموهم من هذا الوضع المميز من جهة، ولكي يبعدوا أنفسهم عن المسيحيين الذين يكرههم الرومان من جهة أخرى. لقد كانوا يتهمون المسيحيين

بأنهم يمارسون أموراً جنسية لا أخلاقية في اجتماعاتهم، وأنهم من آكلي لحوم بشر، ولأن المسيحيين كانوا يدعون بعضهم إخوة في المسيح، فاليهود كانوا يتهمونهم بأنهم ضد الأسرة والزواج الأمر الذي كان يصطدم بشدة مع الثقافة الرومانية التي كانت تهتم جداً بمبدأ الأسرة (٣٥).

لقد كان هؤلاء اليهود بحسب السلالة يجدفون على المسيح ويسمونه " المصلوب"، وفي وقت استشهاد "بوليكارب" اشتركوا مع الوثنيين في المطالبة بإلقائه للأسود، ولما لم يفلح الأمر طالبوا بحرقه حياً، وحملوا قطع الخشب بأيديهم ليضعوها في كومة لحرقه (٢، ٣٧).

يرى البعض أيضاً أنه من الممكن أن يكون هؤلاء هم الذين ادعوا أنهم مسيحيين لكنهم لم يكونوا مؤمنين حقيقيين، فالوثنيين كانوا يطلقون على المؤمنين الذين تعمدوا لقب "يهود". هؤلاء الدخلاء هم من نشروا البدع في ذلك الوقت. منهم أيضاً من اعترف بالثالوث وبألوهية المسيح لكنهم أدخلوا الطقوس والعبادات الوثنية إلى الكنيسة (٢٣)، لكن هذا الرأي أضعف من الرأي الأول.

بَلْ هُمْ مَجْمَعُ الشَّيْطَانِ: لقد كان المجمع اليهودي هو المكان المخصص لعبادة الرب "يهوه"، وكانت كلمة الرب تُقرأ فيه كل سبت، كما كان اليهود يسبحون اسم يهوه فيه، لكن رأيْ الرب يهوه فيهم كان مختلفاً، فقد رأى أن هؤلاء اليهود الخطاة المتعصبين العميان كانوا يعبدون الشيطان وهم يقرأون كتاب يهوه المقدس، ويسلكون بسلوك الشيطان ويتمثلون بتعاليمه وهم يعبدون يهوه بشفاههم وترنيماتهم، والشيطان بنفسه هو من يقودهم ويغويهم. يا له من واقع مفجع، فهؤلاء الذين كانوا يظنون أنهم يخدمون الإله الحقيقي ويكرمونه كانوا في ظلمتهم وضلالهم يخدمون عدوه، وهو ما يذكرنا بما كان شاول الطرسوسي يفعله إذ كان يضطهد المسيحيين بشدة ظاناً أنه يخدم الرب يهوه، لكن الرب حين ظهر له سأله: لماذا تضطهدني؟ (أع ٩: ٤). وكما كان هناك يهود مخدوعين في أيام كنيسة سميرنا، كذلك يوجد أيضاً مسيحيون مخدوعون في أيامنا هذه، وهؤلاء يضطهدون تلاميذ المسيح الحقيقيين ويطردونهم ظانين أنهم يصنعون خدمة لله بينما هم يخدمون الشيطان وهم لا يعلمون، فاحذر عزيزي القارئ أن تكون مستخدماً من الشيطان ضد تلاميذ الرب وأنت لا تعلم، وصلي دائماً أن يحميك الرب من خداع الحية الماكرة، وإن كان بعض هؤلاء المدعوين مسيحيين يضطهدونك، فأطلب من الرب أن يفتح عيونهم ليروا ضلالتهم ويتوبوا عن طريقهم راجعين إلى الرب.

سوف نرجع ثانية إلى تعبير "مجمع الشيطان" في شرح الرسالة إلى كنيسة فيلادلفيا.

رؤ ٢: ١٠ لاَ تَخَفِ الْبَتَّةَ مِمَّا أَنْتَ عَتِيدٌ أَنْ تَتَأَلَّمَ بِهِ. هُوَذَا إِبْلِيسُ مُزْمِعٌ أَنْ يُلْقِيَ بَعْضاً مِنْكُمْ فِي السِّجْنِ لِكَيْ تُجَرَّبُوا، وَيَكُونَ لَكُمْ ضِيقٌ عَشَرَةَ أَيَّامٍ. كُنْ أَمِيناً إِلَى الْمَوْتِ فَسَأُعْطِيكَ إِكْلِيلَ الْحَيَاةِ.

لاَ تَخَفِ الْبَتَّةَ مِمَّا أَنْتَ عَتِيدٌ أَنْ تَتَأَلَّمَ بِهِ: إنه أمر من الرب الأزلي الأبدي والقاضي العادل بأن يتوقفوا حالاً عن الخوف من الاضطهاد والألم، لكننا قد نظن أن تنفيذ هذا الأمر صعب للغاية في ظل الظروف التي كان هؤلاء يمرون بها، وللإجابة على هذا الظن نلاحظ الأمور التالية:

١- يقول الكتاب المقدس: "لاَ خَوْفَ فِي الْمَحَبَّةِ، بَلِ الْمَحَبَّةُ الْكَامِلَةُ تَطْرَحُ الْخَوْفَ إِلَى خَارِجٍ لأَنَّ الْخَوْفَ لَهُ عَذَابٌ. وَأَمَّا مَنْ خَافَ فَلَمْ يَتَكَمَّلْ فِي الْمَحَبَّةِ." (١يو ٤: ١٨)

من هذه الآية نفهم أن كل تلميذ حقيقي للمسيح يثق أن الله يحبه بلا حدود ويدير حياته دائماً للخير لا يمكنه أن يخاف. لأن الخوف في هذه الحالة يحوي على عدم ثقة إما في قدرة الله أو في محبته.

٢- الألم جزء طبيعي من حياة المسيحي الحقيقي المُخلص. يقول الرب يسوع: "إِنْ كَانَ الْعَالَمُ يُبْغِضُكُمْ فَاعْلَمُوا أَنَّهُ قَدْ أَبْغَضَنِي قَبْلَكُمْ. لَوْ كُنْتُمْ مِنَ الْعَالَمِ لَكَانَ الْعَالَمُ يُحِبُّ خَاصَّتَهُ. وَلكِنْ لأَنَّكُمْ لَسْتُمْ مِنَ الْعَالَمِ، بَلْ أَنَا اخْتَرْتُكُمْ مِنَ الْعَالَمِ، لِذلِكَ يُبْغِضُكُمُ الْعَالَمُ." (يو ١٥: ١٨-١٩).

٣- لقد ذكر الرب لهم في البداية أنه كان ميتاً فعاش، وهنا يأمرهم ألا يخافوا من الألم، فالاضطهاد والتعذيب وحتى القتل الذي سوف يتعرضون له ليس هو النهاية، لكنه فقط يفتح بداية جديدة لحياة أبدية قد سبقوا فأخذوها وذاقوها حين آمنوا بالرب. نفهم هذا المبدأ أيضاً من قول الرب يسوع للص الذي كان معه على الصليب: "الْحَقَّ أَقُولُ لَكَ: إِنَّكَ الْيَوْمَ تَكُونُ مَعِي فِي الْفِرْدَوْسِ" (لو ٢٣: ٤٣)، فموت اللص على الصليب لم يكن هو النهاية بل كان هو بداية حياته في الفردوس مع الرب، كما يقول الكتاب أيضاً عن نهاية الأيام: "لأَنَّ الرَّبَّ نَفْسَهُ بِهُتَافٍ، بِصَوْتِ رَئِيسِ مَلاَئِكَةٍ وَبُوقِ اللهِ، سَوْفَ يَنْزِلُ مِنَ السَّمَاءِ وَالأَمْوَاتُ فِي الْمَسِيحِ سَيَقُومُونَ أَوَّلاً." (١تس ٤: ١٦)، ومن ذلك نفهم أن قيامة المؤمنين أمر حقيقي سيحدث في يوم حدده الرب في المستقبل.

٤- كثيراً ما يعلن الله لأولاده عن ما سيحدث في المستقبل، وهذا قد يكون لعدة أسباب من أهمها أنه يحبهم ويريد أن يعمق ويثبت إيمانهم فيه خلال الوقت المؤلم (راجع: لو ٢٢: ٣١-٣٩). لقد رأى الرب خوف هذه الكنيسة وملاكها من الاضطهاد، فأراد أن يطمئنهم أنه يعلم ويشعر بكل ما يمرون به، بل ويعلم ما سوف يحدث لهم في المستقبل أيضاً.

٥- الرب يكلمهم هنا بصيغة الأمر أن يكفوا عن الخوف من الاضطهاد كما سبق وذكرنا، وأن يتعاملوا معه على أنه مرحلة ستمر وتنتهي وسوف تأتي بعدها

أمجاد مكافأة المسيح الأبدية للغالبين. لقد أراد الرب هنا أن يصحح نظرتهم للاضطهاد، فبدلاً من أن يروا الاضطهاد على أنه كارثة تحل بهم، أرادهم أن يروه على حقيقته مثلما رأى هو الطريق إلى الصليب تمجيداً (وشاية يهوذا به والقبض عليه وتعذيبه وصلبه) كما يقول الكتاب: "فَلَمَّا خَرَجَ (يهوذا) قَالَ يَسُوعُ: الآنَ تَمَجَّدَ ابْنُ الإِنْسَانِ وَتَمَجَّدَ اللهُ فِيهِ. إِنْ كَانَ اللهُ قَدْ تَمَجَّدَ فِيهِ، فَإِنَّ اللهَ سَيُمَجِّدُهُ فِي ذَاتِهِ، وَيُمَجِّدُهُ سَرِيعًا." (يو ١٣: ٣١-٣٢)

بعد ذلك يتكلم الرب عن ثلاثة أمور مهمة هي:
١- الشخص الحقيقي المتسبب في الضيقة.
٢- غرض ابليس من الضيقة.
٣- مدة الضيقة.

هُوَذَا إِبْلِيسُ مُزْمِعٌ أَنْ يُلْقِيَ بَعْضاً مِنْكُمْ فِي السِّجْنِ: يكشف الرب للكنيسة هنا عن الشخص الحقيقي الذي يقف وراء اضطهادهم، فالإمبراطور الشرير ليس هو المُضطَهِد الحقيقي، واليهود المجدفين ليسوا هم المضطَهِدين الحقيقيين، لكن الذي يحرك كل هذا الاضطهاد من وراء الستار هو إبليس نفسه. واللقب الذي أطلقه الرب هنا على الشيطان هو "إبليس \ diabolos"، وهي كلمة يونانية تعني "المشتكي" أو "المفتري"، فهو من جهة يفتري عليهم عن طريق مجمع الشيطان اليهودي ليهيج الإمبراطور والحكام الرومان عليهم ليضطهدوهم ويسجنوهم، ومن جهة أخرى هو مزمع أن يعرض عليهم المقايضة بأن يقدموا العبادة للإمبراطور في مقابل حريتهم، فإن انخدعوا أو ضعفوا فسوف يشتكي عليهم أمام الله ويشتكي على ضمائرهم لكي يدمرهم تماماً.

لِكَيْ تُجَرَّبُوا: هناك فارق كبير بين التجربة والامتحان:
- عن الامتحان يقول الكتاب المقدس: "وَحَدَثَ بَعْدَ هذِهِ الأُمُورِ أَنَّ اللهَ امْتَحَنَ إِبْرَاهِيمَ" (تك ٢٢: ١) الممتحن هنا هو الله، وهو يمتحن الإنسان عادة لكي يزكي إيمانه ويمتدحه، أو لكي يجعل من هذا الإنسان مثالاً لآخرين لكي يتعلموا من إيمانه، أو لكي ينقيه ليأتي بثمر أكثر (قارن: تك ٢٢: ١٥-١٨، عب ١١: ١٨-١٩، يو ١٥: ٢)
- وعن التجربة يقول الكتاب المقدس: "ثُمَّ أُصْعِدَ يَسُوعُ إِلَى الْبَرِّيَّةِ مِنَ الرُّوحِ لِيُجَرَّبَ مِنْ إِبْلِيسَ." (مت ٤: ١). إذاً فالمُجَرِّبُ هنا هو إبليس (قارن مع: مت ٤: ٣ وأيضاً مع: ١تس ٣: ٥)، وهو يجرب المؤمنين بغرض اكتشاف نقاط ضعفهم وإسقاطهم في الخطيئة. أما عن الرب، فيؤكد الكتاب المقدس صراحة أنه لا يجرب أحد بالشرور: "لاَ يَقُلْ أَحَدٌ إِذَا جُرِّبَ: إِنِّي أُجَرَّبُ مِنْ قِبَلِ اللهِ، لأَنَّ اللهَ غَيْرُ مُجَرَّبٍ بِالشُّرُورِ، وَهُوَ لاَ يُجَرِّبُ أَحَدًا." (يع ١: ١٣).

(قارن مع: لو ٢٢: ٣١-٣٩، مت ٤: ١-١١، مر ١: ١٣، ١كو ١٠: ١٣، عب ٤: ١٥)
من المهم ألا ننسى أن الرب المتكلم هنا قال بهذه الأمور بصفته الأول والآخر، أي أنه ليس فقط مبتدئ الخليقة، لكنه أيضاً صاحب الكلمة الأخيرة في كل شيء ، والتجربة التي سوف يمرون بها ليست بدون علمه، ولا هي لأنه لم يستطع أن يحميهم منها، لكنه في النهاية هو المتحكم في كل شيء وحتى في مدة التجربة كما سنرى حالاً.
في هذا السياق نذكر كمثال قول الرب لسمعان بطرس: "وَقَالَ الرَّبُّ: سِمْعَانُ، سِمْعَانُ، هُوَذَا الشَّيْطَانُ طَلَبَكُمْ لِكَيْ يُغَرْبِلَكُمْ كَالْحِنْطَةِ! وَلكِنِّي طَلَبْتُ مِنْ أَجْلِكَ لِكَيْ لاَ يَفْنَى إِيمَانُكَ. وَأَنْتَ مَتَى رَجَعْتَ ثَبِّتْ إِخْوَتَكَ." (لو ٢٢: ٣١-٣٢). يبدو هنا أن الشيطان قد طلب التلاميذ من الآب لكي يدمرهم وينهي على إيمانهم، وقد سمح له إلهنا بذلك، لكن الرب يسوع بصفته شفيعنا ورئيس كهنتنا طلب من الآب ألا يفني إيمان بطرس. لقد كان هدف الشيطان هو تدمير التلاميذ، لكن هدف الرب من تركهم ليجربوا من الشيطان هو تنقيتهم، فكما تُغَرْبَلُ الحنطة فتنفصل القشرة عديمة الفائدة عن حبوب الحنطة وتطير بعيداً، كذلك أيضاً ستُنَقِي التجربة التلاميذ، فمثلاً سوف تزيل هذه التجربة الكبرياء من قلب بطرس حين يدرك ضعفه ويصطدم بحقيقة نفسه فلا يعتمد ثانية على قدراته الشخصية بل على نعمة الهه.

وَيَكُونَ لَكُمْ ضِيقٌ عَشَرَةَ أَيَّام: يمكن تفسير هذا الجزء بعدة طرق:
<u>أ-</u> الذين يفسرون هذا الجزء تاريخياً ويؤمنون أن هذه الكنائس السبعة تمثل مراحل مختلفة لتاريخ الكنيسة منذ نشأتها وحتى الاختطاف يقولون أنه كان يقصد هنا الاضطهادات العشرة التي حدثت للكنيسة في العالم في العصر الروماني وهي كالتالي:

١. إضطهاد الإمبراطور نيرون "Nero" حوالي سنة ٦٧ - ٦٨ ميلادية، وهو الذي استشهد فيه كلا من الرسولين بولس وبطرس.
٢. إضطهاد دوميتيان "Domitian" حوالي سنة ٩٣ ميلادية، وهو الذي نفي فيه يوحنا إلى جزيرة بطمس.
٣. إضطهاد تروجان "Trojan" سنة ١٠٤ ميلادية.
٤. إضطهاد هادريان "Hadrian" سنة ١٢٥ ميلادية.
٥. إضطهاد ماركوس أنطونيوس "Marcus Antoninus" سنة ١٥١ ميلادية.
٦. إضطهاد سيبتيميوس سيفيروس "Septimius Severus" سنة ١٩٧ ميلادية.
٧. إضطهاد ماكسيمينوس "Maximinus" من ٢٣٥ إلى ٢٣٧ ميلادية.
٨. إضطهاد ديسيوس "Decius" سنة ٢٥٠ ميلادية.

٩. إضطهاد فاليريانوس "Valerianus" سنة ٢٥٧ ميلادية.
١٠. إضطهاد دقلديان "Dioclesian" الذي بدأ سنة ٣٠٣ ميلادية واستمر ١٠ سنوات.

ب- يرى بعض الشراح أن المسيح هنا كان يشير إلى مسابقات المصارعة التي كانت تقام في تلك الأيام، وكانت تستمر لمدة عشرة أيام حرفية، وكان الرومان يلقون المسيحيين للوحوش ليتم افتراسهم خلال تلك الأيام.

ج- يمكن فهم هذا الجزء أن الرب يقول لهم أن هذه التجربة مدتها محدودة، فالرقم ١٠ رقم مكتمل، وهو ليس رقم صغير، لكنه محدود؛ فحين يكون الشخص في وسط التجربة عادة ما لا يرى لها نهاية، وقد يظن أن الرب نسيه، لكن المسيح يعلن لهم هنا أن هذه التجربة مدتها عشرة أيام فقط. لن تزيد عن ذلك ولن تقل، فحتى وإن كان الشيطان هو المُجَرِّب، فالرب مازال هو المتحكم في مقدار ومدة التجربة، وهو لن يدعهم يجربون فوق ما يستطيعون. يقول الكتاب المقدس: "... وَلكِنَّ اللهَ أَمِينٌ، الَّذِي لاَ يَدَعُكُمْ تُجَرَّبُونَ فَوْقَ مَا تَسْتَطِيعُونَ، بَلْ سَيَجْعَلُ مَعَ التَّجْرِبَةِ أَيْضًا الْمَنْفَذَ، لِتَسْتَطِيعُوا أَنْ تَحْتَمِلُوا." (١كو ١٠: ١٣)

كُنْ أَمِيناً إِلَى الْمَوْتِ فَسَأُعْطِيكَ إِكْلِيلَ الْحَيَاةِ: الأمر "كن أميناً" في الأصل اليوناني معناه "عليك أن تصبح" (become)، والمقصود: "أظهر نفسك أميناً"، والأمانة هنا هي أمانة في العلاقة الشخصية مع الله، وأمانة في خدمته، وأمانة في إعلان الإيمان وعدم إنكار الرب في وقت الضيق.
يقول المفسر جون جيل: "إنه يكلم الخدام في هذا الجزء أن يكونوا أمناء بأن يعظوا إنجيل يسوع المسيح النقي والغير مختلط بتعاليم غريبة، وأن يهتموا بنفوس رعيتهم بالتشجيع أحيانا وبالتوبيخ في أحيان أخرى بطول أناة. كما يشجعهم أن يكملوا في خدمتهم برغم خطر الموت المستمر. وهو يكلم أيضاً الكنائس وأعضائها أن يظلوا متمسكين بالإيمان بالمسيح والاعتراف بإسمه، وأن يسعوا لإنتشار الإنجيل، أن يواظبوا على فرائضه\مراسمه (كسر الخبز والمعمودية)، وأن يتبعوه أيا كانت عواقب الاضطهاد حتى إلى الموت الذي أصبحوا يقبلونه بفرح لأجل ما سيليه من أمجاد" (٢٣).

إلى الموت: ليس معناه أنهم بالضرورة سيموتون، بل أنه عليهم أن يُظهِروا أنفسهم أمناء حتى ولو اقتضى الأمر أن يموتوا بسبب أمانتهم. من هنا نفهم أن إكليل الحياة ليس فقط لأولئك الذين استشهدوا بل أيضاً للذين بقوا أمناء حتى نهاية حياتهم. يقول الكتاب المقدس: "طُوبَى لِلرَّجُلِ الَّذِي يَحْتَمِلُ التَّجْرِبَةَ، لأَنَّهُ إِذَا تَزَكَّى يَنَالُ إِكْلِيلَ الْحَيَاةِ الَّذِي وَعَدَ بِهِ الرَّبُّ لِلَّذِينَ يُحِبُّونَهُ." (يع ١: ١٢)

فَسَأُعْطِيكَ: إن الرب يسوع هو من سيمنح الأكاليل، وهو سيمنحها فقط للغالبين، أما أولئك الذين انهزموا وسقطوا فلن ينالوا هذه المكافآت المشروطة بالأمانة.

إكليل الحياة: ليس كأكاليل كهنة ديونيسوس التي كانوا يحصلون عليها في نهاية سنة خدمتهم، بل هو الإكليل الحقيقي الذي لا يفنى. الإكليل هنا ليس إكليل استشهاد ولا إكليل احتمال التجربة، بل إكليل الحياة، فمحور الاهتمام هنا ليس هو بطولة هؤلاء الشهداء أو المنتصرين، بل هي مكافأة الرب الأبدية لأولاده.
إن الذين يضعون حياتهم لأجل الرب يربحون الحياة الحقيقية وأما الذين يعيشون ليستمتعوا بالحياة فيخسرون كل شيء (قارن مع: يو ١٢: ٢٥)
من المهم أن نفهم هنا أن إكليل الحياة ليس هو الحياة الأبدية، فالحياة الأبدية ننالها بالنعمة بالإيمان بيسوع المسيح، أما إكليل الحياة فهو مكافأة من الرب للغالبين.
والمقصود بالإكليل هنا ليس مجرد تاج سوف يضعه الرب على رؤوسهم يوم يقفون أمام كرسي المسيح ليعطيهم المكافآت الأبدية (٢كو ٥: ١٠)، بل إنه أكثر من ذلك بكثير، فمن المؤكد أنهم سوف يُوهَبون أن يتمتعوا تمتعاً خاصاً بالحياة مع المسيح في الأبدية.
لا نعرف بالضبط المعنى الكامل للأكاليل في الأبدية لأن الرب لم يعلن لنا الكثير عنها، لكننا نعلم أنها مكافآت يأخذها الغالب وتعطيه مكانة خاصة في السماء (راجع: يو ١٤: ٢؛ رؤ ٤: ٤، ١٠)، وسوف ندرس المزيد عن الأكاليل لاحقاً حين نصل إلى الرسالة إلى كنيسة فيلادلفيا (رؤ ٣: ١١).

رؤ ٢: ١١ مَنْ لَهُ أُذُنٌ فَلْيَسْمَعْ مَا يَقُولُهُ الرُّوحُ لِلْكَنَائِسِ. مَنْ يَغْلِبُ فَلاَ يُؤْذِيهِ الْمَوْتُ الثَّانِي.

مَنْ لَهُ أُذُنٌ فَلْيَسْمَعْ مَا يَقُولُهُ الرُّوحُ لِلْكَنَائِسِ: راجع التعليق على رؤ ٢: ٧

مَنْ يَغْلِبُ فَلاَ يُؤْذِيهِ الْمَوْتُ الثَّانِي: الموت الأول هو موت الجسد الذي سيحدث لكثير من هؤلاء الأمناء من أهل سميرنا نتيجة الاضطهاد أو الشيخوخة، أما الموت الثاني فهو هلاك النفس في جهنم، الأمر الذي لا يستطيع أن يؤذيهم لأن لهم إكليل الحياة (قارن مع: مت ١٠: ٢٨). قد يموتوا، لكنهم سيحيون، ولن يكون موت الجسد موتاً أبدياً لأن الله سيقيم الجسد أيضاً عند البوق الأخير كما يشهد بولس قائلاً: "هُوَذَا سِرٌّ أَقُولُهُ لَكُمْ: ...فَإِنَّهُ سَيُبَوَّقُ، فَيُقَامُ الأَمْوَاتُ عَدِيمِي فَسَادٍ، وَنَحْنُ نَتَغَيَّرُ. لأَنَّ هذَا الْفَاسِدَ لاَبُدَّ أَنْ يَلْبَسَ عَدَمَ فَسَادٍ، وَهذَا الْمَائِتَ يَلْبَسُ عَدَمَ مَوْتٍ." (١كو ١٥: ٥١-٥٣). لقد قال الرب يسوع أيضاً: "أَنَا هُوَ الْقِيَامَةُ وَالْحَيَاةُ.

مَنْ آمَنَ بِي وَلَوْ مَاتَ فَسَيَحْيَا، وَكُلُّ مَنْ كَانَ حَيًّا وَآمَنَ بِي فَلَنْ يَمُوتَ إِلَى الأَبَدِ. " (يو ١١: ٢٥-٢٦).

كما يتكلم الكتاب أيضاً عن القيامة الأولى التي يقوم فيها الشهداء والأمناء ليملكوا مع المسيح في ملكه الالفي (بحسب تفسير المدرسة القبل ألفية لهذه الآية) قائلاً: "مُبَارَكٌ وَمُقَدَّسٌ مَنْ لَهُ نَصِيبٌ فِي الْقِيَامَةِ الأُولَى. هؤُلاَءِ لَيْسَ لِلْمَوْتِ الثَّانِي سُلْطَانٌ عَلَيْهِمْ، بَلْ سَيَكُونُونَ كَهَنَةً للهِ وَالْمَسِيحِ، وَسَيَمْلِكُونَ مَعَهُ أَلْفَ سَنَةٍ. " (رؤ ٢٠: ٦)

إذاً فالموت الثاني بحسب هذه الآية لن يضر الغالبين الذين تمسكوا بالرب وبشهادته في وقت الضيق والاضطهاد، أما الذين تراجعوا وأنكروا المسيح بسبب الاضطهاد فسوف يؤذيهم الموت الثاني.

ملخص الرسالة:

كانت كنيسة سميرنا كنيسة أمينة أمام الله، فهو لم ينتقدها في شيء. هذه الكنيسة الأمينة كانت مضطهدة من اليهود الخطاة ومن الرومان، لكنها كانت أيضاً عتيدة أن تتألم أكثر كثيراً لأن الشيطان كان مزمعاً أن يجربهم عشرة أيام. لم يستطع الشيطان أن يوقف شهادة هذه الكنيسة عن طريق إسقاطها في الخطيئة، فقرر أن يضطهدها ليُسكِت شهادتها. لقد جَرَّد بعضاً من مؤمنيها من أملاكهم وأفقرهم مادياً، والقى البعض في السجن وقتل البعض الآخر.

لم يكن المسيح بعيداً عن الكنيسة في وقت الألم حتى وإن لم تشعر بوجوده، بل كان يشعر بهم وبكل ما يمرون به إذ سبق واجتاز في مثله قبلهم، فشجعهم بأنه لا يراهم فقراء كما يراهم العالم، بل إنهم هم الأغنياء لأنهم هم الذين يملكون الحياة الأبدية.

ثم أمر الرب هذه الكنيسة أن تتوقف عن الخوف من الاضطهاد، بل أن تغير من نظرتها وطريقة تفكيرها في الاضطهاد وأن تراه على حقيقته أنه أمر محدود سينتهي في وقت حدده الرب، وأن الشيطان هو الذي يقف خلفه محاولاً أن يسقطهم في الخطيئة وأن يشتكي عليهم، ثم نصحهم المسيح أن يقاوموا هجوم الشيطان هذا بأن يبقوا أمناء إلى النهاية حتى وإن كلفهم ذلك حياتهم، وستكون المكافأة أنه سيعطيهم إكليل الحياة.

الفصل الرابع
الرسالة إلى ملاك الكنيسة التي في برغامس
(رؤ ٢: ١٢-١٧)

رؤ ٢: ١٢ وَاكْتُبْ إِلَى مَلاَكِ الْكَنِيسَةِ الَّتِي فِي بَرْغَامُسَ: هَذَا يَقُولُهُ الَّذِي لَهُ
السَّيْفُ الْمَاضِي ذُو الْحَدَّيْنِ.
رؤ ٢: ١٣ أَنَا عَارِفٌ أَعْمَالَكَ، وَأَيْنَ تَسْكُنُ حَيْثُ كُرْسِيُّ الشَّيْطَانِ، وَأَنْتَ مُتَمَسِّكٌ
بِاسْمِي وَلَمْ تُنْكِرْ إِيمَانِي حَتَّى فِي الأَيَّامِ الَّتِي فِيهَا كَانَ أَنْتِيبَاسُ شَهِيدِي الأَمِينُ الَّذِي
قُتِلَ عِنْدَكُمْ حَيْثُ الشَّيْطَانُ يَسْكُنُ.
رؤ ٢: ١٤ وَلَكِنْ عِنْدِي عَلَيْكَ قَلِيلٌ: أَنَّ عِنْدَكَ هُنَاكَ قَوْماً مُتَمَسِّكِينَ بِتَعْلِيمِ بَلْعَامَ،
الَّذِي كَانَ يُعَلِّمُ بَالاَقَ أَنْ يُلْقِيَ مَعْثَرَةً أَمَامَ بَنِي إِسْرَائِيلَ: أَنْ يَأْكُلُوا مَا ذُبِحَ لِلأَوْثَانِ،
وَيَزْنُوا.
رؤ ٢: ١٥ هَكَذَا عِنْدَكَ أَنْتَ أَيْضاً قَوْمٌ مُتَمَسِّكُونَ بِتَعَالِيمِ النُّقُولاَوِيِّينَ الَّذِي
أُبْغِضُهُ.
رؤ ٢: ١٦ فَتُبْ وَإِلاَّ فَإِنِّي آتِيكَ سَرِيعاً وَأُحَارِبُهُمْ بِسَيْفِ فَمِي.
رؤ ٢: ١٧ مَنْ لَهُ أُذُنٌ فَلْيَسْمَعْ مَا يَقُولُهُ الرُّوحُ لِلْكَنَائِسِ. مَنْ يَغْلِبُ فَسَأُعْطِيهِ أَنْ
يَأْكُلَ مِنَ الْمَنِّ الْمُخْفَى، وَأُعْطِيهِ حَصَاةً بَيْضَاءَ، وَعَلَى الْحَصَاةِ اسْمٌ جَدِيدٌ مَكْتُوبٌ
لاَ يَعْرِفُهُ أَحَدٌ غَيْرُ الَّذِي يَأْخُذُ.

خلفية عن مدينة برغامس:

اسم برغامس يعني: "الارتفاع" (height or elevation)

كانت المدينة تقع شمالي مدينة سميرنا، وكانت مدينة غنية وكبيرة، كما كانت مكتبتها تُعتَبَر المكتبة الثانية في العالم بعد مكتبة الإسكندرية، وكان بها حوالي مئاتي ألف كتاب، لكن مارك أنتوني نقلها إلى مصر وأعطاها لكيلوباترا كهدية.

كان بالمدينة مسرح روماني يتسع لعشرة آلاف إنسان، وكانت المدينة هي العاصمة السياسية لمقاطعة آسيا الصغرى الرومانية في الوقت الذي كتب يوحنا فيه سفر الرؤيا ولمدة حوالي ٣٠٠ سنة قبل ذلك أيضاً، وبذلك كان الوالي الروماني على مقاطعة آسيا الصغرى كلها يسكن هناك. كان للوالي الروماني لقب ورمز، وكان الرمز هو السيف. وكان للوالي ما يسمى ب"حق السيف" بمعنى أنه من حقه أن يحكم على أي شخص بالموت كنائب عن قيصر وممثل له [٣٥]، وهذا هو ما قصده بولس حين تكلم عن الخوف من الحكام في رومية ١٣ قائلاً أن الحاكم "لاَ يَحْمِلُ السَّيْفَ عَبَثًا" (رو ١٣: ٤) [٦٧].

لازالت المدينة موجودة تحت اسم "برجاما" (Bergama) في تركيا، ومناطقها الأثرية مازالت تظهر كما كانت صروحها العامة رائعة حتى أنها كانت تسمى "

مدينة المعابد"، وكانت أيضاً مشتى للملوك. كان في المدينة معابد لزيوس (Zeus) (هذا المعبد كان مبنياً على شكل عرش كبير)، وأبوللو (Apollo)، وأثينا (Athene)، وديونيسوس (Dionysus)، وآفروديت (Aphrodite)، واسكولابيوس (Aesculapius) الذي كان إله الشفاء والطب، وكان أحد ألقابه هو لقب "المٌخَلِّص"، وكانت هناك مدرسة عظيمة ومشهورة للطب في معبده، نتيجة لذلك كان كل من طالبي العلم والمرضى يأتون إلى ذلك المعبد من كل أنحاء الإمبراطورية الرومانية طلباً لدراسة الطب أو طلباً للدواء والعلاج. وكانت تماثيل هذا الإله اسكولابيوس تُظهِره وهو يحمل عصاة يلتف حولها ثعبان، وهو نفس الرمز الذي يضعونه على الصيدليات إلى اليوم.
من الجدير بالذكر هنا أيضاً أن الديانة الإمبراطورية اختُرِعَتْ أولاً في برغامس في عهد أوغسطس قيصر قبل أن يتم تعميمها في كل الإمبراطورية الرومانية، وكان الهدف من اختراع هذه الديانة هو توحيد الإمبراطورية الشاسعة تحت دين واحد يجمع كل السكان ويجعلهم يُظهِرون الولاء لقيصر. كان في برغامس ٣ معابد مخصصة لعبادة الإمبراطور الروماني في وقت كتابة سفر الرؤيا، وكانت كل هذه المعابد مبنية في بستان جميل يسمى "نيسيفوريوم" (Nicephorium)، وكان هذا يعتبر فخر مدينة برغامس. أهم هذه المعابد وأولها من حيث تاريخ البناء هو معبد أوغسطس قيصر الذي اختُرِعَتْ في أيامه تلك الديانة، والذي ابتدئ بناؤه سنة ٢٩ ق.م.، وكان على جميع السكان تقديم البخور في معبد القيصر والاعتراف به كإله ورب بشكل دوري، وإن لم يفعلوا ذلك اعتُبِرُوا منشقين عن المجتمع ورافضين لسيادة قيصر وهو ما جعلهم مستحقين لأحكام كثيرة منها حكم الموت والحكم بسلب الأموال والممتلكات .. إلخ.

محتوى الرسالة:

رؤ ٢: ١٢ وَاكْتُبْ إِلَى مَلاَكِ الْكَنِيسَةِ الَّتِي فِي بَرْغَامُسَ: هَذَا يَقُولُهُ الَّذِي لَهُ السَّيْفُ الْمَاضِي ذُو الْحَدَّيْنِ.

الوصف الذي قاله الرب عن نفسه هنا مأخوذ عن عدد ١٦ من الأصحاح الأول: " وَمَعَهُ فِي يَدِهِ الْيُمْنَى سَبْعَةُ كَوَاكِبَ، وَسَيْفٌ مَاضٍ ذُو حَدَّيْنِ يَخْرُجُ مِنْ فَمِهِ، وَوَجْهُهُ كَالشَّمْسِ وَهِيَ تُضِيءُ فِي قُوَّتِهَا." (رؤ ١: ١٦)
السيف الماضِ ذو الحدين يتكلم في الكتاب المقدس عن كلمة الله إذ يقول: "وَخُذُوا خُوذَةَ الْخَلاَصِ، وَسَيْفَ الرُّوحِ الَّذِي هُوَ كَلِمَةُ اللهِ." (أف ٦: ١٧)، ويقول أيضاً: "لأَنَّ كَلِمَةَ اللهِ حَيَّةٌ وَفَعَّالَةٌ وَأَمْضَى مِنْ كُلِّ سَيْفٍ ذِي حَدَّيْنِ، وَخَارِقَةٌ إِلَى مَفْرَقِ النَّفْسِ وَالرُّوحِ وَالْمَفَاصِلِ وَالْمِخَاخِ، وَمُمَيِّزَةٌ أَفْكَارَ الْقَلْبِ وَنِيَّاتِهِ." (عب ٤:

١٢). (قارن أيضاً مع: إش ٤٩: ٢؛ مز ١٤٩: ٦؛ ٥٧: ٤؛ ٥٩: ٧؛ رؤ ١٩: ١٥، ٢١).
نرى في هذا الوصف مفارقة جميلة إذ يُنَبِّه الرب يسوع كنيسة برغامس أنه هو صاحب السيف الحقيقي، وهو الذي يحكم بكلمته وبفمه على الجميع خطاة كانوا أم أبراراً، وأن حكمه هو الحكم النهائي الأبدي، وذلك بالمقارنة مع أحكام الوالي الروماني الذي كان يرمز له بالسيف إذ كان من حقه أن يحكم على من يشاء بالقتل أو بالحياة كممثل لقيصر بحسب القانون الروماني؛ فيبدو وكأن الرب يريد أن يقول لهم هنا: قد يحكم عليكم ذلك الوالي بأحكام ظالمة ويضطهدكم لأنكم تتبعوني، لكن ثقوا أنني أنا صاحب الكلمة الأخيرة في القضاء، ولي الكلمة الأخيرة في الأحكام بالحياة أو بالموت، وإن ظلمكم الوالي على الأرض فأنا من سأحكم عليه وعلى الجميع في النهاية، كما أني أنا من سوف أبرئكم في الوقت المعين.

ذُو الْحَدَّيْنِ: يرى القديس ترتليان أن الحدين هما العهدان الجديد والقديم، كما يفسرهما آخرون على أن المقصود بالحدين هو أن السيف - أي كلمة الله - فعال جداً، كما يرى آخرون أنه يعبر عن طبيعة كلمة الله التي لا تضرب الأمور الشريرة فقط، لكنها أيضاً تفحص وتمحص الأمور الجيدة.
لقد افتتح الرب رسالته للكنيسة بتذكيرهم بأنه صاحب السيف ذي الحدين لأن هذه الكنيسة كانت تتعرض للاضطهاد من الوالي الروماني كما ذكرنا، وبالإضافة لذلك دخلتها بعض التعاليم الخاطئة كما سنرى لاحقاً، والرب هنا يريد أن يقول لهم أن كلمته هي التي لها سلطان على كل الخليقة، وهي التي خلقت كل شيء، وستعمل عمل السيف ذي الحدين معهم وفيهم، فتمدح الصالح وتظهر القبيح وتوبخه، بل وقد تحاربه.

رؤ ٢: ١٣ أَنَا عَارِفٌ أَعْمَالَكَ، وَأَيْنَ تَسْكُنُ حَيْثُ كُرْسِيُّ الشَّيْطَانِ، وَأَنْتَ مُتَمَسِّكٌ بِاسْمِي وَلَمْ تُنْكِرْ إِيمَانِي حَتَّى فِي الأَيَّامِ الَّتِي فِيهَا كَانَ أَنْتِيبَاسُ شَهِيدِي الأَمِينُ الَّذِي قُتِلَ عِنْدَكُمْ حَيْثُ الشَّيْطَانُ يَسْكُنُ.

أَنَا عَارِفٌ أَعْمَالَكَ: كلمة أعمالك غير موجودة في المخطوطات القديمة (٢، ٣٧)، فتكون الآية: "أنا عارف أين تسكن حيث كرسي الشيطان ....". إن معرفة الرب بحقائق الأمور والواقع الذي نعيشه ليست معرفة سطحية زمنية مادية كمعرفتنا نحن، فهو في اتساع معرفته اللانهائي شَخَّصَ بسهولة أن هذه الكنيسة تعاني بسبب النشاط الشيطاني الزائد في هذه المدينة.

أَيْنَ تَسْكُنُ حَيْثُ كُرْسِيُّ الشَّيْطَانِ: من الملاحظ هنا أن الكنيسة والشيطان يسكنان في نفس المكان، ففي نهاية الآية يكرر قائلاً: "... عندكم حيث الشيطان يسكن"، وكلمة يسكن هنا هي نفس الكلمة اليونانية المذكورة عن الكنيسة، وهي تعني في أصلها اليوناني الوجود الدائم والاستقرار في المكان. ونحن نعلم جيداً أن النور والظلمة لا يمكنهما أن يتعايشا في مكان واحد، كذلك أيضاً لم يكن من الممكن أن تعيش الكنيسة حيث يملك الشيطان ويسكن دون أن يحدث اضطهاد على الأمناء.

من الملاحظ أيضاً أن بقية الرسائل إلى الكنائس السبع لا تذكر أبداً أن أي منها يسكن في مكان ما. من هنا يمكن أن نرى كيف أن البعض من أعضاء هذه الكنيسة ارتبطوا واختلطوا بالعالم والثقافة التي كانوا يعيشون فيها كما فعل لوط في مدينة سدوم فعاش حياة ضعيفة بائسة "مَغْلُوبًا مِنْ سِيرَةِ الأَرْدِيَاءِ فِي الدَّعَارَةِ. إِذْ كَانَ الْبَارُّ، بِالنَّظَرِ وَالسَّمْعِ وَهُوَ سَاكِنٌ بَيْنَهُمْ، يُعَذِّبُ يَوْمًا فَيَوْمًا نَفْسَهُ الْبَارَّةَ بِالأَفْعَالِ الأَثِيمَةِ." (٢بط ٢: ٧-٨).

لم يكن تأثير سُكنى لوط في سدوم سلبياً على لوط وحده بل على كل أسرته حتى أن بناته العذارى اللواتي خرجن معه من سدوم اضطجعوا معه بعد أن أسكروه لينجبوا منه. من أين أتتهم هذه الأفكار الشريرة؟ لقد كانت مثل هذه الأفكار والقيم موجودة ومتداولة في سدوم التي كُتب عن أهلها أنهم جاءوا من الحدث إلى الشيخ إلى بيت لوط طالبين منه أن يخرج الملاكين ليضطجعوا معهما (تك ١٩). هكذا أيضاً حين سكنت كنيسة برغامس حيث يسكن الشيطان، أي اندمجت في المجتمع وصارت جزءاً منه، فإنها سمحت بدخول روح العالم وقِيَمُه إليها كما سنرى لاحقاً.

حَيْثُ كُرْسِيُّ الشَّيْطَانِ: الترجمة الأصح لكلمة كرسي هنا هي عرش، فالشيطان كان يحكم من وعلى هذه المدينة، ولقد حاول الكثيرون تفسير المقصود بعرش الشيطان هنا فقالوا أن هذه العبارة هي إشارة إلى:

١- هيكل الإله زيوس (Zeus) الذي كان مبنياً على شكل عرش،

٢- أو إلى العبادات الوثنية المتعددة في هذه المدينة وخاصة عبادتي ديونيسوس (Dionysus) وأفروديت (Aphrodite) اللتان كانتا تتسمان بالفجور الجنسي، أو إلى عبادة الإمبراطور التي اختُرِعَت أولاً في برغامس،

٣- أو إلى المحاكم التي كانت موجودة في برغامس والتي كانت تحكم على المؤمنين بالموت أو السجن وسلب الأملاك الخ. ذلك لأن برغامس كانت مركزاً كبيراً للمحاكم الرومانية،

٤- أو إلى حاكم مقاطعة آسيا الصغرى الذي كان يسكن هناك، والذي كان يضطهد المسيحيين،

لكن في رأيي فإن المعنى العام المقصود هنا هو أن حضور وسلطان الشيطان كان قوياً جداً في هذه المدينة، فحقيقة أن يكون الشيطان نشيطاً في أماكن أو

بلدان معينة أكثر من أماكن أخرى هي حقيقة لا يمكن تجاهلها؛ ويرى البعض أن الشيطان كان نشيطاً في هذه المدينة بالذات أكثر من المدن الستة الأخرى المذكورة في هذين الأصحاحين لأن مدينة برغامس كانت عاصمة مقاطعة آسيا الصغرى كلها، وبذلك كان لها تأثير سياسي وثقافي واجتماعي وروحي على كل البلدان الأخرى في المقاطعة.

وَأَنْتَ مُتَمَسِّكٌ بِاسْمِي وَلَمْ تُنْكِرْ إِيمَانِي: كلمة متمسك تأتي ٣ مرات في هذه الرسالة، وهي تعني في أصلها اليوناني أن الشخص متمسك بشخص آخر أو بشيء ما بالكامل ويرفض التخلي عنه، كما يرفض عكسه. لقد تمسكت كنيسة برغامس وملاكها بالرب ولم ينكروه بالرغم من الصعوبات التي كانت تواجههم. لكننا سنرى أيضاً أن هناك من تمسكوا بتعاليم يبغضها الرب وتسبب انتشار الخطيئة في الكنيسة كما سنرى لاحقاً.

حَتَّى فِي الأَيَّامِ الَّتِي فِيهَا كَانَ أَنْتِيبَاسُ شَهِيدِي الأَمِينُ الَّذِي قُتِلَ عِنْدَكُمْ: لا يوجد في التاريخ الكنسي أي ذكر لأنتيباس بخلاف ذكره في هذه الآية، وقول القديس أندراوس القيصري أنه قرأ قصة استشهاد أنتيباس؛ وتُعتَبَر هذه القلة في المعلومات عن شخص بهذه الأهمية أمر غريب بعض الشيء حتى أن بعض المفسرين شككوا في وجود شخص اسمه أنتيباس من الأساس وقالوا إن اسمه يعني "ضد العالم" وهو رمز للأمناء الذين يعيشون بالتقوى ضد العالم، لكن هذا الرأي ضعيف وترجمة الإسم إلى "ضد العالم" ترجمة معيبة.
من هذه الآية نفهم أن أنتيباس كان مسيحياً، وقد يكون ذا مكانة في الكنيسة، بل وبحسب التقليد فإنه كان أسقف الكنيسة (٣٨)، ثم استُشهِد بسبب إيمانه. نفهم أيضاً من المكتوب في باقي الرسالة أنه لم يكن هناك شهداء كثيرون في هذه الكنيسة، بل قد يكون أنتيباس هو الشهيد الوحيد حتى وقت كتابة هذه الرسالة على يد يوحنا. إن الشيطان عادة ما لا يضطهد كنيسة متعايشة معه بل يضطهد فقط من لا يستطيع خداعهم وإحناؤهم بالخطيئة، وأنتيباس الذي يعني اسمه أنه "مثل الآب" (٣٤) كان من هؤلاء الذين لم يحتمل الشيطان وجودهم واضطهدهم وقتلهم لينهي شهادتهم الأمينة، ومع أن بقية الكنيسة لم تُقَدِّرَهُ ولم تذكر اسمه في التاريخ الكنسي إلا أن الرب شهد له بأنه "شاهده الأمين" (الترجمة الأدق لـ"شهيدي الأمين"). من. هنا نتعلم أننا حين نخدم الرب يجب أن نفعل ذلك بكل أمانة. ولا ننتظر التقدير من الآخرين، بل من الرب فقط، فكم من الناس صفق لهم الكثيرون لكن الرب كان يرى أنهم غير أمناء.

شَهِيدِي الأَمِينُ: الأصل اليوناني لكلمة "شهيدي" هي "شاهدي" (٣، ٣٤، ٧٧) كما سبق وذكرنا، وهو نفس التعبير الذي وَصَفَ به يوحنا الرب يسوع في الأصحاح الأول حين قال: "وَمِنْ يَسُوعَ الْمَسِيحِ الشَّاهِدِ الأَمِينِ..." (رؤ ١: ٥) (قارن

أيضاً مع: رؤ ٣: ١٤). لقد وصف الرب أنتيباس بأحد صفاته هو الشخصية، فأنتيباس لم يكتم معرفته بالرب ولم يخفيها خوفاً من الاضطهاد، بل شهد عن الرب بأمانة في حياته وبكلامه، ولم يثنيه الاضطهاد عن ذلك حتى قُتِلَ شَيَّاً كما يقول التقليد.
يبدو من تركيب الآية أنه حدث اضطهاد شديد على كنيسة برغامس في أيام حياة انتيباس، ويبدو أن الاضطهاد قد طال الجميع، ثم في ذروة الاضطهاد قَتَلَ الأشرار أنتيباس إنتقاماً منه لأمانته وتمسكه بالشهادة لربنا يسوع المسيح.

رؤ ٢: ١٤ وَلَكِنْ عِنْدِي عَلَيْكَ قَلِيلٌ: أَنَّ عِنْدَكَ هُنَاكَ قَوماً مُتَمَسِّكِينَ بِتَعْلِيمِ بَلْعَامَ، الَّذِي كَانَ يُعَلِّمُ بَالاَقَ أَنْ يُلْقِيَ مَعْثَرَةً أَمَامَ بَنِي إِسْرَائِيلَ: أَنْ يَأْكُلُوا مَا ذُبِحَ لِلأَوْثَانِ، وَيَزْنُوا.

وَلَكِنْ عِنْدِي عَلَيْكَ: يبدأ الرب هنا توبيخه لملاك الكنيسة ولأعضائها بصفته القاضي العادل الذي يرى كل ما يجري في داخل هذه الكنيسة ويميز بوضوح بين الجيد والرديء.

قَلِيلٌ: القليل يكون إما في العدد أو في جسامة الخطأ، والمقصود هنا هو العدد لأن الأخطاء المذكورة جسيمة. فعدد الذين يتبعون تعليم بلعام وتعاليم النيقولاويين في هذه الكنيسة صغير، لكن الرب لم يهمل ذكرهم وتوبيخهم ودعوتهم للتوبة، ولم يتغاضى عن توبيخ قائد الكنيسة على تركه هؤلاء المتسيبين وسط الكنيسة بالرغم من أن القائد وأغلب شعب الكنيسة كانوا متمسكين بالرب وأمناء له، فالخطيئة وإن كانت كميتها أو عددها صغير تبقى خطيئة ولها نتائج على مرتكبها وعلى الكنيسة المحلية كجماعة. لقد أخطأ آدم وحواء خطيئة واحدة فقط كانت كفيلة بطرحهما هما وذريتهما خارج جنة عدن ولعن الأرض وتكثير آلام الولادة؛ فلا تستهن عزيزي القارئ بخطيئة واحدة لأنها تكفي تماماً لطرح مرتكبها في بحيرة النار والكبريت، والطريق الوحيد لمغفرة هذه الخطيئة هو الإيمان بعمل الرب يسوع الكفاري والتوبة الحقيقية عن الخطيئة.

أَنَّ عِنْدَكَ هُنَاكَ قَوماً مُتَمَسِّكِينَ: لقد كان هناك القليل من الفاسدين الذين يعيشون في وسط كنيسة برغامس، وهؤلاء كانوا متمسكين بتعاليم خاطئة ولا يريدون أن يتراجعوا عنها، فكما تمسكت الكنيسة باسم الرب ولم تنكره، تمسك هؤلاء بالتعاليم الخاطئة وكانوا يرفضون التراجع عنها أو تركها ذلك لأن هذه التعاليم جنبتهم الاضطهاد وجعلت حياتهم أكثر سهولة في وسط المجتمع الوثني الذي كانوا يعيشون فيه.

التعاليم الخاطئة هنا كانت نوعين (أو نوع واحد تحت مُسَمَيَيْن):
١- تعليم بلعام
٢- تعاليم النقولاويين
سوف ندرس كل منهما بالتفصيل في السطور التالية:

أولاً: تعليم بلعام

بلعام شخص حقيقي تُذكَر قصته في سفر العدد من أصحاح ٢٢ إلى ٢٥، ثم في أصحاح ٣١ والأعداد ١، ٢، ٨، ١٤-١٦ يَذكُر لنا الكتاب كيف انتقم موسى وشعب اسرائيل من بلعام والمديانيين والنساء اللاتي أغوين الشعب.
وبحسب سفر الرؤيا وسفر العدد أصحاح ٢٥ فإن بلعام أغوى الإسرائيليين أن يأكلوا من طعام نجس مقدم كذبائح لبعل فغور إله المديانيين فوقعوا في التعدي، ثم أغوتهم النساء المديانيات أن يزنوا معهن ففعلوا ذلك ساقطين في فخ خطيئة الزنى الذي دَبـَّره لهم بلعام، ثم أغوتهم المديانيات أيضاً فتعلق بعض الإسرائيليين ببعل فغور (أي أحبوا إلهاً وثنياً) مما أتى بغضب الرب على الشعب إذ أرسل وبأ قتل ٢٤ ألف إسرائيلي.

نتعلم من هذه القصة أن الشيطان لا يطلب من المؤمن أبداً أن يفعل خطيئة كالزنى فجأة، لأن المؤمن ببساطة سيرفض، لكن الشيطان دائماً ما يمهد لمثل هذه الخطايا بخطايا أخرى أصغر وأكثر قبولاً مثلما فعل مع شعب اسرائيل، فقد ادعى المديانيون أنهم شعب صديق ومرحب، وصنعوا وليمة لشعب اسرائيل، فأكل اليهود من الوليمة التي كان اللحم فيها قد ذبح لبعل فغور فتنجسوا، ثم قادتهم هذه الخطيئة إلى خطيئة أخرى وكأنهم سقطوا في مُنْحَدَر، فزنوا مع المديانيات، ثم أغوتهم المديانيات أن يتعلقوا ببعل فغور إله المديانيين، وهنا كانت عبادة الأوثان ستبدأ في الدخول إلى شعب الرب مما دفع الرب إلى إرسال الوبأ، وهو ما دفع موسى بأن يقول لقضاة إسرائيل: "اقْتُلُوا كُلُّ وَاحِدٍ قَوْمَهُ الْمُتَعَلِّقِينَ بِبَعْلِ فَغُورَ" (عدد ٢٥: ٥).
لاحِظ أن موسى لم يقل لهم اقتلوا الزناة، لكنه قال اقتلوا المتعلقين ببعل فغور، لكن ما حدث أن فينحاس بن أليعازر بن هارون رأى خطيئة زنى بين رجل اسرائيلي وامرأة مديانية فقتلهما فامتنع الوبأ. من هنا نرى أيضاً كيف أن خطيئة الزنى هنا كانت هي الأساس لخطيئة عبادة الأوثان.
نفس الأمر حدث مع أحكم سكان الأرض: "سليمان" الملك الذي رأى الرب وتكلم معه مرتين، لكنه إذ استهان بوصايا الرب ألا يتزوج بنو إسرائيل من نساء أجنبيات (راجع: تث ٧: ١-٤)، وألا يكثر له النساء (راجع: تث ١٧: ١٧)، بل كسر الوصيتين وتزوج نساء أجنبيات كثيرات، فكانت النتيجة أنهن أغوين قلبه وجعلنه يسجد لآلهتهن بدلاً من الرب، بل وانتهى به الأمر إلى بناء المرتفعات للذبح لتلك الآلهة الغريبة التي كانت نساؤه تعبدهم (١مل ١١: ١-١١)؛ لذلك

عزيزي القارئ لا تستهن أبداً بكسر وصية صغيرة أو كبيرة، فالخطيئة دائماً تقود إلى أخرى وينتهي الإنسان حيث لم يكن يتخيل أن يذهب من قبل.

يقول الكتاب المقدس أيضاً عن تعليم وخطايا بلعام: "وَلكِنْ، كَانَ أَيْضًا فِي الشَّعْبِ أَنْبِيَاءُ كَذَبَةٌ، كَمَا سَيَكُونُ فِيكُمْ أَيْضًا مُعَلِّمُونَ كَذَبَةٌ، الَّذِينَ يَدُسُّونَ بِدَعَ هَلاَكٍ. وَإِذْ هُمْ يُنْكِرُونَ الرَّبَّ الَّذِي اشْتَرَاهُمْ، يَجْلِبُونَ عَلَى أَنْفُسِهِمْ هَلاَكًا سَرِيعًا. وَسَيَتْبَعُ كَثِيرُونَ تَهْلُكَاتِهِمْ. الَّذِينَ بِسَبَبِهِمْ يُجَدَّفُ عَلَى طَرِيقِ الْحَقِّ ...... لَهُمْ عُيُونٌ مَمْلُوَّةٌ فِسْقًا، لاَ تَكُفُّ عَنِ الْخَطِيَّةِ، خَادِعُونَ النُّفُوسَ غَيْرَ الثَّابِتَةِ. لَهُمْ قَلْبٌ مُتَدَرِّبٌ فِي الطَّمَعِ. أَوْلاَدُ اللَّعْنَةِ. قَدْ تَرَكُوا الطَّرِيقَ الْمُسْتَقِيمَ، فَضَلُّوا، تَابِعِينَ طَرِيقَ بَلْعَامَ بْنِ بَصُورَ الَّذِي أَحَبَّ أُجْرَةَ الإِثْمِ. وَلكِنَّهُ حَصَلَ عَلَى تَوْبِيخِ تَعَدِّيهِ، إِذْ مَنَعَ حَمَاقَةَ النَّبِيِّ حِمَارٌ أَعْجَمُ نَاطِقًا بِصَوْتِ إِنْسَانٍ. هؤُلاَءِ هُمْ آبَارٌ بِلاَ مَاءٍ، غُيُومٌ يَسُوقُهَا النَّوْءُ. الَّذِينَ قَدْ حُفِظَ لَهُمْ قَتَامُ الظَّلاَمِ إِلَى الأَبَدِ. لأَنَّهُمْ إِذْ يَنْطِقُونَ بِعَظَائِمِ الْبُطْلِ، يَخْدَعُونَ بِشَهَوَاتِ الْجَسَدِ فِي الدَّعَارَةِ، مَنْ هَرَبَ قَلِيلاً مِنَ الَّذِينَ يَسِيرُونَ فِي الضَّلاَلِ، وَاعِدِينَ إِيَّاهُمْ بِالْحُرِّيَّةِ، وَهُمْ أَنْفُسُهُمْ عَبِيدُ الْفَسَادِ. لأَنَّ مَا انْغَلَبَ مِنْهُ أَحَدٌ، فَهُوَ لَهُ مُسْتَعْبَدٌ أَيْضًا!" (٢بط ٢: ١-٢، ١٤-١٩)، ثم يقول أيضاً في موضع آخر عن مثل هؤلاء: "وَيْلٌ لَهُمْ! لأَنَّهُمْ سَلَكُوا طَرِيقَ قَايِينَ، وَانْصَبُّوا إِلَى ضَلاَلَةِ بَلْعَامَ لأَجْلِ أُجْرَةٍ، وَهَلَكُوا فِي مُشَاجَرَةِ قُورَحَ." (يهوذا ١١)
هؤلاء المعلمين الفاسدين الذين اتبعوا طريق بلعام بحسب الآيتين السابقتين قد استخدموا مواهبهم الروحية ومكانتهم الكنسية من أجل ربحهم الخاص ومنفعتهم الخاصة تماماً مثلما استخدم بلعام مكانته كنبي للحصول على أجرة إذ نصب للشعب فخّاً وجعله يضل ويرتكب الخطيئة فتأتي عليه ضربات الله.

<u>أمثلة عملية لذلك:</u>

أ- قسوس أو قادة يستخدمون مناصبهم وتأثيرهم على النفوس ليغووا البعض ليرتكبوا خطايا جنسية معهم.
ب- قادة روحيين يستخدمون سلطانهم على الآخرين ليجعلوهم يفعلون أشياء تصب في مصلحة هؤلاء القادة الشخصية.
ج- أب يطلب من أولاده أن يكذبوا أو يفعلوا أي شيء آخر خطأً لكي يهرب من موقف أو يربح شيئاً ما.
د- شاب يستخدم حب فتاة له ليحصل على علاقة جنسية.
ه- فتاة تستخدم حب شاب لها لتجعله يأخذ قرارات هي تريدها لكنها تتعارض مع كلمة الله، أو أن تجعله يشتري أشياء غالية الثمن لها في حين أنه كان يجب أن يستخدم الأموال التي أعطاه الرب إياها بصورة أصح.
و- رئيس في عمل يستخدم الموظفين للتَرَبُّح من عمله دون أن ينكشف أو يُسأل قانونياً.

كل هذه الأمثلة وغيرها تتماثل مع ما فعله بلعام الذي أحب أجرة الإثم على أن يبارك الشعب ويمضي، والنتيجة في النهاية أن بلعام نفسه قُتِلَ. فإن كنت قائداً روحياً أو رب أسرة أو شخص له تأثير على آخرين أو مدير في عملك، فاحذر من أن تستخدم هذه المكانة أو التأثير من أجل مصلحتك الشخصية، بل اعمل كل استطاعتك لتستخدمها فقط لمجد الرب وفائدة الآخرين.

رؤ ٢: ١٥   هَكَذَا عِنْدَكَ أَنْتَ أَيْضاً قَوْمٌ مُتَمَسِّكُونَ بِتَعَالِيمِ النُّقُولاَوِيِّينَ الَّذِي أُبْغِضُهُ.

هَكَذَا: المقصود هو أحد معنيين: إما "على نفس هذا المنوال" أو "وكذلك أيضاً"، فإذا رأينا أن المعنى الأول هو المقصود، فإن الرب هنا يقول أن تعليم النيقولاويين مماثل لتعليم بلعام وأن الإثنين في أساسهما تعليم واحد، وهما يصفان مجموعة من الكنيسة كانت قد تكيفت مع المتطلبات الدينية والاجتماعية للمجتمع الوثني الذي عاشوا فيه عن طريق التساهل في إيمانهم وقداستهم (١).
أما إذا رأينا أن المعنى الثاني هو المقصود، وهو الاحتمال الأضعف، فذلك يعني أن الرب يفصل بين المجموعتين ونوعي التعليم المنحرفين.
هناك أيضاً من يرون في "هَكَذَا عِنْدَكَ أَنْتَ أَيْضاً" إشارة إلى كنيسة أفسس وكأن المسيح يريد أن يقول أنه كما أن هناك بعض المتمسكين بأعمال النيقولاويين في أفسس، هكذا أيضاً هناك قوم متمسكين بتعاليم هؤلاء النيقولاويين في برغامس" (٢).

<u>ثانياً: تعليم النيقولاويين</u>
لسنا نعرف بالضبط من هم النيقولاويين لأنهم ليسوا مذكورين بالتفصيل في التاريخ الكنسي، لكن معظم المفسرين عرضوا رأيين فيمن هم هؤلاء النيقولاويين، وكلا الرأيين مأخوذين من معنى اسمهم ومن علاقتهم بضلالة بلعام كالتالي:
١ - <u>تعريف قاموس ثاير (Thayer) لمعنى كلمة النيقولاويين:</u> "تدمير الشعب" (destruction of people)، هم مجموعة ذكرت في (رؤ ٢: ٦) وفي (رؤ ٢: ١٥)، وقد اتهموا باتباع تعليم بلعام، ووضع حجر عثرة أمام كنيسة الله عن طريق التمسك بحرية أكل الأشياء المذبوحة للأوثان وممارسة الدعارة. لقد ظن هؤلاء أن حرية الإنجيل وضعتهم في مرتبة أعلى من القانون الأخلاقي، ومنحت لهم الرخصة لارتكاب أسوأ الخطايا، فاتخذوا من حرية أكل اللحم الذي قد يكون قد ذُبِحَ لأوثان كذريعة لحرية الاشتراك في طقوس الأوثان وإدخال العربدة الوثنية إلى العبادة المسيحية. (٢، ٣٧، ٣٩).

لقد آمن هؤلاء المُضِلون بعقيدة غريبة وهي أن الرب قد أعطى للمؤمن الحرية أن يفعل ما يشاء، ولأن الجسد فاني، فإن كل ما يفعله الإنسان بجسده لا يؤثر على روحه التي خَلَّصَها الرب، فإن زنى أو ارتكب أي خطيئة أخرى فهذا كله على مستوى الجسد ولا يهم أو يؤثر على خلاص الإنسان أو حياته الروحية.
يتكلم الكتاب المقدس بوضوح ضد هذا التعليم قائلاً: "فَإِنَّكُمْ إِنَّمَا دُعِيتُمْ لِلْحُرِّيَّةِ أَيُّهَا الإِخْوَةُ. غَيْرَ أَنَّهُ لاَ تُصَيِّرُوا الْحُرِّيَّةَ فُرْصَةً لِلْجَسَدِ، بَلْ بِالْمَحَبَّةِ اخْدِمُوا بَعْضُكُمْ بَعْضًا." (غل ٥: ١٣)، ثم يقول أيضاً: "وَإِنَّمَا أَقُولُ: اسْلُكُوا بِالرُّوحِ فَلاَ تُكَمِّلُوا شَهْوَةَ الْجَسَدِ." (غل ٥: ١٦)، ثم يكمل قائلاً: "وَأَعْمَالُ الْجَسَدِ ظَاهِرَةٌ، الَّتِي هِيَ: زِنىً عَهَارَةٌ نَجَاسَةٌ دَعَارَةٌ عِبَادَةُ الأَوْثَانِ سِحْرٌ عَدَاوَةٌ خِصَامٌ غَيْرَةٌ سَخَطٌ تَحَزُّبٌ شِقَاقٌ بِدْعَةٌ حَسَدٌ قَتْلٌ سُكْرٌ بَطَرٌ، وَأَمْثَالُ هذِهِ الَّتِي أَسْبِقُ فَأَقُولُ لَكُمْ عَنْهَا كَمَا سَبَقْتُ فَقُلْتُ أَيْضًا: إِنَّ الَّذِينَ يَفْعَلُونَ مِثْلَ هذِهِ لاَ يَرِثُونَ مَلَكُوتَ اللهِ." (غل ٥: ١٩-٢١)
لقد أعطانا الله الحرية، لكن هذه الحرية ليست رخصة لممارسة الخطيئة، فالحرية التي أعطاها لنا الرب هي حرية من الخطيئة وليست حرية ارتكاب الخطيئة.

<u>أمثلة عملية:</u>
أ- لقد أعطاك الرب الحرية لتختار العمل الذي تحبه، لكن العمل في بيت دعارة خطيئة.
ب- لقد أعطاك الرب الحرية لتختار شريك حياتك، لكن اختيار شريك حياه غير مؤمن هو خطيئة لأنه يتعارض بوضوح مع كلمة الله.
ج- لقد أعطاك الرب الحرية أن تلبس ما تريد لكن عدم الاحتشام خطيئة.
د- لقد أعطاك الرب الحرية لتأكل ما تريد لكن عدم ضبط النفس في الأكل خطيئة.
ه- لقد أعطاك الرب الحرية لتشرب الخمر لكن السكر خطيئة.... الخ.
لذلك عزيزي القارئ احرص دائماً على ألا تعطي لطبيعتك الخاطئة الفرصة لاستخدام الحرية المعطاة لك لممارسة الخطيئة أو الاستهتار بها وبنتائجها.

٢- <u>تعريف قاموس سترونج (Strong's) للنيقولاويين:</u> "المنتصر على الشعب" (victorious over the people).
يرى الرأي التاريخي في كنيسة برغامس أنها هي الكنيسة التي كانت موجودة في عهد الإمبراطور قسطنطين ومن تلاه (حوالى سنة ٣١٣ إلى ٦٠٠ ميلادية).
لقد رأى هذا الإمبراطور ذات يوم صليب مضيء في وسط السماء مكتوب عليه: "بهذه العلامة سوف تغلب"، ويقال أن الجيش أيضاً رأى هذا الصليب في السماء. بعد هذا قال قسطنطين أنه حلم بالمسيح الذي جاءه بنفس علامة الصليب التي رآها في السماء وأمره أن يصنع مثلها ويستخدمها للحماية في مواجهاته الحربية التي انتصر فيها بالفعل لاحقاً. ثم بعد ذلك أعلن قسطنطين مسيحيته لكنه لم يعتمد

إلا في نهاية حياته في مايو سنة ٣٣٧ ميلادية على يد الأسقف يوسابيوس (Eusebius of Nicomedia) الذي كان أسقفاً آريوسياً (من أتباع بدعة آريوس).
بعد اعتناق قسطنطين للمسيحية، بدأ يُفَضّل المسيحيين ويعطيهم المناصب المهمة في الدولة مما دفع المنافقين من الوثنيين لاعتناق المسيحية ظاهرياً لكي ينالوا رضى الإمبراطور، كما بدأ قسطنطين في بناء الكنائس الضخمة (البازيليكا) وتحويل بعض المعابد الوثنية إلى كنائس. نتيجة لذلك استراحت الكنيسة عامة من الاضطهاد وأصبحت المسيحية هي الدين الرسمي للامبراطورية الرومانية، لكن ذلك الأمر أضر الكنيسة أكثر كثيراً مما أراحها، إذ بدأت طقوس وقيم العبادة الوثنية تتداخل مع العبادة المسيحية، وأصبحت الكنيسة مختلطة بالعالم.
في ذلك الوقت نشأت وتثبتت طبقة الإكليروس وأصبح هناك ترتيب كهنوتي واضح لم يكن موجوداً في القرن الثاني. هنا يرى البعض أن هذا الترتيب الكهنوتي الذي مهد له قسطنطين وساعد على استحداثه في المسيحية هو نفسه تعليم النيقولاويين الذي يعني "السيادة على الشعب"، فطبقة الإكليروس أصبحت تسود على باقي المسيحيين بدلاً من أن تكون مثلهم وبينهم (قارن مع: ١بط ٥: ١-٥).
إن المكانة التي يعطيها الرب للمؤمن في الكنيسة ليس هدفها أن يتسلط هذا المؤمن على إخوته، بل أن يصير خادماً وعبداً لهم. تذكر دائماً أن الرب سيأتي عن قريب ويطلب منك حساب وكالتك، فإن كنت قد استخدمتها حسناً فسوف تُكافأ، أما إن كنت تستخدمها استخداماً سيئاً لمصلحتك ومُتَعك ومكانتك الشخصية فسيجازيك الرب إذ يأتيك فجأة في ساعة ويوم لا تعرفهما ويعاقبك على ما فعلت (راجع: مت ٢٤: ٤٥-٥١).

يمكننا إذاً أن نرى أن الشيطان قد حارب المؤمنين في هذه المدينة بثلاث طرق رئيسية هي:
١- تعليم النيقولاويين (المنتصر على الشعب) الذي قد يشير إلى تسلط القادة على الرعية في الكنيسة بدلاً من أن يكونوا خادمين لحاجتهم..
٢-الحية (حية اسكولابيوس) التي تشير إلى وجود مخلص آخر مع المسيح أو بدلاً منه سواء كان هذا المخلص هو العلم، أو الطب، أو السحر والخرافة أو أي شيء آخر مثل طقوس أو ممارسات معينة.
٣- المذبح (العبادة الإمبراطورية) التي كانت تدعو الجميع إلى التسامح الديني مع عدم التسامح مع من يرفض أن يدعو الإمبراطور إلهاً. بمعنى آخر، كانت الإمبراطورية الرومانية تدعو إلى قبول الجميع بغض النظر عن دياناتهم أو عقائدهم أو خلفياتهم الثقافية بشرط واحد هو أن يعبد الجميع الإمبراطور بالإضافة إلى عباداتهم العادية، فإن رفضوا عبادته تعتبرهم الإمبراطورية خارجين عن النظام العام وغير متسامحين ويجب إقصائهم من المجتمع

واضطهادهم. إن المعنى الحقيقي للتسامح هو أن يقبل الإنسان الآخرين بالرغم من اختلافه معهم في الرأي أو المعتقد، لكن هذا المنظور الذي كانت تتبناه الإمبراطورية الرومانية في ذلك الوقت والذي تتبناه الكثير من المجتمعات الشرقية والغربية اليوم يدعو إلى قبول الآخر مع تبني معتقداته حتى وإن كانت هذه المعتقدات تعارض إيمان الشخص وعقيدته، وإن لم يفعل الإنسان ذلك فإنهم يبدأون في اضطهاده واتهامه بالتطرف وتسميته بألفاظ جارحة مثل "الزينوفوبيا" (Xenophobia) و"الهوموفوبيا" (Homophobia) وغيرها من الألفاظ التي عادة ما يكون التلميذ الحقيقي للرب بريء من معناها الحقيقي؛ وهذا هو بالضبط تعليم بلعام وتعليم النيقولاويين (تدمير الشعب) الذي يبغضه الرب.

رؤ ٢: ١٦ فَتُبْ وَإِلَّا فَإِنِّي آتِيكَ سَرِيعاً وَأُحَارِبُهُمْ بِسَيْفِ فَمِي.

فَتُبْ وَإِلَّا فَإِنِّي آتِيكَ سَرِيعاً: لقد قال الرب نفس الشيء لكنيسة أفسس (راجع التعليق على: رؤ ٢: ٥)، إلا أن هذه الكنيسة كان حالها على النقيض من كنيسة أفسس، ففي افسس اهتمت الكنيسة بالتعليم ورفضت المعلمين الكذبة، لكنها لم تتمسك بحبها للرب كما ينبغي، أما كنيسة برغامس، فقد كانت متمسكة بالرب برغم الظروف الصعبة التي كانت تعيش فيها، إلا أنها كانت متساهلة مع التعاليم الخاطئة المُضِلة؛ والرب في هذا العدد يأمر ملاك هذه الكنيسة بأن يتوب عن تركه أولئك المتمسكين بتعليم بلعام وتعاليم النيقولاويين مستمرين في الكنيسة لأن المسؤولية عن صحة التعليم ونقاوته في الكنيسة تقع على القائد. يقول الكتاب المقدس عن الصفات التي يجب أن تتوافر في الأسقف: "مُلاَزِمًا لِلْكَلِمَةِ الصَّادِقَةِ الَّتِي بِحَسَبِ التَّعْلِيمِ، لِكَيْ يَكُونَ قَادِرًا أَنْ يَعِظَ بِالتَّعْلِيمِ الصَّحِيحِ وَيُوَبِّخَ الْمُنَاقِضِينَ. " (تيط ١: ٩). (قارن مع: ١تيم ٣: ٢)

إن التعاليم الكاذبة عن النعمة تجعل الناس مرتاحين بينما هم مستمرين في المساومة مع الخطيئة، وهو ما يؤدي في النهاية إلى الموت الروحي الذي سوف نراه جلياً في تفسير الرسالة إلى كنيسة ساردس؛ أما التعليم الصحيح عن النعمة فيعطينا الثقة في السعي نحو النقاوة والطهارة عالمين أننا نستطيع بلوغها، ويعطينا الأمان عالمين أن خطايانا مغفورة وأننا محبوبين من الرب بينما نحن نقاوم طبيعتنا الخاطئة ونكمل في طريق النضج الروحي، لذلك عزيزي القارئ فكر ملياً في الطريقة التي تتعامل بها مع نعمة الله الممتدة إليك، واحذر من أن تتكل على النعمة وتستمر في الخطيئة. لقد تساءل الرسول بولس ذات مرة مستنكراً: "فَمَاذَا نَقُولُ؟ أَنَبْقَى فِي الْخَطِيَّةِ لِكَيْ تَكْثُرَ النِّعْمَةُ؟" (رو ٦: ١)، ثم جاوب في الحال: "حَاشَا! نَحْنُ الَّذِينَ مُتْنَا عَنِ الْخَطِيَّةِ، كَيْفَ نَعِيشُ بَعْدُ فِيهَا؟ " (رو ٦: ٢).

عزيزي القارئ، إن كنت قد تعلمت بأي طريقة أو في أي مكان أن النعمة الإلهية تعني أن تستمر في حياتك وفي خطيئتك كما كنت، وأن مجرد صلاتك في الكنيسة لتعطي حياتك للرب قد خلصتك من الهلاك الأبدي، فاسمح لي أن أقول لك أن النعمة التي تعلمت عنها إنما هي نعمة كاذبة، ومجرد الصلاة مرة لا يعني الخلاص، فإن لم تتغير حياتك ويظهر ثمر الروح فيك فأنت تعيش في كذبة كبيرة خدعك بها الشيطان عن طريق تعاليم مضلة تعلمتها، فالكتاب يعلمنا عن النعمة الحقيقية قائلاً: "لأَنَّهُ قَدْ ظَهَرَتْ نِعْمَةُ اللهِ الْمُخَلِّصَةُ لِجَمِيعِ النَّاسِ، مُعَلِّمَةً إِيَّانَا أَنْ نُنْكِرَ الْفُجُورَ وَالشَّهَوَاتِ الْعَالَمِيَّةَ، وَنَعِيشَ بِالتَّعَقُّلِ وَالْبِرِّ وَالتَّقْوَى فِي الْعَالَمِ الْحَاضِرِ" (تيط ٢: ١١-١٢)

وَأُحَارِبُهُمْ بِسَيْفِ فَمِي: لقد ذُكِرَت الكلمة اليونانية المترجمة "أحاربهم" في هذه الآية ستة مرات فقط في كل العهد الجديد منها خمسة في سفر الرؤيا (راجع: يع ٤: ٢؛ رؤ ١٢: ٧؛ ١٣: ٤؛ ١٧: ١٤؛ ١٩: ١١)، وهي تعني حرفياً الدخول في معركة حربية (٣، ٣٤، ٧٧). إن الرب الذي يخرج من فمه سيف ماض ذو حدين (رؤ ١: ١٦) سوف يأتي سريعاً ليحارب هؤلاء الخطاة المتهاونين لأن تركهم لفترة أطول سوف يضر الكنيسة كلها، وهذا القضاء السريع يماثل ما فعله الرب مع شعب إسرائيل حين بدأوا في عبادة إله المديانيين، إذ جلب عليهم الوباء في الحال.

إن فم الرب الذي نطق في بداية الخلق بكلمة "ليكن" فخلق العالم وما فيه (تك ١: ٣، ٦، ١٤)، والذي نفخ في آدم نسمة حياة (تك ٢: ٧)، وفي تلاميذه ليقبلوا الروح القدس (يو ٢٠: ٢٢) سوف يأتي سريعاً ليحارب الخطاة في هذه الكنيسة بسيف فمه قبل أن يستخدمه ثانية ليضرب به الأمم في نهاية الأيام (رؤ ١٩: ١٥، ٢١)، وسيستخدم أيضاً نفخة فمه ليبيد بها ضد المسيح (٢تس ٢: ٨). إن تهاون ملاك الكنيسة مع التعاليم المضلة ومع الذين يعلمونها سيضطر الرب لأن يأتي ويحارب أصحاب هذه التعاليم بسيف فمه، أما إذا تاب هذا الملاك وصحح تلك التعاليم وتعامل مع أصحابها بالطريقة الصحيحة، فلن يحتاج الرب لأن يحاربهم.

يرى بعض المفسرين أيضاً أنه من المحتمل أن تكون هناك إشارة أخرى هنا إلى بلعام، فلقد وقف ملاك الرب مقابل بلعام بسيف مسلول (عدد ٢٢: ٢٣)، كما قُتِلَ بلعام بالسيف (عدد ٣١: ٨)، (يش ١٣: ٢٢)، ومن هذا نتعلم أن هؤلاء الذين يتبعون بلعام في خطاياه سوف يتبعونه أيضاً في نتائجها وعقوبتها، والكنيسة التي تسمح بمثل هذه التعاليم أن تكون موجودة فيها ستجني أيضاً نفس العقوبة تماماً مثل أصحاب هذا التعليم.

المفارقة الأخرى في هذه الآية هي أن الخطاة في كنيسة برغامس قد اتبعوا تعليم بلعام لكي ينجوا من سيف الوالي، لكن الرب هنا يعدهم بأن يحاربهم هو بسيف فمه. ولعلنا نتذكر هنا ما قاله المسيح لتلاميذه: "وَلاَ تَخَافُوا مِنَ الَّذِينَ يَقْتُلُونَ

الْجَسَدَ وَلكِنَّ النَّفْسَ لاَ يَقْدِرُونَ أَنْ يَقْتُلُوهَا، بَلْ خَافُوا بِالْحَرِيِّ مِنَ الَّذِي يَقْدِرُ أَنْ يُهْلِكَ النَّفْسَ وَالْجَسَدَ كِلَيْهِمَا فِي جَهَنَّمَ." (مت ١٠: ٢٨). كان على هؤلاء المنافقين أن يعلموا يقيناً أنهم إذا أنكروا المسيح وأشركوا قيصر معه كرب لكي ينجوا من سيف الوالي، فإنهم بذلك يضعون أنفسهم تحت حكم الموت بسيف فم الرب الذي سيدين الجميع بمن فيهم الوالي وقيصر أنفسهم، وأنه إن قَتَلَ الوالي الجسد اضطهاداً، فهو لا يستطيع أن يفعل أي شيء للنفس، لكن المسيح سوف يُلقي الخطاة نفساً وجسداً في جهنم.

رؤ ٢: ١٧ مَنْ لَهُ أُذُنٌ فَلْيَسْمَعْ مَا يَقُولُهُ الرُّوحُ لِلْكَنَائِسِ. مَنْ يَغْلِبُ فَسَأُعْطِيهِ أَنْ يَأْكُلَ مِنَ الْمَنِّ الْمُخْفَى، وَأُعْطِيهِ حَصَاةً بَيْضَاءَ، وَعَلَى الْحَصَاةِ اسْمٌ جَدِيدٌ مَكْتُوبٌ لاَ يَعْرِفُهُ أَحَدٌ غَيْرُ الَّذِي يَأْخُذُ.

مَنْ لَهُ أُذُنٌ فَلْيَسْمَعْ مَا يَقُولُهُ الرُّوحُ لِلْكَنَائِسِ: راجع التعليق على (رؤ ٢: ٧)

مَنْ يَغْلِبُ فَسَأُعْطِيهِ أَنْ يَأْكُلَ مِنَ الْمَنِّ الْمُخْفَى: في العهد القديم كان المن هو الطعام الذي أعطاه الرب لشعب اسرائيل في البرية، فهو طعام سماوي بالمقارنة مع "ما ذبح للأوثان" (رؤ ٢: ١٤)، وبالمقارنة مع "قدور اللحم" في مصر (خر ١٦: ٣). كل هذه الأطعمة الأرضية أبلتهم روحياً ونفسياً وجسدياً، لكن الرب هنا يعد بالطعام السماوي الذي يُحيي الروح. إن المقارنة هنا واضحة بين المن السماوي الذي قال عنه الكتاب أنه "خبز الملائكة" (مز ٧٨: ٢٥) وبين الطعام النجس الذي قدمه المديانيون لشعب إسرائيل بناء على نصيحة بلعام، فمن يرفض تعليم بلعام سيعطيه الرب أن يأكل من المن السماوي.
وإذا تأملنا في المن نجد أن الرب لم يعطه لإسرائيل إلا بعد أن خرجوا من مصر وراءه إلى البرية، كذلك فإن الشخص الذي يريد أن يتبع الرب سيجد الشبع الحقيقي في البرية حين يخرج من مصر التي ترمز إلى العالم، ويتبع الرب بقلبه، ويترك قدور اللحم التي يعطيه العالم إيَّاها مع الكثير من العبودية القاسية للخطيئة.
أيضاً هنا إشارة أخرى لقسط المن الذي أُخْفي داخل تابوت العهد، وفي (يو ٦: ٣١-٣٥) يقول الرب يسوع عن نفسه أنه هو المن الحقيقي، وكما أخفي المن عن أعين الشعب في تابوت العهد في قدس الأقداس، هكذا أيضاً اختفى الرب يسوع عن أنظارنا حين صعد إلى السماء ودخل قدس الأقداس السماوي (عب ٩: ١٢) وجلس عن يمين الله (مر ١٦: ١٩)، وسيظل المسيح مخفياً إلى وقت ظهوره، فالمسيح إذاً هو ما يشير إليه المن المخفي عن العالم، لكنه معلن للمؤمن حتى يستطيع أن يسبق ويذوق حلاوته (نش ٥: ١٦).

نرى هنا أيضاً إشارة إلى المكافأة التي كافأ بها الرب فينحاس حين غار غيرة للرب من الخطايا التي أغوى بها بلعام شعب إسرائيل، فكافأه بكهنوت أبدي، فكان لنسله الحق في الوصول إلى المن المخفي في قدس أقداس خيمة الاجتماع. بنفس الطريقة سيكافئ الرب أولاده الغيورين له من تعاليم بلعام وتعاليم النيقولاويين المعاصرة - والتي تغوي المؤمنين أن يسقطوا في نفس هذا النوع من الخطايا - بكهنوت سماوي أبدي ويعطيهم الحق في الأكل والتغذية من المن المخفي الذي هو المسيح.

وَأُعْطِيهِ حَصَاةً بَيْضَاءَ، وَعَلَى الْحَصَاةِ اسْمٌ جَدِيدٌ مَكْتُوبٌ لاَ يَعْرِفُهُ أَحَدٌ غَيْرُ الَّذِي يَأْخُذُ: كانت برغامس مركزاً للمحاكم الرومانية كونها مقر الحاكم الروماني وعاصمة لإقليم آسيا الصغرى، وكان نظام القضاء في المحاكم الرومانية يشبه نظام المحلفين في القضاء الأمريكي، وفي نهاية المرافعات كان كل محلف يلقي في إناء إما حصاة بيضاء كدليل على اقتناعه ببراءة المتهم، أو حصاة سوداء كدليل على اقتناعه بأن المتهم مذنب، وكان القاضي يحسب عدد الحصوات البيضاء وعدد الحصوات السوداء ليحدد إذا كان المتهم بريئاً أو مذنباً (١٠٧).
المسيح هنا يقول للغالبين من كنيسة برغامس ولكل الغالبين في ظروف مماثلة على مر العصور أنه وإن أدانهم القضاء الأرضي الظالم، فالقاضي الأزلي الأبدي سيبرئهم، وهو ليس كالمحلفين الذين يرون ظواهر الأمور، لكنه قاض ومحلف عادل يعرف كل البواطن والأمور المستترة، كما أنه لن يلقي حصاة بيضاء ضمن حصوات أخرى كثيرة بعضها أبيض وبعضها أسود، لكن حصاته هي الحصاة الوحيدة، وسيعطيها للغالب ليؤكد له البراءة الكاملة، وهو بذلك سوف يعكس الأحكام الظالمة التي حكم بها القضاء الأرضي عليهم.
كذلك قد تشير الحصاة أيضاً إلى الأوريم والتميم، فرئيس الكهنة كان يحمل على صدره ١٢ حجراً كريماً مكتوباً على كل منها إسم أحد أسباط إسرائيل، لكن ما كان مكتوباً على الأوريم لم يكن يعرفه أحد إلا رئيس الكهنة، وكانت هذه الأحجار (الأوريم والتميم) هي إحدى الطرق التي كان الله يستخدمها ليكلم بها شعبه ويعلن لهم مشيئته في العهد القديم.
والمعنى المقصود هنا هو أن الرب سيشهد لأولئك الأمناء بالبراءة وسيعلن لهم مشيئته وأفكاره.

ملخص الرسالة:

كنيسة برغامس كانت تعيش في العالم وكان العالم قد ابتدأ أن يعيش فيها. لقد تمسكوا باسم الرب ولم ينكروه، لكن بعضهم تمسك أيضاً بتعليم بلعام الذي أغوى الشعب ليسقطه في الخطيئة قديماً من أجل منفعته الشخصية، وتعاليم النيقولاويين الذين ظنوا أن الحرية التي أعطاها لهم الرب فرصة للانغماس في الخطيئة. لقد

أمر الرب ملاك هذه الكنيسة أن يتوب عن تركه هؤلاء المتمسكين بتلك التعاليم إذ أنه كقائد لهذه الكنيسة يتحمل المسؤولية أمام الله عن التعليم الموجود فيها، ثم حَوَّل الرب كلامه ووجهه لكل مؤمن ووعد أولئك المنتصرين على تلك التعاليم بالتمتع بالمسيح الذي هو المن الحقيقي الذي نزل من السماء، كما وعدهم بحصاة بيضاء ترمز إلى حكم البراءة الذي حصلوا عليه أمام الله، كما ترمز إلى الأوريم الذي كان الرب يستخدمه ليظهر مشيئته لشعبه، والمعنى هنا أن الرب سيعطي هؤلاء المنتصرين كهنوتاً أبدياً ليكونوا في محضره في قدس الأقداس السماوي دائماً أبداً.

الفصل الخامس
الرسالة إلى ملاك الكنيسة التي في ثياتيرا
(رؤ ٢: ١٨-٢٩)

رؤ ٢: ١٨ وَاكْتُبْ إِلَى مَلاَكِ الْكَنِيسَةِ الَّتِي فِي ثِيَاتِيرَا: هَذَا يَقُولُهُ ابْنُ اللهِ، الَّذِي لَهُ عَيْنَانِ كَلَهِيبِ نَارٍ، وَرِجْلاَهُ مِثْلُ النُّحَاسِ النَّقِيِّ.
رؤ ٢: ١٩ أَنَا عَارِفٌ أَعْمَالَكَ وَمَحَبَّتَكَ وَخِدْمَتَكَ وَإِيمَانَكَ وَصَبْرَكَ، وَأَنَّ أَعْمَالَكَ الأَخِيرَةَ أَكْثَرُ مِنَ الأُولَى.
رؤ ٢: ٢٠ لَكِنْ عِنْدِي عَلَيْكَ قَلِيلٌ: أَنَّكَ تُسَيِّبُ الْمَرْأَةَ إِيزَابَلَ الَّتِي تَقُولُ إِنَّهَا نَبِيَّةٌ، حَتَّى تُعَلِّمَ وَتُغْوِيَ عَبِيدِي أَنْ يَزْنُوا وَيَأْكُلُوا مَا ذُبِحَ لِلأَوْثَانِ.
رؤ ٢: ٢١ وَأَعْطَيْتُهَا زَمَاناً لِكَيْ تَتُوبَ عَنْ زِنَاهَا وَلَمْ تَتُبْ.
رؤ ٢: ٢٢ هَا أَنَا أُلْقِيهَا فِي فِرَاشٍ، وَالَّذِينَ يَزْنُونَ مَعَهَا فِي ضِيقَةٍ عَظِيمَةٍ، إِنْ كَانُوا لاَ يَتُوبُونَ عَنْ أَعْمَالِهِمْ.
رؤ ٢: ٢٣ وَأَوْلاَدُهَا أَقْتُلُهُمْ بِالْمَوْتِ. فَسَتَعْرِفُ جَمِيعُ الْكَنَائِسِ أَنِّي أَنَا هُوَ الْفَاحِصُ الْكُلَى وَالْقُلُوبَ، وَسَأُعْطِي كُلَّ وَاحِدٍ مِنْكُمْ بِحَسَبِ أَعْمَالِهِ.
رؤ ٢: ٢٤ وَلَكِنَّنِي أَقُولُ لَكُمْ وَلِلْبَاقِينَ فِي ثِيَاتِيرَا، كُلِّ الَّذِينَ لَيْسَ لَهُمْ هَذَا التَّعْلِيمُ، وَالَّذِينَ لَمْ يَعْرِفُوا أَعْمَاقَ الشَّيْطَانِ، كَمَا يَقُولُونَ، إِنِّي لاَ أُلْقِي عَلَيْكُمْ ثِقْلاً آخَرَ،
رؤ ٢: ٢٥ وَإِنَّمَا الَّذِي عِنْدَكُمْ تَمَسَّكُوا بِهِ إِلَى أَنْ أَجِيءَ.
رؤ ٢: ٢٦ وَمَنْ يَغْلِبُ وَيَحْفَظُ أَعْمَالِي إِلَى النِّهَايَةِ فَسَأُعْطِيهِ سُلْطَاناً عَلَى الأُمَمِ،
رؤ ٢: ٢٧ فَيَرْعَاهُمْ بِقَضِيبٍ مِنْ حَدِيدٍ، كَمَا تُكْسَرُ آنِيَةٌ مِنْ خَزَفٍ، كَمَا أَخَذْتُ أَنَا أَيْضاً مِنْ عِنْدِ أَبِي،
رؤ ٢: ٢٨ وَأُعْطِيهِ كَوْكَبَ الصُّبْحِ.
رؤ ٢: ٢٩ مَنْ لَهُ أُذُنٌ فَلْيَسْمَعْ مَا يَقُولُهُ الرُّوحُ لِلْكَنَائِسِ.

خلفية تاريخية:

تقع مدينة ثياتيرا في الجنوب الشرقي من برغامس على بعد حوالي ٨٠ كم من بحر إيجة. إسم المدينة اليوم هو أخيسار (Akhisar) أي "القلعة البيضاء".

كانت المدينة صغيرة، لكنها كانت مشهورة في العصر الروماني بالمصابغ، وكانت مركزاً لتجارة الأرجوان. وجد المنقبون بين حطام المدينة القديمة كتابات ومخطوطات تعود لطائفة الصباغين في المدينة، فقد كانت هناك نقابات (طوائف) عدة معروفة في ثياتيرا أكثر من أي مدينة رومانية أخرى معاصرة لها في مقاطعة آسيا، فالمخطوطات تكلمت عن طائفة صناع الصوف، وصناع الكتان، وصناع الملابس الخارجية، والصباغين، وصناع الجلود، والدباغين، والخزافين، والخبازين، وتجار العبيد، وحدادي البرونز. ولعل أبرز من ذكر في

الكتاب من ثياتيرا هي ليديا بائعة الأرجوان التي آمنت على يد بولس واعتمدت ثم خدمت بولس ومن معه (أع ١٦: ١٣-١٥).

لقد كانت هذه الطوائف العمالية أو النقابات كما نطلق عليها اليوم هي التي تسيطر على مجريات الأمور في المهن التي تختص بها، فالحداد أو الخزاف أو أي مهني آخر لم يكن يستطيع أن يمارس مهنته إلا إذا كان منتمياً وخاضعاً للنقابة التي تدير تلك المهنة.

كانت هذه النقابات تقيم المآدب، وكانوا يفعلون ذلك في المعابد بحسب الكثير من المؤرخين، وكانت هذه المآدب تتضمن الكثير من العربدة الجنسية والحفلات الجامحة التي يتم فيها تقديم الطعام المقدم للأوثان. شَكَّل هذا معضلة لأصحاب المتاجر والحرفيين في المجتمع المسيحي بالمدينة الذين خاطروا بفقدان دخلهم ومهنهم لرفضهم الانضمام إلى النقابات أو لعدم المشاركة في طقوسهم.

كان أبوللو (Apollo) هو المعبود الرئيسي في ثياتيرا، وكانوا يسمونه أيضاً "تايريمناس" (Tyrimnas) باللغة المقدونية في ثياتيرا، وأبوللو هو إله الشمس، والنور، والحق، والنبوة، والشفاء، والموسيقى، والأوبئة، والشِعر، وأشياء أخرى عند الرومان. كان أبوللو في معتقدهم هو ابن الإله زيوس (Zeus)، وأخته التوأم كانت الإلهة أرطاميس إلهة القمر. ويرى بعض الشراح أنه قد تكون هناك إشارات إلى أبوللو في هذه الرسالة في قول الرب أنه "ابن الله" وأنه سيعطي "كوكب الصبح" للغالب.

كانت بالمدينة أيضاً عَرَّافة من أصل يهودي في زمن كتابة سفر الرؤيا على الأرجح، وكانت هذه العرافة تتنبأ من حرم اسمه "سامباثي" (Sambathe) كان يقع خارج أسوار المدينة، وكانت العرافات تعتبر من أصحاب الوحي إذ كنَّ يدَّعين أنهن يتكلمن بأقوال وأوامر الآلهة، وكانت هؤلاء العرافات من مؤيدي نظام العمل الروماني ونظام النقابات المهنية. لكن علاقة هذه العرافة بإيزابل المذكورة في هذه الرسالة في (رؤ ٢: ٢٠) غير مرجحة على الإطلاق حيث أنه من الصعب أن تكون أفكار التوفيق بين المعتقدات في ذلك الزمن قد أصابت الكنيسة لدرجة أن كاهنة العِرَافة إستطاعت أن تعمل بهذا الشكل الفَعَّال داخل الكنيسة نفسها، كما أن الفرصة للتوبة في (رؤ ٢: ٢١) توحي بأن الشخصية التي أطلق عليها الرب لقب إيزابل كانت من أعضاء الكنيسة [١].

بحسب ويكيبيديا (Wikipedia)، كان بالمدينة كنيسة مسيحية من العصر الرسولي وحتى سنة ١٩٢٢ حين هَجَّرَ الأتراك السكان الأرثوذكس من المدينة، لكن "جون ماك آرثر" يقول أن الكنيسة الحقيقية في هذه المدينة إنتهت بنهاية القرن الثاني الميلادي [٩].

محتوى الرسالة:

رؤ ٢: ١٨ وَاكْتُبْ إِلَى مَلاَكِ الْكَنِيسَةِ الَّتِي فِي ثِيَاتِيرَا: هَذَا يَقُولُهُ ابْنُ اللهِ، الَّذِي لَهُ عَيْنَانِ كَلَهِيبِ نَارٍ، وَرِجْلاَهُ مِثْلُ النُّحَاسِ النَّقِيِّ.

وصف المسيح في هذه الآية مأخوذ من (رؤ ١: ١٣-١٥) مع وجود اختلاف أن المسيح سَمَّى نفسه في هذه الآية "ابن الله"، أما في (رؤ ١: ١٣) فقد قال عنه يوحنا أنه "ابن إنسان".

هَذَا يَقُولُهُ ابْنُ اللهِ: هذه هي المرة الوحيدة التي يُذكَر فيها لفظ ابن الله في سفر الرؤيا، وهي أيضاً المرة الوحيدة التي يقول فيها المسيح عن نفسه أنه ابن الله في هذا السفر، لكن نفس اللفظين ذُكِرا في (دا ٣: ٢٥) حين رأى نبوخذنصر شخصاً رابعاً في أتون النار شبيه بـ "ابن الآلهة"، وفي (دا ٧: ١٣) رأى دانيال مثل "ابن انسان" آت مع سحب السماء، والتقليد اليهودي يقول أن الاثنين هما شخص واحد [٧].

هناك أيضاً ربط وثيق بين هذه الرسالة ومزمور ٢ إذ يقول الكتاب: "إِنِّي أُخْبِرُ مِنْ جِهَةِ قَضَاءِ الرَّبِّ: قَالَ لِي: أَنْتَ ابْنِي، أَنَا الْيَوْمَ وَلَدْتُكَ." (مز ٢: ٧)، ثم يقول أيضاً: "قَبِّلُوا الابْنَ لِئَلاَّ يَغْضَبَ..." (مز ٢: ١٢)

إن استخدام الرب للفظ "ابن الله" وليس "ابن الإنسان" في هذه الرسالة مقصود، فابن الإنسان يعبر عن إتضاع الرب وإخلائه لنفسه، وعن كهنوته الأبدي؛ أما لفظ ابن الله فيعبر عن المسيح كونه القاضي العادل (قارن مع مزمور ٢). إن كنيسة ثياتيرا في تسيبيها للمرأة إيزابل وزنى الكثيرين معها تحتاج أن تنتبه إلى أن المسيح "ابن الله" قاض عادل سوف يأتي بالتأديب على أولاده وبالقضاء على الخطاة [٩].

هناك أيضاً إشارة إلى الإله أبوللو (Apollo) الذي كان يسمى أبن الإله زيوس (Zeus)، وإلى الإمبراطور الروماني الذي كان يطلق على نفسه في الكتابات الرسمية: "ابن الإله". فالمسيح بهذا يريد أن يقول للكنيسة أنهم يجب ألا يفقدوا بصيرتهم، فابن الله الحقيقي الوحيد هو يسوع المسيح، ومهما كانت قوة وسطوة الإمبراطور، أو مهما كانت الضغوط التي كان المؤمنين من أعضاء طوائف الصناع المختلفة يتعرضون لها ليشتركوا في العبادات أو الاحتفالات الوثنية، فعليهم أن يتذكروا أن كل هذا وقتي، وأن القاضي العادل ابن الله الحقيقي يسوع المسيح يستطيع أن يحميهم، كما أنه سوف يجازي ويحكم على كل واحد حسب أعماله في النهاية، حتى ذلك الإمبراطور الروماني سيقف يوماً ليُحاكَم أمام المسيح.

الَّذِي لَهُ عَيْنَانِ كَلَهِيبِ نَارٍ: فالنار هي العنصر الوحيد في الطبيعة الذي يحلل الأشياء ويرجعها إلى أصلها، فحين يخترق الرب بنظره أي شخص أو كنيسة فإنه سيرى ويكشف جذور الأشياء، وحين يمتحن بنظره عمل ما فإنه يُظهر لنا الدوافع الحقيقية المخفية وراء هذا العمل، فالرب كما يقول الكتاب هو "الْفَاحِصُ الْكُلَى وَالْقُلُوبَ" (رؤ ٢: ٢٣). إنه يرى نوايا القلوب، كذلك أيضاً جميع الأعمال الشريرة التي عُملت في الخفاء، وتركيزه واهتمامه الأساسي ليس بما تفعله بقدر ما هو بالأسباب والدوافع الكامنة وراء ما تفعله.

يقول الكتاب المقدس: "لأَنَّ الرَّبَّ إِلهَكَ هُوَ نَارٌ آكِلَةٌ إِلهٌ غَيُورٌ." (تث ٤: ٢٤). لقد كانت ولازالت النار تُستَخدَم لتنقي الجيد وتحرق الرديء، وهذا هو بالضبط ما سيفعله المسيح في هذه الكنيسة.

وَرِجْلاَهُ مِثْلُ النُّحَاسِ النَّقِيِّ.: لقد كان النحاس في ذلك الوقت هو أنقى المعادن وأصلبها، فحين أراد الرب أن يصف أقوى أبواب من الممكن أن تكون في مدينة قال أنها نحاس (إش ٤٥: ٢)، والمعنى هنا أنه كما أن النحاس نقي، فالرب هو "الَّذِي كُلُّ أَعْمَالِهِ حَقٌّ وَطُرُقِهِ عَدْلٌ" (دا ٤: ٣٧)، وهو قاض عادل وقوي، فهو ليس كقضاة هذا الدهر الخطاة، بل هو الكامل في كل طرقه. أيضاً رجليه من نحاس قوي تستطيع أن تسحق وتكسر الخطاة بعد أن يحكم عليهم مستخدماً بصيرته التي ترى أفكار ونوايا القلوب. هذا هو المعنى الأساسي المقصود من وصف رِجْلَي الرب.

هناك معنى آخر تَأَمُّلي في هذا الوصف، فالنحاس في رِجْلَي الرب يُذَكِّرنا أيضاً بمذبح النحاس (مذبح المحرقة) (٤٠) الذي كان في خيمة الاجتماع في العهد القديم (خر ٢٧: ١-٨)، وهو أكبر قطع خيمة الاجتماع وأول شيء يقابله الداخل إلى الخيمة (خر ٤٠: ٦)، هذا المذبح الذي كانت تقدم عليه ذبائح عدة منها ذبيحتي الخطيئة والمحرقة يحدثنا عن الصليب وآلامه، وعن غضب الله على الخطيئة، فالمذبح الذي يرمز إلى الرب يسوع نفسه كان مصنوعاً من خشب السنط الذي لا يُسَوِّس ولا يفسد مشيراً إلى ناسوت المسيح، وكان مغلفاً بالنحاس الذي يشير إلى لاهوت الرب يسوع. هذا المذبح النحاسي كان يتحمل النار التي كانت لا تُطفأ عليه، والتي تشير إلى دينونة الله على الخطيئة، وكانت تُحرق عليه الذبائح (التي بدورها تشير إلى الرب أيضاً من جهات مختلفة). من هنا نفهم معنى الرمز الذي أعطاه الرب لليهود في القديم، فمذبح المحرقة الذي لم يحترق خشبه لأنه مغطى بالنحاس يشير إلى الرب يسوع المسيح الذي تحمل دينونة الله عن خطايا العالم كله على الصليب، لكن نار الدينونة هذه لم تحرق لاهوته، بل ان المسيح تحملها إلى النهاية فاتحاً لنا باب القبول أمام الله، لكن ناسوته الذي مات على الصليب قام أيضاً من الموت متمماً الرمز أن خشب المذبح لا يحترق، وقيامته هذه فتحت لنا الباب لنقوم نحن أيضاً من الموت في يوم الاختطاف.

رؤ ٢: ١٩ أَنَا عَارِفٌ أَعْمَالَكَ وَمَحَبَّتَكَ وَخِدْمَتَكَ وَإِيمَانَكَ وَصَبْرَكَ، وَأَنَّ أَعْمَالَكَ الأَخِيرَةَ أَكْثَرُ مِنَ الأُولَى.

لدينا هنا المقدمة الموجودة في الرسائل إلى معظم الكنائس، والتي تدل على معرفة الرب لكل شيء في هذه الكنيسة: "أنا عارف أعمالك". راجع التعليق على (رؤ ٢: ٢).
بعد ذلك لدينا زوجين من هذه الأعمال مرتبين بطريقة معينة في الترجمات القديمة لكن تم تصحيح الترتيب في الترجمات الحديثة على النحو التالي: "محبتك وإيمانك، وخدمتك وصبرك".
يقول الكتاب المقدس: "مُتَذَكِّرِينَ بِلاَ انْقِطَاعٍ عَمَلَ إِيمَانِكُمْ، وَتَعَبَ مَحَبَّتِكُمْ، وَصَبْرَ رَجَائِكُمْ، رَبَّنَا يَسُوعَ الْمَسِيحَ، أَمَامَ اللهِ وَأَبِينَا." (١تس ١: ٣). إن أساس أي عمل مقبول لدى الله هو الإيمان، وأساس أي تعب مقبول هو المحبة، وسبب الصبر الحقيقي هو الرجاء الذي لنا في المسيح يسوع. قد لا تكون الكلمات لها نفس الترتيب في الآيتين، لكنها تدل على نفس الشيء، فالكنيسة هنا - على عكس كنيسة أفسس - كانت فيها كل الصفات الجيدة التي يريد الرب أن يراها في أية كنيسة.

وَأَنَّ أَعْمَالَكَ الأَخِيرَةَ أَكْثَرُ مِنَ الأُولَى: النص اليوناني لهذا الجزء يوحي بأن الكثرة هنا في القيمة أكثر من العدد، لكن كلا من العدد والقيمة مُحتَمَلَيْن في هذا التعبير.
لقد سبق الرب يسوع وقال في إنجيل يوحنا: "أَنَا الْكَرْمَةُ الْحَقِيقِيَّةُ وَأَبِي الْكَرَّامُ. كُلُّ غُصْنٍ فِيَّ لاَ يَأْتِي بِثَمَرٍ يَنْزِعُهُ، وَكُلُّ مَا يَأْتِي بِثَمَرٍ يُنَقِّيهِ لِيَأْتِيَ بِثَمَرٍ أَكْثَرَ." (يو ١٥: ١-٢)، والمسيح في رسالته هذه يرى أن كنيسة ثياتيرا كنيسة حية بدليل وجود المحبة والإيمان والتعب والصبر، كما أنها تُظهِر نمواً في الأعمال الحسنة، ولذلك فهو يريد أن ينقيها لكي تأتي بثمر أكثر.
كما أن مدح الرب لهذه الكنيسة في رسالته جميل، إلا أنه لم يقف عند المدح، بل أكمل رسالته ووبخها أيضاً مثلما فعل مع كنيسة أفسس. لقد كانت هاتين الكنيستين (أفسس وثياتيرا) تقفان على طرفي النقيض من بعضهما، فقد كانت أفسس غيورة جداً على نقاوة التعليم، لكنها كانت ضعيفة في المحبة، وأعمالها الأخيرة لم تكن مثل الأولى (راجع رؤ ٢: ٥)، أما كنيسة ثياتيرا فعندها محبة كثيرة، وأعمالها الأخيرة أكثر من الأولى، لكنها تطرفت في محبتها وصبرها إلى الحد الذي تساهلت فيه مع المعلمين الكذبة ومع التعاليم المضلة. كان كلا الكنيستين على خطأ استوجب توبيخ المسيح لهما بهدف تصحيحه.

مشكلة كنيسة ثياتيرا إذاً هي التطرف في التعليم والسلوك، وهو أمر شائع في الكنائس وبين المؤمنين في كل عصر وزمان، فإذ يحاول هؤلاء تجنب الانحراف يميناً، ينحرفون دون أن يدروا نحو الجهة الأخرى. أما ما يضمن لنا عدم الانحراف، فهو العلاقة الشخصية العميقة مع الرب، والالتصاق بالتعليم ومراجعة السلوك والتعليم باستمرار في ضوء الكلمة المقدسة وفي محضر الرب مع الخضوع لإرشاد الروح القدس. أصلي أن يحفظ الرب كل قارئ لهذه الكلمات ويحفظ كاتب هذه السطور من الانحراف في التعليم والسلوك.

رؤ ٢: ٢٠ لَكِنْ عِنْدِي عَلَيْكَ قَلِيلٌ: أَنَّكَ تُسَيِّبُ الْمَرْأَةَ إِيزَابَلَ الَّتِي تَقُولُ إِنَّهَا نَبِيَّةٌ، حَتَّى تُعَلِّمَ وَتُغْوِيَ عَبِيدِي أَنْ يَزْنُوا وَيَأْكُلُوا مَا ذُبِحَ لِلأَوْثَانِ.

عِنْدِي عَلَيْكَ قَلِيلٌ: مثل كل الرسائل الأخرى التي يوبخ فيها المسيح الكنائس، الكلام هنا مُوَجَّه لملاك الكنيسة، فهو الشخص المسؤول أمام الله عن صحة الكنيسة الروحية. المسيح يلومه هنا أنه يسيب المرأة إيزابل، فهو - أي ملاك الكنيسة - هو المخطئ في الأمر وليست المرأة إيزابل هي من يقع عليها اللوم هنا. حقاً هي خاطئة جداً وشريرة، لكن ملاك الكنيسة لم يتعامل معها كما كان مفترضاً منه أن يفعل، ونتيجة لذلك نجد أن تعليمها انتشر في الكنيسة حتى أن لغة الآية ٢٤ التي يقال فيها: "الْبَاقِينَ فِي ثَيَاتِيرَا" قد توحي أن عدد هؤلاء الباقين كان قليلاً إذ تنجست الأغلبية. يقول الكتاب المقدس: "يُشْبِهُ مَلَكُوتُ السَّمَاوَاتِ خَمِيرَةً أَخَذَتْهَا امْرَأَةٌ وَخَبَّأَتْهَا فِي ثَلاَثَةِ أَكْيَالِ دَقِيقٍ حَتَّى اخْتَمَرَ الْجَمِيعُ" (مت ١٣: ٣٣)، والخمير في كل الكتاب المقدس يتحدث عن الشر (قارن مع: ١كو ٥: ٨). لقد أراد الرب يسوع في هذا المثل أن يوضح أحد قوانين ملكوت الله، وهو ينطبق تماماً على أية كنيسة، فالكنيسة التي تتهاون مع الشر وتتركه ظناً منها أن أصحابه سيتوبون يوماً ما أو أن المواجهة ليست سهلة أو أن المحبة تستوجب الصبر على الخاطئ أو لأي سبب آخر تكون آخرتها مثل هذا العجين الذي اختمر كله، إذ ينتشر الشر في الكنيسة بسرعة كما ينتشر الخمير في العجين، وحينئذ يستحيل على الإنسان فصل الإثنين عن بعضهما ثانية. لكن علينا كذلك أن نتذكر دائما أن "غَيْرُ الْمُسْتَطَاعِ عِنْدَ النَّاسِ مُسْتَطَاعٌ عِنْدَ اللهِ" (لو ١٨: ٢٧).

كلمة "قليل" غير موجودة في المخطوطات القديمة. إن خطيئة الكنيسة هنا ليست قليلة في عيني الله، وهناك دائماً نتائج لهذه الخطيئة تحصدها الكنائس ويحصدها المؤمنون إن لم يتوبوا.

تُسَيِّبُ: هناك طول أناة (صبر) صحيح وطول أناة خطأ يصح أن يطلق عليه تَسَيُّب، وكنيسة ثياتيرا كانت تفعل الاثنين، فالصبر في احتمال التجارب ممدوح بحسب الآية السابقة، لكن احتمال الشر مرفوض ومدان من الله. لم يقل الكتاب هنا أن الكنيسة كانت تتعاطف مع ايزابل أو تشجعها، لكنها كانت تسيبها بمعنى أن لا أحد يوقفها، والتوائها لا يفحصه أحد، وهذا الأمر في حد ذاته خطيئة.

الْمَرْأَةَ إِيزَابَلَ: يرى الكثير من الشراح أن ايزابل غالباً كانت إمرأة حقيقية لها مكانة بارزة في هذه الكنيسة، وهي لم تكن سيئة السمعة والشكل كما يتخيل البعض، بل غالباً ما كانت حسنة المظهر والمكانة، وكانت ذات شخصية قوية ولسان ناعم وفصيح مما جعل لها تأثير قوي على الآخرين، وإذ كانت تَدَّعي أنها نبية، فقد أعطت لنفسها الحق أن تُعَلم المؤمنين، لكن الرب لَقَّبَها في رسالته هذه بإيزابل للدلالة على حقيقة طبيعتها ونوع تأثيرها.
أما بعض الشراح الآخرين فيرون أن سفر الرؤيا مليء بالتشبيهات والصور والاستعارات، ولذلك فقد تُمثِل إيزابل نوعاً من التعاليم الخاطئة مصور في صورة إنسان، أو قد يكون المعنى هو أن ملاك هذه الكنيسة يعاني من تسامحه مع تأثير مهلك كما فعل آخاب "الَّذِي أَغْوَتْهُ إِيزَابَلُ امْرَأَتُهُ" (١مل ٢١: ٢٥)، لكني لا أميل إلى هذا الرأي بل أرجح أن إيزابل إمرأة حقيقية كانت موجودة في الكنيسة لأن الرب في العدد التالي يقول أنه أعطاها "زماناً لكي تتوب"، وهو ما لا يمكن أن ينطبق على تعليم أو على تأثير مهلك، بل ينطبق فقط على إنسان حقيقي.

الَّتِي تَقُولُ إِنَّهَا نَبِيَّةٌ: هي لم تقل أنها تتنبأ، بل قالت أنها نبية، وهناك فارق كبير بين الاثنين، فبإمكان أي مؤمن أن يتنبأ كما يقول الكتاب: "إِنِّي أُرِيدُ أَنَّ جَمِيعَكُمْ تَتَكَلَّمُونَ بِأَلْسِنَةٍ، وَلكِنْ بِالأَوْلَى أَنْ تَتَنَبَّأُوا. لأَنَّ مَنْ يَتَنَبَّأُ أَعْظَمُ مِمَّنْ يَتَكَلَّمُ بِأَلْسِنَةٍ، إِلاَّ إِذَا تَرْجَمَ، حَتَّى تَنَالَ الْكَنِيسَةُ بُنْيَانًا." (١كو ١٤: ٥)، ويقول أيضاً عن بنات فيلبس المبشر: "وَكَانَ لِهذَا أَرْبَعُ بَنَاتٍ عَذَارَى كُنَّ يَتَنَبَّأْنَ." (أع ٢١: ٩)، أما النبي فهو أحد وظائف الكنيسة الأساسية وليس مجرد عضو من الكنيسة يتنبأ من وقت لآخر. يقول الكتاب المقدس: "فَوَضَعَ اللهُ أُنَاسًا فِي الْكَنِيسَةِ: أَوَّلاً رُسُلاً، ثَانِيًا أَنْبِيَاءَ، ثَالِثًا مُعَلِّمِينَ، ثُمَّ قُوَّاتٍ، وَبَعْدَ ذلِكَ مَوَاهِبَ شِفَاءٍ، أَعْوَانًا، تَدَابِيرَ، وَأَنْوَاعَ أَلْسِنَةٍ." (١كو ١٢: ٢٨)، فالأنبياء بحسب هذه الآية هم ثان أهم وظيفة في الكنيسة، وقد جاءوا في نفس الترتيب في رسالة أفسس إذ يقول الكتاب: "وَهُوَ أَعْطَى الْبَعْضَ أَنْ يَكُونُوا رُسُلاً، وَالْبَعْضَ أَنْبِيَاءَ، وَالْبَعْضَ مُبَشِّرِينَ، وَالْبَعْضَ رُعَاةً وَمُعَلِّمِينَ" (أف ٤: ١١).
والنبوة في معناها البسيط هي التفوه بأقوال الله، سواء كان التكلم بأمور آتية أو توبيخ أو مدح للكنيسة أو تنبيهها لوجود خطئ أو مشكلة ما إلخ. وفي كتب العهد الجديد لا نسمع عن أسماء أنبياء كثيرين بخلاف أغابوس (أع ١١: ٢٧-٢٨)

والأسماء المذكورة في (أع ١٣: ١) الذين بعض منهم كانوا أنبياء والبعض الآخر معلمين. لكنه من الواضح أن الكنيسة الأولى كان بها أنبياء آخرين كثيرين. يوحي بذلك قول الكتاب: "وَفِي تِلْكَ الأَيَّامِ انْحَدَرَ أَنْبِيَاءُ مِنْ أُورُشَلِيمَ إِلَى أَنْطَاكِيَةَ. وَقَامَ وَاحِدٌ مِنْهُمْ اسْمُهُ أَغَابُوسُ، وَأَشَارَ بِالرُّوحِ أَنَّ جُوعًا عَظِيمًا كَانَ عَتِيدًا أَنْ يَصِيرَ عَلَى جَمِيعِ الْمَسْكُونَةِ، الَّذِي صَارَ أَيْضًا فِي أَيَّامِ كُلُودِيُوسَ قَيْصَرَ. " (أع ١١: ٢٧-٢٨)، فلم يكن في الكنيسة الأولى شُح في الأنبياء كما هو حال الكنيسة اليوم.

نلاحظ أيضاً من (١كو ١٢: ٢٨) أن الله هو الذي يضع الأنبياء في الكنيسة، وهو أيضاً مصدر النبوات الحقيقية، أما دور الكنيسة فهو أن تمتحن النبوات، وأن تتمسك بالحسن منها وترفض الرديء كما يقول الكتاب: "لاَ تَحْتَقِرُوا النُّبُوَّاتِ. امْتَحِنُوا كُلَّ شَيْءٍ. تَمَسَّكُوا بِالْحَسَنِ" (١تس ٥: ٢٠-٢١).

مشكلة الكنيسة في ثياتيرا إذاً بدأت بخطئ من إيزابل، فقد ادعت أنها نبية تتكلم بأقوال الله من دون أن يُعَيِّنها الرب أو يضعها في الكنيسة في هذه الوظيفة، ثم اكتملت المشكلة حين تهاونت الكنيسة ولم تقم بدورها في امتحان هذه المرأة ونبواتها وتعاليمها. يقول الرب يسوع: "اِحْتَرِزُوا مِنَ الأَنْبِيَاءِ الْكَذَبَةِ الَّذِينَ يَأْتُونَكُمْ بِثِيَابِ الْحُمْلاَنِ، وَلكِنَّهُمْ مِنْ دَاخِل ذِئَابٌ خَاطِفَةٌ! مِنْ ثِمَارِهِمْ تَعْرِفُونَهُمْ. هَلْ يَجْتَنُونَ مِنَ الشَّوْكِ عِنَبًا، أَوْ مِنَ الْحَسَكِ تِينًا؟" (مت ٧: ١٥-١٦). لقد كانت ثمار إيزابل هنا واضحة إذ كانت "تُعَلِّمَ وَتُغْوِيَ" عبيد الرب "أَنْ يَزْنُوا وَيَأْكُلُوا مَا ذُبحَ لِلأَوْثَانِ"، وكانت النتيجة الحتمية هي انتشار الفساد الروحي والأخلاقي في الكنيسة.

حَتَّى تُعَلِّمَ وَتُغْوِيَ عَبِيدِي أَنْ يَزْنُوا وَيَأْكُلُوا مَا ذُبِحَ لِلأَوْثَانِ: أيا كان الاختلاف في التفاصيل بين تعليم النيقولاويين وتعليم بلعام اللذان سبق ورأيناها في كنيسة برغامس (راجع التعليق على رؤ ٢: ١٤-١٥)، وتعليم إيزابل المذكور هنا، فللثلاثة نتيجة واحدة: لقد جعلوا من الحرية المسيحية حجة ليحصلوا على رخصة يمارسوا بها أموراً ضد تعاليم القداسة المسيحية الأساسية، وجعلوا لهذه الحرية الزائفة مكانة أعلى من مكانة القانون الأخلاقي وقوانين الله، وهو أمر خطير جداً ومتكرر في الكثير من الكنائس وفي كل الأجيال، وعلى التلميذ الحقيقي للرب يسوع أن يلاحظ نفسه والتعليم الصحيح لكي لا ينحرف وراء تلك التعاليم التي تجرف الكثير من المؤمنين نحو الانغماس في الخطية. يقول الكتاب المقدس: "لاَحِظْ نَفْسَكَ وَالتَّعْلِيمَ وَدَاوِمْ عَلَى ذلِكَ، لأَنَّكَ إِذَا فَعَلْتَ هذَا، تُخَلِّصُ نَفْسَكَ وَالَّذِينَ يَسْمَعُونَكَ أَيْضًا. " (١تي ٤: ١٦)

حَتَّى: يعلن لنا الرب هنا بعينيه الفاحصتين الدافع الخفي الذي جعل إيزابل تدعي النبوة، وهو أن يكون لها سلطان على الكنيسة أن تعلم وتغوي. لقد ابتغت ايزابل المكانة والسلطان، وإذ كانت هي فاسدة من الداخل، فقد اِلْتَوَتْ وكذبت وادعت

النبوة؛ ولأنها هي نفسها خاطئة، فقد دعا تعليمها المؤمنين إلى مشاركتها في نفس نوع الخطيئة التي كانت هي ترتكبها إذ يقول الرب لاحقاً: "هَا أَنَا أُلْقِيهَا فِي فِرَاشٍ، وَالَّذِينَ يَزْنُونَ مَعَهَا فِي ضِيقَةٍ عَظِيمَةٍ".

تُعَلِّمَ: من المحتوى العام لرسالة الرب هنا يمكن أن نستنبط أن إيزابل الموجودة في ثياتيرا ربما لم تكن تُعَلِّم هذه الأمور في اجتماعات الكنيسة الرئيسية، وإلا لاختلفت طريقة توبيخ الرب لملاك الكنيسة، بل على الأغلب فإن تعليمها ربما يكون قد اتخذ فقط شكل الإقناع الشعبي المبني على افتراضات كتابية خاطئة وغير مدروسة (١)، وقد أغوى هذا التعليم عددًا كبيرًا من المؤمنين أن يتساهلوا ويجدوا حل وسط مع الوثنية يضمن لهم الاحتفاظ بعضويتهم في النقابات العمالية، وبالتالي الاحتفاظ بوظائفهم ومصادر دخلهم، مع عدم الاضطرار لإنكار المسيح أو ترك الكنيسة. إن الشيطان دائماً ما يقترح على المؤمن أن يمسك العصا من المنتصف لكي يتجنب الرفض المجتمعي أو الاضطهاد، وهو في اقتراحه هذا يضع أمام المؤمن حلاً يرضي ضميره الديني من ناحية لكنه يرضي شهوات الجسد من ناحية أخرى كاسراً وصايا الرب للمؤمن بأن يكون نقياً وطاهراً، فإذا تجاوب المؤمن مع اقتراح الشيطان سقط في منحدر من الخطايا المتزايدة وأحزن الروح القدس الذي بداخله، أما إذا رفض المؤمن اقتراح الشيطان، فإن الشيطان يبدأ في تحريك أولاده الغير مؤمنين الذين في داخل الكنيسة وفي العالم لاضطهاد ذلك المؤمن النقي التقي محاولاً أن يثنيه عن نقاوته.

وَتُغْوِيَ: استخدم يوحنا الكلمة اليونانية التي ترجمت "تغوي" كثيراً في: (رؤ ١٢: ٩؛ ١٣: ١٤؛ ١٩: ٢٠؛ ٢٠: ٣، ٨، ١٠؛ يو ٧: ١٢؛ ١يو ١: ٨؛ ٢: ٢٦؛ ٣: ٧). بمقارنة هذه الآيات، تجد أن هذه الكلمة تعني أن شخصاً يقود آخر في طريق خاطئ نتائجه كارثية.

يقول الكتاب المقدس لاحقاً في سفر الرؤيا: "فَقَبَضَ عَلَى التِّنِّينِ، الْحَيَّةِ الْقَدِيمَةِ، الَّذِي هُوَ إِبْلِيسُ وَالشَّيْطَانُ، وَقَيَّدَهُ أَلْفَ سَنَةٍ، وَطَرَحَهُ فِي الْهَاوِيَةِ وَأَغْلَقَ عَلَيْهِ، وَخَتَمَ عَلَيْهِ لِكَيْ لاَ يُضِلَّ الأُمَمَ فِي مَا بَعْدُ، حَتَّى تَتِمَّ الأَلْفُ السَّنَةِ. وَبَعْدَ ذلِكَ لاَبُدَّ أَنْ يُحَلَّ زَمَانًا يَسِيرًا......ثُمَّ مَتَى تَمَّتِ الأَلْفُ السَّنَةِ يُحَلُّ الشَّيْطَانُ مِنْ سِجْنِهِ، وَيَخْرُجُ لِيُضِلَّ الأُمَمَ الَّذِينَ فِي أَرْبَعِ زَوَايَا الأَرْضِ: جُوجَ وَمَاجُوجَ، لِيَجْمَعَهُمْ لِلْحَرْبِ، الَّذِينَ عَدَدُهُمْ مِثْلُ رَمْلِ الْبَحْرِ." (رؤ ٢٠: ٢-٣، ٧-٨)

إن الكلمة اليونانية المترجمة "تغوي" في (رؤ ٢: ٢٠) هي نفس الكلمة المترجمة "يضل" في (رؤ ٢٠)، فالمضل دائماً هو الشيطان، وهو يستخدم أولاده والذئاب الخاطفة التي في وسط الكنيسة ليضل بهم المؤمنين والخطاة.

عَبِيدِي: عبد الرب هو كل مؤمن وتلميذ حقيقي للرب يسوع المسيح، والمشكلة الحقيقية هنا هي أن بعضاً من هؤلاء التلاميذ الحقيقيين قد أُغووا بالفعل، وهو ما يجب أن يضع كل تلميذ للرب في حالة تأهب لئلا يبتعد عن تبعية الرب ويبدأ في اتباع شهواته ورغباته مستخدماً الكتاب المقدس بطريقة خاطئة ليحلل لنفسه الخطيئة والانحلال.

يَزْنُوا: الكلمة اليونانية المستخدمة هنا هي: porneuō والتي تأتي منها كلمة "بورن \ Porn" التي تستخدم حالياً للدلالة على المواد الإباحية. هذه الكلمة تعني حرفيا: "الانغماس في شهوة غير قانونية" (٣) و"المتاجرة بجسد شخص لأجل شهوة شخص آخر" (٣٤). لقد كانت. إيز.ابل. العهد. الجديد. تغوي المؤمنين بأنه. لا مانع ولا يوجد خطأ في الانغماس أو إعطاء الجسد أو النفس أو كليهما لأمور الزنى الروحي ومن ثم الزنى الجسدي الفعلي. ومع أن الرب كان يطلق على عبادة الأوثان "زنى" في العهد القديم كما يقول الكتاب المقدس: " شَعْبِي يَسْأَلُ خَشَبَهُ وَعَصَاهُ تُخْبِرُهُ لأَنَّ رُوحَ الزِّنَى قَدْ أَضَلَّهُمْ فَزَنُوا مِنْ تَحْتِ إِلَهِهِمْ." (هو ٤: ١٢). (قارن مع: إر ٣: ٨-٩)، إلا أن الزنى الجسدي مقصود هنا لأن أكل ما ذبح للاوثان في المقطع التالي كان مقصوداً بشكل حرفي، ولذلك يجب أخذ الزنى أيضاً بمعناه الحرفي (١).

هذه الآية الأخيرة التي ذكرتها من سفر هوشع تقول أن عبادة الأوثان التي سماها الكتاب "زنى من تحت الله" سببها أن روحاً شريراً متخصصاً في هذا المجال (لأن اسمه روح الزنى) قد أضل الشعب، وقد يكون هذا هو ما كان يعطي لإيزابل العهد القديم القوة والتأثير اللذان جعلاها تغوي آخاب وشعب إسرائيل بعيداً عن الرب. هذه الأرواح الشريرة قد تعمل مع كل من الخطاة والمؤمنين أيضاً وتضلهم وتجعلهم يُضلون آخرين. لقد قال الرب مرة لبطرس: "اذْهَبْ عَنِّي يَا شَيْطَانُ! أَنْتَ مَعْثَرَةٌ لِي، لأَنَّكَ لاَ تَهْتَمُّ بِمَا للهِ لكِنْ بِمَا لِلنَّاسِ" (مت ١٦: ٢٣). لم يكن بطرس هو الشيطان لكنه قال ما قاله للرب بإيحاء من الشيطان الذي استغل أن بطرس يهتم برأي الناس وجعله يقول كلمات يحاول بها إغواء الرب لكي لا يفعل مشيئة الآب. (قارن أيضاً مع لو ٩: ٥٥). ما يؤيد هذا الكلام عن إيزابل العهد القديم هو أنها كانت تمارس السحر الكثير أيضاً كما يقول الكتاب: " فَلَمَّا رَأَى يُورَامُ يَاهُوَ قَالَ: أَسَلاَمٌ يَا يَاهُو؟ فَقَالَ: أَيُّ سَلاَمٍ مَا دَامَ زِنَى إِيزَابَلَ أُمِّكَ وَسِحْرُهَا الْكَثِيرُ؟" (٢مل ٩: ٢٢)، فقد كانت العبادات الوثنية التي أدخلتها إيزابل في إسرائيل مصحوبة بالسحر والزنى الجسدي، وكانت هي تمارسهما أيضاً.

الملاحظة الأخرى هنا هي أن الكتاب يضع الزنى قبل أكل ما ذبح للأوثان، وهو عكس الترتيب المذكور في (رؤ ٢: ١٤) عن تعليم بلعام حيث جاء أكل ما ذبح للأوثان قبل الزنى. قد يكون ذلك لأن إيزابل العهد الجديد جذبت الناس إليها أولاً بحجة أنها نبية وأبعدتهم عن الرب، وهذا يسمى زنى كما رأينا، ثم أغوتهم أنه لا مانع من الاشتراك في الاحتفالات الوثنية التي كانت تحوي طقوس لعبادة الأوثان

التي كانت منتشرة في ثياتيرا في ذلك الوقت، وغالباً ما كان الاختلاط الجنسي والزنى الجسدي يتخلل هذه الاحتفالات الوثنية. لقد كانت نقابات\طوائف الصناع المختلفة تضغط على الصناع المسيحيين لكي يشتركوا في احتفالاتهم الوثنية، وقد تكون إيزابل العهد الجديد قد قالت أن الرب أعطاها الحَل لمشكلة أولئك المؤمنين المضطهدين، فقد تكون قد خدعت المؤمنين وقالت لهم أن الله قال لها على أساس أنها نبية أنه لا مانع أن يشترك المؤمنون في هذه الاحتفالات متبنية نفس منطق النيقولاويين (راجع التعليق على: رؤ ٢: ١٥). إنها أحد خطط الشيطان الواضحة والمتكررة لإيقاع المؤمنين، فهو يضع المؤمن في موقف صعب أو احتياج شديد إلى شيء، ثم يأتي بالحل السهل الذي يحل الموقف أو يشبع الاحتياج، لكن هذا الحل يكون دائماً بطريقة خطأ. لقد فعل الشيطان ذلك مع الرب يسوع نفسه: "فَبَعْدَ مَا صَامَ أَرْبَعِينَ نَهَارًا وَأَرْبَعِينَ لَيْلَةً، جَاعَ أَخِيرًا" (مت ٤: ٢)، فماذا فعل الشيطان؟ يقول الكتاب المقدس: "فَتَقَدَّمَ إِلَيْهِ الْمُجَرِّبُ وَقَالَ لَهُ: إِنْ كُنْتَ ابْنَ اللهِ فَقُلْ أَنْ تَصِيرَ هذِهِ الْحِجَارَةُ خُبْزًا." (مت ٤: ٣). لم تكن إرادة الآب أن يشبع جوع المسيح بهذه الطريقة، لهذا أجاب الرب الشيطان: "فَأَجَابَ وَقَالَ: مَكْتُوبٌ: لَيْسَ بِالْخُبْزِ وَحْدَهُ يَحْيَا الإِنْسَانُ، بَلْ بِكُلِّ كَلِمَةٍ تَخْرُجُ مِنْ فَمِ اللهِ." (مت ٤: ٤). لقد كان الرب يسوع يعلم تماماً أن الشبع الحقيقي هو في طاعة الآب والعلاقة الحميمة معه، وكان يعلم أن الآب سيشبع احتياجه الجسدي في الوقت المناسب وبالطريقة الصحيحة، أما محاولة حل المشكلة قبل الوقت بطريقة قد تبدو جيدة لكنها ليست مشيئة الآب، فهذا خطأ. علينا أن ننتبه دائماً إلى هذا الأمر، فالشيطان يعيد تلك الحيل دائماً معنا، لكن إلهنا اهتم بأن يكتبها لنا في الكتاب المقدس ليعلمنا ويحذرنا لكي لا نقع فيها.

الإشارة الواضحة في هذه الآية إلى إيزابل العهد القديم يقودنا إلى الرجوع إلى سفري الملوك الأول والثاني لنعرف من هي إيزابل بالضبط وماذا فعلت في العهد القديم جعل الرب يشير إليها هنا؟

تبدأ القصة حين قسم الله مملكة إسرائيل بعد موت سليمان إلى مملكتين هما مملكة إسرائيل (المملكة الشمالية) ومملكة يهوذا (المملكة الجنوبية) (١مل ١٢). كانت مملكة يهوذا هي المملكة الأصغر (سبطي يهوذا وبنيامين فقط) وعاصمتها أورشليم، ومملكة إسرائيل هي المملكة الأكبر (١٠ أسباط) وعاصمتها السامرة.

أول ملوك مملكة إسرائيل كان اسمه يربعام، وهو الذي بدأ عبادة الأصنام في المملكة الشمالية واستبدل هيكل الله الذي في أورشليم بعجلين من الذهب صنعهما وأقام أحدهما في بيت إيل والآخر في دان، وقال للشعب: "كَثِيرٌ عَلَيْكُمْ أَنْ تَصْعَدُوا إِلَى أُورُشَلِيمَ. هُوَذَا آلِهَتُكَ يَا إِسْرَائِيلُ الَّذِينَ أَصْعَدُوكَ مِنْ أَرْضِ مِصْرَ" (اقرأ القصة كاملة في ١مل ١٢: ٢٦-٣٣).

الملك آخاب هو سادس ملك على مملكة اسرائيل (المملكة الشمالية) بعد يربعام. يقول الكتاب عنه: "وَأَخْآبُ بْنُ عُمْرِي مَلَكَ عَلَى إِسْرَائِيلَ فِي السَّنَةِ الثَّامِنَةِ

وَالثَّلاَثِينَ لآسَا مَلِكِ يَهُوذَا، وَمَلَكَ أَخْآبُ بْنُ عُمْرِي عَلَى إِسْرَائِيلَ فِي السَّامِرَةِ اثْنَتَيْنِ وَعِشْرِينَ سَنَةً. وَعَمِلَ أَخْآبُ بْنُ عُمْرِي الشَّرَّ فِي عَيْنَيِ الرَّبِّ أَكْثَرَ مِنْ جَمِيعِ الَّذِينَ قَبْلَهُ. وَكَأَنَّهُ كَانَ أَمْرًا زَهِيدًا سُلُوكُهُ فِي خَطَايَا يَرُبْعَامَ بْنِ نَبَاطَ، حَتَّى اتَّخَذَ إِيزَابَلَ ابْنَةَ أَثْبَعَلَ مَلِكِ الصِّيدُونِيِّينَ امْرَأَةً، وَعَبَدَ الْبَعْلَ وَسَجَدَ لَهُ. وَأَقَامَ مَذْبَحًا لِلْبَعْلِ فِي بَيْتِ الْبَعْلِ الَّذِي بَنَاهُ فِي السَّامِرَةِ. وَعَمِلَ أَخْآبُ سَوَارِيَ، وَزَادَ أَخْآبُ فِي الْعَمَلِ لإِغَاظَةِ الرَّبِّ إِلهِ إِسْرَائِيلَ أَكْثَرَ مِنْ جَمِيعِ مُلُوكِ إِسْرَائِيلَ الَّذِينَ كَانُوا قَبْلَهُ. فِي أَيَّامِهِ بَنَى حِيئِيلُ الْبَيْتَئِيلِيُّ أَرِيحَا. بِأَبِيرَامَ بِكْرِهِ وَضَعَ أَسَاسَهَا، وَبِسَجُوبَ صَغِيرِهِ نَصَبَ أَبْوَابَهَا، حَسَبَ كَلاَمِ الرَّبِّ الَّذِي تَكَلَّمَ بِهِ عَنْ يَدِ يَشُوعَ بْنِ نُونٍ. " (١مل ١٦: ٢٩-٣٤)

لم تكن إيزابل يهودية، بل كانت أميرة صيدونية وثنية، وكانت هي أول ملكة وثنية لمملكة اسرائيل الشمالية، وهي بذلك أصبحت رمزاً لتأثير العالم على شعب الله. والتوبيخ لكنيسة ثياتيرا كان أنها على المستوى الفردي وعلى مستوى الجماعة ككل احتملت العالم بأفكاره وأفعاله الشريرة. كانت الكنيسة تعرف فساد العالم، لكنها بدلاً من أن تنقي نفسها منه عاشت في سلام معه، بل وتحالفت معه كما تحالف آخاب مع ملك الصيدونيين باتخاذ ابنته زوجة.

<u>لقد تبنت إيزابل عبادتين وثنيتين وجعلتهما العبادتين الرئيسيتين في اسرائيل:</u>

<u>أ- عبادة البعل:</u>

يسجل التاريخ والحفريات أن البعل هو إله الطقس، وله بحسب معتقداتهم في تلك الأيام قوة خاصة على البرق والريح والأمطار وخصوبة التربة. كانوا يفسرون موسم الجفاف على أنه الوقت الذي يقضيه الإله بعل في العالم السفلي، وعودته من العالم السفلي في الخريف هي السبب في قيام العواصف الموسمية التي تحيي الأرض.

يسجل (١مل ١٨) التحدي الذي وضعه النبي إيليا لأنبياء البعل، كلا الجانبين قدموا ذبيحة وصلوا كل لإلهه: فشل البعل في إنزال البرق من السماء ليشعل ذبيحته، بينما نزلت نار من عند يهوه من السماء وأكلت ذبيحة النبي إيليا التي سبق وأغرقها بالماء. فسمع الشعب لإيليا وذبحوا جميع أنبياء البعل الأربع مائة وخمسين، بعدها صلى إيليا فنزل المطر ثانية مُظهراً سلطان يهوه الكامل على الطقس (١مل ١٨: ٤٥). لقد كان التأديب الذي وقع على شعب إسرائيل من نوع الخطيئة التي ارتكبوها، فصلواتهم لإله الطقس المزيف جعلت الرب يمنع عنهم المطر ثلاث سنين وستة أشهر إنتهت بمواجهة أنهت على كل أنبياء البعل ال٤٥٠ ورأى فيها الشعب وآمن أن يهوه هو الإله الوحيد الحقيقي.

<u>ب- عبادة عشتار (Asherah):</u>

السواري المذكورة في (١مل ١٦) هي معابد عشيراه التي هي نفسها الإلهة عشتار إلهة الحب والجمال والجنس والرغبة الجنسية والخصوبة والحرب والقوة

السياسية. كانت يُرمز إليها بكوكب الزهرة. من أكثر قصصها شهرة هي قصة نزولها إلى العالم السفلي.
لقد كانت طبقاً للأساطير الفينيقية إبنة الإله "إبيجيس" (Epigeius) إله السماء (sky) و "جي" (Ge) إلهة الأرض وأخت الإله "إلوس" (Elus). تزوجت " عشتار" من أخيها "إلوس" وأنجبت منه سبعة بنات وابنين اسمهما "بوثوس" الذي يعني "الشوق \ الشهوة"، والآخر اسمة "إروس" (Eros) الذي يعني الرغبة. لقد كانت عبادة عشتار مليئة بالطقوس الجنسية والعهر، وممارسة البغاء.

من هنا ترى كم كان الفساد الروحي والأدبي والجنسي الذي أدخلته إيزابل إلى مملكة اسرائيل الشمالية بتبنيها لتلك العبادات الوثنية، لكن لم يكن هذا هو أسوأ ما فعلته إيزابل، فعبادة البعل وعشتار لم تكونا جديدتين على شعب إسرائيل، بل كانتا موجودتين من أيام القضاة إذ نقرأ أن أبا جدعون كان لديه مذبحاً للبعل وسارية (قض ٦: ٢٥). لكن الكتاب المقدس يروي لنا كيف أن هذه المرأة الشريرة فعلت ما هو أسوأ من ذلك بكثير. يقول الكتاب المقدس: "فَدَعَا أَخْآبُ عُوبَدْيَا الَّذِي عَلَى الْبَيْتِ، وَكَانَ عُوبَدْيَا يَخْشَى الرَّبَّ جِدًّا. وَكَانَ حِينَمَا قَطَعَتْ إِيزَابَلُ أَنْبِيَاءَ الرَّبِّ أَنَّ عُوبَدْيَا أَخَذَ مِئَةَ نَبِيٍّ وَخَبَّأَهُمْ خَمْسِينَ رَجُلاً فِي مُغَارَةٍ وَعَالَهُمْ بِخُبْزٍ وَمَاءٍ." (١مل ١٨: ٣-٤)
لم تكتف إيزابل بإدخال عبادة الأوثان إلى شعب إسرائيل، بل قتلت أيضاً أنبياء الرب لتمنع صوت الرب عن شعب إسرائيل. لقد كانت إيزابل تريد أن تقطع كل طريق على الشعب للرجوع إلى الرب وكانت تريد أن يسمع الشعب صوتها هي فقط وصوت أنبياء البعل الذين أقامتهم. لكن الرب حفظ هؤلاء المئة نبي بالإضافة إلى سبعة آلاف رجل لنفسه (رو ١١: ٤)، هذا كله بالإضافة أيضاً إلى النبي إيليا الذي أقامه الرب ليذبح كل أنبياء البعل ويُظهر للشعب علانية أن يهوه هو الإله الحقيقي كما يقول الكتاب: "فَقَالَ (إيليا): لَمْ أُكَدِّرْ إِسْرَائِيلَ، بَلْ أَنْتَ (يقصد أخاب الملك) وَبَيْتُ أَبِيكَ بِتَرْكِكُمْ وَصَايَا الرَّبِّ وَبِسَيْرِكَ وَرَاءَ الْبَعْلِيم. فَالآنَ أَرْسِلْ وَاجْمَعْ إِلَيَّ كُلَّ إِسْرَائِيلَ إِلَى جَبَلِ الْكَرْمَلِ، وَأَنْبِيَاءَ الْبَعْلِ أَرْبَعَ الْمِئَةِ وَالْخَمْسِينَ، وَأَنْبِيَاءَ السَّوَارِي أَرْبَعَ الْمِئَةِ الَّذِينَ يَأْكُلُونَ عَلَى مَائِدَةِ إِيزَابَلَ." (١مل ١٨: ١٨-١٩)

ثم فعلت إيزابل شيئاً بسيطاً لكنه هز إيمان إيليا، فلقد كانت وراء إيزابل أرواح شريرة جعلت لأفعالها البسيطة تأثيرات كبيرة. كان على إيليا أن ينتبه إلى ذلك ويحتمي في الرب كما فعل سابقاً، لكنه لم يفعل إذ يقول الكتاب: "وَأَخْبَرَ أَخْآبُ إِيزَابَلَ بِكُلِّ مَا عَمِلَ إِيلِيَّا، وَكَيْفَ أَنَّهُ قَتَلَ جَمِيعَ الأَنْبِيَاءِ بِالسَّيْفِ. فَأَرْسَلَتْ إِيزَابَلُ رَسُولاً إِلَى إِيلِيَّا تَقُولُ: هكَذَا تَفْعَلُ الآلِهَةُ وَهكَذَا تَزِيدُ، إِنْ لَمْ أَجْعَلْ نَفْسَكَ كَنَفْسِ وَاحِدٍ مِنْهُمْ فِي نَحْوِ هذَا الْوَقْتِ غَدًا. فَلَمَّا رَأَى ذلِكَ قَامَ وَمَضَى لأَجْلِ نَفْسِهِ، وَأَتَى إِلَى بِئْرِ سَبْعٍ الَّتِي لِيَهُوذَا وَتَرَكَ غُلاَمَهُ هُنَاكَ." (١مل ١٩: ١-٣). لقد وقع إيليا

في فخ الخوف والاكتئاب الذي نصبته له إيزابل، ولقد حاول الرب أن ينبهه عدة مرات، لكن إيليا كان قد امتلأ بالاكتئاب ورفض أن يكمل خدمته وطلب من الرب أن ينهي حياته، فقبل الرب استقالته وأقام اليشع نبياً عوضاً عنه (١مل ١٩: ١٦)

ثم بعد فترة أراد الملك آخاب أن يشتري أرض رجل اسمه نابوت اليزرعيلي: " وَحَدَثَ بَعْدَ هذِهِ الأُمُورِ أَنَّهُ كَانَ لِنَابُوتَ الْيَزْرَعِيلِيِّ كَرْمٌ فِي يَزْرَعِيلَ بِجَانِبِ قَصْرِ أَخْآبَ مَلِكِ السَّامِرَةِ. فَكَلَّمَ أَخْآبُ نَابُوتَ قَائِلاً: أَعْطِنِي كَرْمَكَ فَيَكُونَ لِي بُسْتَانَ بُقُول، لأَنَّهُ قَرِيبٌ بِجَانِبِ بَيْتِي، فَأُعْطِيَكَ عِوَضَهُ كَرْمًا أَحْسَنَ مِنْهُ. أَوْ إِذَا حَسُنَ فِي عَيْنَيْكَ أَعْطَيْتُكَ ثَمَنَهُ فِضَّةً. فَقَالَ نَابُوتُ لأَخْآبَ: حَاشَا لِي مِنْ قِبَلِ الرَّبِّ أَنْ أُعْطِيَكَ مِيرَاثَ آبَائِي. فَدَخَلَ أَخْآبُ بَيْتَهُ مُكْتَئِبًا مَغْمُومًا مِنْ أَجْلِ الْكَلاَمِ الَّذِي كَلَّمَهُ بِهِ نَابُوتُ الْيَزْرَعِيلِيُّ قَائِلاً: لاَ أُعْطِيكَ مِيرَاثَ آبَائِي. وَاضْطَجَعَ عَلَى سَرِيرِهِ وَحَوَّلَ وَجْهَهُ وَلَمْ يَأْكُلْ خُبْزًا. فَدَخَلَتْ إِلَيْهِ إِيزَابَلُ امْرَأَتُهُ وَقَالَتْ لَهُ: لِمَاذَا رُوحُكَ مُكْتَئِبَةٌ وَلاَ تَأْكُلُ خُبْزًا؟ فَقَالَ لَهَا: لأَنِّي كَلَّمْتُ نَابُوتَ الْيَزْرَعِيلِيَّ وَقُلْتُ لَهُ: أَعْطِنِي كَرْمَكَ بِفِضَّةٍ، وَإِذَا شِئْتَ أَعْطَيْتُكَ كَرْمًا عِوَضَهُ، فَقَالَ: لاَ أُعْطِيكَ كَرْمِي. فَقَالَتْ لَهُ إِيزَابَلُ: أَأَنْتَ الآنَ تَحْكُمُ عَلَى إِسْرَائِيلَ؟ قُمْ كُلْ خُبْزًا وَلْيَطِبْ قَلْبُكَ. أَنَا أُعْطِيكَ كَرْمَ نَابُوتَ الْيَزْرَعِيلِيِّ. ثُمَّ كَتَبَتْ رَسَائِلَ بِاسْمِ أَخْآبَ، وَخَتَمَتْهَا بِخَاتِمِهِ، وَأَرْسَلَتِ الرَّسَائِلَ إِلَى الشُّيُوخِ وَالأَشْرَافِ الَّذِينَ فِي مَدِينَتِهِ السَّاكِنِينَ مَعَ نَابُوتَ. وَكَتَبَتْ فِي الرَّسَائِلِ تَقُولُ: نَادُوا بِصَوْمٍ وَأَجْلِسُوا نَابُوتَ فِي رَأْسِ الشَّعْبِ. وَأَجْلِسُوا رَجُلَيْنِ مِنْ بَنِي بَلِيَّعَالَ تُجَاهَهُ لِيَشْهَدَا قَائِلَيْنِ: قَدْ جَدَّفْتَ عَلَى اللهِ وَعَلَى الْمَلِكِ. ثُمَّ أَخْرِجُوهُ وَارْجُمُوهُ فَيَمُوتَ. فَفَعَلَ رِجَالُ مَدِينَتِهِ، الشُّيُوخُ وَالأَشْرَافُ السَّاكِنُونَ فِي مَدِينَتِهِ، كَمَا أَرْسَلَتْ إِلَيْهِمْ إِيزَابَلُ، كَمَا هُوَ مَكْتُوبٌ فِي الرَّسَائِلِ الَّتِي أَرْسَلَتْهَا إِلَيْهِمْ. فَنَادَوْا بِصَوْمٍ وَأَجْلَسُوا نَابُوتَ فِي رَأْسِ الشَّعْبِ. وَأَتَى رَجُلاَنِ مِنْ بَنِي بَلِيَّعَالَ وَجَلَسَا تُجَاهَهُ، وَشَهِدَ رَجُلاَ بَلِيَّعَالَ عَلَى نَابُوتَ أَمَامَ الشَّعْبِ قَائِلَيْنِ: قَدْ جَدَّفَ نَابُوتُ عَلَى اللهِ وَعَلَى الْمَلِكِ. فَأَخْرَجُوهُ خَارِجَ الْمَدِينَةِ وَرَجَمُوهُ بِحِجَارَةٍ فَمَاتَ. وَأَرْسَلُوا إِلَى إِيزَابَلَ يَقُولُونَ: قَدْ رُجِمَ نَابُوتُ وَمَاتَ." (١مل ٢١: ١-١٤)
لقد تعودت إيزابل أن تهاجم أعداءها ليس لأجل الغرض الذي اختلفوا معها عليه، بل على المستوى الشخصي. فعلت ذلك مع إيليا ومع نابوت اليزرعيلي. لم تتشاجر مع نابوت على الأرض أو تهدده أنه إن لم يبيعها فسوف تقتله، بل ذهبت وأقامت شهود كذبة أن الرجل قد جدف على الله وعلى الملك، بل وطلبت من شيوخ المدينة أن ينادوا بصوم!! لقد قتلت الرجل باستخدام الدين وباستخدام آخرين دون أن تظهر سبب الخلاف الرئيسي الذي هو رغبتها في الإستيلاء على أرضه.

ثم أخيراً في المواجهة التي قُتِلَت فيها إيزابل، فعلت شيئاً آخر كان غريباً جداً أيضاً. يقول الكتاب: "فَجَاءَ يَاهُو إِلَى يَزْرَعِيلَ. وَلَمَّا سَمِعَتْ إِيزَابَلُ كَحَّلَتْ بِالأُثْمُدِ

عَيْنَيْهَا، وَزَيَّنَتْ رَأْسَهَا وَتَطَلَّعَتْ مِنْ كَوَّةٍ. وَعِنْدَ دُخُولِ يَاهُو الْبَابَ قَالَتْ: أَسَلاَمٌ لِزِمْرِي قَاتِلِ سَيِّدِهِ؟ فَرَفَعَ وَجْهَهُ نَحْوَ الْكَوَّةِ وَقَالَ: مَنْ مَعِي؟ مَنْ؟ فَأَشْرَفَ عَلَيْهِ اثْنَانِ أَوْ ثَلاَثَةٌ مِنَ الْخِصْيَانِ. فَقَالَ: اطْرَحُوهَا. فَطَرَحُوهَا، فَسَالَ مِنْ دَمِهَا عَلَى الْحَائِطِ وَعَلَى الْخَيْلِ فَدَاسَهَا." (٢مل ٩: ٣٠-٣٣)

لقد قاد زمري هذا الذي كان رئيس نصف مركبات الجيش إنقلاباً على الملك " آيلة بن بعشا" ملك إسرائيل، وملك زمري سبعة أيام فقط، ثم ذهب الشعب وراء قائد الجيش وملَّكُوه فأتى وحاصر زمري فانتحر باحراق نفسه (١مل ١٦). لم تحاول إيزابل الهروب، ولم تعترف بخطاياها أو تتوب وهي تعرف أنها قد تموت، لكنها ذهبت كحَّلَت عينيها وزينت رأسها وهددت ياهو بأنه لو قتلها سيموت كما مات زمري، لكن ياهو لم يتأثر بحيلتها الشريرة هذه المرة، بل أنه لم ينظر إليها بل رفع عينيه إلى الكوة وسأل "من معي". هذا هو الحل الأمثل لتفادي التأثر بهذه الحيلة الشريرة التي كانت إيزابل الساحرة تستخدمها، فلم ينظر أو يلتفت إليها ياهو بل ركز على مهمته وعلى ما أرسله الرب ليفعله، فكانت النتيجة أن ماتت إيزابل وملك ياهو على إسرائيل. لقد نجح ياهو الرجل المحارب فيما فشل فيه رجل الله والنبي العظيم إيليا. لقد استخدم الله إيليا ليحكم على إيزابل ويتنبأ بطريقة موتها، لكنه استخدم ياهو الذي لم يكن قلبه كاملاً أمام الله (٢مل ١٠: ٣١) لينهي على كل بيت آخاب وعلى عبادة البعل في إسرائيل، فالله يستخدم من يشاء ليفعل به ما يشاء.

من كل هذا نرى أن إيزابل فعلت خمسة أمور رئيسية:

١- تَبَنَّت عبادة البعل وعبادة عشتار في إسرائيل وجعلت الناس تعبدهما مع الرب يهوه.
٢- قتلت أنبياء الرب، وتَبَنَّت ومارست الزنى الذي كان يرتبط بعبادة عشتار.
٣- مارست السحر الكثير.
٤- هاجمت من اختلفوا معها على المستوى الشخصي إما بمحاولة إخافتهم كما فعلت مع إيليا وياهو، وإما بتشويه سمعتهم والصاق التهم الكاذبة بهم كما فعلت مع نابوت اليزرعيلي.
٥- إستخدمت الدين لتحقيق مقاصدها وللتخلص من أعدائها كما فعلت مع نابوت اليزرعيلي.

من كل هذا نفهم لماذا اطلق الرب إسم إيزابل على تلك المرأة التي كانت في كنيسة ثياتيرا، فلقد فعلت إيزابل ثياتيرا مثلما فعلت إيزابل زوجة آخاب، إذ تَبَنَّت الدمج بين المسيحية والوثنية عن طريق إقناع الناس بأن الاشتراك في احتفالات النقابات التي كانت تحوي أكل ما ذبح للاوثان وممارسة طقوس وثنية فيها انحلال جنسي لا يعارض الإيمان المسيحي ولا التعليم الصحيح، كذلك فقد إدَّعَت إيزابل ثياتيرا النبوة، معطية لأقوالها قوة وتأثيراً اذ حسبها الناس أقوال الله

فأطاعوها، ولأنها كانت إمرأة فاسدة، فقد كانت ترتكب الزنى الذي أباحته تماماً كما تَبَنَّت إيزابل العهد القديم عبادة عشتار الملآنة بالزنى، وأخيراً فالنتيجة الحتمية أن هذه المرأة في ثياتيرا ستدافع عن مكانتها وسلطانها بأي ثمن، الأمر الذي سيجعلها تتصرف على أغلب الظن بنفس الطريقة التي تصرفت بها إيزابل العهد القديم مع نابوت اليزرعيلي ومع ياهو إذا ما حاول أي شخص أن يهدد سلطانها في الكنيسة.

رؤ ٢: ٢١ وَأَعْطَيْتُهَا زَمَاناً لِكَيْ تَتُوبَ عَنْ زِنَاهَا وَلَمْ تَتُبْ.

تُقرأ هذه الآية في المخطوطات الأقدم كالتالي: "وأعطيتها زماناً لكي تتوب، وهي لا تريد أن تتوب عن زناها"، فهل يقبل الله توبة أشخاص مثل آخاب وإيزابل؟
يقول الكتاب المقدس: "فَقَالَ أَخْآبُ لإِيلِيَّا: هَلْ وَجَدْتَنِي يَا عَدُوِّي؟ فَقَالَ: قَدْ وَجَدْتُكَ لأَنَّكَ قَدْ بِعْتَ نَفْسَكَ لِعَمَلِ الشَّرِّ فِي عَيْنَيِ الرَّبِّ. هأَنَذَا أَجْلِبُ عَلَيْكَ شَرًّا، وَأُبِيدُ نَسْلَكَ، وَأَقْطَعُ لأَخْآبَ كُلَّ بَائِلٍ بِحَائِطٍ وَمَحْجُوزٍ وَمُطْلَق فِي إِسْرَائِيلَ. وَأَجْعَلُ بَيْتَكَ كَبَيْتِ يَرُبْعَامَ بْنِ نَبَاطَ، وَكَبَيْتِ بَعْشَا بْنِ أَخِيَّا، لأَجْلِ الإِغَاظَةِ الَّتِي أَغَظْتَنِي، وَلِجَعْلِكَ إِسْرَائِيلَ يُخْطِئُ. وَتَكَلَّمَ الرَّبُّ عَنْ إِيزَابَلَ أَيْضًا قَائِلاً: إِنَّ الْكِلاَبَ تَأْكُلُ إِيزَابَلَ عِنْدَ مِتْرَسَةِ يَزْرَعِيلَ. مَنْ مَاتَ لأَخْآبَ فِي الْمَدِينَةِ تَأْكُلُهُ الْكِلاَبُ، وَمَنْ مَاتَ فِي الْحَقْلِ تَأْكُلُهُ طُيُورُ السَّمَاءِ. وَلَمْ يَكُنْ كَأَخْآبَ الَّذِي بَاعَ نَفْسَهُ لِعَمَلِ الشَّرِّ فِي عَيْنَيِ الرَّبِّ، الَّذِي أَغْوَتْهُ إِيزَابَلُ امْرَأَتُهُ. وَرَجِسَ جِدًّا بِذَهَابِهِ وَرَاءَ الأَصْنَامِ حَسَبَ كُلِّ مَا فَعَلَ الأَمُورِيُّونَ الَّذِينَ طَرَدَهُمُ الرَّبُّ مِنْ أَمَامِ بَنِي إِسْرَائِيلَ. وَلَمَّا سَمِعَ أَخْآبُ هذَا الْكَلاَمَ، شَقَّ ثِيَابَهُ وَجَعَلَ مِسْحًا عَلَى جَسَدِهِ، وَصَامَ وَاضْطَجَعَ بِالْمِسْحِ وَمَشَى بِسُكُوتٍ. فَكَانَ كَلاَمُ الرَّبِّ إِلَى إِيلِيَّا التِّشْبِيِّ قَائِلاً: هَلْ رَأَيْتَ كَيْفَ اتَّضَعَ أَخْآبُ أَمَامِي؟ فَمِنْ أَجْلِ أَنَّهُ قَدِ اتَّضَعَ أَمَامِي لاَ أَجْلِبُ الشَّرَّ فِي أَيَّامِهِ، بَلْ فِي أَيَّامِ ابْنِهِ أَجْلِبُ الشَّرَّ عَلَى بَيْتِهِ." (١مل ٢١: ٢٠-٢٩)
إن الله ينتظر من الخاطئ أن يتواضع ويتوب. يقول الكتاب المقدس: "حَيٌّ أَنَا، يَقُولُ السَّيِّدُ الرَّبُّ، إِنِّي لاَ أُسَرُّ بِمَوْتِ الشِّرِّيرِ، بَلْ بِأَنْ يَرْجِعَ الشِّرِّيرُ عَنْ طَرِيقِهِ وَيَحْيَا. اِرْجِعُوا، ارْجِعُوا عَنْ طُرُقِكُمُ الرَّدِيئَةِ! فَلِمَاذَا تَمُوتُونَ يَا بَيْتَ إِسْرَائِيلَ؟" (حز ٣٣: ١١)

وَأَعْطَيْتُهَا زَمَاناً لِكَيْ تَتُوبَ: إن طول أناة الله ليس بلا نهاية، بل إنه يمهل الخطاة وقتاً محسوباً لديه لكي يتوبوا، فإن لم يتب الإنسان في هذا الوقت الممنوح له يفقد كل فرصته في التوبة ويأتي عليه عقاب الله بسبب خطاياه. يقول الكتاب المقدس: "فَقَالَ الرَّبُّ: لاَ يَدِينُ رُوحِي فِي الانْسَانِ الَى الابَدِ. لِزَيَغَانِهِ هُوَ بَشَرٌ وَتَكُونُ ايَّامُهُ مِئَةً وَعِشْرِينَ سَنَةً." (تك ٦: ٣). نرى في هذه الآية بحسب رأي الكثير من

المفسرين كيف أن الرب قد أعطى للإنسان زماناً محدداً فيه فرصة للتوبة (١٢٠ سنة) بعدها يأتي الطوفان. لم يكن الناس يعرفون في زمن نوح أن هناك طوفان قادم، وحتى أولئك الذين سمعوا من نوح أن هناك طوفان قادم لم يكونوا يعرفون أو يهتمون بمعرفة متى يجيء ذلك الطوفان، كذلك أيضاً إيزابل ثياتيرا وكل من يعيشون مثلها في الخطيئة غير مبالين بإشارات الرب لهم أن القضاء آت عليهم إن لم يتوبوا، لا يدركون أن الرب قد حدد زماناً معيناً أعطاهم فيه فرصة للتوبة بعدها يأتي عليهم قضاؤه.

وهي لا تريد أن تتوب عن زناها: التوبة قرار شخصي، وهي لا تأتي أبداً عن اضطرار، لكن حين يرفض الإنسان التوبة متعمداً ومقسياً قلبه، فإن الله أيضاً يسلمه إلى ذهن مرفوض، والنتيجة أنه يهلك على كل المستويات الأدبي والنفسي والجسدي والأبدي. يقول الكتاب المقدس: "وَكَمَا لَمْ يَسْتَحْسِنُوا أَنْ يُبْقُوا اللهَ فِي مَعْرِفَتِهِمْ، أَسْلَمَهُمُ اللهُ إِلَى ذِهْنٍ مَرْفُوضٍ لِيَفْعَلُوا مَا لاَ يَلِيقُ. مَمْلُوئِينَ مِنْ كُلِّ إِثْمٍ وَزِنًا وَشَرّ وَطَمَعٍ وَخُبْثٍ، مَشْحُونِينَ حَسَدًا وَقَتْلاً وَخِصَامًا وَمَكْرًا وَسُوءًا، نَمَّامِينَ مُفْتَرِينَ، مُبْغِضِينَ للهِ، ثَالِبِينَ مُتَعَظِّمِينَ مُدَّعِينَ، مُبْتَدِعِينَ شُرُورًا، غَيْرَ طَائِعِينَ لِلْوَالِدَيْنِ، بِلاَ فَهْمٍ وَلاَ عَهْدٍ وَلاَ حُنُوٍّ وَلاَ رِضىً وَلاَ رَحْمَةٍ. الَّذِينَ إِذْ عَرَفُوا حُكْمَ اللهِ أَنَّ الَّذِينَ يَعْمَلُونَ مِثْلَ هذِهِ يَسْتَوْجِبُونَ الْمَوْتَ، لاَ يَفْعَلُونَهَا فَقَطْ، بَلْ أَيْضًا يُسَرُّونَ بِالَّذِينَ يَعْمَلُونَ." (رو ١: ٢٨-٣٢)

زِنَاهَا: الكلمة المستخدمة في الأصل اليوناني هي: porneia وتعني حرفياً: "البغاء" (٣) و "جماع غير مشروع" (٣٤). إن الكنيسة هي عروس المسيح، وأي اتحاد بين الكنيسة والعالم هو جماع غير مشروع لأن الكنيسة ليست لنفسها بل للذي مات لأجلها وقام، كذلك أيضاً فإن المسيح قد اشترانا، وبالتالي فإن أجساد المؤمنين يجب أن تكون مقدسة للمسيح ولا تُعْطَى للزنى الجسدي كما يقول الكتاب: "وَلكِنَّ الْجَسَدَ لَيْسَ لِلزِّنَا بَلْ لِلرَّبِّ، وَالرَّبُّ لِلْجَسَدِ." (١كو ٦: ١٣ب)

رؤ ٢: ٢٢ هَا أَنَا أُلْقِيهَا فِي فِرَاشٍ، وَالَّذِينَ يَزْنُونَ مَعَهَا فِي ضِيقَةٍ عَظِيمَةٍ، إِنْ كَانُوا لاَ يَتُوبُونَ عَنْ أَعْمَالِهِمْ.

هَا أَنَا أُلْقِيهَا فِي فِرَاشٍ: بعد نفاذ صبر الله وعدم استغلال إيزابل للوقت الذي كان ممنوحاً لها بطول أناة الله لتتوب، فإن الله يستخدم الصرامة، وفي الكثير من الأحيان فإن الله يستخدم آداة الخطيئة في العقاب كما استخدم هنا سرير الزنى وجعله سرير آلام ومرض.

يقول الكتاب المقدس في قصة آخاب وإيزابل: "هكَذاَ قَالَ الرَّبُّ: فِي الْمَكَانِ الَّذِي لَحَسَتْ فِيهِ الْكِلاَبُ دَمَ نَابُوتَ تَلْحَسُ الْكِلاَبُ دَمَكَ أَنْتَ أَيْضًا" (١مل ٢١: ١٩)، ثم يقول أيضاً عن يهورام ابن آخاب: "أَلَمْ أَرَ أَمْسًا دَمَ نَابُوتَ وَدِمَاءَ بَنِيهِ يَقُولُ الرَّبُّ، فَأُجَازِيكَ فِي هذِهِ الْحَقْلَةِ يَقُولُ الرَّبُّ. فَالآنَ ارْفَعْهُ وَأَلْقِهِ فِي الْحَقْلَةِ حَسَبَ قَوْلِ الرَّبِّ." (٢مل ٩: ٢٦)، فالعقاب الذي جاء على ابن أخاب الذي سلك في طريق أبيه وأمه إيزابل كان من نفس نوع الخطيئة التي ارتكبها آخاب وإيزابل حين قتلا نابوت اليزرعيلي.
أما عن الفراش فيقول الكتاب: "لِيَكُنِ الزِّوَاجُ مُكَرَّمًا عِنْدَ كُلِّ وَاحِدٍ، وَالْمَضْجَعُ غَيْرَ نَجِسٍ. وَأَمَّا الْعَاهِرُونَ وَالزُّنَاةُ فَسَيَدِينُهُمُ اللهُ" (عب ١٣: ٤)

وَالَّذِينَ يَزْنُونَ مَعَهَا: الكلمة اليونانية المستخدمة هنا هي **moicheuō** والتي تعني الزنى (علاقة جنسية بين شخص متزوج وآخر غير شريك حياته)، فهؤلاء الذين يزنون مع إيزابل هم مؤمنون في علاقة عهد مع الرب ومع زوجاتهم، لكن إيزابل قد أغوتهم بتعاليمها الخاطئة، فارتكبوا كلا من الزنى الروحي والجسدي.

فِي ضِيقَةٍ عَظِيمَةٍ: لقد عانى شعب اسرائيل نتيجة عبادته للبعل، فقد أوقف الله المطر ثلاثة سنين وستة أشهر، ولأنه لا يوجد مطر، فقد جفت الأنهار، ولم تعد هناك زراعة، فحدثت مجاعة، وماتت الحيوانات من الجوع والعطش. لقد عانى الشعب بشدة، وبالتأكيد مات الكثيرون من الجوع والعطش. نفس الشيء سيحدث لمن يتبع هرطقات إيزابل العهد الجديد، فأولئك الذين سلكوا الطريق المتسع مفضلين أن يجاروا نقاباتهم في حفلاتهم وطقوسهم الوثنية آملين في أن يحافظ ذلك على مصدر دخلهم وأمانهم المادي والاجتماعي لم يعلموا أن الطريق الذي سلكوه سيؤدي إلى ضيقة عظيمة. يقول الكتاب المقدس: "لأَنَّهُ الْوَقْتُ لابْتِدَاءِ الْقَضَاءِ مِنْ بَيْتِ اللهِ...." (١بط ٤: ١٧)، فالرب يبدأ قضاؤه بالحكم على أولاده المؤمنين أولاً، ويقول الكتاب المقدس أيضاً أثناء الحديث عن عشاء الرب: "وَلكِنْ لِيَمْتَحِنِ الإِنْسَانُ نَفْسَهُ، وَهكَذَا يَأْكُلُ مِنَ الْخُبْزِ وَيَشْرَبُ مِنَ الْكَأْسِ. لأَنَّ الَّذِي يَأْكُلُ وَيَشْرَبُ بِدُونِ اسْتِحْقَاق يَأْكُلُ وَيَشْرَبُ دَيْنُونَةً لِنَفْسِهِ، غَيْرَ مُمَيِّزٍ جَسَدَ الرَّبِّ. مِنْ أَجْلِ هذَا فِيكُمْ كَثِيرُونَ ضُعَفَاءُ وَمَرْضَى، وَكَثِيرُونَ يَرْقُدُونَ. لأَنَّنَا لَوْ كُنَّا حَكَمْنَا عَلَى أَنْفُسِنَا لَمَا حُكِمَ عَلَيْنَا، وَلكِنْ إِذْ قَدْ حُكِمَ عَلَيْنَا، نُؤَدَّبُ مِنَ الرَّبِّ لِكَيْ لاَ نُدَانَ مَعَ الْعَالَمِ." (١كو ١١: ٢٨-٣٢). إن تأديب الله للمؤمنين على خطاياهم التي يفعلونها مراراً وتكراراً بدون توبة مستهينين بلطفه وإمهاله لا يكون عن طريق الكلمة المقدسة فقط، بل في الكثير من الأحيان يستخدم الرب الضيقات، والمرض، أو قد ينهي الرب حياة المؤمن على الأرض إن لم يَتُب. (قارن مع: أع ٥: ١-١١، وأيضاً مع: ١يو ٥: ١٦-١٧)، وسوف نناقش هذا الأمر بأكثر تفصيلاً في شرح الرسالة إلى كنيسة اللاودكيين.

إِنْ كَانُوا لاَ يَتُوبُونَ عَنْ أَعْمَالِهِمْ: لقد نفذت الفرصة الممنوحة لإيزابل للتوبة، لكن مازال هناك رجاء ومخرج من الضيقة العظيمة الآتية على الذين يزنون معها (١)، فإن لم يستثمروا الفرصة المتاحة أمامهم، فسيجلب الرب الضيقة العظيمة عليهم.

إن أعمال هؤلاء وخطاياهم هي من نفس نوع أعمال إيزابل، لذلك فإن بعض الترجمات تكتب هذه الآية كالتالي: "إن كانوا لا يتوبون عن أعمالها"، فقد ترك هؤلاء المؤمنون أعمالهم الصالحة التي أعدها الرب لكي يسلكوا فيها وسلكوا في أعمال إيزابل الشريرة. يقول كتاب المقدس: "لأَنَّنَا نَحْنُ عَمَلُهُ، مَخْلُوقِينَ فِي الْمَسِيحِ يَسُوعَ لأَعْمَال صَالِحَةٍ، قَدْ سَبَقَ اللهُ فَأَعَدَّهَا لِكَيْ نَسْلُكَ فِيهَا." (أف ٢: ١٠)، لكن ترجمة فان دايك التي بين أيدينا أكثر دقة في ترجمة هذه الآية.

من المهم هنا أن ندرك أن المؤمنين بالمسيح ليسوا أحراراً ليسلكوا كما يريدون لأن الكتاب المقدس يقول: " أَمْ لَسْتُمْ تَعْلَمُونَ أَنَّ جَسَدَكُمْ هُوَ هَيْكَلٌ لِلرُّوحِ الْقُدُسِ الَّذِي فِيكُمُ، الَّذِي لَكُمْ مِنَ اللهِ، وَأَنَّكُمْ لَسْتُمْ لأَنْفُسِكُمْ؟ لأَنَّكُمْ قَدِ اشْتُرِيتُمْ بِثَمَنٍ. فَمَجِّدُوا اللهَ فِي أَجْسَادِكُمْ وَفِي أَرْوَاحِكُمُ الَّتِي هِيَ للهِ." (١كو ٦: ١٩-٢٠)، ويقول أيضاً: " فَدُفِنَّا مَعَهُ بِالْمَعْمُودِيَّةِ لِلْمَوْتِ، حَتَّى كَمَا أُقِيمَ الْمَسِيحُ مِنَ الأَمْوَاتِ، بِمَجْدِ الآبِ، هكَذَا نَسْلُكُ نَحْنُ أَيْضًا فِي جِدَّةِ الْحَيَاةِ؟ .... وَأَمَّا الآنَ إِذْ أُعْتِقْتُمْ مِنَ الْخَطِيَّةِ، وَصِرْتُمْ عَبِيدًا للهِ، فَلَكُمْ ثَمَرُكُمْ لِلْقَدَاسَةِ، وَالنِّهَايَةُ حَيَاةٌ أَبَدِيَّةٌ." (رو ٦: ٤، ٢٢).

نحن ملك لله لأن المسيح قد اشترانا بدمه الذي سفكه على الصليب، لذلك فإننا كما أصبحنا أبناءاً لله فإننا أصبحنا أيضاً عبيداً له (رو ١: ١)، والعبد لا يفعل ما يريده هو بل يفعل فقط إرادة سيده. لذلك يقول المسيح: "كَذلِكَ أَنْتُمْ أَيْضًا، مَتَى فَعَلْتُمْ كُلَّ مَا أُمِرْتُمْ بِهِ فَقُولُوا: إِنَّنَا عَبِيدٌ بَطَّالُونَ، لأَنَّنَا إِنَّمَا عَمِلْنَا مَا كَانَ يَجِبُ عَلَيْنَا." (لو ١٧: ١٠).

عزيزي القارئ، لقد اشتراك الرب من سلطان إبليس وملكوته بثمن غالٍ جداً، وسفك من أجلك الدم الثمين على الصليب، وصار لعنة من أجلك لكي تتبرر أنت ببره هو، فارفع قلبك معي وصلي واشكره على ما فعل لأجلك وعِش حياة مختلفة تقديراً وعرفاناً لما فعله وحباً له.

رؤ ٢: ٢٣ وَأَوْلاَدُهَا أَقْتُلُهُمْ بِالْمَوْتِ. فَسَتَعْرِفُ جَمِيعُ الْكَنَائِسِ
أَنِّي أَنَا هُوَ الْفَاحِصُ الْكُلَى وَالْقُلُوبَ،
وَسَأُعْطِي كُلَّ وَاحِدٍ مِنْكُمْ بِحَسَبِ أَعْمَالِهِ.

وَأَوْلاَدُهَا أَقْتُلُهُمْ بِالْمَوْتِ: يبدو أن هرطقة إيزابل العهد الجديد قد استمرت لفترة طويلة في هذه الكنيسة حتى أنه أصبح هناك جيل ثان من أتباع هذه الهرطقة، ليسوا كالذين أُغووا من مؤمني الكنيسة بل قد وُلِدوا في هذه الهرطقة (٩)، أو قد

يكونوا هؤلاء الذين ليسوا فقط مغشوشين بتعاليم إيزابل ومخدوعين بطريق الخطيئة، بل هؤلاء الذين اتحدوا معها برباط أخلاقي دائم (٢)، هؤلاء سيفعل معهم الله تماماً كما فعل مع نسل آخاب إذ أفناه تماماً قاتلاً أبناءه السبعين وكل عظمائه ومعارفه وكهنته (٢مل ١٠: ١-١١). إن هؤلاء الذين يُولَدون في الهرطقات هم سُم للكنيسة، إذ أنهم ليسوا مؤمنين حقيقيين في الكثير من الأحيان، ووجودهم يساعد على نشر هرطقاتهم وإضلال مؤمنين أكثر، كما أن سيرتهم الردية وادعاؤهم بأنهم مسيحيون يبعد الناس عن المسيح. لقد قال المهاتما غاندي ذات مرة: "لولا المسيحيين لصرت مسيحياً".

يقول الكتاب المقدس عن تأثير نسل آخاب على ملوك يهوذا: "مَلَكَ يَهُورَامُ بْنُ يَهُوشَافَاطَ مَلِكِ يَهُوذَا ......وَسَارَ فِي طَرِيقِ مُلُوكِ إِسْرَائِيلَ كَمَا فَعَلَ بَيْتُ أَخْآبَ، لأَنَّ بِنْتَ أَخْآبَ كَانَتْ لَهُ امْرَأَةً، وَعَمِلَ الشَّرَّ فِي عَيْنَيِ الرَّبِّ. (٢مل ٨: ١٦، ١٨)، ثم يقول أيضاً: "مَلَكَ أَخَزْيَا بْنُ يَهُورَامَ مَلِكِ يَهُوذَا ..... وَاسْمُ أُمِّهِ عَثَلْيَا بِنْتُ عُمْرِي مَلِكِ إِسْرَائِيلَ. وَسَارَ فِي طَرِيقِ بَيْتِ أَخْآبَ، وَعَمِلَ الشَّرَّ فِي عَيْنَيِ الرَّبِّ كَبَيْتِ أَخْآبَ، لأَنَّهُ كَانَ صِهْرَ بَيْتِ أَخْآبَ. (٢مل ٨: ٢٥-٢٧).

عزيزي القارئ، إحذر كثيراً من الارتباط بأشخاص خطاة غير مؤمنين بالرب إيمان حقيقي يظهر في حياتهم، فغالباً أنت لن تُغيِّرهم وتأتي بهم إلى الإيمان كما تظن، بل هم الذين سيكونون سبب في إضعافك روحياً وإبعادك عن الرب. تذكر معي نهاية سليمان الذي كان أحكم ملوك الأرض، واذكر أيضاً وصية الكتاب القائلة: "لاَ تَكُونُوا تَحْتَ نِيرٍ مَعَ غَيْرِ الْمُؤْمِنِينَ، لأَنَّهُ أَيَّةُ خِلْطَةٍ لِلْبِرِّ وَالإِثْمِ؟ وَأَيَّةُ شَرِكَةٍ لِلنُّورِ مَعَ الظُّلْمَةِ؟" (٢كو ٦: ١٤)، فإن كنت تريد أن تتبع الرب تبعية حقيقية فلا تنخدع بمشاعرك وبمشورة الناس وضغط الأصدقاء، بل اتبع كلمة الرب وآمن أنه في الوقت المناسب سيسدد احتياجك لشركة الزواج أو للشراكة في العمل أو أياً كانت الشراكة التي تحتاج أن تكون فيها. وإن كنت في احتياج للشريك ولا تجده، فارفع قلبك معي للرب بكلمات الإيمان وقل له أنك تؤمن به وتثق فيه وأنه صادق في مواعيده وأنه سوف يسدد احتياجك بحسب غناه كما يقول الكتاب: "فَيَمْلأُ إِلهِي كُلَّ احْتِيَاجِكُمْ بِحَسَبِ غِنَاهُ فِي الْمَجْدِ فِي الْمَسِيحِ يَسُوعَ." (في ٤: ١٩)، ولا تتعجل في تسديد احتياجك بنفسك، بل انتظر الشريك المناسب الذي سيرسله لك الرب.

يقول التاريخ أن كنيسة ثياتيرا لم تَتُب على أغلب الظن، فقد وقعت فريسة لهرطقة "مونتاني" (Montanist) وهي حركة قادها نبي كذاب ادعى أن الاعلان الكتابي مستمر بعيداً عن الكلمة المقدسة، وقد انتهى وجود هذه الكنيسة بنهاية القرن الثاني الميلادي (٩).

عندنا هنا إذاً ٣ شخصيات و٣ أنواع من العقاب:
١- إيزابل، وهى النبع الأساسي للهرطقة، وسيلقيها الله في سرير المرض والآلام.
٢- أولادها، وهم مثلها، وسيقتلهم الله بالموت.
٣- ضحاياها، وهم المؤمنين الذين أغوتهم، وسيلقيهم الله في ضيقة عظيمة إن لم يتوبوا.

إن الرب لا يعاقب الجميع بنفس القدر، بل إن فاحص القلوب مختبر الكلى يعطي لكل واحد بحسب أعماله وبحسب نتائجها عليه وعلى الآخرين. يقول الكتاب المقدس: "أَنَا الرَّبُّ فَاحِصُ الْقَلْبِ مُخْتَبِرُ الْكُلَى لأُعْطِيَ كُلَّ وَاحِدٍ حَسَبَ طُرُقِهِ حَسَبَ ثَمَرِ أَعْمَالِهِ." (إر ١٧: ١٠) (قارن أيضاً مع مت ١٦: ٢٧؛ رو ٢: ٦؛ رؤ ١٨: ٦؛ ٢٠: ١٢-١٣؛ ٢٢: ١٢) (١).

فَسَتَعْرِفُ جَمِيعُ الْكَنَائِسِ: فالمسيح سيجعل من إيزابل ثياتيرا وأتباعها مثالاً لباقي الكنائس لكي لا يسيروا في طريقها ولا يتركوا الهرطقات تتفشى في الكنيسة دون أن يحكموا عليها ويطردوها من وسطهم.

أَنِّي أَنَا هُوَ الْفَاحِصُ الْكُلَى وَالْقُلُوبَ: فالذي "لَهُ عَيْنَانِ كَلَهِيبِ نَارٍ، وَرِجْلاَهُ مِثْلُ النُّحَاسِ النَّقِيِّ" (رؤ ٢: ١٨) هو الذي يرى خفايا القلوب وأفكارها، وسيجازي الخطاة في كنيسة ثياتيرا ليس على ما يراه الناس، بل على ما لا يراه أحد إلا الله وهي خفايا القلوب ونياتها. وهذا أيضاً ستعرفة جميع الكنائس.

وَسَأُعْطِي كُلَّ وَاحِدٍ مِنْكُمْ بِحَسَبِ أَعْمَالِهِ: فالخطاة سيدانوا بحسب أعمالهم، ومع أن جميعهم سينتهون في الجحيم، إلا أن هناك مستويات مختلفة للعذاب تعتمد على مدى الشر الذي مارسه هؤلاء الخطاة. يقول الكتاب المقدس: "اَلْحَقَّ أَقُولُ لَكُمْ: سَتَكُونُ لأَرْضِ سَدُومَ وَعَمُورَةَ يَوْمَ الدِّينِ حَالَةٌ أَكْثَرُ احْتِمَالاً مِمَّا لِتِلْكَ الْمَدِينَةِ." (مت ١٠: ١٥).
أما المؤمنون الحقيقيون فلن يقفوا أمام الله ليُدانوا. يقول الكتاب المقدس: "اَلْحَقَّ الْحَقَّ أَقُولُ لَكُمْ: إِنَّ مَنْ يَسْمَعُ كَلاَمِي وَيُؤْمِنُ بِالَّذِي أَرْسَلَنِي فَلَهُ حَيَاةٌ أَبَدِيَّةٌ، وَلاَ يَأْتِي إِلَى دَيْنُونَةٍ، بَلْ قَدِ انْتَقَلَ مِنَ الْمَوْتِ إِلَى الْحَيَاةِ." (يو ٥: ٢٤)، لكن الرب سيعطي لكل واحد من المؤمنين مكافآت على حسب قيمة أعماله كما يراها الله وليس كما يراها الناس. يقول الكتاب المقدس: "لأَنَّهُ لاَبُدَّ أَنَّنَا جَمِيعًا نُظْهَرُ أَمَامَ كُرْسِيِّ الْمَسِيحِ، لِيَنَالَ كُلُّ وَاحِدٍ مَا كَانَ بِالْجَسَدِ بِحَسَبِ مَا صَنَعَ، خَيْرًا كَانَ أَمْ شَرًّا." (٢كو ٥: ١٠).
أنظر إذاً وانتبه عزيزي القارئ لئلا تكون تخدم كثيراً وتعمل كثيراً في الكنيسة وخارجها، ثم تقف أمام الله فَتُفَاجَأ بأن أعمالك لم تكن كاملة أمامه لأن دوافعك لم

تكن نقية أو لأنك كنت تفعل كل هذه الأعمال بدون محبة، فتخسر مكافآتك الأبدية. صل دائماً : "اخْتَبِرْنِي يَا اَللهُ وَاعْرِفْ قَلْبِي. امْتَحِنِّي وَاعْرِفْ أَفْكَارِي. وَانْظُرْ إِنْ كَانَ فِيَّ طَرِيقٌ بَاطِلٌ، وَاهْدِنِي طَرِيقًا أَبَدِيًّا." (مز ١٣٩: ٢٣-٢٤)

رؤ ٢: ٢٤ وَلكِنَّنِي أَقُولُ لَكُمْ وَلِلْبَاقِينَ فِي ثِيَاتِيرَا، كُلِّ الَّذِينَ لَيْسَ لَهُمْ هذَا التَّعْلِيمُ، وَالَّذِينَ لَمْ يَعْرِفُوا أَعْمَاقَ الشَّيْطَانِ، كَمَا يَقُولُونَ، إِنِّي لاَ أُلْقِي عَلَيْكُمْ ثِقْلاً آخَرَ،

وَلكِنَّنِي أَقُولُ لَكُمْ وَلِلْبَاقِينَ فِي ثِيَاتِيرَا: واو العطف التي تأتي قبل "للباقين" غير موجودة في المخطوطات الأقدم (٢، ١٠)، فتكون القراءة الصحيحة للآية: "وَلكِنَّنِي أَقُولُ لَكُمْ أَنْتُمُ الْبَاقِينَ فِي ثِيَاتِيرَا"، ولا نستطيع هنا أن نعرف عدد الباقين بالمقارنة مع عدد الذين انجذبوا وراء إيزابل لأن نص الرسالة لا يوضح أمراً كهذا، لكننا نستطيع أن نقول أن تعاليم إيزابل اجتذبت الكثيرين، لكن الله دائماً ما يُبقي لنفسه أناساً أمناء يعيشون بالتقوى في كنيسة تغلغل فيها الفساد.

كُلِّ الَّذِينَ لَيْسَ لَهُمْ هذَا التَّعْلِيمُ: المقصود هنا هو تعليم إيزابل.

وَالَّذِينَ لَمْ يَعْرِفُوا أَعْمَاقَ الشَّيْطَانِ: يبدو أن إيزابل وأتباعها كانوا يطلقون على تعاليمهم "معرفة الأعماق" بمعنى أن تعاليمهم هذه عميقة روحياً وغير معروفة للعامة القليلي العلم في الأمور الروحية، وهو تعليم نشأت وترعرعت عليه البدعة الغنوسية، وكان الغنوسيون يستخدمون تعبير "العمق" كثيراً للدلالة على المعرفة التي لديهم. لكن المسيح هنا سماها "أعماق الشيطان" من باب السخرية ليُظهر حقيقتها، فالذي أدان وفضح حقيقة "مجمع الشيطان" في كنيسة سميرنا (رؤ ٢: ٩)، و "عرش الشيطان" في كنيسة برغامس (رؤ ٢: ١٣)، فإنه يدين هنا أيضاً "أعماق الشيطان" في كنيسة ثياتيرا. لقد كان تعليم إيزابل في حقيقته إذاً هو معرفة أعماق الشيطان، وهو بذلك يقف على طرف النقيض من التعليم المسيحي الذي يعلن فيه الروح القدس للمؤمن عن أعماق الله. يقول الكتاب المقدس: "بَلْ كَمَا هُوَ مَكْتُوبٌ: مَا لَمْ تَرَ عَيْنٌ، وَلَمْ تَسْمَعْ أُذُنٌ، وَلَمْ يَخْطُرْ عَلَى بَالِ إِنْسَانٍ: مَا أَعَدَّهُ اللهُ لِلَّذِينَ يُحِبُّونَهُ. فَأَعْلَنَهُ اللهُ لَنَا نَحْنُ بِرُوحِهِ. لأَنَّ الرُّوحَ يَفْحَصُ كُلَّ شَيْءٍ حَتَّى أَعْمَاقَ اللهِ." (١كو ٢: ٩-١٠)
هناك رأي آخر أيضاً كتبه عدد من الشُرَّاح هو أن أصحاب هذا التعليم كانوا يقولون أن الإنسان لا يستطيع تقدير نعمة الله دون أن يختبر أعماق الشيطان وينغمس في أسوأ وأشر الخطايا، ثم بعد ذلك يخرج منتصراً ليعيش في نعمة الله، وهؤلاء في شرهم وفجورهم وفُجْر تعليمهم ظنوا أنهم يستطيعون أن يفعلوا ما

شاءوا دون أن يتنجسوا. إن هذا التعليم القبل غنوسي (pre-Gnostic) قال أن للمؤمن الحرية في أن يشارك في مجال الشيطان ويشترك في خطايا الجسد دون أن يؤذي روحه حيث أن الروح ملك لله. إن منطقهم الملتوي جعلهم يظنون أنه لا مانع أن يشترك الجسد في الاحتفالات الوثنية وأن ينخرط في الفجور الجنسي. لقد تخيلوا أنهم أحراراً أن يستكشفوا المجال الشيطاني ثم يأتوا بوقاحة ليعبدوا الرب مع الكنيسة.

أحد أهم آباء التعليم الغنوسي هو "فالانتينوس" (Valentinus) الذي ابتدع الفالانتينيانيزم (Valentinianism). ولد فالانتينوس في إحدى مدن دلتا النيل في مصر حوالي سنة ١٠٠ ميلادية ومات حوالي سنة ١٦٠ ميلادية في قبرص. تعلم فالانتينوس باليونانية في الإسكندرية التي كانت مركزا للإيمان المسيحي في القرون الأولى، وقد عُرف فالانتينوس بأنه اللاهوتي الغنوسي الأكثر نجاحاً في فجر المسيحية، فقد انشق عن الكنيسة وأسس مدرسته الخاصة في روما بحسب القديس ترتليان بعد أن اختار المؤمنون مرشحاً آخر ليصبح أسقفاً لروما.
يقول القديس كليمندس (Clement) وهو أحد آباء الكنيسة الرسوليين أن أتباع فالانتينوس كانوا يقولون أنه كان يتبع ثيؤداس (Theudas)، وأن ثيؤداس بدوره كان تلميذاً مباشراً للقديس بولس الرسول. وكان فالانتينوس يقول أن ثيؤداس نقل إليه الحكمة السرية التي عَلَّمها بولس سراً لدائرة أتباعة القريبين منه (his inner circle)، والتي أشار إليها بولس علانية في الرؤيا التي قابل فيها الرب المقام (رو ١٦: ٢٥؛ ١كو ٢: ٧؛ ٢كو ١٢: ٢-٤؛ أع ٩: ٩-١٠) وأخذ منه ذلك التعليم السري. هذه التعاليم الغنوسية قل تأثيرها في روما في منتصف القرن الثاني الميلادي.
هذا التاريخ الكنسي يعلمنا أن لا نتبع أي تعليم غير موجود بالكامل في الكتاب المقدس، فالكتاب المقدس كاف وحده ليعطينا كل ما نحتاج من تعاليم. يقول الكتاب المقدس: "كُلُّ الْكِتَابِ هُوَ مُوحًى بِهِ مِنَ اللهِ، وَنَافِعٌ لِلتَّعْلِيمِ وَالتَّوْبِيخِ، لِلتَّقْوِيمِ وَالتَّأْدِيبِ الَّذِي فِي الْبِرِّ" (٢تي ٣: ١٦). إن أولئك الذين يريدون أن يستقوا التعاليم المسيحية من آباء الكنيسة الأوائل (مهما كان أولئك عظماء وقديسين) أو من تناقل الفم عن الرسل في أشياء غير مدونة في الكتاب المقدس، فإنهم يُعَرِّضون أنفسهم للوقوع ضحايا للهرطقات والتعاليم المنحرفة التي نشأت وترعرعت في الكنيسة المسيحية منذ نشأتها. لقد قال بولس الرسول مُساقاً بالروح القدس: "وَلكِنْ إِنْ بَشَّرْنَاكُمْ نَحْنُ أَوْ مَلاَكٌ مِنَ السَّمَاءِ بِغَيْرِ مَا بَشَّرْنَاكُمْ، فَلْيَكُنْ أَنَاثِيمَا! (مرفوضاً وملعوناً)" (غل ١: ٨)

إِنِّي لاَ أُلْقِي عَلَيْكُمْ ثِقْلاً آخَرَ: إن القاضي العادل الذي سيلقي إيزابل في فراش ويلقي أتباعها في ضيقة عظيمة لن يلقي على الأمناء في هذه الكنيسة أثقالاً أخرى، فيكفيهم أنهم يحتملون رؤية التعاليم المنحرفة التي تنتشر في الكنيسة،

والممارسات اللا أخلاقية التي انغمس فيها الكثير من المؤمنين، وفي وسط كل هذا مطلوب منهم أن يقاوموا الإغراء المتواصل والاستهزاء الذي يتعرضون له من أتباع إيزابل.
يرى بعض الشُرَّاح أيضاً أن جزءاً من ثقلهم أنهم كان عليهم أيضاً أن يقاوموا إيزابل ويحاولوا إيقافها لأن بداية الرسالة توبخ ملاك الكنيسة أنه يسيب المرأة إيزابل، لكن معظم الشُرَّاح يربطون هذه الآية بالتالية قائلين أن الحياة الأمينة هي الثقل الذي كان عليهم وهي التي كان يطلبها الرب منهم، أما إيزابل وأولادها فهو بنفسه سيتعامل معهم كما أعلن.
نفهم مما قاله الرب هنا أن الحياة المسيحية الأمينة ليست أمراً سهلاً وتلقائياً، لكنه يقول عنه أنه ثقل أي أنهم يجب أن يفعلوا مجهوداً ليعيشوها، لكن الرب يقول أيضاً في موضع آخر: "تَعَالَوْا إِلَيَّ يَا جَمِيعَ الْمُتْعَبِينَ وَالثَّقِيلِي الأَحْمَالِ، وَأَنَا أُرِيحُكُمْ. اِحْمِلُوا نِيرِي عَلَيْكُمْ وَتَعَلَّمُوا مِنِّي، لأَنِّي وَدِيعٌ وَمُتَوَاضِعُ الْقَلْبِ، فَتَجِدُوا رَاحَةً لِنُفُوسِكُمْ. لأَنَّ نِيرِي هَيِّنٌ وَحِمْلِي خَفِيفٌ." (مت ١١: ٢٨-٣٠)، ومعنى هذا أن العالم والشيطان أحمالهم ثقيلة، لكن الرب حمله خفيف، وذلك ليس لأن الحياة المسيحية الحقيقية أسهل لكن لأن الروح القدس الساكن في المؤمنين والعامل فيهم يجعلهم يستطيعون أن يعيشوا تلك الحياة المسيحية. يقول الكتاب المقدس عن ذلك: "لأَنَّ اللهَ هُوَ الْعَامِلُ فِيكُمْ أَنْ تُرِيدُوا وَأَنْ تَعْمَلُوا مِنْ أَجْلِ الْمَسَرَّةِ." (في ٢: ١٣)، لذلك عزيزي القارئ فإني اشجعك أن ترفع قلبك إلى الرب طالباً أن يعمل فيك أكثر فأكثر لتعيش كما يحق للدعوة التي دُعِيت إليها.

رؤ ٢: ٢٥ وَإِنَّمَا الَّذِي عِنْدَكُمْ تَمَسَّكُوا بِهِ إِلَى أَنْ أَجِيءَ.

الَّذِي عِنْدَكُمْ: هي الأعمال الكثيرة في عددها ونوعيتها، والمحبة والإيمان والخدمة والصبر. باختصار الحياة المسيحية الأمينة الحية الحقيقية المقبولة أمام الرب.

تَمَسَّكُوا بِهِ إِلَى أَنْ أَجِيءَ: لئلا يثقوا بأنفسهم ثقة مفرطة فيسقطوا هم أيضاً في الكبرياء، فقد حَضَّهُم المسيح أن يتمسكوا بما عندهم حتى يجيء. إن استخدام الكلمة اليونانية القوية (krateō) التي تترجم "تَمَسَّكُوا" يدل على أن الأمر لن يكون سهلاً، ومجيء الرب هنا يعني مجيئة بالقضاء على الخطاة في كنيسة ثياتيرا، لكن بالنسبة لنا اليوم فقد نأخذه بالمعنى الأشمل الذي هو أن نتمسك بالحسن إلى أن يجيء الرب ليأخذنا إليه.
من الملاحظ هنا أيضاً أن الرب لم يحدد أي موعد لمجيئه إذ قد تُتَرجَم الآية: "حتى ذلك الوقت حين أجئ"، فمقاومتهم قد تطول أو تقصر مدتها، لكن الكتاب

المقدس يقول أيضاً: "اللهَ أَمِينٌ، الَّذِي لاَ يَدَعُكُمْ تُجَرَّبُونَ فَوْقَ مَا تَسْتَطِيعُونَ، بَلْ سَيَجْعَلُ مَعَ التَّجْرِبَةِ أَيْضًا الْمَنْفَذَ، لِتَسْتَطِيعُوا أَنْ تَحْتَمِلُوا." (١كو ١٠: ١٣)

رؤ ٢: ٢٦ وَمَنْ يَغْلِبُ وَيَحْفَظُ أَعْمَالِي إِلَى النِّهَايَةِ فَسَأُعْطِيهِ سُلْطَاناً عَلَى الأُمَمِ،

وَمَنْ يَغْلِبُ: هو من لم يسقط في إغواء إيزابل، بل كان له سلطاناً على نفسه وقمع شهواته ولم يختر الطريق السهل والمتسع بالتفريط في القداسة الشخصية والحياة الأمينة. كذلك أيضاً يتكلم هنا عن من ظل متمسكاً إلى النهاية بكل ما مدحه الرب في بداية الرسالة من أعمال ومحبة وإيمان وخدمة وصبر.

وَيَحْفَظُ أَعْمَالِي: أعمالي تتباين مع أعمالهم (في عدد ٢٢)، فالرب كما ذكرنا سابقاً قد أعد لنا أعمالاً صالحة أطلق عليها هنا أعماله لكي نسلك فيها.

إِلَى النِّهَايَةِ: إلى نهاية حياته، فالمكافأة هنا مشروطة بأن لا يحيد المؤمن عن طريق الحق مادام حياً. فإن غلب أخذ السلطان، وإن لم يغلب فلا يعطى سلطاناً. يتفق هذا مع ما جاء في مثل الأمْناء المذكور في (لو ١٩: ١٢-٢٧) ومثل الوزنات المذكور في (مت ٢٥: ١٤-٣٠)
أما الذي يضمن النجاح للمؤمن فهو العلاقة الحية مع الله والثبات في كلمته اللذان يجعلان المؤمن حساس لصوت الروح القدس وإرشاده، فيستطيع أن يميز بين الخير والشر، والرب دائما سَيُنَبِّه التلميذ الحقيقي إلى الطريق الصحيح في كل مرة يخرج فيها هذا التلميذ عن الطريق كما يقول الكتاب: "وَأُذُنَاكَ تَسْمَعَانِ كَلِمَةً خَلْفَكَ قَائِلَةً: هذِهِ هِيَ الطَّرِيقُ. اسْلُكُوا فِيهَا. حِينَمَا تَمِيلُونَ إِلَى الْيَمِينِ وَحِينَمَا تَمِيلُونَ إِلَى الْيَسَارِ." (إش ٣٠: ٢١)

فَسَأُعْطِيهِ سُلْطَاناً عَلَى الأُمَمِ: كلمة سلطان تعني أن صاحب القوة المستخدمة له الحق القانوني في حيازتها واستخدامها، ولعلنا نلاحظ هنا التطابق بين مكافأة الأمناء ومكافأة العبد الصالح والأمين المذكورة في إنجيل لوقا حيث يقول الكتاب: "فَقَالَ لَهُ: نِعِمَّا أَيُّهَا الْعَبْدُ الصَّالِحُ! لأَنَّكَ كُنْتَ أَمِينًا فِي الْقَلِيلِ، فَلْيَكُنْ لَكَ سُلْطَانٌ عَلَى عَشْرِ مُدْنٍ." (لو ١٩: ١٧).
هذا الجزء من الآية بالإضافة إلى الآية التالية يشيران بوضوح أيضاً إلى (مزمور ٢) الذي يقول: "اسْأَلْنِي فَأُعْطِيَكَ الأُمَمَ مِيرَاثًا لَكَ، وَأَقَاصِيَ الأَرْضِ مُلْكًا لَكَ. تُحَطِّمُهُمْ بِقَضِيبٍ مِنْ حَدِيدٍ. مِثْلَ إِنَاءِ خَزَّافٍ تُكَسِّرُهُمْ." (مز ٢: ٨-٩)، ولفظ

"مُلْكًا لَكَ" يعني أنه سيجعله ملكاً، والملك هو صاحب السلطان الأعلى في مملكته، وسنشرح معنى هذا الجزء مع الآية التالية.

رؤ ٢: ٢٧ فَيَرْعَاهُمْ بِقَضِيبٍ مِنْ حَدِيدٍ، كَمَا تُكْسَرُ آنِيَةٌ مِنْ خَزَفٍ، كَمَا أَخَذْتُ أَنَا أَيْضاً مِنْ عِنْدِ أَبِي،

هذه الآية مع جزء من الآية السابقة مأخوذتين كما رأينا من (مز ٢: ٩)، هذا المزمور ككل يتكلم عن مُلك الرب يسوع على الأمم في آخر الأيام أي الملك الألفي بحسب تفسير المدرسة القبل ألفية، وهذا المزمور هو أول المزامير المسيانية بحسب التصنيف اليهودي والمسيحي، وهذه الآية بحسب المزمور تصف سلطان الرب على أمم العالم، لكن الرب هنا يعطي هذا السلطان للغالبين أيضاً لأنهم سيملكون معه كما يقول سفر الرؤيا: "مُبَارَكٌ وَمُقَدَّسٌ مَنْ لَهُ نَصِيبٌ فِي الْقِيَامَةِ الأُولَى. هؤُلاَءِ لَيْسَ لِلْمَوْتِ الثَّانِي سُلْطَانٌ عَلَيْهِمْ، بَلْ سَيَكُونُونَ كَهَنَةً للهِ وَالْمَسِيحِ، وَسَيَمْلِكُونَ مَعَهُ أَلْفَ سَنَةٍ." (رؤ ٢٠: ٦)

يرى بعض المفسرون أن هذا الوعد تحقق تاريخياً بعد أن انتصر الإمبراطور قسطنطين على ليسينيوس ثم أصبح الأداة الإلهية لتحطيم العبادات الوثنية في كل الإمبراطورية الرومانية، وفعل ذلك في الواقع إذ جعل هذه العبادات كبقايا الخزف المكسور بلا نفع وبلا قدرة على الالتحام ثانية لأي هدف (٤١)، لكني أرى أن هذا الرأي ضعيف لأسباب كثيرة لا مجال هنا لذكرها جميعاً، لكن أهم هذه الأسباب هو أن الوعد هنا للغالب من كنيسة ثياتيرا وليس للإمبراطور الروماني.

فَيَرْعَاهُمْ: كما يرعى الراعي الخراف، فحكم الرب والمؤمنين على الأمم سيكون حكم الرعاية، فهو مليء بالحب، لكنه حكم قوي أيضاً. فالذين يخضعون للحكم سيرعونهم كما يرعى الراعي خرافه، والذين يتمردون أو يحاولون أن يضروا الغنم ويتصرفون كالذئاب، فإن الرب والمؤمنون سيكسرونهم بسهولة كما يكسر الحديد الخزف.

بِقَضِيبٍ مِنْ حَدِيدٍ: لقد كان رعاة الخراف في القديم يمسكون بعصاة خشبية في نهايتها كتلة من الحديد، وكانوا يرعون الخراف بالعصاة الخشبية، ويستخدمون الكتلة الحديدية لضرب الذئاب بقوة والقضاء عليهم.

في بعض الأحيان يأخذ المؤمنون أحد طرفي النقيض، فإما أنهم يرون الله كأب محب وراعي صالح فيرفضون كونه قاض عادل وبالتالي يشككون في حقيقة

وجود الدينونة الأبدية وحرفية جهنم، وإما أنهم يرونه كقاضٍ عادل ولا يفهمون طبيعته المحبة. كل من وجهتي النظر هاتين هو انحراف عن الحق، فالرب قاض عادل وأب محب وراع صالح في نفس الوقت، وهذا هو السبب الذي جعله يقدم ابنه ليصلب عنا، فعدل الله تحقق في الإبن، وحبه وغفرانه الأبدي أُعطِي لنا. يقول الكتاب المقدس: "لأَنَّكُمْ قَدِ اشْتُرِيتُمْ بِثَمَنٍ. فَمَجِّدُوا اللهَ فِي أَجْسَادِكُمْ وَفِي أَرْوَاحِكُمُ الَّتِي هِيَ للهِ." (١كو ٦: ٢٠)، أما الذين رفضوا شراء الرب لهم فسيأتي عليهم قضاؤه العادل على الخطيئة، ذلك القضاء الذي أتى على الرب حين رَفَع عنا جميع الخطايا على الصليب.

كَمَا تُكْسَرُ آنِيَةٌ مِنْ خَزَفٍ: حين يكسر إناء الخزف فإنه لا يمكن لصقه معاً ثانية، ولا نفع من الخزف المكسور إلا طرحه مع النفايات، ذلك هو ما سيحدث مع المتمردين من الأمم على حكم الرب وحكم المنتصرين.

كَمَا أَخَذْتُ أَنَا أَيْضاً مِنْ عِنْدِ أَبِي: قارن هذا الجزء من الآية مع ما جاء في انجيل لوقا: "أَنْتُمُ الَّذِينَ ثَبَتُوا مَعِي فِي تَجَارِبِي، وَأَنَا أَجْعَلُ لَكُمْ كَمَا جَعَلَ لِي أَبِي مَلَكُوتًا، لِتَأْكُلُوا وَتَشْرَبُوا عَلَى مَائِدَتِي فِي مَلَكُوتِي، وَتَجْلِسُوا عَلَى كَرَاسِيَّ تَدِينُونَ أَسْبَاطَ إِسْرَائِيلَ الاثْنَيْ عَشَرَ«." (لو ٢٢: ٢٨-٣٠). إن ربنا ومخلصنا يسوع المسيح يُحِب دائماً أن يرفع من شأننا ويعطينا مما له، فتارة يدعونا أحباء (يو ١٥: ١٥)، وتارة يدعونا أيضاً أخوة له (مز ٢٢: ٢٢؛ مت ٢٨: ١٠؛ يو ٢٠: ١٧؛ رو ٨: ٢٩)، وأيضاً أجلسنا معه في السماويات (أف ٢: ٦)، ثم وعدنا بأن نملك معه (٢تي ٢: ١٢)، ووعدنا بأننا سندين أيضاً ملائكة (١كو ٦:٣). كل ذلك ليس لأي شيء صالح فينا بل لأنه هو أحبنا (أف ٥: ٢)، لكن علينا دور أيضاً، إذ يجب أن نبقى أمناء له إلى النهاية إن كنا نحبه بحق.

رؤ ٢: ٢٨ وَأُعْطِيهِ كَوْكَبَ الصُّبْحِ.

ما هو كوكب الصبح؟ يقول الكتاب المقدس: "أَنَا يَسُوعُ، أَرْسَلْتُ مَلاَكِي لأَشْهَدَ لَكُمْ بِهذِهِ الأُمُورِ عَنِ الْكَنَائِسِ. أَنَا أَصْلُ وَذُرِّيَّةُ دَاوُدَ. كَوْكَبُ الصُّبْحِ الْمُنِيرُ." (رؤ ٢٢: ١٦) (قارن أيضا مع: ٢بط ١: ١٩؛ ومع نبوة بلعام في: عد ٢٤: ١٧). الرب يسوع هو نفسه كوكب الصبح المنير، وهو أيضاً شمس البر (ملا ٤: ٢). الفرق بين شمس البر وكوكب الصبح هو أن كوكب الصبح يأتي أولاً قبل بزوغ الفجر، وهو يبشر الساهرين بأن الفجر آتٍ عن قريب، والرب هنا بالنسبة لمؤمني ثياتيرا الذين يعانون من ظلام اضطهاد إيزابل وضلالات الغنوسيين هو

كوكب الصبح الذي يبشرهم بقرب نهاية أتعابهم، إذ حين تطلع شمس البر سينهي الرب على الأشرار ويشفي متقيه (ملا ٤: ١-٣).
يبقى هنا أن نشير إلى أن المستمع الأول للرسالة في كنيسة ثياتيرا سيرى بوضوح أن الرب كان يشير بتسمية نفسه ابن الله في بداية الرسالة وكوكب الصبح في هذه الآية إلى الفارق الكبير بينه كابن الله الحقيقي، والنور الحقيقي الذي ينير كل إنسان والملك الحقيقي الآتي، وبين إله الرومان ابوللو إله الشمس وابن الإله زيوس الذي كان المعبود الرئيسي في مدينتهم، فإن سلك المؤمنون في ضلالة إيزابل فإنهم بالتالي يتبعون قيم وتعاليم ابوللو التي هي تعاليم شياطين، أما إن أرادوا أن يتبعوا الرب الذي هو كوكب الصبح الحقيقي، فعليهم أن يتبعوا تعاليمه أيضاً التي تتسم بالتركيز على القداسة الحقيقية التي لم يعرفها أتباع ابوللو ولم تعرفها إيزابل.

وَأُعْطِيهِ: الرب هنا إذاً يقول أنه سَيُعطِي نفسه للغالب ليتمتع به بصفته الملك الآتي تمتعاً خاصاً، فهو لن يكون قريباً منه فقط، بل سيكون له ومعه دائماً، ومع أن النائمين من الخطاة والمؤمنين المنقلبين لا يدرون بوجود كوكب الصبح ولا يرونه، إلا أن هؤلاء المؤمنين الساهرين الغالبين يرونه ويتشجعون به عالمين أن النهار آت عن قريب وأن الملك آتٍ لِيُثَبِّت ملكه ويُمَلِّكَهُم معه.

رؤ ٢: ٢٩ مَنْ لَهُ أُذُنٌ فَلْيَسْمَعْ مَا يَقُولُهُ الرُّوحُ لِلْكَنَائِسِ.

هذه هي أول مرة تأتي فيها "من له أذن" بعد "من يغلب"، وكل الرسائل للكنائس التالية ستتبع هذا الترتيب الجديد، ومن الصعب فهم السبب في هذا التغيير في الترتيب، لكن هناك إحتمالين ذكرهما الشُرَّاح:
الإحتمال الأول هو أنه طبقاً للنظرة التاريخية لهذه الكنائس، فإن الكنائس الثلاث الأولى كانت مراحل محددة في تاريخ الكنيسة بدأت وانتهت، لكن بدءاً من كنيسة ثياتيرا، فإن هذه الكنائس بدأت ولن تنتهي إلا في نهاية الأيام، فكنيسة ثياتيرا طبقاً للنظرة التاريخية ترمز إلى كنيسة العصور الوسطى المظلمة، وهي التي بدأت حوالي سنة ٦٠٠ ميلادية وأكملت حتى يومنا هذا وستظل مستمرة حتى نهاية الأيام. تميزت هذه الكنيسة بنشأة النظام الباباوي، وأصبح للبابا سلطان على سياسة أوربا وعلى ملوكها، وفسد باباوات روما نتيجة لكل السلطة التي حصلوا عليها، فأصبحوا يحركون الملوك ليحاربوا من تسول له نفسه أن يحاول الخروج من تحت سلطانهم، وأصبحوا يرتبون المؤامرات ضد الملوك والأمراء، وكانوا يتهمون أي من يريدون التخلص منه بأنه ساحر ويقتلونه. هذا بالإضافة إلى أنهم منعوا الشعب من اقتناء أو قراءة الكتاب المقدس وادعوا أنهم هم الأوصياء على

الشعب ومعرفته بالكتاب. هؤلاء الباباوات الفاسدين قتلوا ما لا يقل عن ٥٠ مليون شخص ممن عارضوهم أو رفضوا أن يسجدوا للتماثيل ويسيروا في طريقهم (٤٢).
من هذا الوصف تستطيع عزيزي القارئ أن ترى التماثل بين ما كان يفعله هؤلاء الباباوات الفاسدين وبين ما كانت تفعله إيزابل زوجة آخاب. في أثناء تلك العصور المظلمة كان هناك أيضاً الكثير من المُخْلِصين الذين اضْطُهِدوا لكنهم بقوا أمناء مليئين بالحب للرب وكانوا يتعبون في خدمته؛ وفي ٣١ أكتوبر سنة ١٥١٧ ميلادية علَّق مارتن لوثر اعتراضاته الـ٩٥ على باب كنيسة القلعة في ويتنبرج بألمانيا، ومنذ ذلك الحين بدأ التغيير في أوروبا تمهيداً لخروجها من العصور المظلمة.
أحب هنا أن أنبه القارئ إلي أنه عندما نتكلم عن النظام الباباوي الفاسد في العصور المظلمة ونقول أن هذه الكنيسة مستمرة إلى يومنا هذا وسوف تستمر إلى آخر الأيام، فإننا لا نحاول الطعن في إخوتنا الكاثوليك الذين خرج ولايزال يخرج منهم آباء وقديسين عظماء، بل نتكلم عن حالة الكنيسة المسيحية عامة والفكر والإيمان المسيحي خلال العصور المظلمة من منظور الرأي التاريخي، وهو نفس الفكر المظلم الموجود اليوم في العديد من الكنائس من مختلف الطوائف باختلاف تسمية هذه الكنائس وبالتالي باختلاف تسمية العقيدة أو الفكر المظلم. إن من يدرس التاريخ الحديث للكنيسة في الثلاثة قرون الأخيرة سوف يجد نفس النوع من التعليم الفاسد واختلاط الدين بالسلطة وبالتالي فساد القادة الدينيين منتشراً في مختلف الطوائف المسيحية بأشكال مختلفة ومستمر إلى يومنا هذا.

أما التفسير الآخر المحتمل لهذا الاختلاف في الترتيب، فهو أن هذه الكنائس الأربعة الأخيرة حالتها العامة أسوأ من الأولى، وبالتالي احتاجت إلى أن تسمع الوعد للغالبين أولاً كتشجيع وحث على الحياة بأمانة. لكني أرى أن هذا التفسير معيب لأن الكنائس الأربعة الأخيرة تتضمن كنيسة لم يلومها الرب أبداً وهي كنيسة فيلادلفيا، فإن كان الرب يريد أن يغير الترتيب بحسب حالة الكنيسة كان سيغيره مع كنيستي سميرنا و فيلادلفيا اللتين لم يلمهما في شيء.

ملخص الرسالة:

كنيسة ثياتيرا كانت كنيسة حية مليئة بالمحبة والإيمان والخدمة والصبر والأعمال الكثيرة التي امتدحها الرب، فكانت على النقيض من كنيسة أفسس التي كانت تفتقر إلى المحبة. لكن كنيسة ثياتيرا كانت متساهلة مع التعاليم المهرطقة التي تبنتها شخصية شَبَّهَهَا الكتاب بإيزابل التي كانت تَدَّعي أنها نبية وتُغوي

المؤمنين أن يزنوا زنى جسدي وروحي، كما كانت متساهلة مع تعليم الغنوسيين الأوائل. لقد وبَّخ الرب ملاك الكنيسة على ترك هذه التعاليم تنتشر دون أن يحكم عليها ويطردها. من. الكنيسة، فيبدو أن شخصية ملاك الكنيسة كانت. ضعيفة لا تستطيع أن تحسم في أمر مثل هذا، ثم مع الوقت أصبح هذا التيار الذي تَبَنَّاه هؤلاء المهرطقون قوياً وله الكثير من المؤيدين فلم يطلب منه الرب التعامل معه بل أكد أنه هو من سيحكم على هؤلاء.

أظهر الرب أيضاً طول أناته على إيزابل، لكن طول أناة الرب ليست بلا نهاية، فقد أعطى إيزابل زماناً معيناً لكي تتوب، وهي لم تستغل الفرصة إلى وقت كتابة الرسالة، لذلك فإن عقاب الرب لها سوف يكون من نفس نوع خطيئتها إن لم تتب، إذ أنه سيلقيها متألمة في فراش زناها، وسيقتل أولادها لكي لا يفسدوا الكنيسة، أما أولئك المؤمنين المنخدعين بها فسيؤدبهم الرب بضيقة عظيمة.

أما بقية المؤمنين الذين ساروا بأمانة أمام الله، فقد حثهم الرب أن يظلوا أمناء إلى النهاية، وهو سيكافئهم بسلطان على الأمم في ملكه الألفي، وسيعطيهم كوكب الصبح الذي هو المسيح نفسه، والذي يبشرهم بقرب نهاية ظلام الاضطهاد والمعاناة.

الفصل السادس
الرسالة إلى ملاك الكنيسة التي في ساردس
(رؤ ٣: ١-٦)

رؤ ٣: ١ وَاكْتُبْ إِلَى مَلاَكِ الْكَنِيسَةِ الَّتِي فِي سَارْدِسَ: هَذَا يَقُولُهُ الَّذِي لَهُ سَبْعَةُ أَرْوَاحِ اللهِ وَالسَّبْعَةُ الْكَوَاكِبُ. أَنَا عَارِفٌ أَعْمَالَكَ، أَنَّ لَكَ اسْماً أَنَّكَ حَيٌّ وَأَنْتَ مَيِّتٌ.
رؤ ٣: ٢ كُنْ سَاهِراً وَشَدِّدْ مَا بَقِيَ، الَّذِي هُوَ عَتِيدٌ أَنْ يَمُوتَ، لأَنِّي لَمْ أَجِدْ أَعْمَالَكَ كَامِلَةً أَمَامَ اللهِ.
رؤ ٣: ٣ فَاذْكُرْ كَيْفَ أَخَذْتَ وَسَمِعْتَ وَاحْفَظْ وَتُبْ، فَإِنِّي إِنْ لَمْ تَسْهَرْ أُقْدِمْ عَلَيْكَ كَلِصٍّ، وَلاَ تَعْلَمُ أَيَّةَ سَاعَةٍ أُقْدِمُ عَلَيْكَ.
رؤ ٣: ٤ عِنْدَكَ أَسْمَاءٌ قَلِيلَةٌ فِي سَارْدِسَ لَمْ يُنَجِّسُوا ثِيَابَهُمْ، فَسَيَمْشُونَ مَعِي فِي ثِيَابٍ بِيضٍ لأَنَّهُمْ مُسْتَحِقُّونَ.
رؤ ٣: ٥ مَنْ يَغْلِبُ فَذَلِكَ سَيَلْبَسُ ثِيَاباً بِيضاً، وَلَنْ أَمْحُوَ اسْمَهُ مِنْ سِفْرِ الْحَيَاةِ، وَسَأَعْتَرِفُ بِاسْمِهِ أَمَامَ أَبِي وَأَمَامَ مَلاَئِكَتِهِ.
رؤ ٣: ٦ مَنْ لَهُ أُذُنٌ فَلْيَسْمَعْ مَا يَقُولُهُ الرُّوحُ لِلْكَنَائِسِ.

خلفية تاريخية عن مدينة ساردس:

كانت ساردس تقع في الجنوب الشرقي لمدينة ثياتيرا، وقد انشئت حوالي سنة ١٢٠٠ ق.م.، وقد كانت في القديم عاصمة مملكة ليديا (Lydian kingdom)، ثم واحدة من المدن المهمة في المملكة الفارسية، ثم مقر القنصل الروماني أثناء حكم الإمبراطورية الرومانية، ثم عاصمة مقاطعة ليديا (Lydian province) في العصر الروماني المتأخر والعصر البيزنطي.

كانت المدينة تقع على مفترق خمس طرق رئيسية، وكانت مبنية على هضبة ارتفاعها حوالى ١٥٠٠ قدم في وادي هرمس (Hermus) عند سفح جبل تمولوس (mount Tmolus) حيث توجد حافة حادة وشاهقة كونت قلعة من حولها، ولم يكن هناك سوى مدخل واحد للمدينة من الناحية الجنوبية عبر ممر منحدر ووعر، لكن مع ازدهار المدينة احتاجت لأن تمتد إلى ما تحت الهضبة إلى الجهة الغربية فأصبحت مدينة مزدوجة، لهذا يأتي اسمها في اللغة اليونانية بصيغة الجمع (٣).

لكن تلك المدينة التي كانت تبدو منيعة للغاية كان لها تاريخ غريب في الحروب، حيث أُخِذَت المدينة أثناء الليل مرتين إذ تسلق الجنود ليلاً جدران الحصن الغير محروسة بهدوء واستولوا على المدينة بسرعة. المرة الأولى كانت على يد الفارسيين سنة ٥٤٩ ق.م.، والثانية على يد اليونانيين سنة ١٩٥ ق.م.

أثناء فترة مُلْك كرويسوس (king Croesus) ملك ليديا (٥٦٠ إلى ٥٤٦ ق.م.) اكتشف خبراء المعادن لأول مرة كيف يفصلون الفضة عن الذهب إذ كان المعدنان يوجدان مخلوطين ببعضهما في الطبيعة، وكانوا في ساردس يخرجون هذا الخليط من جبل تمولوس الغني بالذهب ومن نهر باكتولوس (Pactolus River) القريب من المدينة. هذا الاكتشاف أدى إلى زيادة غنى المدينة، واشتهرت ساردس في التاريخ بأنها المكان الذي اختُرِعَت فيه العملات الذهبية والفضية الحديثة.

دُمِّرَت المدينة بزلزال سنة ١٧ ميلادية، لكن القيصر تيبيريوس (Tiberius Caesar) أعاد بناءها وأصبحت المدينة غنية ثانية بحلول النصف الثاني من القرن الميلادي الأول.

اليوم تقع أطلال المدينة بالقرب من قرية سَرت في مقاطعة مانيسا التركية بالقرب من الطريق السريع الذي يربط أنقرة بإزمير. أطلال مدينة ساردس بها مُجَمَّع حَمَّام وصالة رياضية، مَجْمَع يهودي وبقايا محلات بيزنطية، كما وجدت بها آثار وعلامات تدل على وجود المسيحيين الأوائل وأيضاً الغنوسيين، وهذه المواقع الأثرية مفتوحة للسياح.

في القرن الثاني الميلادي كان الأسقف ميليتو (Melito) أسقف ساردس من الأسماء البارزة جداً بين مسيحيي آسيا بفضل تأثيره الشخصي وتأثير كتاباته العديدة التي كان من بينها تفسير لسفر رؤيا الرسول يوحنا.

<u>محتوى الرسالة:</u>

رؤ ٣: ١ وَاكْتُبْ إِلَى مَلاَكِ الْكَنِيسَةِ الَّتِي فِي سَارْدِسَ:
هَذَا يَقُولُهُ الَّذِي لَهُ سَبْعَةُ أَرْوَاحِ اللهِ وَالسَّبْعَةُ الْكَوَاكِبُ.
أَنَا عَارِفٌ أَعْمَالَكَ، أَنَّ لَكَ اسْماً أَنَّكَ حَيٌّ وَأَنْتَ مَيِّتٌ.

كنيسة ساردس وكنيسة اللاودكيين (الكنيسة الأخيرة) هما الكنيستان الوحيدتان اللتان لم يمدحهما المسيح في أي شيء، بينما كنيستي سميرنا وفيلادلفيا (الكنيسة قبل الأخيرة) لم يَلُمهُما المسيح على أي شيء، أما باقي الكنائس (أفسس وبرغامس وثياتيرا) فلقد نالت كل منها كما رأينا خليطاً من المدح واللوم.

هَذَا يَقُولُهُ الَّذِي لَهُ سَبْعَةُ أَرْوَاحِ اللهِ وَالسَّبْعَةُ الْكَوَاكِبُ: هذه المقدمة المهمة مأخوذة مثل باقي المقدمات من الأصحاح الأول والأعداد ٤ و ١٦، فلقد استبدل الرب هنا السبع مناير في عدد ١٦ بالسبعة أرواح الله في عدد ٤، ونحن نعرف من الأصحاح الأول أن السبعة كواكب هي ملائكة السبع كنائس، وقد سبق فناقشنا من هم هؤلاء الملائكة، وسوف نناقش هنا باختصار معنى السبعة أرواح

الله، أما إذا أردت أن تقرأ بأكثر تفصيل عنها فيمكنك الرجوع إلى الملحق رقم ١ في نهاية هذا الكتاب.

الَّذِي لَهُ: المسيح هو الذي له سبعة أرواح الله باعتباره رب الملائكة التي هي أرواح خادمة، وباعتبار أن الروح القدس هو روح المسيح (قارن مع: ١بط ١: ١١)، وهو الذي يرسل الروح القدس (يو ١٥: ٢٦، و يو ١٦: ٧).
كما أن المسيح له السبعة كواكب لأنه رب الكنيسة وله كامل السلطان عليها. بناءاً على ذلك، فالمسيح إذاً له مطلق الحق والسلطان في القضاء على الكنيسة وفيها.

سَبْعَةُ أَرْوَاحِ اللهِ: هناك رأيين رئيسيين يحاولان شرح معنى هذا التعبير:
الرأي الأول: يرى العديد من المفسرين أن السبعة أرواح الله هي إشارة إلى الروح القدس في كمال إعلانه عن نفسه، أو لكونه العامل في السبع كنائس التي أُرسِلَ إليها كتاب هذا السفر في صورة رسالة.
الرأي الثاني: يرى العديد من المفسرين الآخرين أن السبعة أرواح الله هي إشارة إلى كائنات ملائكية مستعدة لتنفيذ أوامر المسيح في الكنائس وليس إلى الروح القدس.
بغض النظر عن أي التفسيرين هو الصحيح، فالهدف الواضح من ذكر السبعة أرواح في هذه التحية هو أن المسيح يريد أن يقول لهذه الكنيسة أنه يرى كل شيء في هذه الكنيسة بوضوح حيث أنه سوف يعود ويقول عن هذه السبعة أرواح أنها أعين المسيح المرسلة إلى كل الأرض (رؤ ٥: ٦)، وأن روحه أو ملائكته الجبارة مستعدين للعمل إما مع هذه الكنيسة إن أطاعت الرسالة، أو ضدها إن لم تنتبه إلى ما يقوله لها المسيح رب الكنيسة.

وَالسَّبْعَةُ الْكَوَاكِبُ: هي ملائكة السبع كنائس، أي كما ذكرنا من قبل الأساقفة أو الكيانات المسؤولة عن تلك الكنائس السبع. لقد قال الرب هنا أنهم له، أي أن جميعهم له بما فيهم ملاك هذه الكنيسة، فحين قال له الرب لاحقاً في هذه الآية أن له اسماً أنه حي وهو ميت لم يكن يقصد بذلك أن ملاك الكنيسة نفسه ميت، والدليل على ذلك أنه يقول هنا أن ملاك الكنيسة له (أي للمسيح) ولاحقاً يقول له في عدد ٢ "كُنْ سَاهِراً وَشَدِّدْ مَا بَقِيَ"، فإن كان هو ميتاً فكيف يطلب منه أن يسهر ويشدد ما بقي؟ من ذلك نفهم أن الرب هنا كان يتكلم إلى الكنيسة نفسها في شخص ملاك الكنيسة ويقول لها أنها ميتة، وهو ما يتفق عليه الأغلبية الساحقة من المفسرين من أمثال "ديفيد جودزيك" (David Guzik)، "جون جيل" (John Gill)، "جون داربي" (John Darby)، "آدم كلارك" (Adam Clarke)، "جون بنسون" (John Benson)، "ألبرت بارنس" (Albert Barnes)، والكثيرين غيرهم، بالإضافة إلى الكثير من كتب

التفسير مثل "NIGTC"، "J.F.B."، "NIC"، "Biblical Illustrator"، والكثيرين غيرهم، بالإضافة أيضاً إلى الكثيرين من آباء الكنيسة.
هناك رأي آخر أيضاً كتبه بعض الآباء مثل "تايكونيوس" (Tyconius) (القرن الرابع الميلادي)، وهو من الذين أثّروا في القديس أوغسطينوس، ومثل "بيدي" (Bede) (القرن السابع إلى القرن الثامن الميلادي) يقول أن ملاك الكنيسة لم تكن لديه يقظة كافية لتصحيح الأشرار، لكن المسيح أيضاً يشجعه لأن لديه من يمشون بثياب بيض، وعلى هؤلاء ينطبق معنى إسم "ساردس" الذي يعني "حجر كريم". والمسيح هنا يبدو أنه يخاطب الملاك قائلاً: بالتأكيد أنت ترى نفسك حياً، لكنك إن لم تتيقظ لتصويب الأشرار فسوف تعتبر كأحد الأموات، وحتى إن اعتبرك الناس بريء، فإن أعمال القائد لا تُرى كاملة أمام الله إن لم يسع جاهداً ليحيي آخرين أيضاً. (٤٣).
الأمر الذي اتفق عليه جميع المفسرين المعتبرين في هذه الآية هو أن الرب لم يقصد أن يقول على الإطلاق أن ملاك الكنيسة نفسه كان إنسان خاطئ ميت روحياً في طريقه إلى الهلاك الأبدي، بل كان يلومه على الحالة التي وصلت إليها كنيسته باعتباره المسؤول عن هذه الكنيسة.

أَنَا عَارِفٌ أَعْمَالَكَ، أَنَّ لَكَ اسْماً أَنَّكَ حَيٌّ وَأَنْتَ مَيِّتٌ: إن المقدمة "أَنَا عَارِفٌ أَعْمَالَكَ" لا تعني أي مدح هنا، لكن الرب يريد أن يقول أنه يعرف كل شيء على حقيقته وليس كما يراه الناس. لقد استخدم الرسول يوحنا هذه النغمة المأساوية (the tragic tone) في هذه الآية تماماً كما استخدمها كثيراً في إنجيل يوحنا ليظهر كم أن حقيقة هذه الكنيسة مفجعة، حيث بدأ الآية بطريقة توحي بأن الرب سيمدح هذه الكنيسة التي لها اسم ثم تحول سريعاً وأنهاها بعكس ما نتوقع. (قارن مع: يو ١: ٥، ١٠، ١١؛ ٣: ١١، ١٩، ٣٢؛ ٥: ٣٩، ٤٠؛ ٦: ٣٦، ٤٣).
عندما ننظر إلى السماء ليلاً، فإننا قد نرى نجوماً كثيرة مضيئة، وبعض هذه النجوم التي نراها قد تكون قد انفجرت وانتهت منذ سنين عديدة، لكن ضوء هذا الانفجار لم يصل إلينا بعد لأنه يأخذ وقتاً (سنوات ضوئية تحسب بحسب بعد المسافة بين النجم والأرض)، هذا المثل يوضح لنا كيف أننا نرى في بعض الأحيان كنائساً أو أشخاصاً لهم اسم ويلمعون في أعيننا كالنجوم، لكن الرب يرى دواخلهم ويعرف جيداً مدى الفساد الذي ينتشر فيهم. إنتبه جيداً لئلا تكون كأحد هؤلاء الذين يقول عنهم الرب: "وَيْلٌ لَكُمْ أَيُّهَا الْكَتَبَةُ وَالْفَرِّيسِيُّونَ الْمُرَاؤُونَ! لأَنَّكُمْ تُشْبِهُونَ قُبُورًا مُبَيَّضَةً تَظْهَرُ مِنْ خَارِجٍ جَمِيلَةً، وَهِيَ مِنْ دَاخِل مَمْلُوءَةٌ عِظَامَ أَمْوَاتٍ وَكُلَّ نَجَاسَةٍ. هكَذَا أَنْتُمْ أَيْضًا: مِنْ خَارِجٍ تَظْهَرُونَ لِلنَّاسِ أَبْرَارًا، وَلكِنَّكُمْ مِنْ دَاخِل مَشْحُونُونَ رِيَاءً وَإِثْمًا." (مت ٢٣: ٢٧-٢٨).

قد يرى الدارس هنا معنى تأملي جميل قد لا ينطبق تماماً على حالة كنيسة ساردس، لكنه مفيد لنا جميعاً. يقول المفسر: لقد كان لكنيسة ساردس إسماً بارزاً ومشهوراً حتى أنها تفاخرت بذلك، ولقد كان هذا الإسم سبباً في دمارها إذ يقول الكتاب القدس: "إِذًا مَنْ يَظُنُّ أَنَّهُ قَائِمٌ، فَلْيَنْظُرْ أَنْ لاَ يَسْقُطَ." (١كو ١٠: ١٢). إن هذه الكنيسة المزدهرة شكلاً، والغير مضطهدة، بل تعيش في راحة واستمتاع بصلاحياتها وحقوقها وحب الجماهير لها وانجذاب وانتباه العالم إليها لم تنتبه إلى أن المظهر الخارجي لا يدل على الحقيقة الداخلية، وأن هذه القوة وروعة المكانة ليس لها قيمة في عيني الرب بالمقارنة مع روحانية القلب والحياة [٢].

السبب في أني قلت عن الفقرة السابقة أنها تأمل جيد قد لا ينطبق تماماً على حالة كنيسة ساردس هو أن الكتاب لم يقل عن كنيسة ساردس أنها كنيسة فاترة، بل قال أنها كنيسة ميتة، فهي تحمل اسم المسيحية، لكن لم تكن فيها مسيحية حقيقية. لقد كان ملاك الكنيسة مسيحياً حقيقياً، لكن أغلبية أعضائها كانوا يدعون المسيحية ولم يكن المسيح يعرفهم قط. يقول الكتاب المقدس عن مثل هؤلاء: " فَحِينَئِذٍ أُصَرِّحُ لَهُمْ: إِنِّي لَمْ أَعْرِفْكُمْ قَطُّ! اذْهَبُوا عَنِّي يَا فَاعِلِي الإِثْمِ!" (مت ٧: ٢٣). لقد كان هؤلاء المسيحيون بالإسم فقط يشبهون أيضاً أولئك الذين وصفهم المسيح بأنهم يقولون عن أنفسهم أنهم يهود وهم يكذبون (رؤ ٢: ٩؛ ٣: ٩).

لم يذكر الكتاب أنه كان هناك مُضطهِدون لهذه الكنيسة، كما لم يكن فيها جماعات مهرطقة مثل النيقولاويين، أو أنبياء كذبة مثل إيزابل، أو حتى تعاليم خاطئة مثل تعليم بلعام، لكن كان هناك ما هو أسوأ من كل ذلك، فالخمول الروحي وخدر المشاعر الروحية والبرودة والموت هي أشياء أكثر صعوبة من احتمال التعاليم الخاطئة. لقد كانت الكنيسة تعاني من أعراض العقم الروحي والعجز واحتضار الإيمان حتى أن الشيطان لم يحتاج أن يحاربها بأعداء داخليين أو خارجين على الإطلاق، أو قد نرى انه من المحتمل أيضاً أن يكون هذا الموت في ساردس هو نتيجة مباشرة لعدم وجود الأعداء الداخليين.

رؤ ٣: ٢ كُنْ سَاهِراً وَشَدِّدْ مَا بَقِيَ، الَّذِي هُوَ عَتِيدٌ أَنْ يَمُوتَ، لأَنِّي لَمْ أَجِدْ أَعْمَالَكَ كَامِلَةً أَمَامَ اللهِ.

كُنْ سَاهِراً: نلاحظ هنا أن الرب لم يقل لملاك الكنيسة "إسهر"، بل قال له "كن ساهراً"، فكلمة اسهر تدل على أنه كان صاحياً والرب يطلب منه أن يكمل صحوه ويسهر، أما حقيقة هذا الملاك فهي أنه كان نائماً، والفعل "كن" في الأصل اليوناني هنا يأتي بمعني "أصْبِح" (to become) [٣، ٣٤]. فالرب إذاً يقول لهذا الملاك اصح واسهر، وكلمة "ساهراً" هنا تأتي في اللغة اليونانية بمعنى حراسة شيء والانتباه إليه [٣٤، ٧٧].

إن المسيح يقول لملاك الكنيسة هنا أن الكنيسة ماتت بسبب غفلته ولا مبالاته، تماماً كما سبق وأن سقطت ساردس في يد الأعداء مرتين لنفس السبب، وهي المدينة التي كان يُضرَب بها المثل أنه من المستحيل الاستيلاء عليها. فعليه الآن أن يصحو وينتبه إلى الكنيسة ويشدد ما بقي فيها.

وَشَدِّدْ مَا بَقِيَ، الَّذِي هُوَ عَتِيدٌ أَنْ يَمُوتَ: السؤال الذي يطرح نفسه هنا هو: ما هو هذا الذي بقي وعتيد أن يموت؟
إن كلمة شَدِّدْ في اللغة اليونانية تأتي في معظم الأوقات للدلالة على تشديد أو تثبيت أشخاص، لكنها تأتي أيضاً في بعض الآيات للدلالة على تثبيت أشياء مثل: "وَفَوْقَ هَذَا كُلِّهِ بَيْنَنَا وَبَيْنَكُمْ هُوَّةٌ عَظِيمَةٌ قَدْ أُثْبِتَتْ" (لو ١٦: ٢٦)، وأيضاً: "وَحِينَ تَمَّتِ الأَيَّامُ لاِرْتِفَاعِهِ ثَبَّتَ وَجْهَهُ لِيَنْطَلِقَ إِلَى أُورُشَلِيمَ" (لو ٩: ٥١)، كما أن مصطلح "ما بقي" يأتي في اللغة اليونانية - كما في العربية - كإسم محايد لا يدل على إنسان، فهو لا يتكلم هنا عن أعضاء الكنيسة المؤمنين الباقين فيها، وهذا أمر منطقي لأن هؤلاء الأحياء روحياً لا يمكن أن يموتوا روحياً لأن الله بنفسه هو من يعطيهم الحياة ويحفظهم. لقد قال الرب يسوع: "خِرَافِي تَسْمَعُ صَوْتِي، وَأَنَا أَعْرِفُهَا فَتَتْبَعُنِي. وَأَنَا أُعْطِيهَا حَيَاةً أَبَدِيَّةً، وَلَنْ تَهْلِكَ إِلَى الأَبَدِ، وَلاَ يَخْطَفُهَا أَحَدٌ مِنْ يَدِي. أَبِي الَّذِي أَعْطَانِي إِيَّاهَا هُوَ أَعْظَمُ مِنَ الْكُلِّ، وَلاَ يَقْدِرُ أَحَدٌ أَنْ يَخْطَفَ مِنْ يَدِ أَبِي. أَنَا وَالآبُ وَاحِدٌ." (يو ١٠: ٢٧-٣٠).
كذلك لا يمكن أن يكون المسيح هنا يتكلم عن عطايا النعمة (التبرير والإيمان والمواهب إلخ.) لأن تلك العطايا ليست من صنع الإنسان ولا يفعل الإنسان شيئاً ليستحقها من الله، بل هي عطايا مجانية من الله دفع المسيح ثمنها في عمله الفدائي على الصليب، لذلك فلا يمكن أن يطلب الله من إنسان أن يُشَدِّدْ عطايا النعمة، كذلك فإن هذه العطايا لا تموت إذ يقول الكتاب المقدس: "لأَنَّ هِبَاتِ اللهِ وَدَعْوَتَهُ هِيَ بِلاَ نَدَامَةٍ." (رو ١١: ٢٩)، فالله لا يندم ولا يتراجع عن عطايا النعمة التي يهبها للمؤمنين. يقول الكتاب أيضاً: "...وَلكِنْ حَيْثُ كَثُرَتِ الْخَطِيَّةُ ازْدَادَتِ النِّعْمَةُ جِدًّا" (رو ٥: ٢٠)، فكلما زاد الظلام في العالم، ازدادت النعمة للإنسان لتفتديه من سلطان الخطيئة. لذلك لا يمكننا تفسير هذا الجزء على أنه يتكلم عن عطايا النعمة.
هناك تفسير آخر منطقي وكتابي لهذا الجزء، وهو أن الرب هنا يتكلم عن حق الإنجيل الذي تاه في هذه الكنيسة ولم يعد أحد يتكلم عنه، ونحن نرى اليوم الكثير من الكنائس التي تعايشت مع العالم فأنكرت أن المسيح "هُوَ الطَّرِيقُ وَالْحَقُّ وَالْحَيَاةُ"، فهو بحسب هذه الكنائس أحد الطرق، وهو الحق بالنسبة للمسيحيين فقط، وهم ينكرون أن المسيح هو السبيل الوحيد للحياة الأبدية مع أن الرب قد صَرَّح بوضوح قائلاً: "لَيْسَ أَحَدٌ يَأْتِي إِلَى الآبِ إِلاَّ بِي" (يو ١٤: ٦). لقد قررت هذه الكنائس أن تندمج مع العالم وتتصالح معه لكي تعيش في سلام ولا تتعرض للاضطهاد، فالعالم دائماً ما يقبل الكنائس التي لا تدينه على خطاياه ولا تعلن أن

المسيح هو الطريق الوحيد للحياة الأبدية، ولا تكرز بالتوبة وقبول المسيح. وبدلاً من الكرازة، تحاول هذه الكنائس أن تجذب الكثيرين إليها وتحتويهم بأن تتجاهل الحقائق الأساسية التي يتكلم عنها الكتاب المقدس وبالأخص حقائق التوبة والخطيئة والدينونة الأبدية والسلوك بالحق وحتمية الكرازة والتواضع إلخ.، وبدلاً من ذلك يتكلمون فقط عن النعمة، والصلاح ومحبة الله، وقبول الآخر، وتعليم الغِنى والصحة (إنجيل الرخاء)، ومعظمها تعاليم جيدة إن لم تكن تُعَلَّم بطريقة متطرفة؛ وحين تأخذ مثل هذه الكنائس جانباً واحداً من حق الإنجيل، فإنهم يجتذبون إليهم أولئك الخطاة الذين لا يريدون أن يتوبوا كما يقول الكتاب: "لأَنَّهُ سَيَكُونُ وَقْتٌ لاَ يَحْتَمِلُونَ فِيهِ التَّعْلِيمَ الصَّحِيحَ، بَلْ حَسَبَ شَهَوَاتِهِمُ الْخَاصَّةِ يَجْمَعُونَ لَهُمْ مُعَلِّمِينَ مُسْتَحِكَّةً مَسَامِعُهُمْ، فَيَصْرِفُونَ مَسَامِعَهُمْ عَنِ الْحَقِّ، وَيَنْحَرِفُونَ إِلَى الْخُرَافَاتِ." (٢تي ٤: ٣-٤)، وهذا هو على الأرجح ما جعل كنيسة ساردس تصل إلى تلك الحالة الرديئة.

كذلك أيضاً نرى في قول الرب "مَا بَقِيَ" أن الكنيسة لم تكن على هذه الحالة منذ البداية، فلقد كان فيها الكثير من الحق والنور حتى نام ملاكها ولم يعد يحرسها، فمات الحق فيها وتغير تركيب أعضائها، فبدلاً من أن يكون هناك الكثير من الأعضاء المؤمنين الذين يخدمون ويكرزون للخطاة، أصبحت الكنيسة تضم الكثير من الأعضاء الخطاة بالإضافة إلى "أَسْمَاءٌ قَلِيلَةٌ ... لَمْ يُنَجِّسُوا ثِيَابَهُمْ" (رؤ ٣: ٤). لقد كان ملاك الكنيسة هو المسؤول الأول والأساسي عن هذا الانحدار بسبب نومه.

أيضاً إذا قرأنا قول الرب "الَّذِي هُوَ عَتِيدٌ أَنْ يَمُوتَ" في الأصل اليوناني نجده لا يتكلم عن شيء سيحدث في المستقبل، بل عن شيء يحدث الآن في هذه اللحظة. بمعنى آخر يمكن ترجمة هذا الجزء: "الذي يحتضر"، فموت الحق الكتابي في الكنائس لا يأخذ وقتاً طويلاً.

هناك أيضاً تفسير آخر مقبول لهذا الجزء، وهو أنه يتكلم عن أعمالهم التي لم تكن كاملة أمام الله، فالأعمال المقبولة تأتي كنتيجة لإيمان القلب، ولأن هذه الكنيسة كانت ميتة في عيني الله، أي أن الأغلبية الساحقة من أعضائها ليسوا مؤمنين، فأعمالهم مهما كانت صالحة فهي غير مقبولة وتُسَمَّى في الكتاب: أعمال ميتة (عب ٦: ١). والأعمال هنا عتيدة أن تموت لأنه مازال هناك بعض المؤمنين الذين يعملون أعمالاً مقبولة أمام الله، لكن هؤلاء المؤمنين عددهم آخذ في التناقص، وأمانتهم قد تكون قد بدأت تقل.

إن هذه الأعمال قد تتضمن أيضاً أعمال الكرازة، فهؤلاء الذين يدَّعون الإيمان ويخجلون من ذكر اسم المسيح أمام الناس، أو يخجلون من الشهادة بأنهم مسيحيون أو الكرازة باسم مخلصهم، هؤلاء لا يمكن اعتبارهم مؤمنين حقيقيين، فالمسيح بنفسه يقول أنه سينكرهم أمام أبيه وأمام ملائكته (مت ١٠: ٣٢-٣٣؛ لو

١٢: ٨-٩). إن هذه الحالة المذرية لأعضاء الكنيسة هي أيضاً مسؤولية ملاك الكنيسة الذي كان نائماً كما سبق وأوضحنا.

لأَنِّي لَمْ أَجِدْ أَعْمَالَكَ كَامِلَةً أَمَامَ اللهِ: لقد كانوا يقومون بأعمال ونشاطات كنسية كثيرة، لكن أياً منها لم يكن له أية قيمة في نظر الله، ببساطة لأنها تأتي من أشخاص ميتين روحياً أي مسيحيين بالإسم أو بالعقيدة فقط وليس بإيمان القلب الذي يظهر في أعمال البر.
يُشَبِّه الكتاب المقدس المؤمنين بالشجرة الجيدة والخطاة (الأموات روحياً) بالشجرة الردية إذ يقول: "مِنْ ثِمَارِهِمْ تَعْرِفُونَهُمْ. هَلْ يَجْتَنُونَ مِنَ الشَّوْكِ عِنَبًا، أَوْ مِنَ الْحَسَكِ تِينًا؟ هكَذَا كُلُّ شَجَرَةٍ جَيِّدَةٍ تَصْنَعُ أَثْمَارًا جَيِّدَةً، وَأَمَّا الشَّجَرَةُ الرَّدِيَّةُ فَتَصْنَعُ أَثْمَارًا رَدِيَّةً، لاَ تَقْدِرُ شَجَرَةٌ جَيِّدَةٌ أَنْ تَصْنَعَ أَثْمَارًا رَدِيَّةً، وَلاَ شَجَرَةٌ رَدِيَّةٌ أَنْ تَصْنَعَ أَثْمَارًا جَيِّدَةً. كُلُّ شَجَرَةٍ لاَ تَصْنَعُ ثَمَرًا جَيِّدًا تُقْطَعُ وَتُلْقَى فِي النَّارِ. فَإِذًا مِنْ ثِمَارِهِمْ تَعْرِفُونَهُمْ. لَيْسَ كُلُّ مَنْ يَقُولُ لِي: يَا رَبُّ، يَا رَبُّ! يَدْخُلُ مَلَكُوتَ السَّمَاوَاتِ. بَلِ الَّذِي يَفْعَلُ إِرَادَةَ أَبِي الَّذِي فِي السَّمَاوَاتِ. كَثِيرُونَ سَيَقُولُونَ لِي فِي ذلِكَ الْيَوْمِ: يَا رَبُّ، يَا رَبُّ! أَلَيْسَ بِاسْمِكَ تَنَبَّأْنَا، وَبِاسْمِكَ أَخْرَجْنَا شَيَاطِينَ، وَبِاسْمِكَ صَنَعْنَا قُوَّاتٍ كَثِيرَةً؟ فَحِينَئِذٍ أُصَرِّحُ لَهُمْ: إِنِّي لَمْ أَعْرِفْكُمْ قَطُّ! اذْهَبُوا عَنِّي يَا فَاعِلِي الإِثْمِ!" (مت ٧: ١٦-٢٣). إن هؤلاء الأموات الذين يدعون بأنهم يتبعون المسيح، ويقومون بخدمات كثيرة في الكنيسة، بل ويَظهرون للناس بأنهم أشخاص روحيين يتكلمون بكلام الله (يتنبأون) ويعملون أشياء خارقة (يخرجون شياطين ويصنعون قوات)، هؤلاء الأشخاص الأموات يقول عنهم الرب أنهم "فاعلي الإثم"، كما يقول أيضاً أنه لم يعرفهم قط، فهم لم يكونوا يوماً من خاصة المسيح.
إذاً فثمر الشجرة الذي يقصده الكتاب هنا ليس الخدمة الكنسية والأعمال التي تظهر للناس أنها حسنة، بل هي فعل إرادة الآب. وإرادة الآب كما يقول الكتاب هي:

- القداسة (١تس ٤: ٣).
- فعل وصايا الكتاب (مز ٤٠: ٨).
- قراءة الكتاب المقدس ودراسته (يو ٧: ١٧).
- إتباع الرب بكل القلب (مت ١٢: ٤٨-٥٠).
- السلوك بالتدقيق وعدم الاشتراك في أعمال الظلمة وافتداء الوقت (أف ٥: ١١-١٨).
- والسلوك بالحق في كل رضى، والإثمار في الأعمال الصالحة، والنمو في معرفة الله، والصبر وطول الأناة بفرح وشكر الله (كو ١: ٩-١٢)، (عب ١٣: ٢١).
- عمل مشيئة الآب وتتميم عمله (يو ٤: ٣٤؛ ٦: ٣٨-٤٠) حتى لو كانت مشيئته مؤلمة أو كان جسدي يريد شيئاً آخر (لو ٢٢: ٤٢).

ولكي يفعل الإنسان إرادة الآب يجب عليه أن يكون في تواصل مستمر معه ليعرف مشيئته. لقد كان الرب يسوع يقضي الليل في الصلاة (لو ٦: ١٢) قبل أن يخدم ويفعل إرادة الآب (لو ٦: ١٣). إن أي خدمة أو عمل ناجح وقَيِّمْ في عيني الله يبدأ دائماً بالصلاة وليس بالتخطيط الجيد.

لقد كانت كنيسة ساردس منشغلة بنشاطات كثيرة وأعمال كانت الكنيسة تراها أنها عظيمة، وكان للكنيسة اسماً بين باقي الكنائس، بل وربما كان لها اسماً وصيتاً حسناً في المدينة، وبها الكثير من الحضور والأعضاء، وخدامها مشهورين، لكن الرب يراها كنيسة ميتة وأعمالها بلا قيمة.

رؤ ٣: ٣ فَاذْكُرْ كَيْفَ أَخَذْتَ وَسَمِعْتَ وَاحْفَظْ وَتُبْ، فَإِنِّي إِنْ لَمْ تَسْهَرْ أُقْدِمْ عَلَيْكَ كَلِصٍّ، وَلاَ تَعْلَمُ أَيَّةَ سَاعَةٍ أُقْدِمُ عَلَيْكَ.

فَاذْكُرْ كَيْفَ أَخَذْتَ وَسَمِعْتَ وَاحْفَظْ وَتُبْ: هذا هو الحل الذي يضعه المسيح لهذه الكنيسة لتتغير حالتها، وهو مكون من ثلاثة مراحل: أذكر، واحفظ، وتب.

١- أذكر كيف أخذت وسمعت

أذكر كيف كنت فرحاً وغيوراً للكلمة المقدسة حين بُشِّرتَ بها. فكما ذكَّر الرب كنيسة أفسس بما جعلهم يسقطون، فإنه يُذَكِّر كنيسة ساردس بالغيرة والفرح الأولين والقلب المستعد الذي استقبلوا به الكلمة.

هذه الآية تترجم أيضاً في معظم الترجمات الحديثة كالتالي: "أذكر ما سمعت وأخذت". إن استبدال كلمة "كيف" بكلمة "ما" هنا يضيف معنىً جديداً تماماً للآية، ومع أن هذا الاستبدال غير دقيق تماماً في اللغة اليونانية، إلا أنه مقبولاً تماماً عند عدد من المفسرين الكبار للكتاب المقدس الذين كتبوا كتب تفسير معاصرة. المعنى هنا ينطبق مع التفسير الذي سبق وقدمناه لمعنى "وَشَدِّدْ مَا بَقِيَ" في الآية السابقة، بل ويكمله متكلماً عن التعليم الصحيح، حتى أن الترجمة العربية المبسطة كتبت الآية كالتالي: "لِذَا تَذَكَّرِ التَّعَالِيمَ الَّتِي تَلَقَّيْتَهَا وَسَمِعْتَهَا". لقد كان ملاك هذه الكنيسة والبقية الأمينة فيها في احتياج للرجوع لحق كلمة الله ولأن يتذكروا الإنجيل وتعليم الرسل، إذ أنه في وقت كتابة هذه الرسالة لكنيسة ساردس كان معظم العهد الجديد قد كُتِب، وكانت رسائل بولس منتشرة في الكنائس كما شهد الرسول بطرس: "وَاحْسِبُوا أَنَاةَ رَبِّنَا خَلاَصًا، كَمَا كَتَبَ إِلَيْكُمْ أَخُونَا الْحَبِيبُ بُولُسُ أَيْضًا بِحَسَبِ الْحِكْمَةِ الْمُعْطَاةِ لَهُ، كَمَا فِي الرَّسَائِلِ كُلِّهَا أَيْضًا، مُتَكَلِّمًا فِيهَا عَنْ هذِهِ الأُمُورِ..." (٢بط ٣: ١٥-١٦).

٢- احفظ
بعد أن تذكروا ما أخذوه وسمعوه وكيف أخذوه وسمعوه، كانوا في احتياج لأن يفعلوا الأمر الذي غفلوا عنه سابقاً، وهو أن يحفظوا الوديعة (قارن مع: ١تي ٦: ٢٠)، والفعل "احفظ" في الأصل اليوناني يأتي بمعنى أن يحفظوا طول الوقت بلا توقف، فحفظ الوديعة أمر يقاومه الشرير بشدة.
لقد كانت الكنيسة في احتياج إلى أن تقوم بتثبيت أساس عقائدي قوي (تعليم كتابي صحيح) ليساعدهم كأساس لتصحيح حالة الكنيسة، لكن هذا الأساس العقائدي لن يغير شيئاً في واقع هذه الكنيسة إن لم تطيع الكنيسة جميع وصايا الرب لها وتفعل الخطوة الأخيرة وهي التوبة.

٣- تُبْ
إن التوبة الحقيقية ليست هي الندم والحزن على الإطلاق، مع أنها بلا شك تحتويهما كليهما، فما يطلبه الرب هنا هو أن يعترفوا بخطاياهم ويرجعوا عنها مرة وإلى الأبد. إن انتقاء التعليم الكتابي الذي يستحسنه الناس واستخدام آيات المحبة والقبول في غير موضعها والتغاضي عن الخطايا المختلفة المنتشرة في الكنيسة وعدم التعليم عن النقاوة والتأديب والخضوع والعطاء وبذل الذات والدينونة الأبدية، بل وإنكار المسيح أمام الناس إلخ. لا يجب أن يستمر بأي شكل من الأشكال.
حين تتبع الكنيسة جميع أوامر الرب لها، فإنها لابد وأن تحدث فيها نهضة حقيقية، والمقصود بالنهضة هنا ليس ازدياد عدد الحضور، بل إن هذا الجمهور الكبير من الأعضاء غير المؤمنين (الذي يهوى الاستماع إلى العظات التشجيعية فقط، وهي عظات لا توبخ أحداً على خطاياه ولا تَحُث أحداً على الشهادة لمن حوله عن خلاص يسوع) سيبدأ حتماً إما في مغادرة الكنيسة أو في مقاومة ملاكها ومحاولة إسكاته، وبذلك ستبدأ المشاكل وسينخفض عدد الحضور وستبدو هذه الكنيسة للعالم وكأنها تنهار، لكن الرب سوف يرى العكس تماماً (كما كان يرى عكس ما يراه العالم عن الكنيسة حين كانت ميتة في عينيه)، فهو سيبكت قلوب الكثيرين ويخلصهم ويردهم عن خطاياهم، كما أنه سوف يملأهم بالروح القدس ويرسلهم جميعاً للعالم الذي حولهم ليكونوا أداة نافعة في يده ليُخَلِص بهم الآخرين، وهذه هي النهضة الحقيقية.

فَإِنِّي إِنْ لَمْ تَسْهَرْ: إن الفاء في "فَإِنِّي" تربط هذا التحذير الشديد الذي يعطيه الرب لكنيسة ساردس بالجزء الأول من الآية، فالمقصود هنا هو: إن لم تفعل كل ما أمرتك به من استيقاظ وتشديد وتذكر وحفظ وتوبة، فسأقدم عليك كلص. ومن ذلك نفهم أن قدوم الرب كلص هنا لا يُقصد به مجيئه الثاني لأن المجيء الثاني غير مرتبط بحالة الكنيسة، ولكنه يَقصِد به مجيئه لتنفيذ حكمه على هذه الكنيسة.

أُقْدِمُ عَلَيْكَ كَلِصٍّ، وَلاَ تَعْلَمُ أَيَّةَ سَاعَةٍ أُقْدِمُ عَلَيْكَ: نفهم هذا التهديد الذي يقوله المسيح بطريقتين:

أولاً: المعنى المباشر والأساسي للتهديد هو أنه رسالة مباشرة لكنيسة ساردس التي كانت تعيش في القرن الأول الميلادي حين كتب يوحنا الرسول سفر الرؤيا، والمسيح هنا لم يكن يكلمهم عن مجيئه في نهاية الأيام، بل عن القضاء الذي سيأتي به على كنيستهم إن لم يتوبوا، ولقد كان أهل ساردس يفهمون هذا التهديد جيداً إذ تم الاستيلاء على مدينتهم الحصينة مرتين أثناء الليل بسبب إهمالهم لحراسة الجرف الصخري الذي يحيط بالمدينة ظانين أن جيوش الأعداء لا يمكنها تسلقه. نفهم من هذا المعنى أن الرب يهددهم بأنه آتٍ لينهي على هذه الكنيسة، وكاللص سيسرق كل ما تبقى عندها من أشياء ثمينة بالنسبة لهم.

ثانياً: المعنى التأملي الذي ينطبق علينا اليوم، إذ يمكننا أن نرى في هذا التهديد رسالة لكل الخطاة الذين يَدَّعون الإيمان دون أن يكونوا مؤمنين حقيقيين ولكل كنيسة نائمة مثل كنيسة ساردس في كل العصور، ومفاد الرسالة هو ان الرب مازال يبسط يديه وينادي على أولئك طالباً أن يُخَلِّص نفوسهم وينجيهم بدليل أنه اهتم أن يرسل لهم بهذه الرسالة ويحذرهم، ولكنه لن يتمهل إلى الأبد، فإن لم يتوبوا فإنه سيأتي إليهم كما يأتي اللص في ساعة من الليل لا يعلمها صاحب البيت النائم ويسلب منه أمانه الزائف وممتلكاته التي اتكل عليها بدلاً من الرب، وستكون نهاية هذه الكنيسة أو الشخص هي الضيق في الأرض والدينونة الأبدية في النهاية.

ثالثاً: الرأي التاريخي الذي يرى أصحابه أن هذا التحذير هو نبوة عن المرحلة التاريخية التي تمثلها كنيسة ساردس، فإذا تتبعنا حالة المؤمنين في الكنائس من أول كنيسة نجد أن كنيسة أفسس كانت مليئة بالمؤمنين، لكن كان ينقصها المحبة، ثم أتت كنيسة سميرنا المضطهدة، وبعد أن انتهى الاضطهاد الروماني جاءت كنيسة برغامس حين جعل قسطنطين المسيحية الدين الرسمي للإمبراطورية الرومانية، وفي هذه الكنيسة رأينا قوماً متمسكين بتعاليم بلعام وتعليم النيقولاويين، ثم جاءت كنيسة ثياتيرا ورأينا المرأة إيزابل التي فَسَّرها هذا الرأي بالباباوية التي تسلطت على سياسات أوروبا، ورأينا أن الرب يتكلم عن الباقين الذين ليس لهم هذا التعليم، وها نحن الآن نأتي إلى كنيسة ساردس التي تتكلم عن حال الكنيسة عامة بعد بدء حركة الإصلاح سنة ١٥١٧ والتي انطفأت سريعاً وتحولت هي الأخرى إلى حركة سياسية سُمِّيَت بالحركة البروتستانتية والتي تعني "الاعتراض"، وانطفأ وهج النهضة حتى أنه حين ولد جون ويسلي سنة ١٧٠٣ كانت معظم الكنائس التي أسسها المصلحون الأولون باردة وميتة وشكلية

لا تفرق شيئاً عن الكنيسة الكاثوليكية التي اعترضوا عليها، لكن الرب أبقى لنفسه "أَسْمَاءٌ قَلِيلَةٌ فِي سَارْدِسَ لَمْ يُنَجِّسُوا ثِيَابَهُمْ" من أمثال جون ويسلي، وجون كالفن، وأولريتش زوينجلي وغيرهم.
وفي سنة ١٧٩٨ دخلت جيوش نابليون بونابارت بقيادة لويس بيرثيير (Louis Berthier) روما بدون مقاومة واعتقلت البابا بيوس السادس (Pius VI) وأخذته إلى فرنسا حيث مات سنة ١٧٩٩، ثم اعتقل نابليون البابا بيوس السابع (Pius VII) سنة ١٨٠٩ (الذي جاء خلفاً لبيوس السادس سنة ١٧٩٩) حتى انهزم نابليون سنة ١٨١٣ وعاد البابا إلى روما. ما حدث مع هؤلاء الباباوات هَزَّ مركز روما وسلطتها على أوروبا وأنهى تلك العصور المظلمة التي ولَّت.

رؤ ٣: ٤ عِنْدَكَ أَسْمَاءٌ قَلِيلَةٌ فِي سَارْدِسَ لَمْ يُنَجِّسُوا ثِيَابَهُمْ، فَسَيَمْشُونَ مَعِي فِي ثِيَابٍ بِيضٍ لأَنَّهُمْ مُسْتَحِقُّونَ.

عِنْدَكَ أَسْمَاءٌ قَلِيلَةٌ فِي سَارْدِسَ: لا يمكن أن يفوت علينا هنا المقارنة بين "لك إسم" و "عندك أسماء قليلة"، فهؤلاء القليلين كانت لهم أسماء هم أيضاً، لكن هذه الأسماء كانت مميزة ومهمة بالنسبة للرب نفسه حتى وإن لم يكونوا مشهورين بالنسبة للعالم أو للكنيسة. يقول الكتاب المقدس: "لأَنَّ اللهَ لَيْسَ بِظَالِمٍ حَتَّى يَنْسَى عَمَلَكُمْ وَتَعَبَ الْمَحَبَّةِ الَّتِي أَظْهَرْتُمُوهَا نَحْوَ اسْمِهِ، إِذْ قَدْ خَدَمْتُمُ الْقِدِّيسِينَ وَتَخْدِمُونَهُمْ." (عب ٦: ١٠)، لكن هذه الأسماء كانت حقاً قليلة حتى أنها لم تكن كافية لتغير رأي الرب في هذه الكنيسة أنها ميتة، تماماً كما كان وجود لوط البار وحده غير كاف لأن يعفو الرب عن مدينتي سدوم وعمورة (تك ١٨).

لَمْ يُنَجِّسُوا ثِيَابَهُمْ: كلمة ينجسوا في اليونانية هي "molunō"،وهي تعني "يصبغ"، أو "يلوث"، أو "يُبَقِّع\يلطخ"، ولقد كان سكان ساردس يفهمون هذه الكلمة جيداً لأن احدى الصناعات الرئيسية في المدينة كانت هي صباغة الصوف.
أما الثياب فهي تعبر عن الحياة المسيحية التي حفظها هؤلاء من أن تصطبغ أو تتلون أو حتى تتلطخ بصبغات العالم والعبادات الوثنية المحيطة بهم. لقد قال الكتاب المقدس عن مثل هؤلاء: "وَخَلِّصُوا الْبَعْضَ بِالْخَوْفِ، مُخْتَطِفِينَ مِنَ النَّارِ، مُبْغِضِينَ حَتَّى الثَّوْبَ الْمُدَنَّسَ مِنَ الْجَسَدِ." (يهوذا ٢٣). وفي سياق باقي الرسالة يمكننا أن نفهم أن هؤلاء قد حافظوا على التعليم الذي أخذوه، لكنهم لم يقفوا عند ذلك بل عاشوا هذا التعليم وعَلَّموه أيضاً وصاروا شهادة حية عن يسوع المسيح بكلامهم وأعمالهم. لقد كان هؤلاء أكثر أمانة أمام الله من ملاك الكنيسة الذي كان من المفترض أن يكون قدوة للجميع في كل شيء، ويطيع وصية بولس

لتيموثاوس: "لاَ يَسْتَهِنْ أَحَدٌ بِحَدَاثَتِكَ، بَلْ كُنْ قُدْوَةً لِلْمُؤْمِنِينَ فِي الْكَلاَمِ، فِي التَّصَرُّفِ، فِي الْمَحَبَّةِ، فِي الرُّوحِ، فِي الإِيمَانِ، فِي الطَّهَارَةِ." (١تي ٤: ١٢)، ومع أنهم كانوا أكثر أمانة، إلا أن الرب لم يخترهم هم ليأخذوا مكان ملاك الكنيسة، بل أبقى عليه في مسؤوليته، وهم بدورهم لم يتمردوا عليه ويحاولوا أن يزيحوه من مكانه، ولم يتركوا الكنيسة لكي يبدأوا كنيسة أخرى مع إخوتهم الأمناء، بل فقط عاشوا بأمانة وتكلموا وكرزوا. لقد اتبع هؤلاء قول المسيح: "اتْبَعْنِي أَنْتَ!" (يو ٢١: ٢٢)، فلم يلتفتوا إلى ما يفعله الآخرون أو يحاولوا أن يأخذوا دوراً لم يأتمنهم الرب عليه، بل وضعوا المسيح صوب أعينهم وتبعوه بأمانة بغض النظر عما يحدث حولهم، لذلك فلقد وعدهم الرب بمكافأة ثلاثية كما سنرى لاحقاً.

نرى اليوم عزيزي القارئ الكثير من القادة الروحيين والخدام الرائعين يتركون كنائسهم ويبداوا خدمات جديدة بعيداً عن القيادة أو الرعية التي أتعبتهم أو جرحت مشاعرهم، لكن الرب قد لا يريد من هؤلاء أن يتركوا كنائسهم ولا أن يبدأوا خدمات جديدة، بل يبقوا حيث هم ويكملوا خدمتهم طائعين للرب. لقد تألم كلا من كالب ويشوع الأمناء بسبب عدم طاعة بقية الشعب ولم يدخلا أرض الموعد بل بقيا في البرية مع الشعب لمدة أربعين سنة، ومع أنهما لم يخطئا إلا أنهما تجرعا تأديب الرب لإخوتهم الذين أخطأوا. وتخيل معي لو أن كالب ويشوع قررا في هذه اللحظة أنهما لا يريدان أن يكملا المسير في البرية مع بقية الشعب إذ أن لهما الحق في الدخول إلى أرض الموعد، فأخذا نسائهم وأولادهم وممتلكاتهم وتركوا الشعب وذهبوا ليعيشوا في أرض الموعد وحدهم. ماذا كان سيحدث لهما؟ أعتقد أن مصيرهما كان إما الموت على يد سكان الأرض، وإما مصير لوط الذي فقد كل أسرته بسبب انفصاله عن ابراهيم ومعاشرته لأناس أشرار في سدوم. لكن كالب ويشوع لم يفعلا هذا بل بقيا مع الشعب وقبلا الألم والبرية مع إخوتهم المتمردين، فصنع الرب منهما قادة عظام أدخلوا الشعب أرض الميعاد بعد سنين طويلة.

إن أهم ما يجب أن يفعله التلميذ الأمين الذي يتألم من إخوته هو أن لا يسرع بترك مكانه وكنيسته ليستريح ويبتعد عن الألم، بل أن يسكب نفسه أمام الرب وأن لا يترك مكانه إلا إذا قاده الرب بوضوح لا يقبل الشك لأن يفعل ذلك، فالرب قد يريدك أن تتألم بالرغم من أنك لم تخطئ لكي يعلمك أمور هامة مثل الغفران، والصبر المسيحي (الذي سبق وقمنا بشرحه في تفسير الرسالة إلى كنيسة سميرنا)، واحتمال إخوتك الضعفاء، والصلاة لأجلهم، والتضحية بحقوقك لتربح إخوتك، إلخ. كما أن الرب قد يبقيك في مكانك لأنه يعرف أن إخوتك سيتغيرون في المستقبل ويصنعوا مشيئته.

فَسَيَمْشُونَ مَعِي فِي ثِيَابٍ بِيضٍ: في البداية سأشرح معاني عامة للثياب البيض، لكن المعنى الأساسي الذي قصده الرب سيتضح في نهاية الآية بعد الدراسة المدققة.

طبقاً للميشناه (Mishnah)، وهو كتاب يهودي يحتوي على تعاليم الحاخامات القدامى المنقولة شفهياً، وهو يُعْتَبَر أحد أسس التقليد اليهودي، فإن السانهدرين (Sanhedrin) وهو مجلس حاخامات، كان يمتحن الكاهن قبل أن يبدأ خدمته، فإن وجد فيه عيباً كان يُعطَى ثياباً سوداء ويُمنَع من الخدمة، أما من لم يوجد فيه عيب، فقد كان يلبس ثياباً بيضاء ويخدم.

وفي الإمبراطورية الرومانية كان حُرَّاس الهياكل الوثنية يمتحنون ثياب الداخلين، فإن وجدوها ملطخة أو غير نظيفة، كانوا يمنعون صاحبها من الدخول إلى الاحتفال الوثني.

لقد وعد الرب الأمناء بأنهم كما حفظوا حياتهم من دنس العالم، فإنه سَيُلبِسَهم هم أيضاً ثياباً بيضاً. والثياب البيض كان الناس أيضاً يلبسونها في المناسبات العامة كالأفراح، فالرب هنا سيأتيهم كالعريس للعروس، وليس كما سيأتي لباقي هذه الكنيسة كلص في الليل. والعهد الجديد يذكر الثياب البيض مرات كثيرة أخرى، فنفس الكلمة اليونانية استخدمها الكتاب المقدس ليصف ثياب الرب في معجزة التجلي (مت ١٧: ٢ و مر ٩: ٣)، والأربع والعشرون شيخاً الذين في السماء متسربلين بثياب بيض (رؤ ٤: ٤)، كما أننا نرى في سفر الرؤيا ان الرب سيعطي ثياباً بيض للأمناء في السماء (رؤ ٦: ١١؛ ٧: ٩، ١٣)، وللعروس التي هي الكنيسة (رؤ ١٩: ٨)، كما أن أجناد السماء يلبسونها أيضاً (رؤ ١٩: ١٤).

مع أن هذا الجزء من الآية يبدأ بفعل يشير إلى المستقبل، إلا أن هذا لا يعني أن المسير مع الرب والثياب البيض لن يحصل عليها الأمناء إلا في السماء. فإذا قارن الدارس الثياب البيض هنا مع ما يقوله الرب عنها لاحقاً لكنيسة اللاودكيين: "أُشِيرُ عَلَيْكَ أَنْ تَشْتَرِيَ مِنِّي ذَهَباً مُصَفًّى بِالنَّارِ لِكَيْ تَسْتَغْنِيَ، وَثِيَاباً بِيضاً لِكَيْ تَلْبَسَ، فَلاَ يَظْهَرُ خِزْيُ عُرْيَتِكَ." (رؤ ٣: ١٨)، فإنه - أي الدارس - يدرك أن هذه الثياب البيض يحصل عليها الأمناء الآن على الأرض في الزمان الحاضر أيضاً.

أما أنهم سيمشون مع الرب، فهذا يتكلم عن الشركة الدائمة، فكما كان الله يمشي في الجنة ويتكلم مع آدم قبل أن يخطئ (تك ٣: ٨-١١)، فإنه سيمشي أيضاً مع الأمناء الذين اختاروا أن يقاوموا تيار العالم ويسيروا مع إلههم في حياتهم على الأرض. إن هذا المسير مع الأمناء في الزمان الحاضر هو ما سيجعلهم قادرين على مواصلة الصراع مع العالم ومع الكنيسة الميتة التي تقاومهم وتستهزئ بأمانتهم (قارن مع: مت ١٠: ٣٦).

لأَنَّهُمْ مُسْتَحِقُّونَ: هناك وجهين للاستحقاق يجب علينا إدراكهما لنفهم المقصود من الثياب البيض التي أعطاها الرب للذين لم يدنسوا ثيابهم وهما: استحقاق عطايا النعمة، و استحقاق المكافآت.

أولاً: استحقاق عطايا النعمة

إن الأمناء في كنيسة ساردس وأي مؤمن آخر لا يستحقون التبرير أو أي من عطايا النعمة الأخرى بسبب أعمالهم الحسنة أو أمانتهم، بل بسبب نعمة الله. يقول الكتاب المقدس: "فَقَالَ لِي: هؤُلاَءِ هُمُ الَّذِينَ أَتُوا مِنَ الضِّيقَةِ الْعَظِيمَةِ، وَقَدْ غَسَّلُوا ثِيَابَهُمْ وَبَيَّضُوهَا فِي دَمِ الْحَمَلِ." (رؤ ٧: ١٤). إن ما يبيض ثياب هؤلاء الذين تكلم عنهم في (رؤ ٧: ١٤) ليس أعمالهم الصالحة بل دم الحمل. والله يجزل هذه العطايا - أي عطايا النعمة - لأولاده بكل حكمة وفطنة (أف ٢: ٧-٨) ليس لاستحقاقهم الشخصي لكن لاستحقاق المسيح الذي فدانا على خشبة الصليب. يقول الكتاب المقدس: "وَلكِنْ لِكُلِّ وَاحِدٍ مِنَّا أُعْطِيَتِ النِّعْمَةُ حَسَبَ قِيَاسِ هِبَةِ الْمَسِيحِ. لِذلِكَ يَقُولُ: إِذْ صَعِدَ إِلَى الْعَلاَءِ سَبَى سَبْيًا وَأَعْطَى النَّاسَ عَطَايَا." (أف ٤: ٧-٨).

والنعمة التي لا يستحقونها في الآية محل الدراسة ليست في إعطاء الأمناء الثياب البيض فقط، بل كانت تفيض لهم منذ البداية إذ أعطتهم القدرة على الحياة بأمانة وتتميم الشروط التي وضعها الرب ليكون الشخص مستحقاً. هذا المعنى واضح في رسالة بولس إلى أهل تسالونيكي إذ يقول: "يَنْبَغِي عَلَيْنَا دَائِمًا أَنْ نَشْكُرَ اللهَ مِنْ أَجْلِكُمْ، أَيُّهَا الإِخْوَةُ. لِأَنَّ إِيمَانَكُمْ يَنْمُو نُمُوًّا عَظِيمًا، وَمَحَبَّةُ كُلِّ وَاحِدٍ مِنْكُمْ لِلآخَرِينَ تَتَزَايَدُ. وَنَحْنُ نَفْتَخِرُ بِكُمْ بَيْنَ كَنَائِسِ اللهِ بِسَبَبِ صَبْرِكُمْ وَإِيمَانِكُمْ فِي وَسَطِ كُلِّ الإِسَاءَاتِ وَالضِّيقَاتِ الَّتِي تَحْتَمِلُونَهَا. وَهَذَا دَلِيلٌ عَلَى أَنَّ اللهَ عَادِلٌ فِي حُكْمِهِ، إِذْ أَنَّهُ يُرِيدُ لَكُمْ أَنْ تُحسَبُوا مُسْتَحِقِّينَ دُخُولَ مَلَكُوتِ اللهِ الَّذِي تَتَأَلَّمُونَ مِنْ أَجْلِهِ. وَاللهُ يَرَى أَنَّهُ مِنَ العَدلِ أَنْ يُجَازِيَ الَّذِينَ يُضَايِقُونَكُمْ بِالضِّيقِ، وَأَنْ يُكَافِئَكُمْ أَنْتُمُ الَّذِينَ تَتَعَرَّضُونَ لِلضِّيقِ بِالرَّاحَةِ." (٢تس ١: ٣-٧ الترجمة العربية المبسطة)، فهم ليسوا مستحقين في ذاتهم بل الله يريدهم أن يُحسَبوا مستحقين، كما أن الضيق ليس هو ما يجعلهم يُحسَبوا مستحقين بل إن له مكافأة وهي الراحة، فاستحقاق دخول ملكوت الله بالإيمان وحده.

يُذَكِّرنا هذا المعنى أيضاً بالرؤيا التي رآها زكريا عن يهوشع الكاهن العظيم: "وَأَرَانِي يَهُوشَعَ الْكَاهِنَ الْعَظِيمَ قَائِمًا قُدَّامَ مَلاَكِ الرَّبِّ، وَالشَّيْطَانُ قَائِمٌ عَنْ يَمِينِهِ لِيُقَاوِمَهُ. فَقَالَ الرَّبُّ لِلشَّيْطَانِ: لِيَنْتَهِرْكَ الرَّبُّ يَا شَيْطَانُ! لِيَنْتَهِرْكَ الرَّبُّ الَّذِي اخْتَارَ أُورُشَلِيمَ! أَفَلَيْسَ هذَا شُعْلَةً مُنْتَشَلَةً مِنَ النَّارِ؟. وَكَانَ يَهُوشَعُ لاَبِسًا ثِيَابًا قَذِرَةً وَوَاقِفًا قُدَّامَ الْمَلاَكِ. فَأَجَابَ وَكَلَّمَ الْوَاقِفِينَ قُدَّامَهُ قَائِلاً: انْزِعُوا عَنْهُ الثِّيَابَ الْقَذِرَةَ. وَقَالَ لَهُ: انْظُرْ. قَدْ أَذْهَبْتُ عَنْكَ إِثْمَكَ، وَأُلْبِسُكَ ثِيَابًا مُزَخْرَفَةً. فَقُلْتُ: لِيَضَعُوا عَلَى رَأْسِهِ عِمَامَةً طَاهِرَةً. فَوَضَعُوا عَلَى رَأْسِهِ الْعِمَامَةَ الطَّاهِرَةَ، وَأَلْبَسُوهُ ثِيَابًا وَمَلاَكُ الرَّبِّ وَاقِفٌ." (زك ٣: ١-٥)، فيهوشع مع أنه كاهن عظيم،

لم يكن مستحقاً هو أيضاً إذ كان لابساً ثياباً قذرة اتسخت من العالم الذي حوله، وكان الشيطان يشتكي عليه، لكن الرب كان يراه شعلة منتشلة من النار، أي أنه نقي ومشتعل، ثم ألبسه ثياباً مزخرفة نظيفة ووضع على رأسه عمامة طاهرة. على أي أساس فعل الرب ذلك ويهوشع غير مستحق؟ الإجابة هي أنه فعل ذلك مع يهوشع ومع كل مؤمني العهد القديم على أساس الذبائح التي كانت تقدم بشكل دائم والتي كانت ترمز وتشير إلى عمل المسيح الكفاري على الصليب.

نفهم إذاً من كل ما شرحناه هنا أن الثياب البيض لا تتكلم عن عطايا النعمة وأهمها التبرير لأن الرب ربطها باستحقاقهم لأنهم كانوا أمناء.

ثانياً: استحقاق المكافآت
نرى من الآية التالية أن الثياب البيض جزء من المكافأة الثلاثية التي سيعطيها الرب لهؤلاء الأمناء، وهي من هذا المنظور لا تشير إلى التبرير بل إلى اعطائهم مجداً وكرامة كما سنرى لاحقاً، وفي هذه الحالة فإن الاستحقاق هنا يكون على أساس أعمالهم وأمانتهم التي استطاعوا أن يعيشوها بالنعمة أيضاً، لكن كان هناك دور كبير لإرادتهم وإخلاصهم الشخصي في تتميمها. فالرب سيمتحن أعمال جميع المؤمنين كما أشرنا سابقاً، وسيكافئ من كانت أعماله الصالحة ناتجة من خضوع حقيقي لله، ومن دوافع نقية. الثياب البيض في هذه الآية إذاً تشير إلى أعمال البر المقبولة من الله التي صنعها القديسون في حياتهم، وهي نفسها التي يشرحها الكتاب المقدس في حديثه عن امرأة الخروف التي هي الكنيسة قائلاً: "وَأُعْطِيَتْ أَنْ تَلْبَسَ بَزًّا (كِتَّاناً) نَقِيًّا بَهِيًّا، لأَنَّ الْبَزَّ هُوَ تَبَرُّرَاتُ الْقِدِّيسِينَ" (رؤ ١٩: ٨). المعنى هنا إذاً أن أعمال البر التي صنعها هؤلاء القديسين ستتبعهم في الأبدية تماماً كما ستتبع أعمال البر أولئك الذين يتكلم عنهم الكتاب المقدس في الأصحاح الرابع عشر من سفر الرؤيا (راجع: رؤ ١٤: ١٣)، وسوف يُلبسَهم الرب أعمال برهم هذه كثياب بيضاء بهية تشهد عن نقاوتهم وأمانتهم واستحقاقهم للمكافآت الأبدية والمُلكْ مع المسيح.

رؤ ٣: ٥ مَنْ يَغْلِبُ فَذَلِكَ سَيَلْبَسُ ثِيَاباً بيضاً، وَلَنْ أَمْحُوَ اسْمَهُ مِنْ سِفْرِ الْحَيَاةِ، وَسَأَعْتَرِفُ بِاسْمِهِ أَمَامَ أَبِي وَأَمَامَ مَلاَئِكَتِهِ.

مَنْ يَغْلِبُ فَذَلِكَ سَيَلْبَسُ ثِيَاباً بِيضاً: إن من يغلب هنا ليس المقصود به فقط هؤلاء الأمناء الذين سبق الرب وحدد مكافأتهم، بل هم أيضاً من كانوا مؤمنين نائمين كملاك الكنيسة، واستيقظوا وتذكروا كيف وماذا أخذوا وحفظوا وتابوا. إن هؤلاء

سيكافأوا هم أيضاً بنفس مكافآت الأمناء، تماماً كما حدث مع أصحاب الساعة الحادية عشر (مت ٢٠: ١-١٦).
لقد وضع المفسرون تفسيرات كثيرة لمعنى الثياب البيض ذكرنا بعضها في التعليق على العدد السابق، لكننا سنذكرها جميعها هنا، وهي كالتالي:
١- الثياب البيض كانت تستخدم في الأعياد العامة وخاصة الأفراح، والكتاب يقول أن الكنيسة التي هي عروس المسيح سوف تلبس بزاً نقياً في عرس الخروف: "لِنَفْرَحْ وَنَتَهَلَّلْ وَنُعْطِهِ الْمَجْدَ! لأَنَّ عُرْسَ الْخَرُوفِ قَدْ جَاءَ، وَامْرَأَتُهُ هَيَّأَتْ نَفْسَهَا. وَأُعْطِيَتْ أَنْ تَلْبَسَ بَزًّا نَقِيًّا بَهِيًّا، لأَنَّ الْبَزَّ هُوَ تَبَرُّرَاتُ الْقِدِّيسِينَ." (رؤ ١٩: ٧-٨)، والبز هو الكتان، أما التبررات هنا فهي لا تعني التبرير الذي بالإيمان، بل البر العملي أي أعمال البر التي سبق وتكلمنا عنها.
٢- الثياب البيض تشير إلى مجد من يلبسها، ونرى ذلك من وصف التلاميذ لثياب الرب في التجلي: "وَتَغَيَّرَتْ هَيْئَتُهُ قُدَّامَهُمْ، وَأَضَاءَ وَجْهُهُ كَالشَّمْسِ، وَصَارَتْ ثِيَابُهُ بَيْضَاءَ كَالنُّورِ." (مت ١٧: ٢)، "وَصَارَتْ ثِيَابُهُ تَلْمَعُ بَيْضَاءَ جِدًّا كَالثَّلْجِ، لاَ يَقْدِرُ قَصَّارٌ عَلَى الأَرْضِ أَنْ يُبَيِّضَ مِثْلَ ذلِكَ." (مر ٩: ٣)، كما نرى ذلك أيضاً في وصف ثياب الملائكة: "وَالأَجْنَادُ الَّذِينَ فِي السَّمَاءِ كَانُوا يَتْبَعُونَهُ عَلَى خَيْلٍ بِيضٍ، لاَبِسِينَ بَزًّا أَبْيَضَ وَنَقِيًّا." (رؤ ١٩: ١٤)، فالرب إذاً سَيُعطِي مجداً لأولاده الغالبين.
٣- كان الجيش المنتصر في الحرب في وقت الرومان يلبس ثياباً بيضاء احتفالاً بالانتصار [٩]، والمؤمنون الغالبون هنا قد انتصروا على الخطيئة والموت من خلال عمل المسيح الكفاري، كما انتصروا على الجسد من خلال الحياة بأمانة والامتلاء بالروح القدس (غل ٥: ١٦)، فهي إذاً تشهد هنا عن نصرتهم على الجسد والخطيئة.
٤- الثياب البيض تشير أيضاً إلى النقاوة والقداسة، فالمسيح هنا يَعِدْ أن يُلْبِس المؤمنين بهاء النقاوة والقداسة الأبدية.
٥- الثياب البيض تشير أيضاً إلى روح أمينة غير مساومة مع العالم والخطيئة، وهي تظهر هنا في مقابل الذين "نجسوا ثيابهم" أي ساوموا مع العالم والخطيئة.
٦- الثياب البيض تشير أيضاً إلى التبرير بالمقارنة مع (زك ٣: ٥-٦)، و(رؤ ٧: ١٤)، لكن هذا المعنى لا ينطبق على هذه الآية كما سبق وأوضحنا.

وملخص معنى هذه المكافأة الأولى إذاً هو أن المسيح بوعده هذا يشير إلى أن هؤلاء الأمناء الغالبون سيكونون من ضمن عروس المسيح حين يجيء، وسيعطيهم مجداً وكرامة لأنهم انتصروا على الجسد والخطيئة وعلى حالة الموت الروحي التي كانت تحيط بهم، وكانوا أمناء ولم يساوموا مع العالم، وعملوا أعمالاً بارة.

وَلَنْ أَمْحُوَ اسْمَهُ مِنْ سِفْرِ الْحَيَاةِ: يمكننا أن نفهم هذه الآية بإحدى الطريقتين التاليتين:

١- أن هناك تهديداً من الرب لمن لم يغلب أنه سيمحو اسمه من سفر الحياة، وبذلك يبقى المؤمن تحت التهديد الدائم أنه لو سقط فسيفقد أبديته.

٢- أن الرب يؤكد للغالب أن اسمه لا يمكن أن يُمحَى من سفر الحياة.

لكي نعرف أي من هذين التفسيرين هو الصحيح أو أن كلاهما صحيح، فإننا يجب أن نرجع إلى القرينة، بمعنى أنه يجب أن نفهم ما هو سفر الحياة ومتى تُكتَب فيه أسماء الناس وإن كانت هناك آيات تقول أن أسماء المؤمنين يمكن أن تُمحَى من هذا السفر أم لا:

أولاً: ما هو سفر الحياة؟

هناك عدة أسفار أو كتب مذكورة في الكتاب المقدس، فهناك "سفر الأحياء"، وهو السفر المكتوب فيه أسماء الأحياء في مملكة إسرائيل (مز ٦٩: ٢٧-٢٨)، وهناك "الأسفار" و"سفر الحياة" المذكورين في قول الكتاب المقدس: "ثُمَّ رَأَيْتُ عَرْشًا عَظِيمًا أَبْيَضَ، وَالْجَالِسَ عَلَيْهِ، الَّذِي مِنْ وَجْهِهِ هَرَبَتِ الأَرْضُ وَالسَّمَاءُ، وَلَمْ يُوجَدْ لَهُمَا مَوْضِعٌ! وَرَأَيْتُ الأَمْوَاتَ صِغَارًا وَكِبَارًا وَاقِفِينَ أَمَامَ اللهِ، وَانْفَتَحَتْ أَسْفَارٌ، وَانْفَتَحَ سِفْرٌ آخَرُ هُوَ سِفْرُ الْحَيَاةِ، وَدِينَ الأَمْوَاتُ مِمَّا هُوَ مَكْتُوبٌ فِي الأَسْفَارِ بِحَسَبِ أَعْمَالِهِمْ. وَسَلَّمَ الْبَحْرُ الأَمْوَاتَ الَّذِينَ فِيهِ، وَسَلَّمَ الْمَوْتُ وَالْهَاوِيَةُ الأَمْوَاتَ الَّذِينَ فِيهِمَا. وَدِينُوا كُلُّ وَاحِدٍ بِحَسَبِ أَعْمَالِهِ. وَطُرِحَ الْمَوْتُ وَالْهَاوِيَةُ فِي بُحَيْرَةِ النَّارِ. هذَا هُوَ الْمَوْتُ الثَّانِي. وَكُلُّ مَنْ لَمْ يُوجَدْ مَكْتُوبًا فِي سِفْرِ الْحَيَاةِ طُرِحَ فِي بُحَيْرَةِ النَّارِ." (رؤ ٢٠: ١١-١٥) (قارن مع: رؤ ٢١: ٢٧)

من المهم ألَّا نخلط إذاً بين "سفر الأحياء" و"الأسفار" و"سفر الحياة" لأنها تتكلم عن أمور مختلفة تماماً، فسفر الأحياء يتكلم عن الأحياء بالجسد، وقد كان يُستَخدَم في الممالك القديمة كوسيلة لإحصاء السكان، والأسفار في سفر الرؤيا إستُخدِمَت لإدانة الأموات بحسب أعمالهم، أما سفر الحياة فقد كان مكتوباً فيه أسماء الذين سيدخلون السماء، وكل من لم يكن اسمه مكتوباً فيه طُرِحَ مع إبليس والوحش والنبي الكذاب في بحيرة النار (رؤ ٢٠: ١٠).

ثانياً: متى تُكتَبْ أسماء الناس في سفر الحياة؟

لقد قال المسيح للتلاميذ أن اسماءهم "كُتِبَتْ فِي السَّمَاوَاتِ" (لو ١٠: ٢٠)، فهي إذاً قد كتبت في الماضي وليسوا في انتظار أن تكتب أسماؤهم في المستقبل. تَذَكَّر أن هذا الحديث بين المسيح والتلاميذ حدث قبل موته وقيامته، فقد كانوا مازالوا يعيشون في العهد القديم ولم يكن الروح القدس يسكن في المؤمنين بعد ولم تكن هناك ولادة ثانية بعد.

يقول الكتاب المقدس أيضاً: "وَسَجَدُوا لِلتِّنِّينِ الَّذِي أَعْطَى السُّلْطَانَ لِلْوَحْشِ، وَسَجَدُوا لِلْوَحْشِ قَائِلِينَ: مَنْ هُوَ مِثْلُ الْوَحْشِ؟ مَنْ يَسْتَطِيعُ أَنْ يُحَارِبَهُ؟ ...

فَسَيَسْجُدُ لَهُ جَمِيعُ السَّاكِنِينَ عَلَى الأَرْضِ، الَّذِينَ لَيْسَتْ أَسْمَاؤُهُمْ مَكْتُوبَةً مُنْذُ تَأْسِيسِ الْعَالَمِ فِي سِفْرِ حَيَاةِ الْخَرُوفِ الَّذِي ذُبِحَ. مَنْ لَهُ أُذُنٌ فَلْيَسْمَعْ!" (رؤ ١٣: ٤، ٨-٩). (قارن مع: رؤ ١٧: ٨). الكتاب يقول هنا أمرين مهمين جداً: الأول هو أن أسماء المؤمنين مكتوبة في سفر حياة الخروف (سفر الحياة) منذ تأسيس العالم وليس منذ وقت قبولهم للخلاص أو حتى وقت ولادتهم، ولا حتى منذ آدم. وقت تأسيس العالم هو وقت بداءة الخليقة المادية وتأسيسها. الأمر الثاني هو أن جميع الذين سيسجدون للوحش لم تكن أسماؤهم مكتوبة في سفر الحياة منذ تأسيس العالم، أي أنهم لم يكتبوا في وقت ثم أخطأوا فَمُحِيَتْ أسماؤهم، بل لم يكونوا مكتوبين من الأساس. كون الأسماء مكتوبة منذ تأسيس العالم يشير إلى أنها مكتوبة على أساس علم الله المسبق بما سوف يحدث، وذلك لا يتعارض مع حرية الاختيار التي أعطاها الله للإنسان. يقول الكتاب المقدس: "قَدْ جَعَلْتُ قُدَّامَكَ الْحَيَاةَ وَالْمَوْتَ. الْبَرَكَةَ وَاللَّعْنَةَ. فَاخْتَرِ الْحَيَاةَ لِكَيْ تَحْيَا أَنْتَ وَنَسْلُكَ" (تث ٣٠: ١٩).

ثالثاً: هل هناك آيات أخرى تقول أنه يمكن أن يُمْحَى اسم المؤمن من سفر الحياة؟

هناك أربعة آيات في ثلاثة مواقف في الكتاب المقدس تتكلم عن المحو من الكتاب:

الموقف الأول: "فَرَجَعَ مُوسَى الَى الرَّبِّ وَقَالَ: اهِ قَدْ اخْطَا هَذَا الشَّعْبُ خَطِيَّةً عَظِيمَةً وَصَنَعُوا لانْفُسِهِمْ الِهَةً مِنْ ذَهَبٍ. وَالانَ انْ غَفَرْتَ خَطِيَّتَهُمْ - وَالا فَامْحُنِي مِنْ كِتَابِكَ الَّذِي كَتَبْتَ. فَقَالَ الرَّبُّ لِمُوسَى: مَنْ اخْطَا الَيَّ امْحُوهُ مِنْ كِتَابِي." (خر ٣٢: ٣١-٣٣)

يرى المفسرون أن موسى لم يقصد هنا سفر الحياة لسببين: السبب الأول هو أنه من غير الطبيعي أن يطلب الشخص أن ينفصل عن الله ويصير عدواً له ويهلك هلاكاً أبدياً لأجل أن يكون مع شعبه، إلا أن بولس تمنى أمراً مشابهاً لنفسه عندما قال: "فَإِنِّي كُنْتُ أَوَدُّ لَوْ أَكُونُ أَنَا نَفْسِي مَحْرُومًا مِنَ الْمَسِيحِ لأَجْلِ إِخْوَتِي أَنْسِبَائِي حَسَبَ الْجَسَدِ" (رو ٩: ٣). أما السبب الثاني فهو أنه لا يوجد ذكر لسفر الحياة في العهد القديم إلا في (دا ١٢: ١) حيث سماه الكتاب هنا: "السِّفْر".

من المرجح أن موسى كان يريد أن يقول للرب في هذه الآيات أنه إن كان الرب سيميت الشعب بسبب خطيئته، فإنه - أي موسى - يريد أن يموت هو أيضاً حتى لا يرى هذا القضاء يأتي على الشعب، ومعظم مفسري الكتاب المقدس يربطون بين هذه الآية وبين (مزمور ٦٩: ٢٨) الذي يتكلم عن "سفر الأحياء" الذي شرحناه جزئياً في بداية التعليق على هذا الجزء، وسنرجع إليه ثانية لاحقاً [٩].

كما أن هناك أيضاً عدد من المفسرين الذين ينتقدون الربط بين "كتابك الذي كتبت" وبين "سفر الحياة" المذكور في العهد الجديد على أساس أن الآيات هنا لا توحي بهذا الربط، كما أن مفهوم سفر الحياة لم يكن موجوداً في الأسفار الأولى

من الكتاب المقدس، بل لم يوجد في كل العهد القديم إلا في (دا ١٢: ١) (٧، ٤٤، ٤٥).

هناك تفسير آخر لـ "كتابك الذي كتبت" وهو أن موسى كان يقصد كتب التوراه، لكن هذا التفسير يرفضه معظم الشُرَّاح أيضاً على أساس أن موسى هو من كتب هذه الكتب بالوحي وليس الله بنفسه.

الموقف الثاني: "لِيُمْحَوْا مِنْ سِفْرِ الأَحْيَاءِ، وَمَعَ الصِّدِّيقِينَ لاَ يُكْتَبُوا." (مز ٦٩: ٢٨). هذه الآية كما ذكرنا من قبل لا تتكلم عن سفر الحياة، بل عن سفر الأحياء، والدليل على هذا أنها تتكون من جزئين: الأول يطلب للأشرار أن يُمْحَوْا من سفر الأحياء، والثاني يطلب لهم ألا يُكْتَبُوا مع الصديقين، فإن أردنا أن نقول أن أحد مَقْطَعي هذه الآية يشير إلى "سفر الحياة" المكتوب فيه أسماء المؤمنين المخلصين، فالمقطع الثاني من الآية هو الذي يحتوي على هذه الإشارة وليس المقطع الأول.

الموقف الثالث: هو الآية محل الدراسة (رؤ ٣: ٥)

من كل ما سبق نرى أن الكتاب لا يتكلم عن محو المؤمن من سفر الحياة في أي مكان آخر، كما أن هناك آيات عديدة تقول أن المؤمن لا يمكن أن يفقد أبديته مثل قول الرب يسوع: "خِرَافِي تَسْمَعُ صَوْتِي، وَأَنَا أَعْرِفُهَا فَتَتْبَعُنِي. وَأَنَا أُعْطِيهَا حَيَاةً أَبَدِيَّةً، وَلَنْ تَهْلِكَ إِلَى الأَبَدِ، وَلاَ يَخْطَفُهَا أَحَدٌ مِنْ يَدِي. أَبِي الَّذِي أَعْطَانِي إِيَّاهَا هُوَ أَعْظَمُ مِنَ الْكُلِّ، وَلاَ يَقْدِرُ أَحَدٌ أَنْ يَخْطَفَ مِنْ يَدِ أَبِي. أَنَا وَالآبُ وَاحِدٌ". (يو ١٠: ٢٧-٣٠)، وأيضاً مثل ما جاء في سفر الرؤيا حيث يقول الكتاب: "فَسَيَسْجُدُ لَهُ جَمِيعُ السَّاكِنِينَ عَلَى الأَرْضِ، الَّذِينَ لَيْسَتْ أَسْمَاؤُهُمْ مَكْتُوبَةً مُنْذُ تَأْسِيسِ الْعَالَمِ فِي سِفْرِ حَيَاةِ الْخَرُوفِ الَّذِي ذُبِحَ. مَنْ لَهُ أُذُنٌ فَلْيَسْمَعْ!" (رؤ ١٣: ٨-٩).

بناءاً على كل ما سبق ذكره، فإن التفسير الذي يقول أن الرب يمكن أن يمحو اسم المؤمن الذي ينهزم من العالم من سفر الحياة إنما هو تفسير لا يتفق مع باقي آيات الكتاب المقدس ولا مع روح الكتاب عامة، كما أن الآية موضع التفسير: "وَلَنْ أَمْحُوَ اسْمَهُ مِنْ سِفْرِ الْحَيَاةِ" تأتي في صيغة النفي وليس في صيغة الإيجاب، وفي علوم التفسير إذا تم تحويل الآيات من صيغة النفي إلى صيغة الإيجاب، فإننا كثيراً من ننتهي إلى معنى خاطئ للآية. وهناك الكثير من الأمثلة لذلك في الكتاب المقدس. (قارن مع: مت ٢٤: ٢٢؛ رو ٧: ١٨؛ ١٠: ١٢؛ ٢كو ٨: ١٥؛ أف ٥: ٥؛ عب ١٠: ٦؛ ٢بط ١: ٢٠؛ ١يو ٢: ٢١؛ ٣: ١٥؛ رؤ ٧: ١٦؛ ٢١: ٢٥أ). معنى هذا أن "من يغلب ... لن أمحو اسمه من سفر الحياة" لا يصح تفسيرها بعكسها إلى: "من لا يغلب ... سأمحو اسمه من سفر الحياة".

التفسير الثاني لهذه الآية إذاً هو التفسير الصحيح، وهو أن المسيح هنا يريد أن يؤكد أن المؤمن الغالب لا يمكن أن يُمْحى اسمه من سفر الحياة أبداً، والدليل على ذلك هو استخدام اللفظ اليوناني (ou mē) الذي يدل على النفي المزدوج،

أي أنه يقول: "لا يمكن بأي حال من الأحوال أن أمحو اسمه من سفر الحياة". لقد اسْتُخدِم هذا النفي المزدوج في آيات كثيرة مثل: "فَإِنِّي الْحَقَّ أَقُولُ لَكُمْ: إِلَى أَنْ تَزُولَ السَّمَاءُ وَالأَرْضُ لاَ يَزُولُ حَرْفٌ وَاحِدٌ أَوْ نُقْطَةٌ وَاحِدَةٌ مِنَ النَّامُوسِ حَتَّى يَكُونَ الْكُلُّ." (مت ٥: ١٨)، وأيضاً: "كُلُّ مَا يُعْطِينِي الآبُ فَإِلَيَّ يُقْبِلُ وَمَنْ يُقْبِلْ إِلَيَّ لاَ أُخْرِجْهُ خَارِجاً." (يو ٦: ٣٧)، وهو أيضا نفس النفي المستخدم في نفس الأصحاح في الرسالة إلى كنيسة فيلادلفيا: "مَنْ يَغْلِبُ فَسَأَجْعَلُهُ عَمُوداً فِي هَيْكَلِ إِلَهِي، وَلاَ يَعُودُ يَخْرُجُ إِلَى خَارِجٍ،" (رؤ ٣: ١٢)، وسنشرح هذا العدد لاحقاً مع بقية الرسالة إلى كنيسة فيلادلفيا. (قارن أيضاً مع: يو ٤: ١٤؛ ٦: ٣٥؛ ١٠: ٢٨؛ عب ١٣: ٥؛ لو ١٠: ١٩)

إذاً فالمسيح يقول لهم هنا أنه قد يمحي الناس اسماءهم من سفر أحياء مدينتهم عند موتهم، لكن اسمهم لن يمحى أبداً من سفر حياة الخروف.

بقي شيء واحد فقط يتعلق بالمؤمنين الذين أسماؤهم في سفر الحياة ولا يمكن أن تُمحى، وهو تعريف المؤمن. من هو المؤمن؟ وكيف تميز الكنيسة بين المؤمن الحقيقي ومُدَّعي الإيمان؟ وكيف يَمتَحِن الإنسان نفسه ليعرف إن كان مؤمناً أم لا؟
يضع أمامنا الكتاب المقدس أمثلة كثيرة لأشخاص ظن الجميع أنهم مؤمنون حقيقيون، لكن الكتاب حرص على أن يُظهِر أنهم لم يكونوا كما توقع الجميع. أبرز مثال لهؤلاء هو يهوذا الإسخريوطي الذي تتلمذ على يدي الرب يسوع لمدة حوالي ثلاث سنوات، وأرسله المسيح ليكرز بملكوت الله، واشترك في صنع المعجزات (لو ٩: ١-٦)، لكن حياته وقلبه كانا غير ما أظهر، فلقد كان محباً للمال وغير أمين حتى أنه كان يسرق أموال صندوق الخدمة الذي كان مؤتمناً عليه (يو ١٢: ٣-٦)، وهي الأمور التي استخدمها الشيطان لاحقاً ليشجعه على أن يسلم المسيح (مر ١٤: ١٠-١١).
لم يكن أحد يفكر أو يظن أن يهوذا يستغل المسيح ليصل إلى المال أو السلطة، أو أنه قد أسلم قلبه للشيطان؛ حتى بقية الرسل الذين كانوا أقرب الناس اليه، بل ويعيشون معه لمدة حوالي ثلاث سنوات لم يخطر ببالهم أن يكون هو الذي سيسلم المسيح (مت ٢٦: ٢١-٢٢)، لكن الرب كان يعلم قلب يهوذا من البداية (يو ٦: ٧٠-٧١). من ذلك نفهم أن هناك الكثيرين الذين ينتظمون في الكنائس، ويخدمون، بل ويمكن أن يصنعوا معجزات، ولهم رتب ومراكز كنسية، لكنهم ليسوا مؤمنين حقيقيين، وقلبهم بعيد كل البعد عن الله، هؤلاء يقول عنهم الكتاب المقدس أيضاً: "لأَنَّ الَّذِينَ اسْتُنِيرُوا مَرَّةً، وَذَاقُوا الْمَوْهِبَةَ السَّمَاوِيَّةَ وَصَارُوا شُرَكَاءَ الرُّوحِ الْقُدُسِ، وَذَاقُوا كَلِمَةَ اللهِ الصَّالِحَةَ وَقُوَّاتِ الدَّهْرِ الآتِي، وَسَقَطُوا، لاَ يُمْكِنُ تَجْدِيدُهُمْ أَيْضًا لِلتَّوْبَةِ، إِذْ هُمْ يَصْلِبُونَ لأَنْفُسِهِمِ ابْنَ اللهِ ثَانِيَةً وَيُشَهِّرُونَهُ. لأَنَّ أَرْضًا قَدْ شَرِبَتِ الْمَطَرَ الآتِيَ عَلَيْهَا مِرَارًا كَثِيرَةً، وَأَنْتَجَتْ عُشْبًا صَالِحًا لِلَّذِينَ

فُلِحَتْ مِنْ أَجْلِهِمْ، تَنَالُ بَرَكَةً مِنَ اللهِ. وَلكِنْ إِنْ أَخْرَجَتْ شَوْكًا وَحَسَكًا، فَهِيَ مَرْفُوضَةٌ وَقَرِيبَةٌ مِنَ اللَّعْنَةِ، الَّتِي نِهَايَتُهَا لِلْحَرِيقِ." (عب ٦: ٤-٨).

على هذا الأساس يحذرنا الكتاب المقدس قائلاً: "اِحْتَرِزُوا مِنَ الأَنْبِيَاءِ الْكَذَبَةِ الَّذِينَ يَأْتُونَكُمْ بِثِيَابِ الْحُمْلاَنِ، وَلكِنَّهُمْ مِنْ دَاخِل ذِئَابٌ خَاطِفَةٌ! مِنْ ثِمَارِهِمْ تَعْرِفُونَهُمْ. هَلْ يَجْتَنُونَ مِنَ الشَّوْكِ عِنَبًا، أَوْ مِنَ الْحَسَكِ تِينًا؟ هكَذَا كُلُّ شَجَرَةٍ جَيِّدَةٍ تَصْنَعُ أَثْمَارًا جَيِّدَةً، وَأَمَّا الشَّجَرَةُ الرَّدِيَّةُ فَتَصْنَعُ أَثْمَارًا رَدِيَّةً، لاَ تَقْدِرُ شَجَرَةٌ جَيِّدَةٌ أَنْ تَصْنَعَ أَثْمَارًا رَدِيَّةً، وَلاَ شَجَرَةٌ رَدِيَّةٌ أَنْ تَصْنَعَ أَثْمَارًا جَيِّدَةً. كُلُّ شَجَرَةٍ لاَ تَصْنَعُ ثَمَرًا جَيِّدًا تُقْطَعُ وَتُلْقَى فِي النَّارِ. فَإِذًا مِنْ ثِمَارِهِمْ تَعْرِفُونَهُمْ. لَيْسَ كُلُّ مَنْ يَقُولُ لِي: يَا رَبُّ، يَا رَبُّ! يَدْخُلُ مَلَكُوتَ السَّمَاوَاتِ. بَلِ الَّذِي يَفْعَلُ إِرَادَةَ أَبِي الَّذِي فِي السَّمَاوَاتِ. كَثِيرُونَ سَيَقُولُونَ لِي فِي ذلِكَ الْيَوْمِ: يَا رَبُّ، يَا رَبُّ! أَلَيْسَ بِاسْمِكَ تَنَبَّأْنَا، وَبِاسْمِكَ أَخْرَجْنَا شَيَاطِينَ، وَبِاسْمِكَ صَنَعْنَا قُوَّاتٍ كَثِيرَةً؟ فَحِينَئِذٍ أُصَرِّحُ لَهُمْ: إِنِّي لَمْ أَعْرِفْكُمْ قَطُّ! اذْهَبُوا عَنِّي يَا فَاعِلِي الإِثْمِ!" (مت ٧: ١٥-٢٣). لذلك فعلى الكنيسة أن تنظر دائماً إلى ثمر الروح القدس (غل ٥: ٢٢-٢٣) الظاهر في حياة خدامها، فإن كان هناك خدام لا يوجد في حياتهم هذا الثمر، فعلى الكنيسة أن تكون حذرة حذراً شديداً من هؤلاء.

إن من يدرس الكتاب المقدس بتدقيق يلاحظ أنه يقول: "أُذْكُرُوا مُرْشِدِيكُمُ الَّذِينَ كَلَّمُوكُمْ بِكَلِمَةِ اللهِ. انْظُرُوا إِلَى نِهَايَةِ سِيرَتِهِمْ فَتَمَثَّلُوا بِإِيمَانِهِمْ." (عب ١٣: ٧). لم يقل الكتاب: "أنظروا إلى سيرتهم"، بل " إلى نهاية سيرتهم"، فهؤلاء الذين يعيشون مثل يهوذا الاسخريوطي، حتى وإن كانت سيرة حياتهم تبدو للناس عطرة، إلا أن نهاية سيرتهم تكون دائماً مشابهة ليهوذا أيضاً. لذلك يعلمنا الكتاب أن ننظر دائماً إلى نهاية سيرتهم، ثم نتمثل ليس بسيرتهم أو بنهايتها، بل بإيمانهم؛ ذلك الإيمان هو الذي جعل كلا من سيرتهم ونهايتها عظيمة. إن ذلك أيضاً لا يعني أن نظن أن كل من كانت نهاية سيرته سيئة هو مُدَّعٍ للإيمان، فنحن لا نعرف قلوب البشر، لكننا بكل تأكيد لن نتمثل بإيمان مثل إيمانِ شخص كهذا.

أما على المستوى الشخصي، فالرسول بولس يقول: "جَرِّبُوا أَنْفُسَكُمْ، هَلْ أَنْتُمْ فِي الإِيمَانِ؟ امْتَحِنُوا أَنْفُسَكُمْ. أَمْ لَسْتُمْ تَعْرِفُونَ أَنْفُسَكُمْ، أَنَّ يَسُوعَ الْمَسِيحَ هُوَ فِيكُمْ، إِنْ لَمْ تَكُونُوا مَرْفُوضِينَ؟" (٢كو ١٣: ٥)، ويقول أيضاً: "اَلرُّوحُ نَفْسُهُ أَيْضًا يَشْهَدُ لأَرْوَاحِنَا أَنَّنَا أَوْلاَدُ اللهِ." (رو ٨: ١٦). هذه الآيات وغيرها تحثنا على أن نمتحن أنفسنا، وكل شخص أمين مع نفسه سيعرف الإجابة الحقيقية إن كان مؤمناً حقيقياً أم لا، لأن الروح القدس نفسه يشهد لروحه أنه إبن الله وأن المسيح يسكن فيه.

الأمر الثاني الذي يوضح للشخص إن كان إبناً لله أم لا هو ثمر الروح القدس في حياته الشخصية، فالروح دائماً يبكت المؤمن على خطاياه ويدفعه للتوبة والتغيير، أما ذلك "الإِنْسَانُ الشَّارِبُ الإِثْمَ كَالْمَاءِ" (أي ١٥: ١٦) فينطبق عليه قول الرسول بطرس: "قَدْ أَصَابَهُمْ مَا فِي الْمَثَلِ الصَّادِقِ: كَلْبٌ قَدْ عَادَ إِلَى قَيْئِهِ، وَخِنْزِيرَةٌ مُغْتَسِلَةٌ إِلَى مَرَاغَةِ الْحَمْأَةِ" (٢بط ٢: ٢٢). وإذا لاحظنا الصفات التي يصف بها الوحي هؤلاء في هذه الآية نجد أنه يصفهم بالكلب وبالخنزيرة وهي

صفات لا يطلقها الوحي أبداً على أي مؤمن لأن مثل هذه الحيوانات كانت حيوانات نجسة في الشريعة اليهودية، فهؤلاء مع أنهم "هَرَبُوا مِنْ نَجَاسَاتِ الْعَالَمِ، بِمَعْرِفَةِ الرَّبِّ وَالْمُخَلِّصِ يَسُوعَ الْمَسِيحِ، يَرْتَبِكُونَ أَيْضًا فِيهَا، فَيَنْغَلِبُونَ، فَقَدْ صَارَتْ لَهُمُ الأَوَاخِرُ أَشَرَّ مِنَ الأَوَائِلِ. لأَنَّهُ كَانَ خَيْرًا لَهُمْ لَوْ لَمْ يَعْرِفُوا طَرِيقَ الْبِرِّ، مِنْ أَنَّهُمْ بَعْدَمَا عَرَفُوا، يَرْتَدُّونَ عَنِ الْوَصِيَّةِ الْمُقَدَّسَةِ الْمُسَلَّمَةِ لَهُمْ." (٢بط ٢: ٢٠-٢١). لقد كان لاختبار معرفة الرب والمُخلّص تأثيرًا وقتيًا عليهم جعلهم يتركون العالم لحين ويتبعون الرب، لكن قلبهم لم يتغير أبداً ولم يُولَدوا من الروح القدس، ثم بعد أن زال هذا التأثير الوقتي لمعرفة الرب عاد هؤلاء إلى حياة الخطيئة ثانية إما بترك الكنيسة والاندماج مرة أخرى في العالم أو بالبقاء والخدمة في الكنيسة مع الانغماس في العالم سراً.

عزيزي القارئ، كن أميناً مع نفسك، فقد عاش كلا من بطرس ويهوذا الإسخريوطي معاً لمدة حوالي ثلاث سنوات، وتتلمذا على يدي نفس المعلم الذي لا يمكن أن يوجد من هو أعظم منه، وخدما معاً، وكرزا معًا، وصنعا المعجزات، وأخطأ كليهما خطايا متشابهة، فقد أسلم يهوذا المسيح ثم أنكره بطرس؛ لكن حياتهما الخفية كانت مختلفة، وكذلك كانت نهايتهما، فلقد تاب بطرس وأصبح رسولاً مميزاً للمسيح، أما يهوذا فقد شنق نفسه وهلك. لذلك عزيزي القارئ، كن أميناً مع نفسك واختبرها، هل أنت في الإيمان؟ أم أنك تمثل الإيمان؟ إن كنت تمثل أمام الناس، فالرب يعرف قلبك، وهو متمهل عليك لكي تتوب، لكنك إن تجاهلت طول أناته، فستكون نهايتك مثل يهوذا. يقول الكتاب المقدس: "أَمْ تَسْتَهِينُ بِغِنَى لُطْفِهِ وَإِمْهَالِهِ وَطُولِ أَنَاتِهِ، غَيْرَ عَالِمٍ أَنَّ لُطْفَ اللهِ إِنَّمَا يَقْتَادُكَ إِلَى التَّوْبَةِ؟ وَلكِنَّكَ مِنْ أَجْلِ قَسَاوَتِكَ وَقَلْبِكَ غَيْرِ التَّائِبِ، تَذْخَرُ لِنَفْسِكَ غَضَبًا فِي يَوْمِ الْغَضَبِ وَاسْتِعْلاَنِ دَيْنُونَةِ اللهِ الْعَادِلَةِ، الَّذِي سَيُجَازِي كُلَّ وَاحِدٍ حَسَبَ أَعْمَالِهِ." (رو ٢: ٤-٦).

وَسَأَعْتَرِفُ بِاسْمِهِ أَمَامَ أَبِي وَأَمَامَ مَلاَئِكَتِهِ: هذه هي المكافأة الثالثة، وهي أيضاً تحمل تأكيداً مضاعفاً على أن هؤلاء الغالبين سَيُرَحَّب بهم في السماء، فالمسيح سيعترف بهم أمام الآب كما سبق فقال: "فَكُلُّ مَنْ يَعْتَرِفُ بِي قُدَّامَ النَّاسِ أَعْتَرِفُ أَنَا أَيْضًا بِهِ قُدَّامَ أَبِي الَّذِي فِي السَّمَاوَاتِ" (مت ١٠: ٣٢)، وهو أيضاً سيعترف بهم أمام ملائكته كما سبق فقال: "وَأَقُولُ لَكُمْ: كُلُّ مَنِ اعْتَرَفَ بِي قُدَّامَ النَّاسِ، يَعْتَرِفُ بِهِ ابْنُ الإِنْسَانِ قُدَّامَ مَلاَئِكَةِ اللهِ." (لو ١٢: ٨). إن وعد المسيح للأمناء بأنه سيعترف بهم يأتي في مقابل وعد آخر وعد به الرب أولئك الذين يستحون به في حياتهم الشخصية أو أمام الناس إذ قال: "لأَنَّ مَنِ اسْتَحَى بِي وَبِكَلاَمِي فِي هذَا الْجِيلِ الْفَاسِقِ الْخَاطِئِ فَإِنَّ ابْنَ الإِنْسَانِ يَسْتَحِي بِهِ مَتَى جَاءَ بِمَجْدِ أَبِيهِ مَعَ الْمَلاَئِكَةِ الْقِدِّيسِينَ." (مر ٨: ٣٨) (قارن أيضاً مع: لو ٩: ٢٦)، والحياء بشخص أو شيء يعني الخجل منه وإنكار العلاقة به بسبب هذا الخجل، فلا تخجل

عزيزي القارئ من أن يصفك الناس بأوصاف مخجلة لأنك تتبع المسيح ولا تشترك في خطاياهم، فسيأتي اليوم الذي ينكرهم فيه المسيح ويعترف بك أنت أمام الأب والملائكة القديسين.

إذاً فالوعود الثلاثة التي يقدمها المسيح للأمناء في هذه الكنيسة هي:
١- أنهم سيلبسون ثياباً بيضاء مجيدة.
٢- أنهم لا يمكن أن يخسروا أبديتهم أبداً.
٣- أنه سيعترف بهم كمواطنين سمائيين باعتباره الإبن صاحب الجميع.

رؤ ٣: ٦ مَنْ لَهُ أُذُنٌ فَلْيَسْمَعْ مَا يَقُولُهُ الرُّوحُ لِلْكَنَائِسِ«.

لقد سبق وفسرنا هذه الآية في الرسالة إلى كنيسة أفسس.

ملخص الرسالة:

لقد أرسل الرب يسوع هذه الرسالة ألى كنيسة ساردس الميتة وإلى ملاكها النائم مُذَكِّراً إياها أن له الروح بكل ملئه، وله أيضاً كل ملائكة الكنائس، فهم ليسوا لأنفسهم أو للشيطان بل له هو حتى وإن كانوا نائمين. ثم يُعلِن الرب للكنيسة كم هي ميتة وكم أن أعمالها غير مقبولة أمامه بالرغم من الإسم والمكانة اللتان تتمتع بهما في العالم، ومن ثم يضع لملاك الكنيسة الخطة التي يجب أن يتبعها لِيُخرِج الكنيسة من الموت الروحي إلى النهضة الحقيقية، فعليه أن يصحُو أولاً ويشدد ما بقي الذي هو التعليم والأعمال الحقيقية والكرازة باسم يسوع، ثم عليه أن يتذكر ما أخذ وسمع من تعليم وكيف أخذ وسمع بغيرة كثيرة ومحبة شديدة، ويحفظ ذلك أي يضع أساساً من التعليم يبني عليه مساره الجديد ويحافظ عليه طول الوقت، وأن يتوب مرة وإلى الأبد عن طرقه القديمة ويسير في الطريق الصحيح. ثم حَذَّرَهُ الرب بأنه إن لم يُطِع مشورة الرب، فإنه سيأتي إليه كلص في الليل وينهي على وجود هذه الكنيسة، لكن الرب لم ينس أن هناك القليل من الأمناء الباقين في الكنيسة، هؤلاء قد غلبوا وثبتوا، فَسَيُلبِسَهُم الرب ثياباً بيضاء وسيكونون في شركة دائمة معه. ثم وعد الرب من يغلب في هذه الكنيسة بوعد ثلاثي، فَسَيُلبِسَهُم ثياباً بيضاء تشير إلى نقاوة حياتهم وأعمالهم البارة، وسيضمن أبديتهم، وسيعترف بهم أمام الآب والملائكة. هذه هي رسالة المسيح إلى كنيسة ساردس وإلى كل كنيسة وكل مسيحي يعيش في حالة تشبه حالة هذه الكنيسة.

الفصل السابع
الرسالة إلى ملاك الكنيسة التي في فيلادلفيا
(رؤ ٣: ٧-١٣)

رؤ ٣: ٧ وَاكْتُبْ إِلَى مَلاَكِ الْكَنِيسَةِ الَّتِي فِي فِيلاَدَلْفِيَا: هَذَا يَقُولُهُ الْقُدُّوسُ الْحَقُّ، الَّذِي لَهُ مِفْتَاحُ دَاوُدَ، الَّذِي يَفْتَحُ وَلاَ أَحَدٌ يُغْلِقُ، وَيُغْلِقُ وَلاَ أَحَدٌ يَفْتَحُ.
رؤ ٣: ٨ أَنَا عَارِفٌ أَعْمَالَكَ. هَئَنَذَا قَدْ جَعَلْتُ أَمَامَكَ بَاباً مَفْتُوحاً وَلاَ يَسْتَطِيعُ أَحَدٌ أَنْ يُغْلِقَهُ، لأَنَّ لَكَ قُوَّةً يَسِيرَةً، وَقَدْ حَفِظْتَ كَلِمَتِي وَلَمْ تُنْكِرِ اسْمِي.
رؤ ٣: ٩ هَئَنَذَا أَجْعَلُ الَّذِينَ مِنْ مَجْمَعِ الشَّيْطَانِ، مِنَ الْقَائِلِينَ إِنَّهُمْ يَهُودٌ وَلَيْسُوا يَهُوداً، بَلْ يَكْذِبُونَ: هَئَنَذَا أُصَيِّرُهُمْ يَأْتُونَ وَيَسْجُدُونَ أَمَامَ رِجْلَيْكَ، وَيَعْرِفُونَ أَنِّي أَنَا أَحْبَبْتُكَ.
رؤ ٣: ١٠ لأَنَّكَ حَفِظْتَ كَلِمَةَ صَبْرِي، أَنَا أَيْضاً سَأَحْفَظُكَ مِنْ سَاعَةِ التَّجْرِبَةِ الْعَتِيدَةِ أَنْ تَأْتِيَ عَلَى الْعَالَمِ كُلِّهِ لِتُجَرِّبَ السَّاكِنِينَ عَلَى الأَرْضِ.
رؤ ٣: ١١ هَا أَنَا آتِي سَرِيعاً. تَمَسَّكْ بِمَا عِنْدَكَ لِئَلاَّ يَأْخُذَ أَحَدٌ إِكْلِيلَكَ.
رؤ ٣: ١٢ مَنْ يَغْلِبُ فَسَأَجْعَلُهُ عَمُوداً فِي هَيْكَلِ إِلَهِي، وَلاَ يَعُودُ يَخْرُجُ إِلَى خَارِجٍ، وَأَكْتُبُ عَلَيْهِ اسْمَ إِلَهِي، وَاسْمَ مَدِينَةِ إِلَهِي أُورُشَلِيمَ الْجَدِيدَةِ النَّازِلَةِ مِنَ السَّمَاءِ مِنْ عِنْدِ إِلَهِي، وَاسْمِي الْجَدِيدَ.
رؤ ٣: ١٣ مَنْ لَهُ أُذُنٌ فَلْيَسْمَعْ مَا يَقُولُهُ الرُّوحُ لِلْكَنَائِسِ.

خلفية عن مدينة فيلادلفيا:

هي احدى مدن محافظة عيدين التركية حالياً، واسمها الحالي "اللاشِهِر" التي تعني مدينة الله أو المدينة المخططة (the striped city)، واسمها القديم فيلادلفيا يعني "ذاك الذي يحب أخاه". تقع المدينة عند سفح جبل تمولس (Mt. Tmolus) [٧٧] بجانب نهر كوجامس (Cogamus) حوالي ١٠٥ كيلومتر شرقاً من مدينة سميرنا. أنشئت المدينة حوالي سنة ١٥٠ قبل الميلاد على يد "أتالوس الثاني الفيلادلفي" (Attalus II Philadelphus) ملك برغامس [٣٤]، وقد أطلق على المدينة لقب "أثينا الصغرى" بسبب كثرة معابدها واحتفالاتها. لم تكن المدينة جميلة في طريقة تصميمها لكنها كانت تقع على أرض مرتفعة حوالي ٩٥٠ قدم فوق مستوى سطح البحر، وكانت تشرف على سهل هرمس الخصب.

كانت ولازالت المدينة صغيرة من حيث عدد السكان، وكانت أهميتها أقل من معظم مدن آسيا الصغرى الأخرى التي ذُكِرَت في سفر الرؤيا، ولم يكن بالمدينة محكمة حتى أن السكان كانوا يضطرون للسفر إلى ساردس من أجل المحاكمات.

لقد بقيت تلك المدينة أكثر من أية مدينة أخرى من المذكورين في الأصحاحين الثاني والثالث من سفر الرؤيا، ومازالت المدينة قائمة داخل نفس أسوار المدينة القديمة.
كانت فيلادلفيا هي آخر مدينة بيزنطية تسقط في أيدي الأتراك في القرن الرابع عشر، وحين استسلمت، وَقَّعَتْ المدينة على شروط استسلام أفضل من كل المدن الأخرى، فقد حافظت على حرية العبادة المسيحية، واستخدام الأجراس التي على الكنائس، وإقامة المواكب المسيحية العامة، وهي الأمور التي لم يَسْمَح بها الأتراك لأية مدينة أخرى في مقاطعة آسيا الصغرى.

محتوى الرسالة:

رؤ ٣: ٧ وَاكْتُبْ إِلَى مَلاَكِ الْكَنِيسَةِ الَّتِي فِي فِيلاَدَلْفِيَا:
هَذَا يَقُولُهُ الْقُدُّوسُ الْحَقُّ، الَّذِي لَهُ مِفْتَاحُ دَاوُدَ،
الَّذِي يَفْتَحُ وَلاَ أَحَدٌ يُغْلِقُ، وَيُغْلِقُ وَلاَ أَحَدٌ يَفْتَحُ.

الرسالة إلى ملاك كنيسة فيلادلفيا هي الرسالة الثانية التي لا تحتوي على توبيخ للكنيسة بعد الرسالة إلى كنيسة سميرنا، كما أنها الرسالة الأولى والوحيدة التي لا يذكر الرب فيها أي عيب في الكنيسة، فكنيسة سميرنا التي لم يوبخها الرب على شيء كانت خائفة، فأمرهم بأن يتوقفوا عن الخوف (راجع التعليق على: رؤ ٢: ١٠)، لكن هذه الكنيسة تظهر بلا عيب في عيني ذاك الذي يعرف أعمال جميع الكنائس.

سنبدأ دراسة العدد الأول من هذه الرسالة بدراسة معنى كل جزء فيه على حدة أولاً، ثم في النهاية ننظر إلى معنى العدد كاملاً في ضوء بقية الرسالة إلى هذه الكنيسة.

وَاكْتُبْ إِلَى مَلاَكِ الْكَنِيسَةِ الَّتِي فِي فِيلاَدَلْفِيَا: هي نفس المقدمة المذكورة في كل رسالة. من المهم هنا أن نتذكر معنى اسم فيلادلفيا في اللغة اليونانية والذي يعني "ذاك الذي يحب أخاه" أو "المحبة الأخوية".

هَذَا يَقُولُهُ الْقُدُّوسُ الْحَقُّ: من المُلاحَظْ أن تقديم الرب لنفسه في هذه الآية غير مأخوذ من الأصحاح الأول مثل باقي الكنائس، إلا إذا اعتبر الدارس أن القدوس الحق هو إعادة صياغة لوصف الرب بالأمين في "الشاهد الأمين" (رؤ ١: ٥) غير أن هذا الوصف الأخير مذكور في كنيسة لاودكية، ولم يحدث أن أعاد الرب وصف نفسه بنفس الأوصاف في كنيستين من السبع.

ويعزي البعض سبب عدم استخدام الرب لأوصافه في الأصحاح الاول مع هذه الكنيسة أنه لم يرسل لها بهذه الرسالة ليحكم عليها في شيء، إذ لا يلومها على أي شيء، بل يمدحها ويحضها على الاستمرار، فهذه الكنيسة لا تحتاج إلى المسيح بصفته القاضي الآتي ليحكم عليها بحسب وصفه في الأصحاح الأول، بل بصفته القدوس الحق القائم على بيت الآب ليرعى كنيسته كما سنرى.

الْقُدُّوسُ: إن لقب "الْقُدُّوسُ" الذي وَصَفَ به المسيح نفسه هنا لا يذكره الكتاب عن أي شخص آخر إلا عن الله، وبذلك فإن المسيح هنا يؤكد أنه هو الله (قارن مع: رؤ ٦: ١٠؛ أي ٦: ١٠؛ هو ١١: ٩؛ حب ٣: ٣؛ اش ١: ٤؛ ٥: ١٩، ٢٤؛ ١٠: ٢٠؛ ١٢: ٦؛ ٤٣: ١٥؛ إر ٥١: ٥؛ حز ٣٩: ٧؛ مز ٧١: ٢٢).
أيضاً فإن هذا اللقب (القدوس) يُسْتَخدَم دائماً في العهد الجديد كعنوان مسياني للرب يسوع المسيح، ففي (مر ١: ٢٤) صرخ الروح النجس: "أَنَا أَعْرِفُكَ مَنْ أَنْتَ: قُدُّوسُ اللهِ!"، وعند التبشير بميلاده من العذراء مريم وصف الملاك المسيح قائلاً: "الْقُدُّوسُ الْمَوْلُودُ مِنْكِ يُدْعَى ابْنَ اللهِ." (لو ١: ٣٥)، ولاحقاً قال بطرس موبخاً اليهود: "وَلكِنْ أَنْتُمْ أَنْكَرْتُمُ الْقُدُّوسَ الْبَارَّ" (أع ٣: ١٤).
إن لقب "القدوس" يختلف عن صفة القداسة التي تُطلَق على القديسين، فالكتاب المقدس يعلمنا أن نكون قديسين إذ يقول: "كُونُوا قِدِّيسِينَ لأَنِّي أَنَا قُدُّوسٌ" (١بط ١: ١٦)، لكن لقب "القدوس" لا يطلق إلا على الله [باستثناء تسمية بعض رتب الملائكة "قدوسين" في سفر دانيال" (راجع: دا ٤: ١٣، ١٧، ٢٣)، لكن الكلمة الآرامية المستخدمة في سفر دانيال غير مستخدمة في أي مكان آخر في الكتاب المقدس]، وهو يحتوي في معناه على صفات كثيرة يمكنك القراءة عنها بأكثر تفصيل في الملحق رقم ٣، ويعني هذا اللقب أن الله منفصل تماماً ومتميز عن كل الخليقة بما فيها إبليس وجميع الملائكة بمختلف رتبهم، فالله ليس له مثيل، وهو متفرد من جهة طبيعته، وفيه كمال كل الصفات المجيدة.
إن قصد المسيح الواضح من تسمية نفسه بالقدوس في مقدمة هذه الرسالة هو أن يؤكد لملاك الكنيسة وللكنيسة ككل أنهم يعبدون الإله يهوه العظيم الحقيقي، وسوف نرى لاحقاً سبب ذلك.

الْحَقُّ: إن لقب "الْحَقُّ" يأتي بالتضاد لكلمة "يَكْذِبُونَ" المذكورة في عدد ٩ من نفس الأصحاح عن "الَّذِينَ مِنْ مَجْمَعِ الشَّيْطَانِ، مِنَ الْقَائِلِينَ إِنَّهُمْ يَهُودٌ وَلَيْسُوا يَهُوداً، بَلْ يَكْذِبُونَ".
لقد كان يهود تلك المدينة يتهمون المسيحيين بأنهم يعبدون إلهاً مزيفاً غير يهوه وأنهم بذلك ليسوا يهوداً بل مهرطقين، وكانوا يطردونهم من مجمع اليهود، وبذلك كان المسيحيون يُحرَمون من المزايا التي لليهود في استثنائهم من وجوب عبادة قيصر، وهو ما كان يزيد من الضغط والاضطهاد على المسيحيين (سنشرح هذا

بأكثر تفصيلاً في نهاية شرح هذا العدد). لقد وصف الرب نفسه بهذه الكلمة (الحق) ليقول لهؤلاء المؤمنين المضطهدين أنه هو يهوه الحقيقي وأنهم لم يضلوا حين تبعوا المسيح.
يذكر الكتاب هذه الصفة (الحق) تسع مرات في إنجيل يوحنا، وأربع مرات في رسالته الأولى، وعشر مرات في سفر الرؤيا، فيكون المجموع ٢٣ مرة. غير ذلك ذُكِرَت خمس مرات فقط في باقي العهد الجديد. هذه الكلمة هي نفسها المستخدمة في وصف يوحنا للرب: "كَانَ النُّورُ الْحَقِيقِيُّ الَّذِي يُنِيرُ كُلَّ إِنْسَانٍ آتِيًا إِلَى الْعَالَمِ." (يو ١: ٩)، (قارن مع: ١يو ٢: ٨)، وهي أيضاً نفس الكلمة المستخدمة في: "... بَلْ أَبِي يُعْطِيكُمُ الْخُبْزَ الْحَقِيقِيَّ مِنَ السَّمَاءِ .... فَقَالَ لَهُمْ يَسُوعُ: أَنَا هُوَ خُبْزُ الْحَيَاةِ." (يو ٦: ٣٢، ٣٥)، كما أنها نفس الكلمة المذكورة في: "أَنَا الْكَرْمَةُ الْحَقِيقِيَّةُ وَأَبِي الْكَرَّامُ." (يو ١٥: ١). هذه الكلمة ذُكِرَت أيضاً لتصف أقنوم الاب حين قال الرب يسوع: "بَلِ الَّذِي أَرْسَلَنِي هُوَ حَقٌّ" (يو ٧: ٢٨)، وحين قال: "وَهذِهِ هِيَ الْحَيَاةُ الأَبَدِيَّةُ: أَنْ يَعْرِفُوكَ أَنْتَ الإِلهَ الْحَقِيقِيَّ وَحْدَكَ وَيَسُوعَ الْمَسِيحَ الَّذِي أَرْسَلْتَهُ." (يو ١٧: ٣)، ولقد قال الرب يسوع أيضاً عن نفسه: "أَنَا هُوَ الطَّرِيقُ وَالْحَقُّ وَالْحَيَاةُ. لَيْسَ أَحَدٌ يَأْتِي إِلَى الآبِ إِلاَّ بِي." (يو ١٤: ٦).

عزيزي القارئ، إن أردت أن تعرف الحق عن الله أو عن أي من أمور حياتك، فكل ما عليك أن تفعله هو أن تأتي إلى القدوس الحق وتسأله أن ينير طريقك ويفتح ذهنك ويظهر لك أين هو الحق، كما أن عليك أن تقرأ كلمة الحق التي هي إنجيل الخلاص ورسالة الله الصادقة لكل البشر، وإلهنا الذي لا يقدر أن ينكر نفسه سيظهر لك ذاته وينير لك طريقك لتجد الحق وتسير فيه.

الَّذِي لَهُ مِفْتَاحُ دَاوُدَ، الَّذِي يَفْتَحُ وَلاَ أَحَدٌ يُغْلِقُ، وَيُغْلِقُ وَلاَ أَحَدٌ يَفْتَحُ: هذا الجزء مأخوذ عن الأصحاح الثاني والعشرون من سفر إشعياء إذ يقول الكتاب: "هكَذَا قَالَ السَّيِّدُ رَبُّ الْجُنُودِ: اذْهَبِ ادْخُلْ إِلَى هذَا جَلِيسِ الْمَلِكِ، إِلَى شِبْنَا الَّذِي عَلَى الْبَيْتِ: مَا لَكَ ههُنَا؟ وَمَنْ لَكَ ههُنَا حَتَّى نَقَرْتَ لِنَفْسِكَ ههُنَا قَبْرًا أَيُّهَا النَّاقِرُ فِي الْعُلُوِّ قَبْرَهُ، النَّاحِتُ لِنَفْسِهِ فِي الصَّخْرِ مَسْكَنًا؟ هُوَذَا الرَّبُّ يَطْرَحُكَ طَرْحًا يَا رَجُلُ، وَيُغَطِّيكَ تَغْطِيَةً. يَلُفُّكَ لَفَّ لَفِيفَةٍ كَالْكُرَةِ إِلَى أَرْضٍ وَاسِعَةِ الطَّرَفَيْنِ. هُنَاكَ تَمُوتُ، وَهُنَاكَ تَكُونُ مَرْكَبَاتُ مَجْدِكَ، يَا خِزْيَ بَيْتِ سَيِّدِكَ. وَأَطْرُدُكَ مِنْ مَنْصِبِكَ، وَمِنْ مَقَامِكَ يَحُطُّكَ. وَيَكُونُ فِي ذلِكَ الْيَوْمِ أَنِّي أَدْعُو عَبْدِي أَلِيَاقِيمَ بْنَ حِلْقِيَّا وَأُلْبِسُهُ ثَوْبَكَ، وَأَشُدُّهُ بِمِنْطَقَتِكَ، وَأَجْعَلُ سُلْطَانَكَ فِي يَدِهِ، فَيَكُونُ أَبًا لِسُكَّانِ أُورُشَلِيمَ وَلِبَيْتِ يَهُوذَا. وَأَجْعَلُ مِفْتَاحَ بَيْتِ دَاوُدَ عَلَى كَتِفِهِ، فَيَفْتَحُ وَلَيْسَ مَنْ يُغْلِقُ، وَيُغْلِقُ وَلَيْسَ مَنْ يَفْتَحُ." (إش ٢٢: ١٥-٢٢).

في هذا الجزء نجد شخصيتين أساسيتين:

- شِبْنَا: معنى اسمه "قوة"، والكلمة تأتي من أصل كلمة غير مستخدمة تعني " النمو" (to grow)، كما أن اسمه يُظهر أنه لم يكن يهودي الأصل (من المحتمل أنه كان أشورياً)، وقد أساء استخدام كرامته وسلطانه كمدير ومتحكم في بيت الملك ليصنع لنفسه إسماً.
- أَلِيَاقِيمَ بْنَ حِلْقِيَّا: إسم "ألياقيم" يعني "الله يقيم" أو "الله يُنَصِّبُ" في اللغة العبرية، واسم "حلقيا" يعني "نصيبي هو يهوه".

إن معاني الأسماء هنا فيها تأمل جميل، فالله لا يقبل أن يستخدم الخادم كرامته وسلطانه ليصنع لنفسه إسماً، فالله لا يعطي مجده لآخر (إش ٤٢: ٨)، وهو يقاوم المستكبرين إذ يقول الكتاب المقدس: "يُقَاوِمُ اللهُ الْمُسْتَكْبِرِينَ، وَأَمَّا الْمُتَوَاضِعُونَ فَيُعْطِيهِمْ نِعْمَةً" (يع ٤: ٦). لقد رفض الرب خدمة شبنا وأعطى مكانه لألياقيم بن حلقيا، فمن كان يخدم الرب بأمانة واضعاً الرب نصب عينيه وساعياً نحو النصيب السماوي، سيقيمة الرب في أعلى المناصب تماماً كما فعل مع دانيال والفتية الثلاثة، فقصة هؤلاء كلهم بدأت باختيارهم ألا يتنجسوا بأطايب الملك (دا ١: ٨) وأن يعيشوا حياة مختلفة برغم صغر سنهم وظروفهم السيئة، فرفعهم الله لأعلى المراتب في مملكة السبي وأكرمهم واستخدمهم ليربحوا الملك نفسه لعبادة الإله الحقيقي يهوه (دا ٣: ٢٨-٢٩؛ ٤: ٣٧).

الَّذِي لَهُ مِفْتَاحُ دَاوُدَ: لقد كان لجليس الملك الذي له مفتاح خزانة بيت الملك مركز مماثل لمركز رئيس الوزراء في عصرنا الحديث، هذا الشخص كان قائماً على بيت الملك كما كان يوسف على بيت فرعون. لقد كان ألياقيم الذي في سفر إشعياء صورة للمسيح، فألياقيم كان له السلطان على بيت داود، وفي هذه الآية يعلن الرب يسوع أنه يتحكم في مملكة الله التي كان بيت داود يرمز إليها.

المسيح هنا يختلف عن ألياقيم، فلقد أَعْطَى الله مفتاح بيت داود لألياقيم، بينما الرب يسوع يملك مفتاح داود من البداية، فهو صاحب الكل تماماً كما قال الأربعة والعشرون شيخاً في سفر الرؤيا: "أَنْتَ مُسْتَحِقٌ أَيُّهَا الرَّبُّ أَنْ تَأْخُذَ الْمَجْدَ وَالْكَرَامَةَ وَالْقُدْرَةَ، لأَنَّكَ أَنْتَ خَلَقْتَ كُلَّ الأَشْيَاءِ، وَهِيَ بِإِرَادَتِكَ كَائِنَةٌ وَخُلِقَتْ" (رؤ ٤: ١١)

والرب لا يملك فقط مفتاح داود، فلقد أعلن مسبقاً قائلاً: "لِي مَفَاتِيحُ الْهَاوِيَةِ وَالْمَوْتِ" (رؤ ١: ١٨)، ولقد سبق وتكلمنا عن معنى هذه المفاتيح في شرح الرسالة إلى كنيسة سميرنا، لكن المعنى الجميل هنا هو أن الرب هو صاحب السلطان الكامل على الخلاص بكل جوانبه وعلى الدينونة بكل جوانبها.

وكما أن ألياقيم يشير إلى الرب يسوع، فشِبْنَا أيضاً يمكن أن يشير إلى إبليس الذي خلقه الرب كروباً مميزاً بين الملائكة فتكبر وأراد أن يشارك الله في حكمه كما تكبر شِبْنَا (راجع: حز ٢٨: ١١-١٩؛ إش ١٤: ٣-٢٣)، وكما حكم الرب على شِبْنَا وطرحه من مكانه وطرده من المملكة، هكذا أيضاً طُرِحَ إبليس من

مركزه ومن مكانته في السماء وجرده الرب من رتبته، وفي نهاية الأيام سَيُطرَح في بحيرة النار والكبريت (رؤ ٢٠: ١٠).

الَّذِي يَفْتَحُ وَلاَ أَحَدٌ يُغْلِقُ، وَيُغْلِقُ وَلاَ أَحَدٌ يَفْتَحُ: فلا أحد يجرؤ على الوقوف في وجه ذلك الإله الوحيد القادر على كل شيء. من الآية التالية (رؤ ٣: ٨) يتضح أن الرب يتكلم هنا عن أبواب الفرص الإلهية للكرازة والخدمة، فهو الذي يفتح تلك الأبواب، وأحياناً يغلق أبواباً أخرى. نرى مثالًا واضحًا لذلك في سفر أعمال الرسل إذ يقول الكتاب: "وَبَعْدَ مَا اجْتَازُوا فِي فِرِيجِيَّةَ وَكُورَةِ غَلاَطِيَّةَ، مَنَعَهُمُ الرُّوحُ الْقُدُسُ أَنْ يَتَكَلَّمُوا بِالْكَلِمَةِ فِي أَسِيَّا. فَلَمَّا أَتَوْا إِلَى مِيسِيَّا حَاوَلُوا أَنْ يَذْهَبُوا إِلَى بِثِينِيَّةَ، فَلَمْ يَدَعْهُمُ الرُّوحُ." (أع ١٦: ٦-٧). لقد أغلق الرب باب الكرازة في آسيا مؤقتاً ليفتحه في مكدونيا (أع ١٦: ٩-١٠)، ثم لاحقاً فتح الرب بابًا عظيمًا للخدمة في آسيا إذ يقول الرسول بولس: "وَلكِنَّنِي أَمْكُثُ فِي أَفَسُسَ إِلَى يَوْمِ الْخَمْسِينَ، لأَنَّهُ قَدِ انْفَتَحَ لِي بَابٌ عَظِيمٌ فَعَّالٌ، وَيُوجَدُ مُعَانِدُونَ كَثِيرُونَ." (١كو ١٦: ٨-٩). لقد تكلم بولس عن هذا الباب العظيم الفعال الذي فتحه الرب حين ذهب لاحقاً إلى أفسس في أعمال ١٩ إذ يقول الكتاب: "ثُمَّ دَخَلَ (بولس) الْمَجْمَعَ، وَكَانَ يُجَاهِرُ مُدَّةَ ثَلاَثَةِ أَشْهُرٍ مُحَاجًّا وَمُقْنِعًا فِي مَا يَخْتَصُّ بِمَلَكُوتِ اللهِ. وَلَمَّا كَانَ قَوْمٌ يَتَقَسَّوْنَ وَلاَ يَقْتَنِعُونَ، شَاتِمِينَ الطَّرِيقَ أَمَامَ الْجُمْهُورِ، اعْتَزَلَ عَنْهُمْ وَأَفْرَزَ التَّلاَمِيذَ، مُحَاجًّا كُلَّ يَوْمٍ فِي مَدْرَسَةِ إِنْسَانٍ اسْمُهُ تِيرَانُّسُ. وَكَانَ ذلِكَ مُدَّةَ سَنَتَيْنِ، حَتَّى سَمِعَ كَلِمَةَ الرَّبِّ يَسُوعَ جَمِيعُ السَّاكِنِينَ فِي أَسِيَّا، مِنْ يَهُودٍ وَيُونَانِيِّينَ. وَكَانَ اللهُ يَصْنَعُ عَلَى يَدَيْ بُولُسَ قُوَّاتٍ غَيْرَ الْمُعْتَادَةِ، حَتَّى كَانَ يُؤْتَى عَنْ جَسَدِهِ بِمَنَادِيلَ أَوْ مَآزِرَ إِلَى الْمَرْضَى، فَتَزُولُ عَنْهُمُ الأَمْرَاضُ، وَتَخْرُجُ الأَرْوَاحُ الشِّرِّيرَةُ مِنْهُمْ." (أع ١٩: ٨-١٢). لقد أغلق الرب باب الخدمة في آسيا إلى حين لكي يذهب بولس أولاً إلى مكدونية ليبشر ليديا بائعة الأرجوان التي من ثياتيرا وحافظ سجن فيلبي وكل أهل بيته (أع ١٦)، ثم يبشر أهل تسالونيكي وأهل بيرية وأهل أثينا الذين بشرهم في آريوس باغوس (أع ١٧)، ثم يبشر أيضاً أهل كورنثوس (أع ١٨). في هذه الأثناء جهز الرب أبلوس (أع ١٨) لكي يذهب إلى كورنثوس ليكمل العمل الذي بدأه بولس قبل أن ينتقل بولس إلى أفسس ليمضي هناك حوالي ثلاثة سنوات يبشر (أع ١٩)، ولقد كان لأبلوس تأثيراً كبيراً على أهل كورنثوس إذ سقى الكلمة التي غرسها بولس كما يقول الكتاب: "لأَنَّهُ مَتَى قَالَ وَاحِدٌ: أَنَا لِبُولُسَ وَآخَرُ: أَنَا لأَبُلُّوسَ أَفَلَسْتُمْ جَسَدِيِّينَ؟ فَمَنْ هُوَ بُولُسُ؟ وَمَنْ هُوَ أَبُلُّوسُ؟ بَلْ خَادِمَانِ آمَنْتُمْ بِوَاسِطَتِهِمَا، وَكَمَا أَعْطَى الرَّبُّ لِكُلِّ وَاحِدٍ: أَنَا غَرَسْتُ وَأَبُلُّوسُ سَقَى، لكِنَّ اللهَ كَانَ يُنْمِي." (١كو ٣: ٤-٦)

إن للرب خطة أعظم بكثير من كل أفكار البشر، ومن المهم جداً أن نبقى صاحين منتبهين إلى قيادة الرب -الذي له مفتاح داود- لنا لكي نفعل مشيئته ونكون فعالين في خدمته. لم يكن بولس شخصاً متكاسلاً، بل نشيطاً في خدمته للرب، وكان يتحرك من مكان إلى آخر كما سبق وأمره الرب أن يبشر اليهود والأمم في كل

مكان، فبينما هو مزمع أن يذهب إلى آسيا الصغرى منعه الرب مغلقاً هذا الباب وقاده إلى مناطق أخرى إلى أن ينتهي الرب من تجهيز من يكمل ما سيبدأه بولس في كورنثوس، ويرتب أيضاً مجيئه وكرازته في أفسس التي منها سمع كلمة الرب جميع الساكنين في آسيا.

الْقُدُّوسُ الْحَقُّ، الَّذِي لَهُ مِفْتَاحُ دَاوُدَ، الَّذِي يَفْتَحُ وَلاَ أَحَدٌ يُغْلِقُ، وَيُغْلِقُ وَلاَ أَحَدٌ يَفْتَحُ: في بداية المسيحية كان معظم المؤمنين من اليهود، وكانوا لا يرون أنهم في حاجة إلى الانفصال عن الديانة اليهودية والمجامع، بل كانوا يؤمنون أنهم هم اليهود الحقيقيون الذين يؤمنون بمجيء المسيح الذي تنبأت عنه كتبهم، وكانوا يعبدون في الهيكل (أع ٥: ٤٢)، وحين بدأ الأمم في الدخول إلى الإيمان، كانوا يُرغِمُون الذين آمنوا أن يتهودوا ويختتنوا بحسب الشريعة اليهودية إلى أن قرر مجمع أورشليم الذي أقيم حوالي سنة ٥٠ ميلادية أن الأمم ليسوا في حاجة إلى أن يختتنوا (أع ١٥). وعلى ذلك، فقد كان المؤمنون من اليهود يحضرون المجامع اليهودية في كل مكان ويخدمون فيها مبشرين بالرب يسوع المسيح (أع ١٧: ١-٢)، ولأن اليهود كانت لهم صلاحيات مميزة في الإمبراطورية الرومانية، إذ كانوا غير مُلْزَمِين بعبادة الإمبراطور أو أي من الآلهة الأخرى، فقد استفاد المؤمنون من هذه المزايا، لكن اليهود الذين رفضوا الإيمان كانوا يطردون المسيحيين من المجامع ويتهمونهم بأنهم ليسوا يهوداً، وهو ما يضع المؤمنين في موقف صعب مع الرومان إذ يفقدون المزايا الممنوحة لليهود.
في هذه الأجواء عاشت كنيسة فيلادلفيا التي طردها اليهود من المجمع، واتهموا أعضاءَها بأنهم ليسوا يهوداً ولا يعبدون الإله يهوه بل يعبدون إنساناً ميتاً في نظر اليهود، ولذلك فالرب هنا يعلن عن ذاته لهذه الكنيسة بأنه القدوس الحق، وكلمة القدوس لا تُطلَق إلا على الإله الحقيقي يهوه كما رأينا، فهو يريد أن يقول لهذه الكنيسة أن هؤلاء اليهود اتهموكم كذباً بأنكم لا تعبدون يهوه الحقيقي، لكني أنا القدوس يهوه الحقيقي أخاطبكم وأقول لكم أنهم كذابين، ولم يكتف الرب بهذا بل أكد بأنه هو المختار من الله ليكون راعياً ورئيساً لبيت داود كما كان ألياقيم الذي أقامه الرب في هذا المركز.

رؤ ٣: ٨ أَنَا عَارِفٌ أَعْمَالَكَ. هَئَنَذَا قَدْ جَعَلْتُ أَمَامَكَ بَاباً مَفْتُوحاً وَلاَ يَسْتَطِيعُ أَحَدٌ أَنْ يُغْلِقَهُ، لأَنَّ لَكَ قُوَّةً يَسِيرَةً، وَقَدْ حَفِظْتَ كَلِمَتِي وَلَمْ تُنْكِرِ اسْمِي.

تركيب هذه الآية مختلف عن مثيلاتها في الرسائل إلى بقية الكنائس في أن الرب لم يذكر نوع الأعمال التي يعرفها مباشرة بعد "أَنَا عَارِفٌ أَعْمَالَكَ"، بل وضع في

المنتصف جملة اعتراضية: "هَئَنَذَا قَدْ جَعَلْتُ أَمَامَكَ بَاباً مَفْتُوحاً وَلاَ يَسْتَطِيعُ أَحَدٌ أَنْ يُغْلِقَهُ" قبل أن يذكر أعمال تلك الكنيسة. والكلمة "لأَنَّ" المذكورة في "لأَنَّ لَكَ قُوَّةً يَسِيرَةً" هي نفس الكلمة اليونانية المذكورة في الأعداد ١ و١٥ من نفس الأصحاح وترجمت "أن" و"أنك" على التوالي، لكنها ترجمت هنا "لأن"، وهي ترجمة صحيحة أيضاً للكلمة اليونانية؛ وهذا المعنى الأخير للكلمة يوحي بأن الرب يريد أن يقول أن هذا الباب المفتوح الذي لا يستطيع أحد أن يغلقه هو نتيجة مباشرة لتلك الأعمال التي امتدحها الرب.

هَئَنَذَا قَدْ جَعَلْتُ أَمَامَكَ بَاباً مَفْتُوحاً وَلاَ يَسْتَطِيعُ أَحَدٌ أَنْ يُغْلِقَهُ: تشير كلمة "باب" إلى فاصل أو نقطة مرور بين مكانين أو حالتين مختلفتين، والكلمة اليونانية المذكورة هنا تأتي في العهد الجديد لتشير إلى عدة أشياء:
١- باب بيت أو قبر أو مدينة (مت ٦: ٦؛ ٢٧: ٦٠؛ ٢٨: ٢؛ مر ١: ٣٣؛ يو ١٨: ١٦).
٢- فتح الطريق لمجموعات وشعوب جديدة للقدوم إلى الإيمان من خلال الكرازة: "وَلَمَّا حَضَرَا وَجَمَعَا الْكَنِيسَةَ، أَخْبَرَا بِكُلِّ مَا صَنَعَ اللهُ مَعَهُمَا، وَأَنَّهُ فَتَحَ لِلأُمَمِ بَابَ الإِيمَانِ." (أع ١٤: ٢٧).
٣- الفرصة المتاحة لقبول المسيح كمخلص شخصي: "وَفِيمَا هُنَّ ذَاهِبَاتٌ لِيَبْتَعْنَ جَاءَ الْعَرِيسُ وَالْمُسْتَعِدَّاتُ دَخَلْنَ مَعَهُ إِلَى الْعُرْسِ وَأُغْلِقَ الْبَابُ." (مت ٢٥: ١٠)، وأيضاً: "مِنْ بَعْدِ مَا يَكُونُ رَبُّ الْبَيْتِ قَدْ قَامَ وَأَغْلَقَ الْبَابَ وَابْتَدَأْتُمْ تَقِفُونَ خَارِجاً وَتَقْرَعُونَ الْبَابَ قَائِلِينَ: يَا رَبُّ يَا رَبُّ افْتَحْ لَنَا يُجِيبُكُمْ: لاَ أَعْرِفُكُمْ مِنْ أَيْنَ أَنْتُمْ!" (لو ١٣: ٢٥).
٤- المسيح الذي هو الباب الوحيد للحياة الأبدية: "فَقَالَ لَهُمْ يَسُوعُ أَيْضاً: الْحَقَّ الْحَقَّ أَقُولُ لَكُمْ: إِنِّي أَنَا بَابُ الْخِرَافِ .... أَنَا هُوَ الْبَابُ. إِنْ دَخَلَ بِي أَحَدٌ فَيَخْلُصُ وَيَدْخُلُ وَيَخْرُجُ وَيَجِدُ مَرْعًى." (يو ١٠: ٧، ٩).
٥- باب الفرص المرتبة من الرب للخدمة والشهادة والكرازة باسم الرب يسوع مثلما قال الكتاب: "مُصَلِّينَ فِي ذلِكَ لأَجْلِنَا نَحْنُ أَيْضًا، لِيَفْتَحَ الرَّبُّ لَنَا بَابًا لِلْكَلاَمِ، لِنَتَكَلَّمَ بِسِرِّ الْمَسِيحِ، الَّذِي مِنْ أَجْلِهِ أَنَا مُوثَقٌ أَيْضًا، كَيْ أُظْهِرَهُ كَمَا يَجِبُ أَنْ أَتَكَلَّمَ." (كو ٤: ٣-٤)، وقال أيضاً: "وَلكِنْ لَمَّا جِئْتُ إِلَى تَرُوَاسَ، لأَجْلِ إِنْجِيلِ الْمَسِيحِ، وَانْفَتَحَ لِي بَابٌ فِي الرَّبِّ" (٢كو ٢: ١٢)، وقال أيضاً: "لأَنَّهُ قَدِ انْفَتَحَ لِي بَابٌ عَظِيمٌ فَعَّالٌ، وَيُوجَدُ مُعَانِدُونَ كَثِيرُونَ." (١كو ١٦: ٩).
٦- باب القلب: "هَئَنَذَا وَاقِفٌ عَلَى الْبَابِ وَأَقْرَعُ. إِنْ سَمِعَ أَحَدٌ صَوْتِي وَفَتَحَ الْبَابَ، أَدْخُلُ إِلَيْهِ وَأَتَعَشَّى مَعَهُ وَهُوَ مَعِي." (رؤ ٣: ٢٠).
٧- باب للسماء: "بَعْدَ هذَا نَظَرْتُ وَإِذَا بَابٌ مَفْتُوحٌ فِي السَّمَاءِ، وَالصَّوْتُ الأَوَّلُ الَّذِي سَمِعْتُهُ كَبُوقٍ يَتَكَلَّمُ مَعِي قَائِلاً: اصْعَدْ إِلَى هُنَا فَأُرِيَكَ مَا لاَ بُدَّ أَنْ يَصِيرَ بَعْدَ هذَا." (رؤ ٤: ١).

ويُجمِع الشُرَّاح على أن الباب المفتوح المذكور هنا يشير إلى باب الفرص المرتبة إلهياً للخدمة والكرازة والإيمان، والمسيح "الَّذِي لَهُ مِفْتَاحُ دَاوُدَ" هو الذي فتح هذا الباب، فالرب إذاً جعل أمام هذه الكنيسة باباً مفتوحاً للشهادة والتأثير لا يستطيع الشيطان أو أي من معانديهم أن يغلقه لأنهم كانوا أمناء في شهادتهم وتمسكهم بإيمانهم رغم الصعوبات التي كانت تواجههم كما سنرى من شرح بقية الآية. ومفتاح داود كما اشرنا يتكلم عن سلطان المسيح، كما أنه يتكلم عن سلطان المسيح على بيت الملك وعلى خزائنه أيضاً، فالرب يسوع هنا فتح خزائن الرب الإله لهذه الكنيسة أيضاً، والخزائن التي فتحها المسيح لكنيسته بموته وقيامته كثيرة، من أهمها سكنى الروح القدس وملئه الذي سكبه على المؤمنين، وهذه السكنى والملء تتضمن نِعَمُ الروح ومواهبه وقوته التي سكبها على الكنيسة في يوم الخمسين، فلأن كنيسة فيلادلفيا كانت أمينة، فقد فتح لهم الرب خزائنه ليعطيهم قوة ومواهب وعطايا إلهية ليتمكنوا من إتمام دورهم في الشهادة عنه بنجاح.

<u>شرح الرأي التاريخي:</u> من المهم هنا أن يفهم الدارس الرأي التاريخي في شرح الرسالة إلى هذه الكنيسة، فبعد أن بردت حركة الإصلاح وتحولت إلى حركة سياسية سُمِّيَت بالحركة البروتستانتية، بدأت تنشأ حركة روحية جديدة في منتصف القرن الثامن عشر تميزت بالكرازة والإرساليات والمناداة بقرب مجيء الرب. هذه الحركة الروحية بدأت بجورج وايتفيلد (George Whitefield) (١٧١٤ - ١٧٧٠ ميلادية)، ثم جاء بعده جون ويسلي (John Wesley) ثم تشارلز فني (Charles Finney) ومودي (D. L. Moody)، وفي سنة ١٧٩٣ سافر وليم كاري (William Carey) إلى الهند حيث وجد باباً مفتوحاً للكرازة، ومن هذا الوقت فتح الرب أبواباً للكرازة في الصين واليابان وكوريا والهند وأفريقيا. لقد بدأت هذه الحركة الروحية كما ذكرنا حوالى سنة ١٧٥٠ ميلادية واستمرت بقوتها حتى حوالي سنة ١٩٠٠ ميلادية. هذه الحركة وإن ضعفت حالياً إلا أنها ستستمر بحسب هذا الرأي حتى اختطاف الكنيسة [٤٦].

لأَنَّ لَكَ قُوَّةً يَسِيرَةً: لم يقصد الرب هنا أن يوبخهم لكونهم يملكون قوة يسيرة لأنه يبدأ هذا المقطع بـ"لأَنَّ"، فما سبق هذه الكلمة مرتبط بما يليها، فقد جعل الرب أمام هذه الكنيسة باباً مفتوحاً <u>لأن</u> لهم قوة يسيرة. والمعنى هنا أنه مع أن هذه الكنيسة قد تكون صغيرة في العدد وأن أعضاءها قد يكونوا فقراء مادياً أو من مستوى اجتماعي منخفض وليس لهم تأثير اجتماعي طبيعي كبير على المجتمع والمدينة التي يعيشون فيها، إلا أنهم نجحوا فيما فشل فيه ملاك كنيسة ساردس، إذ حفظوا كلمة الرب التي نعس عنها ملاك كنيسة ساردس، كما أنهم لم ينكروا إيمانه، فمع صغر حجم هذه الكنيسة إلا أن قوة روحية تدفقت فيها، وكان إنجيل

الرب يسوع المسيح يعلن للخطاة، فكان الناس يعرفون الرب من خلالها وحياتهم كانت تتغير.

وَقَدْ حَفِظْتَ كَلِمَتِي: لقد كان مؤمنو كنيسة فيلادلفيا مميزين بطاعتهم للرب، فقد حفظوا كلمته، ومثل أيوب كان يمكنهم أن يقولوا: "مِنْ وَصِيَّةِ شَفَتَيْهِ لَمْ أَبْرَحْ. أَكْثَرَ مِنْ فَرِيضَتِي ذَخَرْتُ كَلاَمَ فِيهِ." (أي ٢٣: ١٢)، وكان أيضاً يمكنهم أن يشهدوا بكلمات مارتن لوثر الذي قال حين وقف ليُحاكَم: "إن ضميري أسير لكلمة الرب". إن أعضاء هذه الكنيسة لم ينحرفوا عن طاعة الرب فأظهروا صدق محبتهم للمسيح. يقول الكتاب المقدس: "أَجَابَ يَسُوعُ وَقَالَ لَهُ: إِنْ أَحَبَّنِي أَحَدٌ يَحْفَظْ كَلاَمِي، وَيُحِبُّهُ أَبِي، وَإِلَيْهِ نَأْتِي، وَعِنْدَهُ نَصْنَعُ مَنْزِلاً. اَلَّذِي لاَ يُحِبُّنِي لاَ يَحْفَظُ كَلاَمِي. وَالْكَلاَمُ الَّذِي تَسْمَعُونَهُ لَيْسَ لِي بَلْ لِلآبِ الَّذِي أَرْسَلَنِي." (يو ١٤: ٢٣-٢٤)، ويقول أيضاً: "لَيْسَ لأَحَدٍ حُبٌّ أَعْظَمُ مِنْ هذَا: أَنْ يَضَعَ أَحَدٌ نَفْسَهُ لأَجْلِ أَحِبَّائِهِ. أَنْتُمْ أَحِبَّائِي إِنْ فَعَلْتُمْ مَا أُوصِيكُمْ بِهِ." (يو ١٥: ١٣-١٤)، ويقول أيضاً: "وَبِهذَا نَعْرِفُ أَنَّنَا قَدْ عَرَفْنَاهُ: إِنْ حَفِظْنَا وَصَايَاهُ. مَنْ قَالَ: قَدْ عَرَفْتُهُ وَهُوَ لاَ يَحْفَظُ وَصَايَاهُ، فَهُوَ كَاذِبٌ وَلَيْسَ الْحَقُّ فِيهِ. وَأَمَّا مَنْ حَفِظَ كَلِمَتَهُ، فَحَقًّا فِي هذَا قَدْ تَكَمَّلَتْ مَحَبَّةُ اللهِ. بِهذَا نَعْرِفُ أَنَّنَا فِيهِ: مَنْ قَالَ: إِنَّهُ ثَابِتٌ فِيهِ يَنْبَغِي أَنَّهُ كَمَا سَلَكَ ذَاكَ هكَذَا يَسْلُكُ هُوَ أَيْضًا." (١يو ٢: ٣-٦).

وَلَمْ تُنْكِرِ اسْمِي: يذكرنا هذا المقطع برسالة الرب إلى كنيسة برغامس حين قال لهم: "أَنَا عَارِفٌ أَعْمَالَكَ، وَأَيْنَ تَسْكُنُ حَيْثُ كُرْسِيُّ الشَّيْطَانِ، وَأَنْتَ مُتَمَسِّكٌ بِاسْمِي، وَلَمْ تُنْكِرْ إِيمَانِي حَتَّى فِي الأَيَّامِ الَّتِي فِيهَا كَانَ أَنْتِيبَاسُ شَهِيدِي الأَمِينُ الَّذِي قُتِلَ عِنْدَكُمْ حَيْثُ الشَّيْطَانُ يَسْكُنُ." (رؤ ٢: ١٣)، فكما كان في برغامس كرسي للشيطان، كذلك سنرى في فيلادلفيا مجمع للشيطان، وغرض الشيطان دائماً هو أن يبطل شهادة الكنيسة بالخطيئة أو بالاندماج في العالم أو بالتخويف أو بالاضطهاد أو بالتعاليم المنحرفة، لكن مع كل هذه المقاومة الشيطانية، فإن هذه الكنيسة لم تنكر إسم الرب بل ظلت تبشر به وتعلنه تماماً كما فعلت كنيسة برغامس أيضاً. إن هذا المقطع يشير إلى أن الرسالة إلى كنيسة فيلادلفيا تركز على الكرازة.

عزيزي القارئ، هل تهتم بأن تكرز بالرب يسوع والخلاص الذي صنعه على الصليب لمن حولك من الأصدقاء وزملاء العمل؟ هل تخاف من الاضطهاد الحتمي إذا فعلت ذلك؟ إن الرب يريدك أن تكون شاهداً أميناً له وألا تنكر اسمه أو تتباعد عن الذين يكرزون بسبب خوفك. إن كلمة "إنجيل" تعني "بشارة مفرحة"، فكلمة الرب قبل كل شيء هي بشارة، فلا تمنعها عن الخطاة المحتاجين لها.

رؤ ٣: ٩ هَئَنَذَا أَجْعَلُ الَّذِينَ مِنْ مَجْمَعِ الشَّيْطَانِ، مِنَ الْقَائِلِينَ إِنَّهُمْ يَهُودٌ وَلَيْسُوا يَهُوداً، بَلْ يَكْذِبُونَ: هَئَنَذَا أُصَيِّرُهُمْ يَأْتُونَ وَيَسْجُدُونَ أَمَامَ رِجْلَيْكَ، وَيَعْرِفُونَ أَنِّي أَنَا أَحْبَبْتُكَ.

هَئَنَذَا أَجْعَلُ الَّذِينَ مِنْ مَجْمَعِ الشَّيْطَانِ: لقد رأينا ذكر الشيطان أربع مرات في هذه السبع رسائل، ففي كنيسة برغامس رأينا كرسي الشيطان، وفي كنيسة ثياتيرا رأينا أعماق الشيطان، كما أننا رأينا مجمع الشيطان مرتين، الأولى في الرسالة إلى كنيسة سميرنا، والثانية في هذه الرسالة إلى الكنيسة التي في فيلادلفيا. ومن الملاحظ أيضاً أن هاتين الكنيستين (سميرنا وفيلادلفيا) هما الكنيستان الوحيدتان اللتان لم يوبخهما الرب على أي شيء. كما أننا إذا تأملنا الكنيستين نكتشف حالاً سر قوتهما المشترك، فكنيسة سميرنا كانت مضطهدة من اليهود والرومان، وكانت تعيش في ضيقة وفقر، كما كانت كنيسة فيلادلفيا أيضاً مرفوضة من المجمع اليهودي وكانت لها قوة يسيرة، فَسِر قوة الكنيسة عادة ما يكمن في ضعفها. لقد أُعْطِيَ بولس شوكة في الجسد، وهذه الشوكة وصفها بولس بأنها لَطْم ملاك الشيطان له. معنى ذلك أن الشيطان كان يضطهد بولس ويلطمه، ونتيجة لذلك طلب بولس من الرب أن يرفع عنه اضطهاد الشيطان، فقال له الرب: "تَكْفِيكَ نِعْمَتِي، لأَنَّ قُوَّتِي فِي الضَّعْفِ تُكْمَلُ". (٢كو ١٢: ٩)، فالكنيسة التي تقع تحت الضغط والاضطهاد دائماً ما تكون كنيسة قوية لأنها عادة ما تعتمد على قوة الرب وإمكانياته لا على قوتها ومعرفتها وإمكانياتها، وبذلك تتميز هذه الكنيسة بقوة تأثيرها وأصالة تعليمها وعمق شركتها مع الرب. هذا المبدأ ينطبق أيضاً على الأفراد تماماً كما انطبق على بولس الرسول.
نلاحظ أيضاً في هاتين الكنيستين أن الشيطان استخدم "الْقَائِلِينَ: إِنَّهُمْ يَهُودٌ وَلَيْسُوا يَهُودًا، بَلْ هُمْ مَجْمَعُ الشَّيْطَانِ" (رؤ ٢: ٩) ليحارب بهما الكنيستين، فالشيطان لا يبتدع استراتيجيات جديدة، بل يكرر ما سبق أن استخدمه وأثبت فاعليته، ولقد أعاد هنا استخدام مجمع اليهود الذي سماه الرب هنا أيضاً مجمع الشيطان، فقد كان يجدف على الرب وعلى كنيسته في سميرنا بهدف أن يسيء إلى سمعة الكنيسة وأن يُدْخِل فيها التعاليم اليهودية الزائلة، لكن الرب اختار أن يعامل هؤلاء الذين من مجمع الشيطان في مدينة فيلادلفيا بطريقة مختلفة عن معاملته معهم في مدينة سميرنا، ففي سميرنا لم يتدخل الرب وترك هؤلاء يضايقون الكنيسة، أما هنا، فقد اختار الرب أن يُصَيِّرَهُم يأتون ويسجدون أمام رجلي ملاك الكنيسة منسحقين، بل ويعرفون أن المسيح أحب كنيسة فيلادلفيا وملاكها كما سنشرح لاحقاً.

مِنَ الْقَائِلِينَ إِنَّهُمْ يَهُودٌ وَلَيْسُوا يَهُوداً، بَلْ يَكْذِبُونَ: هناك بُعْدَيْن لشرح هذا المقطع كالتالي:

١- البعد التاريخي: توضح رسائل القديس أغناطيوس (٤٧) أنه كان هناك خلاف استمر حتى القرن الثاني الميلادي بين كنيسة فيلادلفيا من ناحية وشكل من أشكال اليهودية من ناحية أخرى. هؤلاء اليهود بحسب السلالة إدَّعوا أنهم هم إسرائيل الحقيقية مع أنهم لم يكونوا كذلك، بل كانوا كاذبين لأنهم لم يؤمنوا بيسوع المسيا الحقيقي، ولأنهم كانوا يضطهدون أولئك الذين كانوا شهوداً أمناء له، كما أن الرخاء المادي الذي كان هؤلاء اليهود الذين يعيشون في هذه المنطقة يتمتعون به يُرَجِّحُ أنهم ساوموا في يهوديتهم بشكل ما عن طريق الاشتراك في العبادات الوثنية لطوائف الصناع المختلفة، وفي الديانة الإمبراطورية التي اختلطت بدورها بالعبادات الوثنية المحلية، ويؤيد هذا الرأي ما جاء بالتلمود ويؤكد أن "خمور وحمامات فريجية (مقاطعة مجاورة لمقاطعة ليديا، وتقع في تركيا الحالية) قد فصلت العشر أسباط عن إسرائيل" (٤٨)، وهو ما يشابه قول الرب أن يهود فيلادلفيا ليسوا يهوداً بل يكذبون (٧)، كذلك أيضاً وجد المُنَقِّبُون عن الآثار في مدينة فيلادلفيا آثار المعبد اليهودي الذي كان موجوداً في أيام كتابة هذه الرسالة، وقد وجدوا فيه نقوشاً رومانية وهو أمر غير معتاد على الإطلاق في ذلك الزمان مما يثبت تداخل العبادات والثقافة اليونانية والرومانية في عبادة هؤلاء اليهود الكذابين.

٢- البعد الروحي: يقول الكتاب المقدس: "لأَنَّ الْيَهُودِيَّ فِي الظَّاهِرِ لَيْسَ هُوَ يَهُودِيًّا، وَلاَ الْخِتَانُ الَّذِي فِي الظَّاهِرِ فِي اللَّحْمِ خِتَانًا، بَلِ الْيَهُودِيُّ فِي الْخَفَاءِ هُوَ الْيَهُودِيُّ، وَخِتَانُ الْقَلْبِ بِالرُّوحِ لاَ بِالْكِتَابِ هُوَ الْخِتَانُ، الَّذِي مَدْحُهُ لَيْسَ مِنَ النَّاسِ بَلْ مِنَ اللهِ." (رو ٢: ٢٨-٢٩). هؤلاء اليهود كانوا يهوداً بحسب السلالة والختان، لكنهم لم يكونوا يهوداً حقيقيين من الداخل، لقد كانوا جسديين وفاسدين، وكانوا تحت تأثير الشيطان في الوقت الذي كانوا يَدَّعون فيه أنهم أناس متدينون. لقد كان رؤساء الكهنة والكتبة والفريسيون في أيام المسيح من أمثال هؤلاء، فقد ادَّعوا أنهم مُعَلِّمي الشريعة والمحافظين عليها مع أنهم كانوا فاسدين يتآمرون على الرب ليتخلصوا منه، وأخيراً صلبوه ليحافظوا على مراكزهم من التهديد الذي كانوا يشعرون أن الرب يسببه لهم كما يقول الكتاب المقدس عن بيلاطس: "لأَنَّهُ عَرَفَ أَنَّ رُؤَسَاءَ الْكَهَنَةِ كَانُوا قَدْ أَسْلَمُوهُ حَسَداً." (مر ١٥: ١٠)

هَئَنَذَا أُصَيِّرُهُمْ يَأْتُونَ وَيَسْجُدُونَ أَمَامَ رِجْلَيْكَ: إن مفهوم السجود في العهد الجديد يختلف عنه في العهد القديم بعض الشيء، ففي العهد القديم كانوا يسجدون لعدة أسباب كالتالي:

١- لمن هو أعظم منهم احتراماً له (تك ٢٣: ٧، ١٢) و(تك ٣٣: ٣) و(خر ١٨: ٧)،

٢- للملوك من قِبل الشعب وللأسياد من قِبل العبيد للتعبير عن الخضوع لهم (تك ٤٢: ٦) و(١صم ٢٤: ٨) و(٢صم ٩: ٦، ٨) و(٢صم ١٤: ٤) و(١مل ١: ٢٣)،

٣- لرجال الله خوفاً مثلما سجد رئيس الخمسين لإيليا النبي (٢مل ١: ١٣)،
٤- لرجال الله شكراً مثلما سجدت المرأة الشونمية لأليشع (٢مل ٤: ٣٧)،
٥- لرجال الله إكراماً لهم ولإلههم مثلما سجد نبوخذنصر لدانيال (دا ٢: ٤٦).

أما في العهد الجديد بعد قيامة المسيح، فلا نجد سجوداً من شخص لآخر على الإطلاق إلا في هذه الآية بالإضافة إلى السجود لله، حتى حينما خر يوحنا ساجداً للملاك مرتين في (رؤ ١٩: ١٠؛ ٢٢: ٨) قال الملاك ليوحنا: "اُنْظُرْ! لاَ تَفْعَلْ! أَنَا عَبْدٌ مَعَكَ وَمَعَ إِخْوَتِكَ الَّذِينَ عِنْدَهُمْ شَهَادَةُ يَسُوعَ. اسْجُدْ ِللهِ!" (رؤ ١٩: ١٠)، وأيضاً: "اُنْظُرْ لاَ تَفْعَلْ! لأَنِّي عَبْدٌ مَعَكَ وَمَعَ إِخْوَتِكَ الأَنْبِيَاءِ، وَالَّذِينَ يَحْفَظُونَ أَقْوَالَ هذَا الْكِتَابِ. اسْجُدْ ِللهِ!" (رؤ ٢٢: ٩).
على هذا الأساس طرح المفسرون ثلاثة تفسيرات رئيسية للسجود في هذه الآية:
١- أن هؤلاء الذين من مجمع الشيطان سيسجدون أمام رجلي ملاك الكنيسة إنكساراً وانسحاقاً، فكل خططهم ضد كنيسة فيلادلفيا ستفشل، وسيعرفون أن الله بنفسه يحب هذه الكنيسة ويحميها، وبذلك ستنتصر كنيسة فيلادلفيا على الذين يعادونها. السجود هنا إذاً أمر معنوي رمزي وليس حرفي حيث أن سفر الرؤيا كله يمتلئ بالرموز، وهو - أي السجود - تعبير عن الانكسار والهزيمة.
٢- أن خدمة الكنيسة ستكون مثمرة حتى أن الكثيرين من هؤلاء اليهود الذين يقاومون الكنيسة سيعرفون المسيح ويؤمنون به ويطرحون عنهم العبادة النافلة، وهذا هو المقصود بسجودهم أمام ملاك الكنيسة.
٣- أن الذين من مجمع الشيطان سيسجدون أمام الله الذي تُعَبِّر هذه الكنيسة عن جسده، فيكون السجود هنا لله وليس لبشر، لكن هذا التفسير معيب لأن ملائكة سفر الرؤيا كان بإمكانهم قبول سجود يوحنا على اعتبار أنه يسجد لله الذي تخدمه الملائكة، هذا بالإضافة إلى أن التاريخ لا يذكر لنا أبداً أن اليهود أو أي من غير المؤمنين سجد سجوداً حرفياً أمام كنيسة فيلادلفيا أو أمام أي كنيسة أخرى، أو أن الكنيسة قبلت مثل هذا السجود على مر التاريخ.

أما عن تفسير هذا المقطع من الآية، فإن الغالبية العظمى من الشُرَّاح يفسرونه إما تاريخياً أو رمزياً أو نبوياً كالتالي:
١- تاريخياً: بعد خراب أورشليم وتشتت اليهود في كل العالم القديم، ولأن فيلادلفيا كانت بها جالية يهودية كبيرة، جاء إلى المدينة جمع كبير من اليهود المشتتين ليستوطنوا فيها، ومن هذا الجمع اليهودي، عرف الكثيرون الرب وانضموا للكنيسة، لكننا نعرف أيضاً من رسائل القديس أغناطيوس أن هؤلاء لطخوا الكنيسة بتعاليم يهودية خاطئة.
٢- رمزياً: أن كنيسة الرب التي تعيش في مخافة حقيقية له، وبالرغم من أنها قد تعاني من اضطهاد المسيحيين الإسميين وغيرهم لفترة من الزمن، إلا أن هذه الكنيسة الأمينة ستنتصر في النهاية على هؤلاء المُضطَهِدِين لها إما بأن تتغير

قلوب هؤلاء ويعرفوا الرب ويصيروا تلاميذ حقيقيين للمسيح، وإما بأن يدرك هؤلاء أن الرب بنفسه يحب هذه الكنيسة ويأتوا اليها منهزمين خاشعين منكسرين برغم أنهم ليسوا مؤمنين حقيقيين. مثالاً لذلك هو ما حدث مع الإمبراطور قسطنطين الذي أدرك أن المسيحية ديانة حقيقية وأنه - كما اعتقد - قد انتصر في ٢٨ أكتوبر سنة ٣١٢ ميلادية في حرب "جسر ميلفيان" (Battle of the Milvian Bridge) على مكسنتيوس (Maxentius) بسبب علامة الصليب التي حملها جيشه في المعركة، ونتيجة لذلك أنهى قسطنطين الاضطهاد الذي كان واقعاً على المسيحيين وجعل من المسيحية ديانة مقبولة في الإمبراطورية الرومانية، لكن قسطنطين نفسه لم يكن مسيحياً، إذ لم يعتمد إلا في نهاية حياته في مايو سنة ٣٣٧ ميلادية على يد صديقه يوسابيوس القيصري الذي كان آريوساً.
٣- نبوياً: في نهاية الأيام، وبحسب رأي المدرسة القبل ألفية، فإنه بعد اختطاف الكنيسة، فإن الأمم سيسجدون أمام البقية التقية من اليهود (قارن مع: إش ٤٥: ١٤؛ ٤٩: ٢٣؛ ٦٠: ١٤) (٧).

وَيَعْرِفُونَ أَنِّي أَنَا أَحْبَبْتُكَ: كلمة "أنا" هنا تأتي مؤكدة ولافتة للنظر في اللغة اليونانية، فيمكن فهم هذا الجزء كالتالي: "أنا سأجعلهم يدركون أنني احببتكم (Agape) وأنكم قد نلتم نعمة إلهية واضحة".
لقد اضطهد الكهنة والفريسيون الرسل وأرادوا أن يقتلوهم، إلا أن الرب فتح عقل غمالائيل معلم الناموس فقال لهم: "تَنَحَّوْا عَنْ هؤُلاَءِ النَّاسِ وَاتْرُكُوهُمْ! لأَنَّهُ إِنْ كَانَ هذَا الرَّأْيُ أَوْ هذَا الْعَمَلُ مِنَ النَّاسِ فَسَوْفَ يَنْتَقِضُ، وَإِنْ كَانَ مِنَ اللهِ فَلاَ تَقْدِرُونَ أَنْ تَنْقُضُوهُ، لِئَلاَّ تُوجَدُوا مُحَارِبِينَ للهِ أَيْضًا." (أع ٥: ٣٨-٣٩). لقد وضع الرب في قلب هذا المعلم الفريسي الخوف من أن يوجد محارباً لله، فأشار على الآخرين أن يتنحوا عن الرسل وينتظروا ليروا نهاية الأمر إن كانوا سيتبددون أو سيبقون، وكانت النتيجة أن المؤمنين تكاثروا كما يقول الكتاب: " وَكَانَتْ كَلِمَةُ اللهِ تَنْمُو، وَعَدَدُ التَّلاَمِيذِ يَتَكَاثَرُ جِدًّا فِي أُورُشَلِيمَ، وَجُمْهُورٌ كَثِيرٌ مِنَ الْكَهَنَةِ يُطِيعُونَ الإِيمَانَ." (أع ٦: ٧). هؤلاء الكهنة الذين رفضوا المسيح سابقاً أمن الكثيرون منهم به من خلال كرازة الرسل، وهو مثال حي لمعنى معرفة الذين من مجمع الشيطان أن الرب أحب الكنيسة.

رؤ ٣: ١٠ لأَنَّكَ حَفِظْتَ كَلِمَةَ صَبْرِي، أَنَا أَيْضاً سَأَحْفَظُكَ مِنْ سَاعَةِ التَّجْرِبَةِ الْعَتِيدَةِ أَنْ تَأْتِيَ عَلَى الْعَالَمِ كُلِّهِ لِتُجَرِّبَ السَّاكِنِينَ عَلَى الأَرْضِ.

لأَنَّكَ حَفِظْتَ: لقد سبق وتكلمنا عن معنى الحفظ في عدد ٣ من نفس الأصحاح، والرب هنا يمدح الكنيسة على حفظها المستمر لكلمة صبره، ونتيجة لذلك يعدها بالحفظ من ساعة التجربة، فهناك دائماً نتائج للطاعة تماماً كما أن هناك نتائج للعصيان. إن قانون المجازاة على أساس العمل هو أمر متكرر ومثبت في الكتاب المقدس. مثالاً لهذا القانون هو قول الرب: "وَلاَ تَدِينُوا فَلاَ تُدَانُوا. لاَ تَقْضُوا عَلَى أَحَدٍ فَلاَ يُقْضَى عَلَيْكُمْ. اِغْفِرُوا يُغْفَرْ لَكُمْ. أَعْطُوا تُعْطَوْا، كَيْلاً جَيِّدًا مُلَبَّدًا مَهْزُوزًا فَائِضًا يُعْطُونَ فِي أَحْضَانِكُمْ. لأَنَّهُ بِنَفْسِ الْكَيْلِ الَّذِي بِهِ تَكِيلُونَ يُكَالُ لَكُمْ." (لو ٦: ٣٧-٣٨)

كَلِمَةَ صَبْرِي: الصبر كما سبق وشرحنا في تفسير الرسالة إلى كنيسة أفسس (راجع التعليق على: رؤ ٢: ٢) هو أن يكون لدى الشخص إيمان مليء بالتوقع؛ فالشخص الذي يمارس الصبر المسيحي ليس شخصاً سلبياً أو مقهوراً، بل لديه إيمان مبني على كلمة الله، وهذا الإيمان لا يمكن أن يتزعزع بسبب أمور الحياة الدائمة التغير، كذلك أيضاً فإن هذا الإيمان هو إيمان عامل، فهو يقود الشخص إلى أخذ خطوات عملية قد تبدو حمقاء أو سخيفة وغير واقعية للبعض، أو قد يقوده إلى التكلم بكلمات الإيمان والتوقع في وقت الحزن والضيق، أو قد يجعله متمسكاً بوعود الله حتى وإن لم تتحقق لسنوات عديدة.

لكن الفهم الأفضل لهذا المقطع بحسب معظم المفسرين هو أنه في حقيقة الأمر لا يتكلم عن صبر المؤمن، بل يتكلم عن كلمة صبر المسيح، وهناك تفسيرين لكلمة صبر المسيح:

١- يرى البعض أن المقصود هنا بكلمة صبره هو الكتاب المقدس ككل؛ فالكتاب المقدس هو رسالة الله المقدمة لكل البشرية للخلاص، وهو أيضاً رسالة الله للإنسان التي يحدثنا فيها عن صبره على الأشرار طالباً توبتهم، وواضعاً يوماً سوف يدين فيه جميع الذين استهانوا بصبره ولطفه ورحمته. يقول الكتاب المقدس عن مثل هؤلاء: "أَمْ تَسْتَهِينُ بِغِنَى لُطْفِهِ وَإِمْهَالِهِ وَطُولِ أَنَاتِهِ، غَيْرَ عَالِمٍ أَنَّ لُطْفَ اللهِ إِنَّمَا يَقْتَادُكَ إِلَى التَّوْبَةِ؟ وَلكِنَّكَ مِنْ أَجْلِ قَسَاوَتِكَ وَقَلْبِكَ غَيْرِ التَّائِبِ، تَذْخَرُ لِنَفْسِكَ غَضَبًا فِي يَوْمِ الْغَضَبِ وَاسْتِعْلاَنِ دَيْنُونَةِ اللهِ الْعَادِلَةِ، الَّذِي سَيُجَازِي كُلَّ وَاحِدٍ حَسَبَ أَعْمَالِهِ." (رو ٢: ٤-٦)، وبذلك يكون معنى حفظ كلمة صبره هو الإيمان الحقيقي وعدم التفريط في التعليم الأساسي لكلمة الله الذي يشتمل على تعليم الخطيئة، والخلاص، والتوبة، الخ.

٢- لكن بعض المفسرين الآخرين يرون أن حفظ كلمة صبر المسيح هي السير في نفس خطى صبر المسيح في حياته وخدمته [٧] كما كتب يوحنا أيضاً عن نفسه في الأصحاح الأول من هذا السفر قائلاً: "أَنَا يُوحَنَّا أَخُوكُمْ وَشَرِيكُكُمْ فِي الضِّيقَةِ وَفِي مَلَكُوتِ يَسُوعَ الْمَسِيحِ وَصَبْرِهِ." (رؤ ١: ٩)، وبذلك فإن حفظ كلمة صبر المسيح يعني أن يكون الشخص أميناً في حياته العملية كما كان المسيح

أيضاً، وهذا هو المعنى الأدق والأصح من وجهة نظري لأن الرسالة كلها تتكلم عن الأمانة العملية لهذه الكنيسة، كما أن الموضوع الأساسي للرسائل كلها هو الأمانة العملية.

لقد صبر المسيح على اضطهاد القادة الدينيين العميان له، كما صبر على غلاظة قلب الشعب اليهودي الذي لم يفهم أن الرب يسوع هو المسيح الذي كانوا ينتظرونه بالرغم من كل الآيات والمعجزات والأفعال والتعاليم التي قدمها المسيح. لقد صبر المسيح على كل هذا وعلى الآلام والإهانات التي تعرض لها لأنه كان قد وضع الصليب والفداء الذي أتى لكي يتممه صوب عينيه، كما أنه اهتم بأن يتلمذ مجموعة صغيرة من الرسل والتلاميذ الذين سيقومون بتبشير المسكونة برسالة الفداء تلك، والرب يتوقع من كل تلميذ حقيقي له أن يضع التبشير برسالة الفداء للخطاة وتلمذة جيل جديد من الخدام صوب عينيه، وأن يحتمل كل شيء يأتي في طريقه في سبيل تتميم هذه الرسالة، فهل تفعل ذلك أنت أيضاً عزيزي القارئ؟ أشجعك أن ترفع قلبك معي للرب وتطلب منه المعونة لكي تتمم خدمتك والدعوة التي دعاك الرب إليها في كل يوم، وألا تضيع الوقت كما يقول الكتاب: "فَانْظُرُوا كَيْفَ تَسْلُكُونَ بِالتَّدْقِيقِ، لاَ كَجُهَلاَءَ بَلْ كَحُكَمَاءَ، مُفْتَدِينَ الْوَقْتَ لأَنَّ الأَيَّامَ شِرِّيرَةٌ." (أف ٥: ١٥-١٦).

إن هذا الاختلاف في تفسير هذا المقطع يؤدي بالتالي إلى اختلاف في تفسير المقطع التالي لأن كِلا الجزئين مرتبطين ببعضهما كما سنرى.

لقد حفظ كُلًّا من ملاك وأعضاء كنيسة فيلادلفيا كلمة صبر المسيح في قلوبهم وعقولهم، وساروا في خطى المسيح وبشروا برسالته حتى في ضعفهم إذ كانت لهم قوة يسيرة، لذلك فقد أعلن لهم الله عن خطته لحفظهم من ساعة التجربة التي سنتكلم عنها في باقي الآية.

أَنَا أَيْضاً سَأَحْفَظُكَ مِنْ سَاعَةِ التَّجْرِبَةِ الْعَتِيدَةِ أَنْ تَأْتِيَ عَلَى الْعَالَمِ كُلِّهِ لِتُجَرِّبَ السَّاكِنِينَ عَلَى الأَرْضِ: قبل أن نتكلم عن معنى هذا المقطع، علينا أن نلاحظ عدة أشياء:

١- مصطلح "أَنَا أَيْضاً" المذكور في بداية هذا المقطع يربط الجزء الأول من الآية بالجزء الثاني منها، فنتيجة حفظ ملاك الكنيسة لكلمة صبره سيحفظه هو أيضاً من ساعة التجربة، وفهمنا لهذا هو المفتاح لفهم بقية الآية، فوعد الرب هنا لا ينطبق على جميع المؤمنين بل على الأمناء من أمثال ملاك كنيسة فيلادلفيا فقط. إن الأشخاص والكنائس الذين يُفَرِّطُون في كلمة الله وتعليم الخلاص والدينونة الأبدية ويُحَرِّفون الكلمة بحسب شهواتهم وأغراضهم الشخصية أو الطائفية المتعددة، ولا يسلكون في خطى المسيح لتتميم غرض الله من حياتهم، هؤلاء سيجنون ثمر استهانتهم بالله تماماً كما سيجني الأمناء ثمر أمانتهم.

٢- المسيح هنا هو المتكلم، وهو من سيحفظ كنيسة فيلادلفيا وملاكها.

٣- المسيح هنا يوجه رسالته أساساً إلى ملاك الكنيسة، لكنه بالتأكيد لن يحفظه وحده دون باقي الكنيسة لأنه لاحقاً في عدد ١٢ يتكلم عن "مَنْ يَغْلِبُ"، ثم في عدد ١٣ يتكلم عن كل "مَنْ لَهُ أُذُنٌ" ثم يقول أن الرسائل موجهة "لِلْكَنَائِسِ" وليس لملاك الكنيسة وحده.

٤- المسيح هنا تكلم أيضاً عن "سَاعَةِ التَّجْرِبَةِ"، وهو ما يعني أن مدة التجربة محدودة وقصيرة (راجع التعليق على رؤ ٢: ١٠).

٥- المسيح يقول هنا أيضاً أنه سيحفظ الكنيسة في المستقبل، كما أن ساعة التجربة "عَتِيدَةِ أَنْ تَأْتِيَ"، أي أن كلا من الحفظ وساعة التجربة لم يحدثا بعد في وقت كتابة يوحنا لسفر الرؤيا.

٦- ساعة التجربة لن تأتي على مجموعة من البشر دون سواهم، لكنها ستأتي على العالم كله، ويرى البعض هنا أن المقصود بمصطلح "العالم كله" هو العالم المعروف آنذاك أي الإمبراطورية الرومانية إذ سبق الكتاب واستخدم نفس الكلمة اليونانية "العالم" للدلالة على الإمبراطورية الرومانية (قارن مع: لو ٢: ١؛ أع ١١: ٢٨؛ ١٩: ٢٧؛ ٢٤: ٥)، لكن هذه الكلمة استُخْدِمَت أيضاً للدلالة على العالم كله وليس الامبراطورية الرومانية فقط في مواضع أخرى كثيرة (قارن مع: مت ٢٤: ١٤؛ لو ٤: ٥؛ أع ١٧: ٣١؛ عب ١: ٦؛ رؤ ١٢: ٩؛ ١٦: ١٤).

٧- ساعة التجربة غرضها هو أن تجرب الساكنين على الأرض، وعرفنا سابقاً أن المُجَرِّب بالشرور هو دائماً إبليس.

٨- بالرغم من أن المُجَرِّب بالشرور هو دائماً إبليس، فإن الرب لا يتركه يجرب الجميع دون ضوابط، فلقد وضع الله وقتاً محدداً وزمناً محدداً لتلك التجارب لا تتعداها.

٩- مصطلح "السَّاكِنِينَ عَلَى الأَرْضِ" تكرر ست مرات في سفر الرؤيا، وهو يشير دائماً للخطاة وليس للمؤمنين أبداً (راجع: رؤ ٦: ١٠؛ ١١: ١٠؛ ١٣: ٨؛ ١٤: ٦؛ ١٧: ٨)، فالمؤمن سيرته أي جنسيته هي في السماوات (في ٣: ٢٠) والأرض ليست موطنه بل مكان خيمته المؤقت في انتظار المدينة السماوية. يقول الكتاب المقدس: "أَنَّنَا نَعْلَمُ أَنَّهُ إِنْ نُقِضَ بَيْتُ خَيْمَتِنَا الأَرْضِيُّ، فَلَنَا فِي السَّمَاوَاتِ بِنَاءٌ مِنَ اللهِ، بَيْتٌ غَيْرُ مَصْنُوعٍ بِيَدٍ، أَبَدِيٌّ." (٢كو ٥: ١). (راجع أيضاً: عب ١١: ٩-١٦).

أما عن تفسير هذا المقطع، فقد اختلف المفسرون فيه كل بحسب مدرسة التفسير التي يتبناها كل منهم، ويمكنك القراءة بمزيد من التفاصيل عن آراء هذه المدارس المختلفة في الملحق رقم ٤، لكن الأغلبية اتفقوا على أمرين: الأول هو أن المسيح سيحفظ هذه الكنيسة الأمينة من ساعة التجربة بغض النظر عن طريقة حفظه لها التي اختلف عليها المفسرون، والثاني هو أن ساعة التجربة الموصوفة هنا لم تحدث بعد ولا يمكن تطبيقها على كنيسة فيلادلفيا في الوقت الذي كُتِبَت فيه الرسالة، بل إن هذا المقطع هو نبوة عن المستقبل ستحدث في نهاية الأيام.

سَأَحْفَظُكَ مِنْ سَاعَةِ التَّجْرِبَةِ: هذا هو الجزء الذي اختلف عليه المفسرون، فهل المقصود بالحفظ من ساعة التجربة هو اختطاف الكنيسة قبل سبعة سنوات الضيق التي سوف تأتي في نهاية العالم، أم اختطافها قبل أن يسكب الرب جامات غضبه على المسكونة في الضيقة العظيمة، أم أن الكنيسة ستجتاز الضيقة لكن المسيح سيحفظها من آثار الضيق المحيط بها، أم أن هذه الكنيسة ستُحفَظُ بالموت قبل ساعة التجربة كما يقول الكتاب: "بَادَ الصِّدِّيقُ وَلَيْسَ أَحَدٌ يَضَعُ ذلِكَ فِي قَلْبِهِ. وَرِجَالُ الإِحْسَانِ يُضَمُّونَ، وَلَيْسَ مَنْ يَفْطَنُ بِأَنَّهُ مِنْ وَجْهِ الشَّرِّ يُضَمُّ الصِّدِّيقُ. " (إش ٥٧: ١)؟ يمكنك القراءة عن آراء مدارس التفسير المختلفة عن الاختطاف في الملحق رقم ٤، لكنني أحب أن أشير هنا إلى أن بعض المفسرين ظنوا أن حفظ الرب للأمناء معناه أن الرب في نهاية الأيام سيختطف الأمناء قبل الضيقة ويترك المؤمنين الغير أمناء من أمثال أولئك الموجودين في كنيسة اللاودكيين ليعبروا في الضيقة، وهو الاعتقاد الذي يسمى "الاختطاف على مرحلتين" (Dual rapture)، لكننا لا نجد أعداداً أخرى في الكتاب المقدس تؤيد هذا الرأي بوضوح.

من المهم أن ندرك هنا أنه على الرغم من اختلاف اللاهوتيون على طريقة حفظ الرب للكنيسة، إلا أن التركيز في الآية محل الدراسة ليس على طريقة حفظ الرب للكنيسة، بل على مبدأ أن الرب سيكافئ الأمناء بحفظهم، وهو ما سيحدث بكل تأكيد. قد لا نعرف أو نتأكد في يومنا هذا كيف سيحدث هذا بالضبط في المستقبل، لكننا يجب أن نثق في إلهنا ومخلصنا أنه لا يكذب أبداً، كما أنه لا يبالغ في أقواله، إذ أن كل وعوده حق وسوف تحدث بالطريقة التي يحددها هو، وفي الوقت المناسب بلا تأخير.

عزيزي القارئ، اشجعك أن تنتظر الرب وتضع مجيئه صوب عينيك، فإن كان سوف يختطفنا قبل هذه الضيقة، فأمامنا فرصة قد تكون صغيرة جداً لنشهد عنه للخطاة ونستخدم كل ساعة ودقيقة من وقتنا بحكمة مفتدين الوقت، وإن كنا سنعبر جزءاً من الضيقة أو كلها، فأمامنا أيضاً وقت قد يكون قصير جداً لنستعد ونعد أولادنا ونعمل في الكرازة والتلمذة ما دامت هناك فرصة متاحة، أما إن كنا نعيش الضيقة منذ صعود الرب، فالأولى بنا ألا نتأخر عن تتميم عمل الرب الموكل إلينا لأننا لا نعلم متى ستنتهي الفرصة الممنوحة لنا، لذلك عزيزي القارئ لا تنسى أبداً أن الرب آتٍ، وأن الوقت ضيق، فشجع اخوتك مثلما كان المؤمنون في الكنيسة الأولى يفعلون، بل وكانوا يُحَيُّون بعضهم بلفظ "ماران آثا" الذي يعني: "الرب قريب" أو "الرب آتٍ"، ولا تتكاسل عن أن تعمل في حقل الرب باجتهاد.

رؤ ٣: ١١ هَا أَنَا آتِي سَرِيعاً. تَمَسَّكْ بِمَا عِنْدَكَ لِئَلَّا يَأْخُذَ أَحَدٌ إِكْلِيلَكَ.

هَا أَنَا آتِي سَرِيعاً: إن مجيء الرب هنا يختلف عن مجيئه لباقي الكنائس، فلقد سبق وحذر كنيسة أفسس أنها إن لم تتب فإنه سيأتيها عن قريب ليزحزح منارتها (رؤ ٢: ٥)، كما سبق فحذر كنيسة برغامس أنها إن لم تتب فإنه آتٍ سريعاً ليحارب بسيف فمه المتمسكين بتعليم بلعام وبتعليم النيقولاويين (رؤ ٢: ١٦)، ثم حذر أيضاً ملاك كنيسة ساردس أنه إن لم يذكر ويحفظ ويتوب ويسهر فإنه سيأتيه كلص (رؤ ٣: ٣)؛ كل هذه المرات تكلم الرب عن مجيئه بغرض التأديب، لكن في كنيسة فيلادلفيا يتكلم الرب عن نوع مختلف تماماً من المجيء، إنه مجيئه النهائي ليأخذ المؤمنين الأمناء إليه ويكافئهم، وهذا المجيء الموصوف هنا لن يتأخر، بل هو آتٍ ، آتٍ سريعاً بدون تأخير تماماً كما وعد الرب في بداية السفر: "إِعْلاَنُ يَسُوعَ الْمَسِيحِ، الَّذِي أَعْطَاهُ إِيَّاهُ اللهُ، لِيُرِيَ عَبِيدَهُ مَا لاَ بُدَّ أَنْ يَكُونَ عَنْ قَرِيبٍ" (رؤ ١: ١).

لقد تكرر قول الرب: "هَا أَنَا آتِي سَرِيعاً" ثلاث مرات أخرى في آخر أصحاح من سفر الرؤيا (رؤ ٢٢: ٧، ١٢، ٢٠)، وكلها تتكلم عن مجيء الرب النهائي الذي ينتظره المؤمنين، كما تتكلم عن المكافآت التي سيعطيها الرب للأمناء، فمجيء الرب لكنيسة فيلادلفيا هو وعد بنهاية وقت تجربتهم القاسية التي تمسكوا فيها بحق الكلمة وكرزوا بالرغم من قوتهم اليسيرة وقوة المتآمرين عليهم من المدعين للإيمان الذين ينتمون إلى مجمع الشيطان، كما أنه وعد بمجيء وقت المكافآت الأبدية التي تنتظرهم نتيجة أمانتهم وحفظهم للكلمة.

يرى بعض الشُرَّاح أن قول المسيح "هَا أَنَا آتِي سَرِيعاً" لا يعني أنه آت في القريب العاجل لأن المسيح قال هذا الوعد منذ ألفي عام ولم يأت بعد؛ بل إن هذا الوعد يعني بحسب هؤلاء أن وقت مجيئه ستكون الأحداث فيه سريعة جداً، فسيبدو كل شيء طبيعياً للعالم حتى يأتي وقت مجيئه، وحين يأتي ذلك الوقت فلن تكون هناك فرصة للعالم أن يتوب أو يقاوم أو يفعل أي شيء لأن أحداث المجيء ستكون أسرع من استيعاب الناس. هذا الرأي يشجعنا أيضاً أن نكون منتبهين ومفتدين للوقت لأنه حين يأتي الميعاد لن تكون هناك فرصة أمامنا لنكرز أو نفعل مشيئة الله التي كنا متكاسلين عنها حين كان الوقت متاحاً أمامنا.

تَمَسَّكْ بِمَا عِنْدَكَ: توضح رسالة القديس أغناطيوس أن هذا التحذير كان احتياجاً حقيقياً للكنيسة، فبسبب اليهودية العنيدة للبعض في كنيسة فيلادلفيا، كانت حقائق الإنجيل المركزية في خطر (٢).

يمكن مقارنة محتوى هذه الرسالة من مدح للكنيسة لحفظها الكلمة وتحذير من التفريط فيها بسبب التجربة مع وعد بالانتهاء القريب لهذه التجربة بما جاء في

رسالة يعقوب: "فَتَأَنَّوْا أَيُّهَا الإِخْوَةُ إِلَى مَجِيءِ الرَّبِّ. هُوَذَا الْفَلاَّحُ يَنْتَظِرُ ثَمَرَ الأَرْضِ الثَّمِينَ، مُتَأَنِّيًا عَلَيْهِ حَتَّى يَنَالَ الْمَطَرَ الْمُبَكِّرَ وَالْمُتَأَخِّرَ. فَتَأَنَّوْا أَنْتُمْ وَثَبِّتُوا قُلُوبَكُمْ، لأَنَّ مَجِيءَ الرَّبِّ قَدِ اقْتَرَبَ." (يع ٥: ٧-٨). إن التوجيه الهام الذي يقوله يعقوب للمؤمنين في هذه الرسالة هو: "فَتَأَنَّوْا" التي يذكرها مرتين في آيتين متتاليتين لكي يوضح ويثبت المعنى، فإن كنت تعيش بأمانة مثل ذلك الفلاح الذي يزرع ولا يرى أية نتيجة وقتية، فالحل لا يكون أبداً أن تترك الأرض وتمضي، ولا يكون أن تزرع مجدداً في نفس الأرض، بل أن تروي الأرض أو تنتظر المطر بتأني متمسكاً بثقتك أن ما زرعته وتسقيه سينبت لا محالة عن قريب في وقته. (قارن مع: عب ١٠: ٣٦-٣٧)

لِئَلَّا يَأْخُذَ أَحَدٌ إِكْلِيلَكَ: يصف هذا الجزء من الآية المتسابق الفائز في المباريات الرياضية كما في (١كو ٩: ٢٤-٢٥؛ ٢تي ٤: ٧-٨)، وقد استخدم الرب هنا تعبيراً مناسباً جداً لكنيسة فيلادلفيا إذ أن المدينة كانت مشهورة بالمسابقات الرياضية.

وبالتالي فإن الأكاليل هنا لا تتكلم عن الخلاص بل عن المكافآت، والعهد الجديد يذكر لنا ٣ أنواع من الأكاليل:

١- إكليل الحياة المذكور في قول الكتاب: "طُوبَى لِلرَّجُلِ الَّذِي يَحْتَمِلُ التَّجْرِبَةَ، لأَنَّهُ إِذَا تَزَكَّى يَنَالُ إِكْلِيلَ الْحَيَاةِ الَّذِي وَعَدَ بِهِ الرَّبُّ لِلَّذِينَ يُحِبُّونَهُ." (يع ١: ١٢)، وقد سبق وتكلمنا عن هذا الإكليل في شرح الرسالة إلى كنيسة سميرنا.

٢- إكليل البر الذي يقول عنه بولس الرسول: "قَدْ جَاهَدْتُ الْجِهَادَ الْحَسَنَ، أَكْمَلْتُ السَّعْيَ، حَفِظْتُ الإِيمَانَ، وَأَخِيرًا قَدْ وُضِعَ لِي إِكْلِيلُ الْبِرِّ، الَّذِي يَهَبُهُ لِي فِي ذلِكَ الْيَوْمِ، الرَّبُّ الدَّيَّانُ الْعَادِلُ، وَلَيْسَ لِي فَقَطْ، بَلْ لِجَمِيعِ الَّذِينَ يُحِبُّونَ ظُهُورَهُ أَيْضًا." (٢تي ٤: ٧-٨)، والآيات هنا توضح لمن سيمنح الله هذا الإكليل.

٣- إكليل المجد الذي يقول عنه بطرس الرسول: "وَمَتَى ظَهَرَ رَئِيسُ الرُّعَاةِ تَنَالُونَ إِكْلِيلَ الْمَجْدِ الَّذِي لاَ يَبْلَى." (١بط ٥: ٤)، وهذا الإكليل يمنحه الرب كما هو موضح في بداية الأصحاح للشيوخ الأمناء الذين يرعون رعية الله بالاختيار وبنشاط صائرين أمثلة للرعية.

قد يكون الإكليل المقصود هنا هو إكليل الحياة، أو إكليل البر، أو إكليل آخر إذ أن الرب لم يذكر اسم الإكليل في هذه الرسالة، لكننا نستطيع أن نفهم من الآيات أن الرب أراد أن يقول لهذه الكنيسة وملاكها أن ما يمرون به من محن واضطهادات هي أمور مشابهة للمصاعب التي يواجهها المتسابق في تدريباته وفي مسابقاته، فإن أكملوا تدريباتهم بلا كلل أو ملل، وإن بذلوا أقصى ما يمكنهم في أثناء السباق أو المسابقة، فسيحصلون على الإكليل الذي سبق الرب وأعده خصيصاً لهم.

إن قول الرب هنا "لِئَلَّا يَأْخُذَ أَحَدٌ إِكْلِيلَكَ" لا يعني أن آخر سينزع إكليلك، بل معناها أنه قد يأخذه بدلاً منك، فالتركيز هنا هو على عدم خسارة الإكليل وليس على من هو الآخر الذي سيأخذه. لقد كانت كنيسة فيلادلفيا في حاجة ماسة إلى هذا التحذير لأنهم كانوا تحت ضغوط شديدة، وكانت لهم قوة يسيرة، فالحل السهل بالنسبة للبعض كان أن يتبعوا الطريق الذي سلكت فيه كنيسة ساردس ليتفادوا الاضطهاد ويتصالحوا مع المعارضين، والرب هنا يحث ويحذر الكنيسة بوضوح أن تتمسك بما عندها وألا تفرط في حق الكتاب ووضوح الكرازة لأن وقت الضيق ليس بلا نهاية، ولأن المسيح آتٍ عن قريب لا محالة وسيجازي الخطاة بحسب أعمالهم، أما المؤمنين فقد أعد لهم أكاليل ومكافآت.
من الملاحظ هنا أن الرب لم يقل لملاك الكنيسة: "لئلا يأخذ أحد الإكليل"، بل قال "إكليلك"، فالإكليل لم يُعَد لأي شخص يكسب المسابقة، بل لمتسابق سبق الرب فعرفه وأعد له الإكليل خصيصاً، وهنا يضع الرب إكليل الكنيسة أمامها ليشجعها على مواصلة السباق حتى نهايته، وكأن المدرب يقول للمتسابق مشجعاً: "هل ترى هذا الإكليل (أو الكأس)؟ إنه مصنوع خصيصاً لك، واسمك مكتوب عليه، فلا تتهاون لئلا يسبقك آخر ويأخذ الجائزة المعدة خصيصاً لك".

هناك تفسير آخر أيضاً لهذا الجزء لا علاقة له بالمسابقات الرياضية وأكاليل الفوز، هذا التفسير يدركه الدارس إذا ربط الإكليل هنا بإكليل رئيس الكهنة في العهد القديم وبشريعة النذير، إذ يقول الكتاب المقدس عن الإكليل الذي كان يوضع على رأس رئيس الكهنة: "وَصَنَعُوا صَفِيحَةَ الإِكْلِيلِ (nezer) الْمُقَدَّسِ مِنْ ذَهَبٍ نَقِيٍّ، وَكَتَبُوا عَلَيْهَا كِتَابَةَ نَقْشِ الْخَاتِمِ: قُدْسٌ لِلرَّبِّ." (خر ٣٩: ٣٠)، ثم يتكلم لاحقاً عن رئيس الكهنة قائلاً: "وَلاَ يَخْرُجُ مِنَ الْمَقْدِسِ لِئَلاَّ يُدَنِّسَ مَقْدِسَ إِلهِهِ، لأَنَّ إِكْلِيلَ (nezer) دُهْنِ مَسْحَةِ إِلهِهِ عَلَيْهِ. أَنَا الرَّبُّ." (لا ٢١: ١٢)، فإكليل رئيس الكهنة الذي يسمى "نذر" في اللغة العبرية يتكلم عن تخصيص رئيس الكهنة للرب. ثم حين ننظر إلى شريعة النذير نجد أن الكتاب يتكلم قائلاً: "كُلَّ أَيَّامِ نَذْرِهِ (nezer) لاَ يَأْكُلْ مِنْ كُلِّ مَا يُعْمَلُ مِنْ جَفْنَةِ الْخَمْرِ مِنَ الْعَجَمِ حَتَّى الْقِشْرِ. كُلَّ أَيَّامِ نَذْرِ (nezer) افْتِرَازِهِ لاَ يَمُرُّ مُوسَى عَلَى رَأْسِهِ. إِلَى كَمَالِ الأَيَّامِ الَّتِي انْتَذَرَ فِيهَا لِلرَّبِّ يَكُونُ مُقَدَّسًا، وَيُرَبِّي خُصَلَ شَعْرِ رَأْسِهِ." (عد ٦: ٤-٥). لقد استخدم الكتاب نفس الكلمة العبرية "نذر" ليتكلم عن النذير الذي يكون مخصصاً للرب طول حياته مثل صموئيل النبي (١صم ١: ١١)، كما يشرح ما يجب أن يفعله اليهودي حين ينذر نذراً أي يخصص نفسه للرب لفترة معينة مثل ما صنع بولس (أع ١٨: ١٨).
لقد كان إكليل رئيس الكهنة إذاً يعلن أنه منفصل ومخصص للرب، وبنفس الطريقة كان شعر النذير الذي لا يُحلَق يعلن نفس الشيء. هذا الشعر الطويل كان يشير أيضاً إلى ضعف النذير إذ أنه يعطيه صورة أنثوية، والرب هنا يريد أن يذكر كنيسة فيلادلفيا أنه حتى وإن كان انتذارهم للرب يظهرهم في صورة

ضعيفة أمام أنفسهم وأمام الآخرين، فإنه عليهم أن يتمسكوا بنذرهم وقداستهم وتَخَصُّصَهُم للرب، وألا يفرطوا فيهم كما فعل شمشون فانتُزِعَ عنه شعره وفقد قوته وذُلَّ من الأشرار إلى أن نمى شعره ثانية ببطء واسترد قوته.

إن قوة المؤمن الحقيقية لا تكمن في مدى علمه ودراسته للكتاب المقدس وإن كانت هذه الأشياء مهمة، لكن القوة الحقيقية تكمن في مدى انتذار المؤمن للرب، والانتذار كما سبق وشرحنا بإيجاز هو الانفصال عن العالم والتخصص لله وقضاء الوقت في محضره والخضوع له مع إنكار الذات. فإن كنت تريد أن تكون مؤثراً في خدمتك وفي حياتك، فعليك قبل كل شيء أن تخصص نفسك لله، وأن تتمسك بهذا الانتذار طول الوقت كما فعلت كنيسة فيلادلفيا.

لقد أراد الرب إذاً أن يحذرهم وبالتالي يحذرنا نحن أيضاً من أنهم إذا لم يتمسكوا بالحياة الأمينة فقد يُفْقِدَهُم أحد انتذارهم وتخصصهم للرب، فيفقدوا الطريق ويفقدوا المكافآت.

رؤ ٣: ١٢ مَنْ يَغْلِبُ فَسَأَجْعَلُهُ عَمُوداً فِي هَيْكَلِ إِلَهِي، وَلاَ يَعُودُ يَخْرُجُ إِلَى خَارِجٍ، وَأَكْتُبُ عَلَيْهِ اسْمَ إِلَهِي، وَاسْمَ مَدِينَةِ إِلَهِي أُورُشَلِيمَ الْجَدِيدَةِ النَّازِلَةِ مِنَ السَّمَاءِ مِنْ عِنْدِ إِلَهِي، وَاسْمِي الْجَدِيدَ.

قبل أن ندخل في تفاصيل هذا الوعد الخماسي، نلاحظ بالنظرة العامة إلى هذه الآية تكرار كلمة إلهي أربع مرات، ولهذه الكلمة وهذا التكرار أكثر من معنى، فسفر الرؤيا يتكلم عن المسيح باعتباره ابن الإنسان (رؤ ١: ١٣) لأنه سيدين كالإنسان وسيملك باعتباره الإنسان، كما أن تكراره لفظ إلهي يظهر لنا أيضاً إعتزاز المسيح بطبيعة تلك العلاقة بين ابن الإنسان والآب باعتباره إلهه (٤٩)، ولعلنا نلاحظ الفارق بين رسالة الرب لكنيسة ثياتيرا التي أعلن عن نفسه فيها قائلاً: "هَذَا يَقُولُهُ ابْنُ اللهِ"، وبين رسالته هذه التي وعدهم فيها بالعطايا باعتباره ابن الإنسان، والسبب الواضح هو أن كنيسة ثياتيرا كانت تحتاج كما سبق وذكرنا إلى أن يعلن لها الرب عن طبيعته الإلهية إذ أن عينيه الفاحصتين قد فضحتا ما كان بالكنيسة من تعاليم غنوسية، وكانت أحكامه بالقضاء على إيزابل وأتباعها شديدة؛ أما في كنيسة فيلادلفيا فقد أعلن لهم الرب عن نفسه باعتباره ابن الإنسان لأنهم كانوا في احتياج لأن يستمعوا إلى تشجيع الرب لهم وتذكيرهم بأن إلههم القدوس الحق قد "أَخْلَى نَفْسَهُ، آخِذًا صُورَةَ عَبْدٍ، صَائِرًا فِي شِبْهِ النَّاسِ. وَإِذْ وُجِدَ فِي الْهَيْئَةِ كَإِنْسَانٍ، وَضَعَ نَفْسَهُ وَأَطَاعَ حَتَّى الْمَوْتَ مَوْتَ الصَّلِيبِ. لِذلِكَ رَفَّعَهُ اللهُ أَيْضًا، وَأَعْطَاهُ اسْمًا فَوْقَ كُلِّ اسْمٍ" (في ٢: ٧-٩). إن تذكيرهم بهذه الحقيقة يشجعهم على الاستمرار في الحياة الأمينة دون مساومة إذ يجعلهم يدركون أن إلههم الذي يعبدونه لم يكتف بأن يجلس في سمائه ويحكم على خليقته، بل إنه

جاء في الجسد واتخذ صورة عبد وتألم واضطُهِد كما يتألمون هم أيضاً ويضطَهَدون، كما أنه قد تُرِكَ من أقرب الأقربين ورفضه شعبه الذي أطعمه وشفاه من أمراضه كما رفضهم أيضاً مجمع اليهود الذي كان من المفترض أن يحتضنهم، فالرب إذاً يشعر بهم ويعرف تماماً ما يَمُرّون به، وهو قد انتصر حين اجتاز في كل ذلك، وهو بذلك يضع نصب أعينهم رجاء الانتصار.

مَنْ يَغْلِبُ: الفعل "يَغْلِبُ" المذكور هنا يأتي في زمن المضارع المستمر، فالغلبة عملية مستمرة، لكنها ستنتهي حين يلاقي المؤمن الرب. يقول الكتاب المقدس: "بِرَأْيِكَ تَهْدِينِي، وَبَعْدُ إِلَى مَجْدٍ تَأْخُذُنِي." (مز ٧٣: ٢٤)، وهذه الآية قد تترجم من الأصل العبري كالتالي: "برأيك تهديني، وبعد المجد تأخذني" (٥٠، ٥١)، وهي تحوي بذلك وعداً جميلاً جداً للمؤمنين جميعاً، إذ أنهم لن يكونوا متروكين وحدهم ليحاربوا الشرير ويغلبونه، لكن الرب بنفسه سيكون معهم ويهديهم إلى النصرة برأيه، وفي نهاية معركتهم مع الشرير والعالم سيكونون في مجد إذ أنهم قد انتصروا، وبعد أن يبلغوا ذلك المجد سيأخذهم الرب إليه؛ لذلك فعلى كل مؤمن حقيقي ألا يضطرب ويحمل الهم إن كان سيبقى منتصراً إلى النهاية في معركته مع العالم والشرير لأن الرب يَعِدُه هنا بالنصرة والمجد في حياته إن بقي أميناً قبل أن يأخذه إلى بيته الأبدي.

فَسَأَجْعَلُهُ عَمُوداً فِي هَيْكَلِ إِلَهِي: شرح المفسرون العمود هنا قائلين أنه قد يشير إلى عدة أشياء:
١- قد يشير إلى العمودين الذين نصبهما سليمان أمام الهيكل: "وَأَوْقَفَ الْعَمُودَيْنِ أَمَامَ الْهَيْكَلِ، وَاحِدًا عَنِ الْيَمِينِ وَوَاحِدًا عَنِ الْيَسَارِ، وَدَعَا اسْمَ الأَيْمَنِ يَاكِينَ وَاسْمَ الأَيْسَرِ بُوعَزَ." (٢أخ ٣: ١٧)، واسم "يَاكِينَ" يعني "سوف يُثَبِّتُ"، أما اسم "بُوعَزَ" فيعني "فيه القوة". إن كلا من الإسمين يدل على الصمود والبقاء، وهما يدلان على تفوق المكافأة الآتية بالمقارنة مع الطبيعة الزائلة للآلام الزمنية، فالعمود يتكلم دائماً عن القوة والصمود والمتانة. (قارن مع: إر ١: ١٨) (١، ٢).
٢- قد يشير كذلك إلى المفارقة بين الأعمدة الموجودة في الهياكل الوثنية في مدينة فيلادلفيا، ومكانة المؤمن الثابتة في السماء، فقد كانت الزلازل المتكررة في مدينة فيلادلفيا تؤثر على مباني وأعمدة تلك الهياكل وتحدث بها تشققات، أما مكانة المؤمن الأبدية فهي ثابتة لا تتزعزع (٢).
٣- قد يشير كذلك إلى أعمدة الهياكل الوثنية التي كان يتم نحت بعضها على شكل أشخاص بعينهم، والرب هنا يقصد أن أولئك الغالبين سيكونون واضحين ومميزين وسيكونون معروفين للجميع في السماء.
٤- قد يشير أيضاً إلى عمود تذكاري في السماء، وهو لا يقصد هنا عموداً يقوم عليه الهيكل، فالسماء لا تحتاج لتلك الدعائم(اورشليم السماوية بها ١٢ أساساً)، وعلى هذا العمود التذكاري سيكتب عدة أشياء سوف يسردها في بقية هذه الآية،

كما أن هذا العمود يختلف عن الأعمدة التذكارية التي نراها في كل مكان إذ أنه لن يتم تشويهه أو إزالته أبداً كما كانوا يفعلون ببعض تلك الأعمدة التذكارية التي تحمل صور أو أسماء الأباطرة الرومان أو قادة الجيوش [١٨].

يمكننا أن نقول عن كل هذه التفسيرات السابقة أنها "تأملات جميلة"، وذلك لأن القارئ المدقق سوف يلاحظ كما لاحظ بعض الشُرَّاح أن أورشليم الجديدة في السماء ليس بها هيكل، إذ يقول الكتاب المقدس: "وَلَمْ أَرَ فِيهَا هَيْكَلاً، لأَنَّ الرَّبَّ اللهَ الْقَادِرَ عَلَى كُلِّ شَيْءٍ، هُوَ وَالْخَرُوفُ هَيْكَلُهَا." (رؤ ٢١: ٢٢)، كما أن وصف المدينة الكامل في نفس الأصحاح (رؤيا ٢١) لا يذكر أن بها أعمدة على الإطلاق؛ ثم إذا رجع الدارس إلى معنى "هيكل الله" في العهد الجديد يجد أن:
أ- العهد الجديد يشرح بيت الله أنه هو الكنيسة إذ يقول: "وَلكِنْ إِنْ كُنْتُ أُبْطِئُ، فَلِكَيْ تَعْلَمَ كَيْفَ يَجِبُ أَنْ تَتَصَرَّفَ فِي بَيْتِ اللهِ، الَّذِي هُوَ كَنِيسَةُ اللهِ الْحَيِّ، عَمُودُ الْحَقِّ وَقَاعِدَتُهُ." (١تي ٣: ١٥).
ب- كذلك أيضاً يوضح الكتاب المقدس أننا كمؤمنين نُكَوِّن بيت الله، وننمو معا لنصبح هيكل الله إذ يقول: "فَلَسْتُمْ إِذًا بَعْدُ غُرَبَاءَ وَنُزُلاً، بَلْ رَعِيَّةٌ مَعَ الْقِدِّيسِينَ وَأَهْلِ بَيْتِ اللهِ، مَبْنِيِّينَ عَلَى أَسَاسِ الرُّسُلِ وَالأَنْبِيَاءِ، وَيَسُوعُ الْمَسِيحُ نَفْسُهُ حَجَرُ الزَّاوِيَةِ، الَّذِي فِيهِ كُلُّ الْبِنَاءِ مُرَكَّبًا مَعًا، يَنْمُو هَيْكَلاً مُقَدَّسًا فِي الرَّبِّ. الَّذِي فِيهِ أَنْتُمْ أَيْضًا مَبْنِيُّونَ مَعًا، مَسْكَنًا للهِ فِي الرُّوحِ." (أف ٢: ١٩-٢٢)، كما يقول أيضاً: "أَمَا تَعْلَمُونَ أَنَّكُمْ هَيْكَلُ اللهِ، وَرُوحُ اللهِ يَسْكُنُ فِيكُمْ؟" (١كو ٣: ١٦)، وهذه الآية الأخيرة توضح المعنى أكثر إذ أن كلمة "أَنَّكُمْ" تأتي في الجمع وكلمة "هَيْكَلُ" تأتي في المفرد فيكون المعنى أن كل أفراد كنيسة كورنثوس معاً هم هيكل الله في تلك المدينة.
ج- أما عن كل مؤمن في الكنيسة على حدة فيصفه الكتاب بأنه حجر حي في هذا البيت الإلهي الذي ينمو لتكوين الهيكل إذ يقول الكتاب: "كُونُوا أَنْتُمْ أَيْضًا مَبْنِيِّينَ كَحِجَارَةٍ حَيَّةٍ بَيْتًا رُوحِيًّا، كَهَنُوتًا مُقَدَّسًا، لِتَقْدِيمِ ذَبَائِحَ رُوحِيَّةٍ مَقْبُولَةٍ عِنْدَ اللهِ بِيَسُوعَ الْمَسِيحِ." (١بط ٢: ٥).
د- هذا الوصف المذكور في الآيات السابقة هو أمر مختلف عن كون جسد كل مؤمن هو هيكل للروح القدس أيضاً إذ يقول الكتاب المقدس: " أَمْ لَسْتُمْ تَعْلَمُونَ أَنَّ جَسَدَكُمْ هُوَ هَيْكَلٌ لِلرُّوحِ الْقُدُسِ الَّذِي فِيكُمْ، الَّذِي لَكُمْ مِنَ اللهِ، وَأَنَّكُمْ لَسْتُمْ لأَنْفُسِكُمْ؟" (١كو ٦: ١٩).

نفهم من كل هذا أن العهد الجديد حين يتكلم عن بيت الله أو عن هيكل الله فهو يقصد الكنيسة، وحين يتكلم عن هيكل الروح القدس فهو يقصد جسد المؤمن، وحين يتكلم عن الحجارة الحية فهو يقصد المؤمنين، فإذا رجعنا إلى الآية موضع الدراسة (رؤ ٣: ١٢) واستبدلنا كلمة هيكل إلهي بكلمة كنيسة، فماذا يكون العمود؟

يقول الكتاب في رسالة بولس إلى أهل غلاطية: "يَعْقُوبُ وَصَفَا وَيُوحَنَّا، الْمُعْتَبَرُونَ أَنَّهُمْ أَعْمِدَةٌ" (غل ٢: ٩)، فهؤلاء الرسل الثلاثة أعطاهم الرب مكانة واضحة في الكنيسة إذ جعلهم مميزين وسبب ثبات للبناء، والمسيح هنا في رسالته إلى كنيسة فيلادلفيا يعد كل مؤمن أمين يستمر في تمسكه بالمسيح وبكلمة صبره أن يجعله عموداً في الكنيسة تماماً كما جعل هؤلاء الرسل الثلاثة أعمدة؛ وفي تاريخ الكنيسة على مر العصور نجد أن الرب قد جعل الكثيرين من الأمناء أعمدة في كنيسته مثل الآباء الرسوليون (كليمندس وبوليكاربوس وأغناطيوس)، والقديس أوغسطينوس، ومارتن لوثر، وهادسون تايلور (Hudson Taylor) الذي كرز في الصين، ووليم كاري (William Carey) الذي كرز في الهند، وجورج وايتفيلد (George Whitefield)، وجون ويسلي (Wesley) في انجلترا، وبيلي جراهام (Billy Graham) في أمريكا، ورينهارد بونكا (Reinhard Bonnke) الذي كرز في إفريقيا وغيرهم. لم تكن تعاليم هؤلاء الأعمدة معصومة من الخطأ، لكنهم صاروا أعمدة لأنهم كانوا أمناء وأحبوا الرب من أعماق قلوبهم وتبعوه إلى النهاية بالرغم من كل الظروف المعاكسة التي أحاطت بهم.

وَلاَ يَعُودُ يَخْرُجُ إِلَى خَارِجٍ: بناء على تفسير الجزء السابق من الآية، نجد لهذا الجزء معنيين رئيسيين:

١- كما سبق أن شرحنا، فإن مدينة فيلادلفيا كانت تتعرض لزلازل كثيرة، وكان السكان يهربون من المدينة إلى الوادي ويصنعوا لأنفسهم ملاجيء مؤقتة ليقيموا فيها إلى أن ينتهي الزلزال وتوابعه، بعد ذلك يرجعوا ثانية إلى المدينة ليصلحوا الخراب الذي سببه الزلزال. والرب في هذه الآية يقول لهم أنهم لن يعودوا يخرجون أو يهربون كما كانوا يفعلون، بل سيكون ميراثهم ومكانتهم ثابتين في السماء، كما أنهم لن يعودوا يختبرون تلك الأمور المجهولة والتي لا يمكن توقعها كالزلازل والتي تسبب لهم عدم الاستقرار [١، ٧، ٥٢].

٢- يمكننا مقارنة هذا الجزء أيضاً بما قاله الرب في إنجيل يوحنا: "أَنَا هُوَ الْبَابُ. إِنْ دَخَلَ بِي أَحَدٌ فَيَخْلُصُ وَيَدْخُلُ وَيَخْرُجُ وَيَجِدُ مَرْعًى." (يو ١٠: ٩)، والرب لم يكن يقصد بالدخول والخروج في أي من الآيتين أن هناك احتمال أن يفقد هؤلاء المؤمنون خلاصهم في السماء أو أن هذا الخلاص ليس ثابتاً أثناء حياتهم على الأرض، بل كان يقصد أمراً مختلفاً تماماً، فآية (يو ١٠: ٩) تتكلم عن الرعاة في المقام الأول وليس عن الخراف فقط، فالجميع رعاة وخراف يجب أن يدخلوا إلى الحظيرة من خلال المسيح المخلص الذي هو الباب، وبدخولهم من هذا الباب يخلصون أبدياً، أما الخروج فهو الدعوة العظمى للخروج للعالم؛ وحياة أي مؤمن لها وجهان أحدهما يتكلم عن علاقة المؤمن الحميمة بالله، والآخر يتكلم عن حياة الطاعة العملية في مجالات الحياة المختلفة التي يعطيها لنا الرب مثل العمل والأسرة والمال والخدمة والمواهب إلخ. [٦، ٥٣]، وإذا حاولنا فهم المقطع محل

الدراسة من (رؤ ٣: ١٢) في ضوء هذا المعنى نجد أن الرب يقول لمؤمني كنيسة فيلادلفيا أن الوقت آتٍ حين لن يكون لهم احتياج للخروج مرة أخرى إلى المراعي في العالم ليكرزوا ويتعبوا في عمل الرب معرضين أنفسهم للاضطهادات والضيقات المختلفة، إذ أن أورشليم السماوية التي هي الحظيرة الحقيقية ستكون هي مكان الراحة النهائي لهم وسيسكن الله معهم هناك ولن يكونوا في احتياج لأي شيء آخر خارجها.

وَأَكْتُبُ عَلَيْهِ اسْمَ إِلَهِي: سيكتب المسيح ثلاثة أشياء على هذه الأعمدة أولها اسم الآب، وهو ما يظهر أن هؤلاء المؤمنين الأمناء هم ملكية خاصة للآب، فكتابة اسم شخص على أي شيء هو تشبيه مجازي معروف لليهود يعني امتلاك هذا الشيء بالكامل (٢)؛ وهذه ليست المرة الأولى التي يختم فيها الله أولاده، فقد سبق وختم كل مؤمن بالروح القدس إذ يقول الكتاب المقدس: "الَّذِي خَتَمَنَا أَيْضًا، وَأَعْطَى عَرْبُونَ الرُّوحِ فِي قُلُوبِنَا." (٢كو ١: ٢٢)، كما يقول أيضاً: "الَّذِي فِيهِ أَيْضًا أَنْتُمْ، إِذْ سَمِعْتُمْ كَلِمَةَ الْحَقِّ، إِنْجِيلَ خَلاَصِكُمُ، الَّذِي فِيهِ أَيْضًا إِذْ آمَنْتُمْ خُتِمْتُمْ بِرُوحِ الْمَوْعِدِ الْقُدُّوسِ، الَّذِي هُوَ عُرْبُونُ مِيرَاثِنَا، لِفِدَاءِ الْمُقْتَنَى، لِمَدْحِ مَجْدِهِ." (أف ١: ١٣-١٤). لقد كان ختم الروح هو العربون حتى يأتي اليوم الذي يقتني فيه الرب المؤمن بالكامل ويكتب عليه اسم الآب الذي يملكه، هذا بالإضافة إلى أن سفر الرؤيا يوضح أيضاً أن مؤمني الضيقة والمختارين في السماء سيكون لهم أيضاً ختم الله على جباههم (رؤ ٩: ٤ ؛ ١٤: ١ ؛ ٢٢: ٤).

وَاسْمَ مَدِينَةِ إِلَهِي أُورُشَلِيمَ الْجَدِيدَةِ النَّازِلَةِ مِنَ السَّمَاءِ مِنْ عِنْدِ إِلَهِي: الأمر الثاني الذي سيكتب على هذه الأعمدة التي تمثل المؤمنين الأمناء هو اسم مدينة أورشليم الجديدة، وكتابة اسمها على العمود يدل على الجنسية الجديدة للمؤمن إذ أصبح ينتمي لمدينة أورشليم الجديدة المذكورة أوصافها بالتفصيل في رؤيا ٢١، وهو وعد آخر بالأمن والأمان والمجد (٩).

يوضح الكتاب المقدس أن كل مؤمن حقيقي قد حصل على الجنسية السماوية إذ يقول: "بَلْ قَدْ أَتَيْتُمْ إِلَى جَبَلِ صِهْيَوْنَ، وَإِلَى مَدِينَةِ اللهِ الْحَيِّ. أُورُشَلِيمَ السَّمَاوِيَّةِ، وَإِلَى رَبَوَاتٍ هُمْ مَحْفِلُ مَلاَئِكَةٍ،" (عب ١٢: ٢٢)، وهو ما يوضح أن أورشليم السماوية موجودة حالياً وليست مدينة سيصنعها الله في المستقبل، لكن المؤمن لم يذهب بعد إلى أورشليم السماوية التي ينتمي إليها إذ يقول الكتاب: "فَإِنَّ سِيرَتَنَا نَحْنُ هِيَ فِي السَّمَاوَاتِ، الَّتِي مِنْهَا أَيْضًا نَنْتَظِرُ مُخَلِّصًا هُوَ الرَّبُّ يَسُوعُ الْمَسِيحُ" (في ٣: ٢٠)، وكلمة "سيرتنا" في الأصل اليوناني تعني "جنسيتنا" (٣)، وبالتالي فإننا ننتظر مجيء الرب ليخلصنا من العالم الشرير الحالي وينقلنا إلى مملكته السماوية التي سبق وتجنسنا بجنسيتها.

المفارقة الجميلة هنا هي أن كلمات هذا السفر قد كتبت بحسب التقليد الكنسي بعد دمار أورشليم الأرضية سنة ٧٠ ميلادية الذي تسبب في تشتت اليهود في العالم

كله، أما أورشليم السماوية فستجمع أبناء الله من كل جيل ليعيشوا للأبد في مكان واحد مع الله.
عزيزي القارئ، إن كان الرب قد دعاك بعيداً عن مكان راحتك وأمانك مثل ابراهيم، أو كنت في حال مماثل لهؤلاء المؤمنين من اليهود الذين فقدوا مدينتهم التي بها هيكلهم والتي تتعلق بها الكثير من شرائعهم، واحسوا بالحزن والتشتيت بين الأمم، فاعلم أن كل ذلك لا يهم كثيراً لأن الرب قد أعد لك مدينة سماوية ستدخل إليها يوماً وتشعر فيها بالأمان ولا تعود تخرج إلى خارج.
أخيراً فإن المدينة نازلة من السماء من عند الله لأن الله هو مصممها ومنفذها إذ يقول الكتاب المقدس عن أبينا ابراهيم: "فَعَلَ هَذَا لِأَنَّهُ كَانَ يَتَطَلَّعُ إِلَى الْمَدِينَةِ ذَاتِ الأَسَاسَاتِ الأَبَدِيَّةِ، الْمَدِينَةِ الَّتِي مُهَنْدِسُهَا وَبَانِيهَا هُوَ اللهُ." (عب ١١: ١٠) (الترجمة العربية المبسطة)، كما يقول الكتاب في نهاية سفر الرؤيا: "وَأَنَا يُوحَنَّا رَأَيْتُ الْمَدِينَةَ الْمُقَدَّسَةَ أُورُشَلِيمَ الْجَدِيدَةَ نَازِلَةً مِنَ السَّمَاءِ مِنْ عِنْدِ اللهِ مُهَيَّأَةً كَعَرُوسٍ مُزَيَّنَةٍ لِرَجُلِهَا." (رؤ ٢١: ٢) (قارن مع: رؤ ٢١: ١٠).

وَاسْمِي الْجَدِيدَ: الشيء الثالث الذي سيكتبه المسيح على هذه الأعمدة هو اسمه الجديد، واسم المسيح الجديد يدل على عدم فهم البشرية الكامل لطبيعة المسيح المتجسد [١]، فأبعاد هذا الإله واتحاده بالطبيعة الإنسانية أمر يفوق العقل البشري، فيقول عنه الكتاب: "وَلَهُ اسْمٌ مَكْتُوبٌ لَيْسَ أَحَدٌ يَعْرِفُهُ إِلاَّ هُوَ." (رؤ ١٩: ١٢)، وفي موضع آخر يقول: "لَيْسَ أَحَدٌ يَعْرِفُ الابْنَ إِلاَّ الآبُ" (مت ١١: ٢٧).
إن كتابة المسيح لإسمه الجديد على الأعمدة يدل على أن الرب سيعلن لهؤلاء المؤمنين الأمناء عن نفسه بشكل جديد في السماء بما يتناسب مع المجد الجديد الذي سيكونون فيه معه، إذ سيعلن لهم عن ملء شخصه، ففي السماء سيراه المؤمنون كما هو (١يو ٣: ٢)، ومهما عرف الأمناء عنه اليوم، فذلك سيصبح أمر باهت بالنسبة لهيئته وشخصه اللذان سيعلنهما في السماء [٩].

رؤ ٣: ١٣ مَنْ لَهُ أُذُنٌ فَلْيَسْمَعْ مَا يَقُولُهُ الرُّوحُ لِلْكَنَائِسِ.

لقد سبق وشرحنا هذه الآية التي تتكرر في جميع الرسائل إلى السبع كنائس ضمن شرح الرسالة إلى كنيسة أفسس.

ملخص الرسالة:
لقد بعث الرب يسوع هذه الرسالة إلى كنيسة فيلادلفيا الأمينة معلناً لها عن أمور حادثة وأخرى نبوية، فالكنيسة التي كانت ثابتة وأمينة مع الرب بالرغم من ضعفها من حيث العدد والإمكانيات، واحتاجت أن يكلمها المسيح عن طبيعته

كالقدوس الحق، وعن سلطانه إذ أن له مفتاح داود، كما احتاجت إلى تشجيع المسيح لها بأنه قد جعل أمامها باباً مفتوحاً لا يستطيع أحد أن يغلقه. لكن كل ذلك التشجيع كان يجب أن يكون مصحوباً بالتحذير. أن يبقوا أمناء إلى النهاية. لئلا يأخذ شخص آخر الإكليل المُعَد لهم. ثم أخيراً حَذَّثهم المسيح عن كل المكافآت التي سينالونها في النهاية، إذ أنه سينقذهم من ساعة التجربة، وسيجعل الغالب عموداً في كنيسة الله، كما أنه سيكتب على هذه الأعمدة صك ملكية الله لهم، وضمان تجنسهم بالجنسية السماوية، كما سيعلن لهم عن أوجه جديدة في المسيح لم يكونوا يعرفونها أو يدركونها من قبل.

الفصل الثامن
الرسالة إلى ملاك كنيسة اللاودكيين
(رؤ ٣: ١٤-٢٢)

رؤ ٣: ١٤ وَاكْتُبْ إِلَى مَلاَكِ كَنِيسَةِ اللاَّوُدِكِيِّينَ: هَذَا يَقُولُهُ الآمِينُ، الشَّاهِدُ الأَمِينُ الصَّادِقُ، بَدَاءَةُ خَلِيقَةِ اللهِ.
رؤ ٣: ١٥ أَنَا عَارِفٌ أَعْمَالَكَ، أَنَّكَ لَسْتَ بَارِداً وَلاَ حَارّاً. لَيْتَكَ كُنْتَ بَارِداً أَوْ حَارّاً.
رؤ ٣: ١٦ هَكَذَا لأَنَّكَ فَاتِرٌ، وَلَسْتَ بَارِداً وَلاَ حَارّاً، أَنَا مُزْمِعٌ أَنْ أَتَقَيَّأَكَ مِنْ فَمِي.
رؤ ٣: ١٧ لأَنَّكَ تَقُولُ: إِنِّي أَنَا غَنِيٌّ وَقَدِ اسْتَغْنَيْتُ، وَلاَ حَاجَةَ لِي إِلَى شَيْءٍ، وَلَسْتَ تَعْلَمُ أَنَّكَ أَنْتَ الشَّقِيُّ وَالْبَائِسُ وَفَقِيرٌ وَأَعْمَى وَعُرْيَانٌ.
رؤ ٣: ١٨ أُشِيرُ عَلَيْكَ أَنْ تَشْتَرِيَ مِنِّي ذَهَباً مُصَفًّى بِالنَّارِ لِكَيْ تَسْتَغْنِيَ، وَثِيَاباً بِيضاً لِكَيْ تَلْبَسَ، فَلاَ يَظْهَرُ خِزْيُ عُرْيَتِكَ. وَكَحِّلْ عَيْنَيْكَ بِكُحْلٍ لِكَيْ تُبْصِرَ.
رؤ ٣: ١٩ إِنِّي كُلُّ مَنْ أُحِبُّهُ أُوَبِّخُهُ وَأُؤَدِّبُهُ. فَكُنْ غَيُوراً وَتُبْ.
رؤ ٣: ٢٠ هَئَنَذَا وَاقِفٌ عَلَى الْبَابِ وَأَقْرَعُ. إِنْ سَمِعَ أَحَدٌ صَوْتِي وَفَتَحَ الْبَابَ، أَدْخُلُ إِلَيْهِ وَأَتَعَشَّى مَعَهُ وَهُوَ مَعِي.
رؤ ٣: ٢١ مَنْ يَغْلِبُ فَسَأُعْطِيهِ أَنْ يَجْلِسَ مَعِي فِي عَرْشِي، كَمَا غَلَبْتُ أَنَا أَيْضاً وَجَلَسْتُ مَعَ أَبِي فِي عَرْشِهِ.
رؤ ٣: ٢٢ مَنْ لَهُ أُذُنٌ فَلْيَسْمَعْ مَا يَقُولُهُ الرُّوحُ لِلْكَنَائِسِ.

خلفية تاريخية عن مدينة لاودكية:

أقيمت مدينة لاودكية على نتوء صخري طويل بين واديين ضيقين لنهري أسوبس (Asopus) وكاربس (Carpus). سميت المدينة " ديوسبوليس" (Diospolis) في البداية، ومعناها "مدينة زيوس" (City of Zeus)، ثم تغير اسمها إلى "رودس"، ثم أعيد بناؤها على يد أنتيخوس الثاني (٢٦١ - ٢٥٣ ق.م.) وسميت لاودكية إكراماً لزوجته لاوديس (Laodice). كانت المدينة تقع في مقاطعة فريجية على طريق رئيسي على بعد ١٧ كيلومتر غرب كولوسي وعشر كيلومترات جنوب هيرابوليس وحوالي ١٦٠ كيلومتر شرق أفسس.

لم تكن لاودكية مدينة مهمة في بدايتها، لكنها اكتسبت أهميتها بسرعة قرب نهاية عصر الجمهورية الرومانية وبداية عصر الأباطرة نتيجة وقوعها على طريق رئيسي للتجارة فأصبحت أحد أهم المدن المزدهرة بالتجارة في آسيا الصغرى، وخاصة تجارة الصوف الأسود؛ كما كانت المدينة متقدمة في العلوم والفنون

وكان بها كلية طب كبيرة ملحقة بمعبد "مَن كارو" (Mēn Carou) إله الشفاء الذي كان أهل المدينة يعبدونه، وهو نسختهم من "أسكليبيوس" (Asklepios)، وكانوا مشهورين بمرهم للأذنين، وآخر للعينين (١).

كانت المنطقة التي تقع عليها مدينة لاودكية تعاني من الزلازل بشكل متكرر، وأهم هذه الزلازل بالنسبة للمدينة كان الزلزال الذي حدث في عصر الإمبراطور نيرون سنة ٦٠ ميلادية ودمر المدينة تماماً، لكن السكان رفضوا أن يقبلوا مساعدة الإمبراطور المادية لبناء المدينة وأعادوا بنائها من أموالهم الخاصة.

كان للمدينة عيب أساسي هو ضعف إمدادات المياه، وهو ما جعل المدينة عرضة للهزيمة السريعة إذا ما حاوطتها الجيوش التي تستطيع بسهولة قطع تلك الإمدادات الضعيفة، لذلك كان قادة المدينة يحاولون دائماً التصالح أو التفاوض مع أي عدو محتمل بدلاً من مواجهته عسكرياً.

كان المصدر الرئيسي للمياه التي تغذي المدينة هو ينابيع دينيزلي (Denizli) الساخنة القريبة من هيرابوليس، وكانت المياه تصل إلى المدينة من خلال قناة حجرية قطرها حوالي ثلاثة أقدام وطولها ستة أميال، ولأن مصدر المياه كان ينابيع ساخنة، فقد كانت المياه التي تصل إلى المدينة دائماً فاترة.

كان بالمدينة الكثير من اليهود الذين أعاد أنتيخوس الكبير توطينهم من مقاطعة بابل، وكان هؤلاء يبعثون حوالي ٩ كيلوجرامات من الذهب كل عام لهيكل الله في أورشليم قبل تدميره؛ وقد ترعرت الكنيسة المسيحية في هذا المجتمع المليء باليهود.

من المحتمل أن تكون كنيسة لاودكية قد أنشئت على يد بولس الرسول خلال رحلته الثالثة حين قضى مدة سنتين في أفسس (أع ١٩: ١٠)، وقد ذكر بولس كنيسة لاودكية عدة مرات في رسالته إلى كولوسي إذ يقول الكتاب المقدس: " فَإِنِّي أُرِيدُ أَنْ تَعْلَمُوا أَيُّ جِهَادٍ لِي لأَجْلِكُمْ، وَلأَجْلِ الَّذِينَ فِي لاَوُدِكِيَّةَ، وَجَمِيعِ الَّذِينَ لَمْ يَرَوْا وَجْهِي فِي الْجَسَدِ،" (كو ٢: ١)، كما يقول أيضاً: " يُسَلِّمُ عَلَيْكُمْ أَبَفْرَاسُ، الَّذِي هُوَ مِنْكُمْ، عَبْدٌ لِلْمَسِيحِ، مُجَاهِدٌ كُلَّ حِينٍ لأَجْلِكُمْ بِالصَّلَوَاتِ، لِكَيْ تَثْبُتُوا كَامِلِينَ وَمُمْتَلِئِينَ فِي كُلِّ مَشِيئَةِ اللهِ. فَإِنِّي أَشْهَدُ فِيهِ أَنَّ لَهُ غَيْرَةً كَثِيرَةً لأَجْلِكُمْ، وَلأَجْلِ الَّذِينَ فِي لاَوُدِكِيَّةَ، وَالَّذِينَ فِي هِيَرَابُولِيسَ. يُسَلِّمُ عَلَيْكُمْ لُوقَا الطَّبِيبُ الْحَبِيبُ، وَدِيمَاسُ. سَلِّمُوا عَلَى الإِخْوَةِ الَّذِينَ فِي لاَوُدِكِيَّةَ، وَعَلَى نِمْفَاسَ وَعَلَى الْكَنِيسَةِ الَّتِي فِي بَيْتِهِ. وَمَتَى قُرِئَتْ عِنْدَكُمْ هذِهِ الرِّسَالَةُ فَاجْعَلُوهَا تُقْرَأُ أَيْضًا فِي كَنِيسَةِ اللاَّوُدِكِيِّينَ، وَالَّتِي مِنْ لاَوُدِكِيَّةَ تَقْرَأُونَهَا أَنْتُمْ أَيْضًا." (كو ٤: ١٢-١٦)، كما أن بعض المخطوطات اليونانية القديمة لرسالة بولس الرسول الأولى إلى تيموثاوس تنتهي بالكلمات: "كتبت من لاودكية، عاصمة فريجية باكاتيانا" (٥٤).

تم تدمير المدينة على يد الأتراك والمغول، وهي الآن عبارة عن بقايا مدينة أثرية.

محتوى الرسالة:

رؤ ٣: ١٤ وَاكْتُبْ إِلَى مَلاَكِ كَنِيسَةِ اللاَّوُدِكِيِّينَ: هَذَا يَقُولُهُ الآمِينُ، الشَّاهِدُ الأَمِينُ الصَّادِقُ، بَدَاءَةُ خَلِيقَةِ اللهِ.

وَاكْتُبْ إِلَى مَلاَكِ كَنِيسَةِ اللاَّوُدِكِيِّينَ: يعتقد البعض أن ملاك كنيسة اللاودكيين هو أبفراس المذكور في (كو ١: ٧؛ ٤: ١٢) وفي (فل ٢٣) أو قد يكون أرخبس المذكور في (كو ٤: ١٧) وفي (فل ٢)، لكن لا يمكن لأحد أن يؤكد مَن منهما أو من غيرهما هو ملاك هذه الكنيسة الحقيقي في وقت كتابة يوحنا لسفر الرؤيا.
نلاحظ في هذا العدد تركيب لفظ كنيسة اللاودكيين في اللغة اليونانية، فلقد سَمَّى الرب ملاكا أول كنيستين قائلا: "مَلاَكِ كَنِيسَةِ أَفَسُسَ" (رؤ ٢: ١)، ثم: "مَلاَكِ كَنِيسَةِ سِمِيرْنَا" (رؤ ٢: ٨)، وكما عرفنا من قبل، فإن هاتين الكنيستين كانتا تمثلان بالنسبة للرأي التاريخي كنيسة العصر الرسولي ثم الكنيسة المضطهدة حتى حوالي سنة ٣١٣ ميلادية؛ ثم غَيَّر الرب تسميته للكنائس إذ دعاها قائلاً: "مَلاَكِ الْكَنِيسَةِ الَّتِي فِي بَرْغَامُسَ" (رؤ ٢: ١٢)، وأيضاً: "مَلاَكِ الْكَنِيسَةِ الَّتِي فِي ثِيَاتِيرَا" (رؤ ٢: ١٨)، ثم أيضاً: "مَلاَكِ الْكَنِيسَةِ الَّتِي فِي سَارْدِسَ" (رؤ ٣: ١)، وأخيراً: "مَلاَكِ الْكَنِيسَةِ الَّتِي فِي فِيلاَدَلْفِيَا" (رؤ ٣: ٧)، وهذا التغيير في تسمية الكنائس -بحسب الرأي التاريخي- تزامن مع انشقاق الكنيسة الذي بدأ حوالي عام ٤٥٠ ميلادية، وهو العصر الذي ترمز إليه كنيسة برغامس، ثم استمر انقسام الكنائس وانشقاقها على مر العصور إلى اليوم؛ لكن كنيسة لاودكية الأخيرة أخذت تسمية مختلفة عن باقي الكنائس إذ سماها الرب: "كَنِيسَةِ اللاَّوُدِكِيِّينَ" بمعنى أنها ليست كنيسة المسيح التي في لاودكية، بل هي كنيسة أهل لاودكية التي يملكونها ويديرونها بعيداً عن المسيح الذي يقف خارجها قارعاً على الباب لعل أحدهم يسمعه ويفتح له ليدخلها (رؤ ٣: ٢٠)، وهو ما ينطبق أيضاً مع معنى اسم لاودكية الذي يترجم "العدالة للشعب" أو "حكم الشعب"، فالحكم في الكنيسة هنا لم يعد حكم ثيوقراطي (حكم الله)، بل تحول إلى الحكم الديموقراطي الذي يعني أن الحكم أصبح للشعب، وبذلك يبدو وكأن الكتاب المقدس لم يعد هو مصدر التشريع والحكم في الكنيسة، بل أصبحت الكنيسة تأخذ من الكتاب المقدس ما تراه مناسباً ومقبولاً للمجتمع، ولعاداته، ولخطط وآراء أعضاء الكنيسة، وترفض ما لا يعجبها، بل وتضع قوانينها الخاصة ثم تحاول إثباتها بالمنطق، أو بالكتاب المقدس عن طريق اختيار الآيات التي تَظْهَر أنها تتفق مع تلك القوانين؛ أو قد تُلقي بالأمر كله على قيادة الروح القدس وتقول أن الروح يقود الكنيسة لأن تفعل هذا الأمر أو أنه يقودها لأن تحكم في تلك المشكلة بهذه الطريقة التي بدورها تخالف التعاليم الصحيحة للكتاب المقدس.

من المهم أن نذكر في بداية الحديث عن هذه الكنيسة أن الكثير من الشُرَّاح ظنوا أن ملاك كنيسة اللاودكيين وأعضاءها خطاة لم يتوبوا يوماً ولم يغتسلوا بدم المسيح ولم ينالوا الميلاد الثاني، ولهذا يُطْلِق الرب عليهم صفات صعبة مثل العريان والأعمى والفقير ويصرح له بأنه مزمع أن يتقيأه من فمه، لكن الكثير من الشُرَّاح الآخرين يرون

أن ملاك الكنيسة وأعضاءها كانوا مؤمنين كسالى يعيشون في العالم وكأنهم خطاة، وفي ذات الوقت يذهبون إلى الكنيسة أسبوعياً ويخدمون حين يجدون الوقت، وهناك أكثر من دليل في نص الرسالة يُرَجِّح هذا التفسير الثاني:

- أن الرب قال لاحقاً: "إِنِّي كُلُّ مَنْ أُحِبُّهُ أُوَبِّخُهُ وَأُؤَدِّبُهُ. فَكُنْ غَيُوراً وَتُبْ. " (رؤ ٣: ١٩)، وكلمة أؤدبه لا تذكر مطلقاً عن الخطاه في العهد الجديد، بل عن المؤمنين الحقيقيين الذين يخطئون كما سنشرح لاحقاً حين نأتي إلى تفسير هذه الآية.
- أن وصف الرب لهم بقوله "لَسْتَ بَارِداً وَلاَ حَارّاً" المذكور في الآية ١٦ يأتي في اللغة اليونانية في صيغة المذكر بما يتفق مع ملاك الكنيسة ولا يأتي في صيغة المؤنث التي تتفق مع الكنيسة نفسها (٣٧)، وملاك الكنيسة الذي يكلمه الرب هنا سبق وأن قال عنه في الأصحاح الأول أنه كوكب (نجم) في يد الرب اليمنى (رؤ ١: ١٦، ٢٠)، وهذا الوصف لا يمكن أن ينطبق على شخص يَدَّعي الإيمان إذ أن المُدَّعي للإيمان لن يكون مكانه في يد الرب مع بقية الملائكة، ولن يدعوه الرب ملاكاً من الأساس.

هَذَا يَقُولُهُ الآمِينُ، الشَّاهِدُ الأَمِينُ الصَّادِقُ: يصف المسيح نفسه هنا بثلاث صفات منها واحدة فقط مأخوذة من وصفه في الأصحاح الأول، وهذه الصفات الثلاثة هي:

١- الآمِينُ: هذه الصفة تختلف عن "الأَمِينُ" المذكورة في "الشَّاهِدُ الأَمِينُ"، فالكلمة اليونانية المذكورة هنا مأخوذة عن كلمة عبرية مشابهة ذكرت في سفر إشعياء كصفة لله إذ يقول الكتاب المقدس: "فَالَّذِي يَتَبَرَّكُ فِي الأَرْضِ يَتَبَرَّكُ بِإِلهِ الْحَقِّ (الآمين)، وَالَّذِي يَحْلِفُ فِي الأَرْضِ يَحْلِفُ بِإِلهِ الْحَقِّ (الآمين)" (إش ٦٥: ١٦)، وقد تُرْجِمَت كلمة الآمين العبرية هنا إلى "إِلهِ الْحَقِّ" في العربية، فالمسيح هو الحق الوحيد إذ قال أيضاً: "أَنَا هُوَ الطَّرِيقُ وَالْحَقُّ وَالْحَيَاةُ. لَيْسَ أَحَدٌ يَأْتِي إِلَى الآبِ إِلاَّ بِي" (يو ١٤: ٦)، وقد استخدمت هذه الكلمة "الآمين" كثيراً في العهد الجديد في أقوال المسيح المتكررة: "الْحَقَّ الْحَقَّ أَقُولُ" للتوكيد على صحة أمر ما (يو ١: ٥١؛ ٣: ٣، ٥، ١١؛ ٥: ١٩؛ ٦: ٢٦، ٣٢، ٤٧، ٥٣؛ ٨: ٣٤).

يشرح لنا هذا المعنى جزءاً من هدف رسالة المسيح إلى ملاك كنيسة لاودكية، إذ أن ذلك الملاك الذي نسي الحق وجعل كنيسة الله جزءاً من ممتلكاته وأراد أن يتمتع بغنى الحياة مع المسيح وبملذات العالم في وقت واحد، احتاج هذا الملاك لأن ينبهه المسيح أنه لا يوجد حق خارج الإبن، فهو إله الحق وكلامه هو الحق الوحيد. لقد أراد المسيح بهذه الكلمات أن يرفع برقع الخداع الذي كان يغطي عيني ملاك الكنيسة ليبدأ في فضح حقيقة ما يعيشه ذلك الملاك ويفعله أمام عينيه، فيبصر حقيقة نفسه ويتوب (٢).

يمكن أيضاً ربط هذه الآية بما يقوله الكتاب المقدس: "أَنْ مَهْمَا كَانَتْ مَوَاعِيدُ اللهِ فَهُوَ فِيهِ النَّعَمْ وَفِيهِ الآمِينُ، لِمَجْدِ اللهِ، بِوَاسِطَتِنَا. " (٢كو ١: ٢٠)، فالله ليس فيه النَّعَم فقط، بل فيه الآمين أيضاً، فهو يعدنا بأشياء، لكن وعوده لا تتوقف عند مجرد الكلام، بل إنه يحقق دائماً ما يقول لأنه فيه الآمين أي التأكيد على تتميم وعوده (٥٥)؛ وإذا طبقنا هذا المعنى على بقية الرسالة نفهم أن المسيح كان يقول لملاك الكنيسة أن الرسالة التي قال ليوحنا

أن يكتبها هنا ليست كلاماً فقط، بل أن المسيح بنفسه سيفعل ما يقول، فإن لم يَتُبْ ذلك الملاك فسيتقيأه المسيح، وإن تاب فسيعطيه البركات المكتوبة في بقية الرسالة.

٢- **الشَّاهِدُ الأَمِينُ:** هذه الصفة مأخوذة عن وصف المسيح لنفسه في الأصحاح الأول (رؤ ١: ٥)، ويعتبر الكثير من المفسرين أن "الشاهد الأمين الصادق" هي إيضاح لصفة "الأمين" المذكورة في البداية (٩)، لكن الحقيقة هي أن المسيح لم يكن يفسر صفة "الآمين" فقط بل كان يضيف إليها معانٍ أخرى كثيرة، فيسوع هو "الشاهد" أيضاً، أي أنه الشخص الذي رأى ويرى كل شيء، فهو الشخص الذي كان حاضراً طوال الوقت حين كان ملاك الكنيسة يتخذ كل قرار أو اختيار قاده في النهاية إلى وضعه الحالي. لقد أراد الرب أن يقول هنا أنه بسبب وجوده في كل مكان كل الوقت ومعرفته لكل شيء حتى أفكار القلب ونياته، فهو إذاً الشاهد على كل شيء، وهو ليس كأي شاهد، بل هو شاهد أمين، أي أنه يشهد بكل دقة وإخلاص كل الوقت.
إن الكلمة اليونانية (pistos) المذكورة في هذه الآية والمترجمة "الأمين" تأتي بمعنيين ويتم ترجمتها بحسب موضعها في الجملة:
أ- قد تعني في بعض الأوقات "الأمين" وهو المعنى الإيجابي للكلمة (٥٦)، وهو يعني بحسب الترجمة الحرفية أن المسيح "جدير بالثقة" (٣) و"يمكن الاعتماد عليه" (٣٤)، ويطلق الكتاب المقدس هذه الصفة على المسيح والله في شواهد عدة: (١كو ١: ٩ ؛ ١٠: ١٣؛ ٢كو ١: ١٨؛ ١تس ٥: ٢٤؛ ٢تس ٣: ٣؛ ٢تي ٢: ١٣؛ عب ٢: ١٧ ؛ ٣: ٢ ؛ ١٠: ٢٣ ؛ ١١: ١١؛ ١بط ٤: ١٩؛ ١يو ١: ٩؛ رؤ ١: ٥ ؛ ٢: ١٠؛ ١٩: ١١).
ب- قد تعني في أوقات أخرى "المؤمن" وهو المعنى السلبي للكلمة (٥٦)، وقد جاء هذا المعنى في آيات كثيرة مثل: (غل ٣: ٩؛ أع ١٠: ٤٥ ؛ ١٦: ١؛ ٢كو ٦: ١٥؛ ١تي ٤: ٣، ١٠، ١٢ ؛ ٥: ١٦ ؛ ٦: ٢؛ تيط ١: ٦).
كما أن هناك أيضاً بعض الآيات التي تُرْجِمَت في العربية وبعض الترجمات الأخرى "مؤمن"، لكنها أيضاً تُرجِمَت في ترجمات مختلفة "أمين" لأن الجملة تحتمل المعنيين مثل قول الكتاب المقدس: "فَلَمَّا اعْتَمَدَتْ هِيَ وَأَهْلُ بَيْتِهَا طَلَبَتْ قَائِلَةً: إِنْ كُنْتُمْ قَدْ حَكَمْتُمْ أَنِّي مُؤْمِنَةٌ بِالرَّبِّ فَادْخُلُوا بَيْتِي وَامْكُثُوا. فَأَلْزَمَتْنَا." (أع ١٦: ١٥)، فالمقطع "أَنِّي مُؤْمِنَةٌ بِالرَّبِّ" يمكن ترجمته أيضاً: "أني أمينة من نحو الرب"؛ ومثل قول الكتاب أيضاً: "بُولُسُ، رَسُولُ يَسُوعَ الْمَسِيحِ بِمَشِيئَةِ اللهِ، إِلَى الْقِدِّيسِينَ الَّذِينَ فِي أَفَسُسَ، وَالْمُؤْمِنِينَ فِي الْمَسِيحِ يَسُوعَ." (أف ١: ١)، فكلمة المؤمنين هنا تأتي في معظم الترجمات "الأمناء"، وهو الأمر الذي يتكرر أيضاً في (كو ١: ٢)، ومن هنا يمكننا استنتاج معنى تأملي جميل وهو أن المؤمن الحقيقي هو الشخص الأمين الجدير بالثقة الذي يخاف الله ويتشبه بسيده المسيح الكامل الأمانة، وكل تلميذ للمسيح يحتاج دائماً أن يسأل نفسه إن كان حقاً شخصاً أميناً في حياته التي لا يراها الناس، وفي خدمته ومحبته وتضحيته لأجل المسيح والمؤمنين، وفي اتجاه قلبه من نحو الخطاة الذي يجب أن يكون مليئاً بالمحبة والشغف على توصيل رسالة المسيح لهم حتى لا يهلكوا. لقد كان بولس الرسول شخصاً أميناً من نحو الله والمؤمنين فاستطاع أن يقول وهو مُسَاق بالروح القدس: "كُونُوا مُتَمَثِّلِينَ بِي مَعًا أَيُّهَا الإِخْوَةُ، وَلاَحِظُوا الَّذِينَ يَسِيرُونَ هكَذَا كَمَا نَحْنُ

عِنْدَكُمْ قُدْوَةٌ." (في ٣: ١٧)، فهل تستطيع أنت أن تقول لأولادك أن يتمثلوا بك؟ أم أنك شخص غير أمين؟

٣- **الصَّادِقُ:** فالمسيح ليس هو الشاهد الأمين فقط، بل هو "الصادق" أيضاً بمعنى أن شهادته شهادة حق كامل، فالكلمة اليونانية (alēthinos) المترجمة هنا "الصادق" تُتَرْجَم في آيات أخرى كثيرة "الحق" أو "الحقيقي" (لو ١٦: ١١؛ يو ١: ٩ ؛ ٤: ٢٣ ؛ ٦: ٣٢ ؛ ٧: ٢٨ ؛ ١٥: ١ ؛ ١٧: ٣ ؛ ١٩: ٣٥؛ ١تس ١: ٩؛ عب ٨: ٢ ؛ ٩: ٢٤؛ ١يو ٢: ٨ ؛ ٥: ٢٠؛ رؤ ٣: ٧ ؛ ٦: ١٠ ؛ ١٥: ٣ ؛ ١٦: ٧ ؛ ١٩: ٢)، وقد سبق وشرحنا هذه الكلمة في سياق (رؤ ٣: ٧).

ولتوضيح معنى "الشاهد الأمين الصادق"، تخيل معي صديقاً لك رآك تفعل خطأ ما أو تتغاضى عن فعل الشيء الصحيح في موقفٍ ما، فبدأ هذا الصديق في توبيخك ونصحك ليس لكي تفعل الصواب فقط، بل لتدرك وتفهم دوافعك الشخصية أيضاً؛ ولكي تكون لهذا الصديق القدرة على تتميم دوره معك بكفاءة يجب أن تتوافر فيه عدد من الشروط والصفات كالتالي:

أ- يجب أن يكون هذا الصديق قد رأى ما حدث بعينيه، فإن لم يكن قد رأى الحدث بنفسه، فإن من يخبره به قد ينسى بعض التفاصيل، أو قد لا يقص عليه بعض الأمور الأخرى التي قد تؤثر في تقديره للحدث والمشاركين فيه.

ب- يجب أن يكون هذا الصديق قريب منك بدرجة تجعله يفهم خلفيتك، وخلفية علاقتك بالآخرين المشاركين في هذا الحدث، وطريقة تفكيرك، والمشاعر التي كانت عندك ودفعتك لأن تجيب أو تفعل ما فعلت بتلك الطريقة إلخ.

ج- يجب أن يكون هذا الصديق قادراً أيضاً على ربط كل هذه المعطيات بطريقة رد فعلك وبنتائج ما حدث.

د- كما يجب أن تكون لهذا الصديق دوافع نقية وراء اهتمامه بتصحيحك ونصحك، وأن تكون نصيحته حكيمة ورأيه صحيحاً وصائباً.

إن كمال كل تلك الصفات الأربعة لا يمكن أن يتواجد في أي إنسان، فالله هو الوحيد الذي رأى ويرى وسيرى كل شيء في الكون بنفسه دون أن يخبره به طرف ثالث، وهو بذلك الشاهد.

والله أيضاً هو المحب الألزق من الأخ (أم ١٨: ٢٤)، فهو يفهم كل شيء ويعرف خلفيتك وأفكارك وأسباب ردود أفعالك ونقاط قوتك وضعفك وكل شيء، وهو الوحيد الذي يستطيع أن يربط كل هذه الأمور ببعض، فهو بذلك الشاهد الأمين الذي يشهد بكل دقة وإخلاص.

والله أيضاً هو الوحيد الذي ليست لديه أية أهداف أو أغراض شخصية قد تتعارض مع صدق حكمه، فشهادته وحكمه حق دائماً وليس فيهما أي نوع من الغش، وهو بذلك الشاهد الصادق.

بَدَاءَةُ خَلِيقَةِ اللهِ: يمكن فهم هذه الآية لغوياً في اليونانية التي كُتِبَ بها العهد الجديد بثلاثة معان:

١- إذا اعتبرنا أن كلمة بداءة تحمل المعنى السلبي (passive sense) فإن هذا يجعل المسيح هو أول شيء خلقه الله، وهذا هو ما كان يدعيه الغنوسيون الأوائل وأتباع بدعة آريوس من بعدهم، وهو أيضاً نفس ما يدعيه شهود يهوه اليوم في محاولتهم لإنكار ألوهية المسيح.
٢- باعتبار أن كلمة بداءة تحمل المعنى الإيجابي (active sense) فإن هذا يجعل المسيح هو مبتدئ خليقة الله. إن كلمة "بَدَاءَةُ" في اللغة اليونانية هي (archē)، وهي تعني "أصل" أو "مصدر" (origin) أو "مُسَبِّبُ" (the active cause) (٥٦) (قارن مع: كو ١: ١٨)، فالمسيح طبقاً لهذا ليس أول مخلوقات الله، بل هو الذي خلق كل شيء.
٣- هذه الكلمة قد تعني أيضاً "رأس" أو "سلطان" (٣، ٣٤، ٧٧) بمعنى أن المسيح هو رأس الخليقة وصاحب السلطان الأعلى فيها كما يقول الكتاب عن المسيح: "فَوْقَ كُلِّ رِيَاسَةٍ (archē) وَسُلْطَانٍ وَقُوَّةٍ وَسِيَادَةٍ، وَكُلِّ اسْمٍ يُسَمَّى لَيْسَ فِي هَذَا الدَّهْرِ فَقَطْ بَلْ فِي الْمُسْتَقْبَلِ أَيْضاً" (أف ١: ٢١)، كما يقول أيضاً: "وَأَنْتُمْ مَمْلُوؤُونَ فِيهِ، الَّذِي هُوَ رَأْسُ كُلِّ رِيَاسَةٍ (archē) وَسُلْطَانٍ." (كو ٢: ١٠)، (قارن أيضاً مع: لو ١٢: ١١؛ ٢٠: ٢٠؛ رو ٨: ٣٨؛ ١كو ١٥: ٢٤؛ أف ٣: ١٠؛ ٦: ١٢؛ كو ١: ١٦؛ ٢: ١٥؛ تيط ٣: ١؛ يه ١: ٦)

لقد كانت هذه الرسالة إلى كنيسة اللاودكيين تشبه كثيراً رسالة بولس الرسول إلى كنيسة كولوسي المجاورة، وبالتالي فإن بعض المفسرين يعتقدون أن نفس الهرطقة التي كانت منتشرة في كنيسة كولوسي كانت قد وجدت أيضاً طريقها إلى كنيسة اللاودكيين (قارن مع: كو ٤: ١٦). هذه الهرطقة كانت شكل بدائي للغنوسية التي عَلَّمَت أن المسيح هو كائن مخلوق في واحدة من سلسلة انبثاقات من الله، كما أن أنصار هذه الهرطقة كانوا يدعون أنهم يمتلكون سراً، وهو معرفة روحية عظيمة تفوق وتتخطى كلمات الوحي البسيطة، ولذلك فقد حارب بولس هذه الهرطقة في رسالته إلى كولوسي قائلاً عن المسيح: "الَّذِي هُوَ صُورَةُ اللهِ غَيْرِ الْمَنْظُورِ، بِكْرُ كُلِّ خَلِيقَةٍ." (كو ١: ١٥)، ثم أكمل شارحاً معنى مصطلح "بكر كل خليقة" فقال: "فَإِنَّهُ فِيهِ خُلِقَ الْكُلُّ: مَا فِي السَّمَاوَاتِ وَمَا عَلَى الأَرْضِ، مَا يُرَى وَمَا لاَ يُرَى، سَوَاءٌ كَانَ عُرُوشاً أَمْ سِيَادَاتٍ أَمْ رِيَاسَاتٍ أَمْ سَلاَطِينَ. الْكُلُّ بِهِ وَلَهُ قَدْ خُلِقَ. الَّذِي هُوَ قَبْلَ كُلِّ شَيْءٍ، وَفِيهِ يَقُومُ الْكُلُّ" (كو ١: ١٦-١٧) (٩).

أما عن المعنى المقصود بالتعبير "بَدَاءَةُ خَلِيقَةِ اللهِ" في هذه الرسالة إلى كنيسة اللاودكيين، فقد ذكر المفسرون معنيين محتملين وكلاهما صحيح لاهوتياً:
١- أن المسيح هو خالق كل شيء كما سبق وشرحنا، وهذا المعنى موجود في آيات كثيرة أخرى في الكتاب المقدس الذي يشهد أن أقنوم الابن هو أساس ومصدر الخليقة إذ يقول: "فِي الْبَدْءِ كَانَ الْكَلِمَةُ، وَالْكَلِمَةُ كَانَ عِنْدَ اللهِ، وَكَانَ الْكَلِمَةُ اللهَ. هَذَا كَانَ فِي الْبَدْءِ عِنْدَ اللهِ. كُلُّ شَيْءٍ بِهِ كَانَ، وَبِغَيْرِهِ لَمْ يَكُنْ شَيْءٌ مِمَّا كَانَ." (يو ١: ١-٣)، كما يشهد أيضاً أن المسيح خلق كل شيء بقوته وقدرته إذ يقول: "اَللهُ، بَعْدَ مَا كَلَّمَ الآبَاءَ بِالأَنْبِيَاءِ قَدِيماً، بِأَنْوَاعٍ وَطُرُقٍ كَثِيرَةٍ، كَلَّمَنَا فِي هذِهِ الأَيَّامِ الأَخِيرَةِ فِي ابْنِهِ، الَّذِي جَعَلَهُ وَارِثاً لِكُلِّ

شَيْءٍ، الَّذِي بِهِ أَيْضًا عَمِلَ الْعَالَمِينَ،" (عب ١: ١-٢)، كما يتكلم العهد القديم أيضاً عن شخص اسمه "الْحِكْمَةُ" الذي نفهم من صفاته في ضوء العهد القديم أنه هو الخالق، وفي ضوء العهد الجديد أنه هو أقنوم الإبن قائلاً: "أَنَا الْحِكْمَةُ أَسْكُنُ الذَّكَاءَ، وَأَجِدُ مَعْرِفَةَ التَّدَابِيرِ... اَلرَّبُّ قَنَانِي أَوَّلَ طَرِيقِهِ، مِنْ قَبْلِ أَعْمَالِهِ، مُنْذُ الْقِدَمِ... كُنْتُ عِنْدَهُ صَانِعًا، وَكُنْتُ كُلَّ يَوْمٍ لَذَّتَهُ، فَرِحَةً دَائِمًا قُدَّامَهُ." (أم ٨: ١٢، ٢٢، ٣٠)، فالرب أي الآب لم يقتن "الْحِكْمَةُ" في وقت ما قبل بدء الخليقة، بل اقتناه "أَوَّلَ طَرِيقِهِ" أي منذ الأزل، وبذلك فإن هذه الآية توضح أن الإبن وُجِدَ مع الآب من أول طريق الآب وليس في وقت ما قبل بداية الخليقة كما يدعي المهرطقون (٢).

أيضاً حين نرجع ثانية إلى ما قاله بولس الرسول لأهل كولوسي عن المسيح: "الَّذِي هُوَ صُورَةُ اللهِ غَيْرِ الْمَنْظُورِ، بِكْرُ كُلِّ خَلِيقَةٍ. فَإِنَّهُ فِيهِ خُلِقَ الْكُلُّ: مَا فِي السَّمَاوَاتِ وَمَا عَلَى الأَرْضِ، مَا يُرَى وَمَا لاَ يُرَى، سَوَاءٌ كَانَ عُرُوشًا أَمْ سِيَادَاتٍ أَمْ رِيَاسَاتٍ أَمْ سَلاَطِينَ. الْكُلُّ بِهِ وَلَهُ قَدْ خُلِقَ." (كو ١: ١٥-١٦)، نرى كما سبق وذكرنا أن الكتاب هنا يشرح " بِكْرُ كُلِّ خَلِيقَةٍ" بقوله بعدها مباشرة: "فَإِنَّهُ فِيهِ خُلِقَ الْكُلُّ"، أي أن ما يقصده الكتاب بوصف المسيح بأنه "بِكْرُ" (prōtotokos) هو أنه - أي المسيح - "الشخص الأسْمَى" أو "المتفوق" أو "صاحب الشرف الرفيع" وليس أنه أول الخلائق، وهو ما يؤكده استخدام نفس التعبير في العهد القديم بهذا المعنى إذ يقول الكتاب المقدس: "هُوَ يَدْعُونِي: أَبِي أَنْتَ، إِلهِي وَصَخْرَةُ خَلاَصِي. أَنَا أَيْضًا أَجْعَلُهُ بِكْرًا، أَعْلَى مِنْ مُلُوكِ الأَرْضِ. " (مز ٨٩: ٢٦-٢٧)، (قارن أيضاً مع: خر ٤: ٢٢)، فالمسيح إذاً هو مصدر (archē) الخليقة طبقاً للآية محل الدراسة، وهو أيضاً الشخص الأسمى (prōtotokos) فيها طبقاً لرسالة كولوسي (٩، ٥٦).
الأمر الإضافي الذي يثبت أزلية المسيح هو أقوال المسيح عن نفسه، ففي أحد المرات قال: "أَنَا وَالآبُ وَاحِدٌ. فَتَنَاوَلَ الْيَهُودُ أَيْضًا حِجَارَةً لِيَرْجُمُوهُ. أَجَابَهُمْ يَسُوعُ: أَعْمَالاً كَثِيرَةً حَسَنَةً أَرَيْتُكُمْ مِنْ عِنْدِ أَبِي. بِسَبَبِ أَيِّ عَمَل مِنْهَا تَرْجُمُونَنِي؟ أَجَابَهُ الْيَهُودُ قَائِلِينَ: لَسْنَا نَرْجُمُكَ لأَجْلِ عَمَل حَسَنٍ، بَلْ لأَجْلِ تَجْدِيفٍ، فَإِنَّكَ وَأَنْتَ إِنْسَانٌ تَجْعَلُ نَفْسَكَ إِلهًا" (يو ١٠: ٣٠-٣٣)، وفي موقف آخر قال الكتاب عن حديث المسيح مع اليهود: " فَقَالُوا لَهُ: مَنْ أَنْتَ؟ فَقَالَ لَهُمْ يَسُوعُ: أَنَا مِنَ الْبَدْءِ مَا أُكَلِّمُكُمْ أَيْضًا بِهِ... اَلْحَقَّ الْحَقَّ أَقُولُ لَكُمْ: قَبْلَ أَنْ يَكُونَ إِبْرَاهِيمُ أَنَا كَائِنٌ. فَرَفَعُوا حِجَارَةً لِيَرْجُمُوهُ." (يو ٨: ٢٥، ٥٨-٥٩)، فقول المسيح هنا "أَنَا كَائِنٌ" يعني أنه موجود منذ الأزل وليس أنه وُجِد في وقت ما قبل الخليقة وإلا كان قد قال "أنا كنت" (٣٧)، كما أن توما حينما رأى المسيح بعد قيامته قال: "أَجَابَ تُومَا وَقَالَ لَهُ: رَبِّي وَإِلهِي!. قَالَ لَهُ يَسُوعُ: لأَنَّكَ رَأَيْتَنِي يَا تُومَا آمَنْتَ! طُوبَى لِلَّذِينَ آمَنُوا وَلَمْ يَرَوْا." (يو ٢٠: ٢٨-٢٩)، فقد دعاه توما هنا "إِلهِي" وهو ما يؤكد الوهية المسيح الذي أثنى على ما قاله توما، ثم لاحقاً قال المسيح أيضاً عن نفسه في سفر الرؤيا: "أَنَا هُوَ الأَلِفُ وَالْيَاءُ، الْبِدَايَةُ وَالنِّهَايَةُ يَقُولُ الرَّبُّ الْكَائِنُ وَالَّذِي كَانَ وَالَّذِي يَأْتِي، الْقَادِرُ عَلَى كُلِّ شَيْءٍ." (رؤ ١: ٨)، ثم قال أيضاً في نهاية سفر الرؤيا: "أَنَا الأَلِفُ وَالْيَاءُ، الْبِدَايَةُ وَالنِّهَايَةُ، الأَوَّلُ وَالآخِرُ" (رؤ ٢٢: ١٣). من كل هذا نفهم أن المسيح هو الله وليس أحد مخلوقاته.

٢- أن المقصود بـ"بَدَاءَةُ خَلِيقَةِ اللهِ" في هذه الرسالة هو دور المسيح كمؤسس للخليقة الجديدة وليس دوره كخالق للكون، وهذا المعنى يتضح من قول الكتاب المقدس: "وَهُوَ رَأْسُ الْجَسَدِ: الْكَنِيسَةِ. الَّذِي هُوَ الْبَدَاءَةُ، بِكْرٌ مِنَ الأَمْوَاتِ، لِكَيْ يَكُونَ هُوَ مُتَقَدِّمًا فِي كُلِّ شَيْءٍ." (كو ١: ١٨)، كما يقول أيضاً في الأصحاح الأول من سفر الرؤيا، وهو الأصحاح الذي استخدم الرب وصفه لنفسه، ووصف يوحنا له فيه، في أغلب رسائله إلى السبع كنائس: "وَمِنْ يَسُوعَ الْمَسِيحِ الشَّاهِدِ الأَمِينِ، الْبِكْرِ مِنَ الأَمْوَاتِ، وَرَئِيسِ مُلُوكِ الأَرْضِ: الَّذِي أَحَبَّنَا، وَقَدْ غَسَّلَنَا مِنْ خَطَايَانَا بِدَمِهِ،" (رؤ ١: ٥)، فالبداءة هنا تتكلم عن القيامة من الأموات وبداية الخليقة الجديدة التي كَوَّنَت الكنيسة كما يقول الكتاب: "إِذًا إِنْ كَانَ أَحَدٌ فِي الْمَسِيحِ فَهُوَ خَلِيقَةٌ جَدِيدَةٌ: الأَشْيَاءُ الْعَتِيقَةُ قَدْ مَضَتْ، هُوَذَا الْكُلُّ قَدْ صَارَ جَدِيدًا." (٢كو ٥: ١٧)، كما أن البداءة هنا ليست بداءة في الترتيب ولكنها تشير إلى المسيح كَمَصْدَر ومُسَبِّب لهذه الخليقة كما ذكرنا سابقاً؛ فبأخذ هذه الآيات التي ذكرناها في الاعتبار، يمكننا أن نفهم أن قول المسيح "خَلِيقَةِ اللهِ" في المقطع محل الدراسة كان المقصود به الخليقة الجديدة، أي أن العدد محل الدراسة هو إعادة صياغة لقول الكتاب: "الْبِكْرِ مِنَ الأَمْوَاتِ" في (رؤ ١: ٥) (٧).

في النهاية، فإن الرسالة التي أراد المسيح أن يوجهها لملاك كنيسة لاودكية من خلال صفاته التي ذكرها في هذا العدد هي أنه على هذا الملاك وعلى هؤلاء اللاودكيين المعتمدين على أنفسهم والذين يثقون في أنفسهم باطلاً أن يثقوا في رأي وحكم المسيح الذي هو مصدر الخليقة ومسببها وصاحب السلطان الأعلى فيها، والموجود في كل مكان والذي يرى كل شيء ويعرف كل شيء بدلاً من أن يثقوا في معرفتهم وأموالهم وأي شيء آخر مخلوق (٢).

رؤ ٣: ١٥ أَنَا عَارِفٌ أَعْمَالَكَ، أَنَّكَ لَسْتَ بَارِداً وَلاَ حَارّاً. لَيْتَكَ كُنْتَ بَارِداً أَوْ حَارّاً.

أَنَا عَارِفٌ أَعْمَالَكَ: هذا المقطع الموجود في معظم الرسائل مهم جداً هنا لأنه يشير مباشرة إلى المسيح الشاهد الأمين كما ذكرنا سابقاً، كما أن قول المسيح "أَنَا عَارِفٌ" فيه مفارقة مع العدد ١٧ حين يوضح المسيح لملاك الكنيسة أن الملاك لا يعرف حقيقة نفسه وأنه يعيش في خدعة كبيرة؛ لذلك عزيزي القارئ، اسأل المسيح في كل وقت أن يفحص قلبك ويظهر لك حقيقته وارفض أن تعيش أو تستمر في الحياة في خدعة قد حبكها لك إبليس وصدقتها أنت بكبريائك.

أَنَّكَ لَسْتَ بَارِداً وَلاَ حَارّاً. لَيْتَكَ كُنْتَ بَارِداً أَوْ حَارّاً: لقد شَبَّهَ المسيح في هذه الآية وفي الآية التالية حالة كنيسة اللاودكيين بحالة المياه المليئة بالمعادن والأملاح التي كانت تصل إلى مدينة لاودكية فاترة بعد أن تسير مسافة ستة أميال في أنابيب حجرية من الينابيع الساخنة الموجودة قرب هيرابوليس، كما قارن هذه

المياه أيضاً بتلك المياه الباردة المنعشة التي كانت في مدينة كولوسي المجاورة إذ كان بها نبع مياه باردة، لكن المفسرين اختلفوا كثيراً في تفسير معنى الحار والبارد والفاتر التي يتكلم عنهم المسيح، بل واختلفوا أيضاً فيما قصده المسيح بتقيؤ ملاك الكنيسة من فمه. السبب الأساسي لهذا الاختلاف في التفسير هو أن كلمة فاتر وكلمة أتقيأك لم ترد في أي مكان آخر في الكتاب المقدس، كما أن كلمة بارد وردت فقط في آية واحدة أخرى (مت ١٠: ٤٢) وكانت تعني الماء البارد بلا دلالات أخرى، ولذلك فإن تفسير المفسرين لهذا الجزء يعتمد على رؤيتهم المسبقة لمن هم هؤلاء الفاترين، فقد رأى البعض أنهم مُدَّعو المسيحية أو المسيحيين الإسميين، ورأى آخرون أنهم مؤمنون جسديون، كما فسر آخرون أن المسيح لم يقصد قياس حرارة الإيمان. وعلى ذلك فهناك ٤ تفسيرات للبارد والحار في هذا المقطع والآية التالية يمكنك القراءة عنها بأكثر تفصيل في الملحق رقم ٥، لكني أرى أن أدق هذه التفاسير هو أن الشخص البارد يرمز إلى الإنسان الخاطئ، والحار هو المؤمن الحقيقي الذي يعيش حياة مشتعلة بالروح القدس، وأما الفاتر المذكور في الآية التالية فهو الشخص المسيحي الذي نال الميلاد الثاني (الذي هو تغيير حقيقي في القلب يفعله الروح القدس)، ويذهب إلى الكنيسة ويشترك في الخدمات ولكنه لا يبالي بأن يكون له عمق حقيقي في الحياة الروحية، فهو لا يريد المزيد ولا يريد أن يغير أولوياته، بل يظن أن ما وصل إليه هو كل ما يحتاجه.

رؤ ٣: ١٦ هَكَذَا لأَنَّكَ فَاتِرٌ، وَلَسْتَ بَارِداً وَلاَ حَارّاً، أَنَا مُزْمِعٌ أَنْ أَتَقَيَّأَكَ مِنْ فَمِي.

هَكَذَا لأَنَّكَ فَاتِرٌ، وَلَسْتَ بَارِداً وَلاَ حَارّاً: لقد كان هذا الفتور الذي يعيشون فيه نتيجة لشعور خادع بالأمان نتج عن رغد الحياة وازدهارها الذي يظهر في الآية التالية، والحقيقة هي أن هؤلاء الآمنين أصبحوا مُهْمِلين دون وعي، فالاضطهاد يكون في الكثير من الأحيان شر أقل فتكاً من الإهمال واللامُبالاه، فإن كنت تقول أنك مؤمن لكنك لا تصنع أثماراً تليق بالتوبة (مت ٣: ٨)، فأنت أسوأ من غير المؤمن الذي يعرف حقيقة نفسه ويعترف بجهله، ذلك لأنك تعتقد أنك مسيحياً حقيقياً بينما ثمارك تقول غير ذلك [٢]. وهذا هو بالضبط حال الكثير من الكنائس والمسيحيين الموجودين اليوم.

لقد كتب القس الأنجليكاني الشهير جون ستوت (John R W Stott) (١٩٢١ - ٢٠١١)، والذي أُطلِقَ عليه "مهندس الكرازة في القرن العشرين" قائلاً: "ربما لا توجد رسالة من الرسائل السبع مناسبة لكنيسة القرن العشرين أكثر من هذه الرسالة، فهي تصف بوضوح التدين المحترم، والعاطفي، والإسمي، والسطحي

الذي ينتشر بيننا اليوم. إن مسيحيتنا مترهلة ومصابة بفقر الدم، ويبدو أننا أخذنا حَمَّاماً فاتراً من الدين." (٥٨).
إن هؤلاء المسيحيون السطحيون قد يرون في أنفسهم أنهم أبناء بل وأصحاب الكنيسة، ويحكمون بكبرياء على كل ما يحدث، ويشتركون في أنشطة الكنيسة المختلفة، بل ويقودون اجتماعات الكنيسة الترتيبية والإدارية، لكنهم لا يعطون وقتاً حقيقياً للصلاة وطلب الله، فصلاتهم في الاجتماعات من باب الواجب أو ليظهر اجتماعهم أو يظهروا هم بمظهر روحي، وهم لا يقضون الوقت أمام الرب لدراسة كلمته، كما أنهم يهتمون بالنشاط الكنسي أكثر من الأشخاص الذين يستهدفهم النشاط، فتركيزهم لا ينصب على رعاية الخراف التي تحتاج إلى الرعاية، بل إلى الأعمال والنشاطات الكنسية الكثيرة. وفي المقابل فإن حياة هؤلاء الشخصية لا تُعَبِّر عن المسيح إطلاقاً، فتراهم يتصارعون على المال والميراث، ويحاولون سلب حقوق إخوتهم وأقربائهم، ويغشون في تجارتهم، ويُسَخِّرون أمور وأنشطة الكنيسة لمصالحهم الشخصية، إلخ. أو قد يكون هؤلاء من المؤمنين الذين يحضرون الكنيسة كل أحد، ويحضرون المؤتمرات السنوية، لكنهم لا يريدون أن يندمجوا أكثر في أي شيء لأن لهم أولويات أخرى يعيشون من أجلها أهم من الرب وأمور خدمته.
باختصار هم مسيحيون بلا حياة مسيحية حقيقية وبلا شهادة حقيقية وفعالة للعالم المحيط بهم، فالخطاة الذين يتعاملون معهم لا يرون أنهم مختلفون في أي شيء عنهم، وعندما يعرفون أنهم مسيحيون يتعثرون في المسيح والمسيحية بسببهم.

أَنَا مُزْمِعٌ أَنْ أَتَقَيَّأَكَ مِنْ فَمِي: إن بعض الكنائس تجعل الرب يبكي، وبعضها تجعله غاضباً، أما كنيسة اللاودكيين فجعلته يرغب في التقيؤ (٩). لقد قام الرب باستخدام النفور والغثيان اللذان ينتجان عن الماء أو الطعام الفاتر اللذان بالطبيعة ترفضهما المعدة باشمئزاز كصورة للتعبير عن اشمئزاز المسيح من هؤلاء المؤمنين الذين ليست لديهم غيرة على خدمته والشهادة عنه.
يرى المفسرون الذين يتبنون اعتقاد أن هذه الكنيسة هي كنيسة إسمية أن المقصود بالتقيؤ هنا هو رفضهم من المسيح بشكل نهائي وهلاكهم هلاكاً أبدياً؛ لكن المفسرين الذين يرون أن هذه الكنيسة هي كنيسة مؤمنين جسديين كما سبق وذكرنا يرون أن المقصود بالتقيؤ هنا ليس رفضهم من الخلاص الأبدي، لكن تركهم لأهوائهم الشخصية وإقصائهم عن دورهم كسفراء عن المسيح وشهود عنه، وهذا هو الرأي الأدق من وجهة نظري.
أما عن ميعاد حدوث هذا التقيؤ، فصيغة الجملة في اللغة اليونانية ليست شديدة كالصيغة المكتوبة في لغتنا العربية، والتهديد لا يبدو وشيك الحدوث، بل قد نستطيع ترجمة التهديد كالتالي: "أنا أفكر أن أتقيأك من فمي" (٥)، فالمسيح طويل الأناة لم ييأس منهم بعد، وهو مازال إلى هذه اللحظة يحبهم ويعاملهم بالنعمة إذ يوبخهم ويؤدبهم ويظهر لهم مشاكلهم وطريقة علاجها، لكن تفكيره في أن يتقيأهم

من فمه معناه أنه سيتوقف عن السعي خلفهم لردهم إلى الطريق الصحيح ويتركهم لأهوائهم ويعاملهم كما يعامل الأغراب تماماً كما أمر الرسول بولس كنيسة تسالونيكي: "وَإِنْ كَانَ أَحَدٌ لاَ يُطِيعُ كَلاَمَنَا بِالرِّسَالَةِ، فَسِمُوا هَذَا وَلاَ تُخَالِطُوهُ لِكَيْ يَخْجَلَ، وَلَكِنْ لاَ تَحْسِبُوهُ كَعَدُوٍّ، بَلْ أَنْذِرُوهُ كَأَخٍ." (٢تس ٣: ١٤-١٥).

رؤ ٣: ١٧ لأَنَّكَ تَقُولُ: إِنِّي أَنَا غَنِيٌّ وَقَدِ اسْتَغْنَيْتُ، وَلاَ حَاجَةَ لِي إِلَى شَيْءٍ، وَلَسْتَ تَعْلَمُ أَنَّكَ أَنْتَ الشَّقِيُّ وَالْبَائِسُ وَفَقِيرٌ وَأَعْمَى وَعُرْيَانٌ.

لأَنَّكَ تَقُولُ ... وَلَسْتَ تَعْلَمُ: هنا يظهر سبب حكم الرب على كنيسة اللاودكيين بأنها كنيسة فاترة، فهي تفتخر بالأمور التي تعتقد أنها تمتلكها، وتصدق أنها كنيسة عظيمة، لكنها لا تعلم أن الله يرى أن حالتها مختلفة تماماً عما تظنه هي عن نفسها، فقد كانت هذه الكنيسة تعيش في خدعة كبيرة. إن كلمة "تَعْلَمُ" في اليونانية هي "eidō" ومعناها "ترى" أو "تدرك"، وكنيسة لاودكية لم تكن تدرك أنها كنيسة فاترة كما ذكرنا من قبل.

إِنِّي أَنَا غَنِيٌّ وَقَدِ اسْتَغْنَيْتُ: لقد كان ملاك الكنيسة مليء بالكبرياء، وكان يعتز كثيراً بغناه، ويرى أنه يستطيع أن يفعل كل ما يريد وأنه لا يحتاج إلى شيء، بل وأتخيل أنه كان يظن - وإن لم يصرح بذلك علناً - أنه لا يحتاج إلى الرب أو قيادته في شيء، فهو يخطط جيداً لكل شيء ولديه المال الكافي لكي يُنْجِح اجتماعاته، ولديه فريق ترانيم من أفضل الفرق تقنياً، بل ولديه مواهب كثيرة ومتنوعة في الكنيسة مثل الألسنة ومواهب الشفاء وغيرها. لقد نسي هذا الملاك في خضم كبريائه أنه بكل ما لديه لا يستطيع أن يخلص نفساً واحدة بدون عمل الروح القدس، كما نسي أنه مهما كان لديه من مال أو مواهب أو موارد فإنه لا يستطيع أن يفعل أي شيء ذو معنى وثِقَل حقيقي بدون الرب كما سبق المسيح وقال: "أَنَا الْكَرْمَةُ وَأَنْتُمُ الأَغْصَانُ. الَّذِي يَثْبُتُ فِيَّ وَأَنَا فِيهِ هذَا يَأْتِي بِثَمَرٍ كَثِيرٍ، لأَنَّكُمْ بِدُونِي لاَ تَقْدِرُونَ أَنْ تَفْعَلُوا شَيْئًا" (يو ١٥: ٥)، وذلك لأن الرب هو مصدر الحياة كما قال: "فِيهِ كَانَتِ الْحَيَاةُ وَالْحَيَاةُ كَانَتْ نُورَ النَّاسِ" (يو ١: ٤)، وهو الخبز الحقيقي الذي يهب حياة للعالم كما قال: "لأَنَّ خُبْزَ اللهِ هُوَ النَّازِلُ مِنَ السَّمَاءِ الْوَاهِبُ حَيَاةً لِلْعَالَمِ" (يو ٦: ٣٣).

إن الشخص الروحي الذي يقترب من الرب ويقضي وقتاً في حضرته يدرك أكثر فأكثر مدى الفساد الموجود في داخله، ويعرف معرفة القلب والعقل مدى احتياجه للرب وأنه لا يستطيع أن يفعل أي شيء بدون إلهه، كما أنه لا يستطيع حتى أن يرى حقيقة الأمور ولا أن يفهم كلمة الرب بدون عمل الروح القدس؛ لكن

الشخص الفاتر مثل هذا الملاك يكون شخصاً متكبراً يظن أنه يملك كل شيء ويعرف كل شيء ولا حاجة له إلى أي شيء آخر. فاختبر نفسك عزيزي القارئ ولا تتعجل في الحكم بل اسأل الرب كيف يراك هو، وهو في نعمته ورحمته سيعلن لك عن رأيه كما أعلن لملاك تلك الكنيسة ولملائكة كل الكنائس الأخرى.

غَنِيٌّ: إن الغِنَى المقصود هنا يشمل كلا من الغِنَى المادي والروحي،

- فمن جهة الغنى المادي، فقد سبق وذكرنا أن اللاودكيين كانوا أغنياء بسبب التجارة ومدرسة الطب التي كانت موجودة في المدينة، وحين حدث الزلزال الذي دمر المدينة سنة ٦٠ ميلادية، قام أهل لاودكية بإعادة بناء المدينة من أموالهم الخاصة ورفضوا المساعدة المادية من الإمبراطور. هذا بالإضافة إلى أنه من الواضح أن المسيحيين في لاودكية كانوا أغنياء أيضاً، وهذا يعني أنهم لم يكونوا مضطهدين ولم تكن أموالهم تُصَادَر كما كان الحال في باقي الكنائس المضطهدة في الإمبراطورية الرومانية، وهذا بالتالي يعني أن المسيحية في لاودكية كَيَّفَت نفسها لكي تتفادى الاضطهاد، وهذا التكيف كان على حساب شهادة الكنيسة للخطاة إذ تجنب مؤمني هذه الكنيسة التبشير بالمسيح وتصالحوا مع العالم.

لقد كان حال كنيسة اللاودكيين يقف على النقيض مع حال كنيسة سميرنا، فقد كان ملاك كنيسة سميرنا فقير مادياً، لكن المسيح رآه غنياً، فقد قال: "أَنَا أَعْرِفُ أَعْمَالَكَ وَضِيْقَتَكَ، وَفَقْرَكَ مَعَ أَنَّكَ غَنِيٌّ" (رؤ ٢: ٩)، أما ملاك كنيسة اللاودكيين فقد شهد عن نفسه قائلاً: "إِنِّي أَنَا غَنِيٌّ وَقَدِ اسْتَغْنَيْتُ"، لكن الرب شهد عن حاله قائلاً: "أَنْتَ الشَّقِيُّ وَالْبَائِسُ وَفَقِيرٌ وَأَعْمَى وَعُرْيَانٌ"، فلقد أفسد الغنى المادي الناتج عن تكيف كنيسة اللاودكيين مع العالم والعبادات الوثنية هذه الكنيسة وجعلها فقيرة روحياً، بينما ازدهرت كنيسة سميرنا روحياً تحت الاضطهاد والضيق والفقر الناتج عن رفضها التكيف مع ضغوط العبادات الوثنية (قارن مع: يو ١٥: ١٨-٢١؛ ٢كو ٦: ١٠) (٧).

لم يكن ادعاء اللاودكيين الرنان يقول أنهم أغنياء فقط، بل كانوا يدعون أيضاً أنهم اغتنوا بقدرتهم الشخصية، وأنهم لم يكن لهم احتياج لأي شيء، وهو ادعاء باطل وتكبر كاذب يذكرنا بالمثل الذي قَصَّه الرب يسوع عن الغني الذي أخصبت كورته فقال لنفسه: "يَا نَفْسُ لَكِ خَيْرَاتٌ كَثِيرَةٌ مَوْضُوعَةٌ لِسِنِينَ كَثِيرَةٍ. اِسْتَرِيحِي وَكُلِي وَاشْرَبِي وَافْرَحِي." (لو ١٢: ١٩) فكان رد الله عليه مفحماً إذ قال له: "يَا غَبِيُّ هَذِهِ اللَّيْلَةَ تُطْلَبُ نَفْسُكَ مِنْكَ فَهَذِهِ الَّتِي أَعْدَدْتَهَا لِمَنْ تَكُونُ؟" (لو ١٢: ٢٠) (١).

وإذا لاحظنا استخدام يوحنا الرسول لكلمة "غَنِي" في سفر الرؤيا حين يتحدث سلباً عن الأغنياء نجده يشير بها دائماً إلى غير المؤمنين الذين اغتنوا مادياً بسبب استعدادهم للاتحاد مع نظام العالم الخاطئ (قارن مع: رؤ ٦: ١٥؛ ١٣: ١٦؛ ١٨: ٣، ١٥، ١٩). إن تماثل التعبيرات المستخدمة في هذه الآيات يجعلنا نستبعد

أنها كتبت هكذا عن طريق الصدفة كما يعتقد البعض، هذا بالإضافة إلى أن هناك تشابه قوي لا يمكن تجاهله بين تعبير "إِنِّي أَنَا غَنِيٌّ وَقَدِ اسْتَغْنَيْتُ" المذكور هنا وبين ما جاء في سفر هوشع النبي: "مِثْلُ الْكَنْعَانِيِّ (kena'an = كنعان أو تاجر) (٣) فِي يَدِهِ مَوَازِينُ الْغِشِّ. يُحِبُّ أَنْ يَظْلِمَ. فَقَالَ أَفْرَايِمُ: إِنِّي صِرْتُ غَنِيًّا. وَجَدْتُ لِنَفْسِي ثَرْوَةً. جَمِيعُ أَتْعَابِي لاَ يَجِدُونَ لِي فِيهَا ذَنْبًا هُوَ خَطِيَّةٌ." (هو ١٢: ٧-٨)، وهذه الآية الأخيرة تشبه أفرايم بتاجر ظالم (أو كنعاني ظالم) في يده موازين الغِش، فيغتني بالظلم والطغيان؛ وفي السياق الأوسع لسفر هوشع، فإن إسرائيل تعزو رفاهيتها المادية إلى الخير الذي أنعمت به الأصنام عليها (راجع: هو ٢: ٥، ٨؛ ١٢: ٨ بالمقارنة مع: هو ١١ ومع: هو ١٣)، ومن هنا ندرك أن المسيح قصد أن يقول في رسالته إلى كنيسة اللاودكيين أنهم وبعض مؤمني آسيا الصغرى يشبهون أفرايم الذي ظن أن التوفيق بين عبادة يهوه والعبادات الوثنية لا يتعارض مع إيمانه بيهوه، كما ظن أيضاً أن الغنى المادي الذي يتمتع به - بسبب تشبهه بسلوك التجار الكنعانيين الوثنيين وسعيه وراء آلهتهم - إنما يدل على علاقته الجيدة بيهوه، لكن يهوه يتهمه بأنه في الحقيقة صار بُطْلاً وبلا قيمة (هو ١٢: ١١) (٧).

- <u>أما من جهة الغنى الروحي</u>، فإن قولهم "إِنِّي أَنَا غَنِيٌّ وَقَدِ اسْتَغْنَيْتُ" يدل أيضاً على افتخارهم بحيازة الخلاص والنِعم والمواهب، وهو أمر مشابه لما حدث في كنيسة كورنثوس إذ قال لهم بولس الرسول مُخَجِّلاً إياهم: "لأَنَّهُ مَنْ يُمَيِّزُكَ؟ وَأَيُّ شَيْءٍ لَكَ لَمْ تَأْخُذْهُ؟ وَإِنْ كُنْتَ قَدْ أَخَذْتَ، فَلِمَاذَا تَفْتَخِرُ كَأَنَّكَ لَمْ تَأْخُذْ؟ إِنَّكُمْ قَدْ شَبِعْتُمْ! قَدِ اسْتَغْنَيْتُمْ! مَلَكْتُمْ بِدُونِنَا! وَلَيْتَكُمْ مَلَكْتُمْ لِنَمْلِكَ نَحْنُ أَيْضًا مَعَكُمْ!" (١كو ٤: ٧-٨) (٥٩).

لم يكن ملاك كنيسة اللاودكيين يعتقد أنه في حاجة إلى شيء، فقد كان غنياً في الكبرياء الروحي ومفلساً من جهة الشخصية الروحية، وكان يعتقد أنه يُحْسَد على ما يملك، لكنه في الواقع كان موضعاً للشفقة (قارن مع حال الفريسي في: لو ١٨: ٩-١٤)، ويعتقد بعض المفسرون أن الغنوسية الأولية التي كان بعض اللاودكيين يؤمنون بها (والتي شرحناها في الآية ١٤) قد جعلتهم يعتقدون أنهم وصلوا لمستوى عظيم من المعرفة، وبلا شك كانوا ينظرون بتعالي إلى المسيحيين الغير معقدين في حجم ونوعية معرفتهم، والذين قبلوا التعليم البسيط عن شخص وعمل الرب يسوع المسيح الفدائي برضى واقتناع تام؛ لكن حقيقة الأمر هي أن هؤلاء اللاودكيين المتعالين كانوا بؤساء روحياً، وتعساء، وفقراء، وعميان، وعرايا. (٩).

أَنْتَ الشَّقِيُّ وَالْبَائِسُ وَفَقِيرٌ وَأَعْمَى وَعُرْيَانٌ: كانت هذه هي حالة ملاك كنيسة لاودكية الحقيقية كما رآها ووصفها الشاهد الأمين الصادق (رؤ ٣: ١٤)، فقد شَخَّصَ الرب حالة ملاك هذه الكنيسة بصفتين هما "الشقي والبائس" اللتان جاءتا

بالتضاد مع وصف الملاك لنفسه بأنه غني وقد استغنى ولا حاجة له إلى شيء؛ ثم أشار إلى ثلاثة أسباب جعلته شقياً وبائساً وهي الفقر والعمى والعري، وبالتدقيق في معنى كل صفة من هذه الصفات نستطيع أن نفهم حال ملاك الكنيسة الحقيقي:

١- شقي: الكلمة في اليونانية تعني أنه يعاني من الكدح والمتاعب، وأنه منكوب؛ وقد ذكرت هذه الكلمة في موضعين فقط في العهد الجديد: هنا وفي الرسالة إلى أهل رومية حين تكلم بولس عن نفسه واصفاً الصراع الذي كان يدور بداخله بين روحه التي تحب البر وبين الطبيعة الخاطئة الساكنة في جسده قائلاً: "وَيْحِي أَنَا الإِنْسَانُ الشَّقِيُّ! مَنْ يُنْقِذُنِي مِنْ جَسَدِ هَذَا الْمَوْتِ؟" (رو ٧: ٢٤)، ثم ختم الكلام عن هذا الصراع الداخلي قائلاً: "أَشْكُرُ اللهَ بِيَسُوعَ الْمَسِيحِ رَبِّنَا! إِذًا أَنَا نَفْسِي بِذِهْنِي أَخْدِمُ نَامُوسَ اللهِ، وَلكِنْ بِالْجَسَدِ نَامُوسَ الْخَطِيَّةِ. إِذًا لاَ شَيْءَ مِنَ الدَّيْنُونَةِ الآنَ عَلَى الَّذِينَ هُمْ فِي الْمَسِيحِ يَسُوعَ، لأَنَّ نَامُوسَ رُوحِ الْحَيَاةِ فِي الْمَسِيحِ يَسُوعَ قَدْ أَعْتَقَنِي مِنْ نَامُوسِ الْخَطِيَّةِ وَالْمَوْتِ." (رو ٧: ٢٥ - ٨: ٢). إن المؤمن الذي يعيش في الخطيئة وفي تصالح مع العالم يعيش حياة شقية منكوبة، لكن ذلك المؤمن الذي يطلب الله ويريد أن يعيش بالبر مثل بولس الرسول فإنه يستطيع أن يشكر الله مع بولس لأنه لا شيء من الدينونة عليه ولأنه قد أعتق من ناموس الخطيئة والموت.

٢- بائس: الكلمة في اللغة اليونانية تعني أيضاً أنه يستحق الشفقة [٣٤، ٧٧]، وقد ذكرت هذه الكلمة مرتين فقط في العهد الجديد، هنا وفي رسالة بولس الرسول الأولى إلى أهل كورنثوس إذ يقول: "إِنْ كَانَ لَنَا فِي هَذِهِ الْحَيَاةِ فَقَطْ رَجَاءٌ فِي الْمَسِيحِ فَإِنَّنَا أَشْقَى (الأكثر بؤساً بين) جَمِيعِ النَّاسِ." (١كو ١٥: ١٩). لقد كان حال ملاك هذه الكنيسة بائساً لأنه يعيش حياة مزدوجة، فهو مسيحي عنده مواهب كثيرة داخل الكنيسة، أما خارجها فهو شخص لا تستطيع أن ترى الفرق بينه وبين أي إنسان عالمي. ولأن الكلمة المقدسة لها دائماً سلطان على الإنسان، ولأن الروح القدس الساكن في المؤمن دائماً ما يبكته على خطاياه، فإن ملاك هذه الكنيسة كان يعيش تعيساً لأن ضميره لا يستطيع احتمال هذه الحياة المزدوجة؛ لكن ملاك هذه الكنيسة لم يكتف بذلك، بل تمادى في خطاياه التي رفض وتغاضى عن أن يتوب عنها وأحزن الروح القدس (أف ٤: ٣٠)، ثم مع الوقت توقف ضميره عن تأنيبه فصار يعيش حياة عالمية خالصة وهو لا يشعر أنه يقترف ذنباً، وصارت حياته داخل الكنيسة مجرد وجه جميل يظهره للمحيطين به دون قوة روحية حقيقية، فانطبق عليه قول الكتاب المقدس: "وَلكِنِ اعْلَمْ هذَا أَنَّهُ فِي الأَيَّامِ الأَخِيرَةِ سَتَأْتِي أَزْمِنَةٌ صَعْبَةٌ، لأَنَّ النَّاسَ يَكُونُونَ مُحِبِّينَ لأَنْفُسِهِمْ، مُحِبِّينَ لِلْمَالِ، مُتَعَظِّمِينَ، مُسْتَكْبِرِينَ، مُجَدِّفِينَ، غَيْرَ طَائِعِينَ لِوَالِدِيهِمْ، غَيْرَ شَاكِرِينَ، دَنِسِينَ، بِلاَ حُنُوٍّ، بِلاَ رِضًى، ثَالِبِينَ، عَدِيمِي النَّزَاهَةِ، شَرِسِينَ، غَيْرَ مُحِبِّينَ لِلصَّلاَحِ، خَائِنِينَ، مُقْتَحِمِينَ، مُتَصَلِّفِينَ، مُحِبِّينَ لِلَّذَّاتِ دُونَ مَحَبَّةٍ للهِ، لَهُمْ صُورَةُ التَّقْوَى، وَلكِنَّهُمْ مُنْكِرُونَ قُوَّتَهَا. فَأَعْرِضْ عَنْ هؤُلاَءِ." (٢تي ٣: ١-٥).

قد يكون ملاك الكنيسة وأعضاؤها قد أسكتوا ضمائرهم ولم يعودوا يسمعون صوت الروح القدس وبالتالي لا يشعرون بالبؤس، لكن الرب في رحمته أعلن لهم عن حقيقة حالتهم التي لا يدرونها.

نأتي بعد ذلك إلى الثلاثة أسباب التي جعلت هذا الملاك شقي وبائس وهي:
١- فقير: الكلمة في اليونانية تعني متسول (٣، ٧٧)، وقد ذكرت حوالي ٣٤ مرة في العهد الجديد وترجمت فقير أو مسكين. لقد أراد الرب يسوع هنا أن يوضح لملاك كنيسة اللاودكيين الذي يدعي قائلاً أنه غني وقد استغنى ولا حاجة له إلى شيء، أراد أن يوضح له أنه في الحقيقة فقير إلى درجة التسول من حيث قيمة شخصيتة الروحية، فالكنيسة قد تبدو ممتلئة من الحضور، وقد تكون فيها مواهب وإظهارات كثيرة، كما قد تكون فيها عظات كاريزماتية ملهبة، لكن الله يرى الكنيسة فقيرة جداً إلى درجة التسول، فهي تقول كلاماً معسولاً من على المنبر لكنها لا تعيش أي شيء منه، وبالتالي فهي لا تملك قوة روحية ولا خبز روحي مشبع للجياع روحياً، وتلك العظات الملهبة لا تغير حياة أحد، والمواهب والإظهارات يستخدمها الموكلين عليها للتباهي وليس للكرازة أو بناء المؤمنين، وحياة أعضاء الكنيسة وملاكها مثال حي على اختلاط الكنيسة بالعالم وإهمالها لوصايا الرب الصريحة في الكتاب المقدس التي تقول: "لاَ تُحِبُّوا الْعَالَمَ وَلاَ الأَشْيَاءَ الَّتِي فِي الْعَالَمِ. إِنْ أَحَبَّ أَحَدٌ الْعَالَمَ فَلَيْسَتْ فِيهِ مَحَبَّةُ الآبِ. لأَنَّ كُلَّ مَا فِي الْعَالَمِ: شَهْوَةَ الْجَسَدِ، وَشَهْوَةَ الْعُيُونِ، وَتَعَظُّمَ الْمَعِيشَةِ، لَيْسَ مِنَ الآبِ بَلْ مِنَ الْعَالَمِ. وَالْعَالَمُ يَمْضِي وَشَهْوَتُهُ، وَأَمَّا الَّذِي يَصْنَعُ مَشِيئَةَ اللهِ فَيَثْبُتُ إِلَى الأَبَدِ." (١يو ٢: ١٥-١٧)، وبسبب ذلك صار ملاك الكنيسة وخدامها سبب عثرة للكثيرين بدلاً من أن يكونوا شهادة حية عن المسيح.

٢- أعمى: الكلمة في اليونانية تعني حرفياً: "غير شفاف كما لو كان الدخان"، وهي تشير إلى العمى الجسدي أو العقلي (٣)، والعمى المقصود هنا ليس عمى كاملاً مثل عمى الفريسيين (راجع: مت ١٥: ١٠-١٤)، بل هو عمى جزئي وقصر في البصر كما يقول الرسول بطرس عن المؤمنين الذين ليس لديهم محبة: "لأَنَّ الَّذِي لَيْسَ عِنْدَهُ هذِهِ هُوَ أَعْمَى قَصِيرُ الْبَصَرِ، قَدْ نَسِيَ تَطْهِيرَ خَطَايَاهُ السَّالِفَةِ." (٢بط ١: ٩) (٥). (قارن أيضاً مع: رو ٢: ١٧-٢٤؛ ١يو ٢: ١١).
لقد سبق وكتب اشعياء في نبوته متكلماً عن شعب إسرائيل: "أَيُّهَا الصُّمُّ اسْمَعُوا. أَيُّهَا الْعُمْيُ انْظُرُوا لِتُبْصِرُوا. مَنْ هُوَ أَعْمَى إِلاَّ عَبْدِي (الأعمى المقصود هنا هو شعب الرب وليس مسيح الرب كما يظن البعض) وَأَصَمُّ كَرَسُولِي الَّذِي أُرْسِلُهُ؟ (كان دور الشعب هو أن يكون رسول الرب للبشرية) مَنْ هُوَ أَعْمَى كَالْكَامِلِ (شعب الرب كان كاملاً إذ كانت لديه شريعة الرب الكاملة) وَأَعْمَى كَعَبْدِ الرَّبِّ؟ نَاظِرٌ كَثِيراً وَلاَ تُلاَحِظُ (كان الشعب يرى معاملات الرب الكثيرة معه، لكنه كان يحيد عن طريق الرب وكأنه لم يلاحظ ما يفعله الرب معه). مَفْتُوحُ الأُذُنَيْنِ وَلاَ

يَسْمَعُ (كان الشعب يرفض سماع تنبيهات الرب المرسلة له في أسفار موسى ومن خلال الأنبياء). الرَّبُّ قَدْ سُرَّ مِنْ أَجْلِ بِرِّهِ (هذه جملة جديدة، وضمير "هو" في هذه الجملة يعود على الرب وليس على الشعب، فالبار هنا هو الرب وليس الشعب). يُعَظِّمُ الشَّرِيعَةَ وَيُكْرِمُهَا (الرب هو الذي يعظم الشريعة ويكرمها لأنه بار). وَلَكِنَّهُ شَعْبٌ مَنْهُوبٌ وَمَسْلُوبٌ (النتيجة المباشرة للحيدان عن طريق الرب). قَدِ اصْطِيدَ فِي الْحُفَرِ كُلُّهُ وَفِي بُيُوتِ الْحُبُوسِ اخْتَبَأُوا. صَارُوا نَهْباً وَلاَ مُنْقِذَ وَسَلْباً وَلَيْسَ مَنْ يَقُولُ: رُدَّا!" (إش ٤٢: ١٨-٢٢).

٣- عريان: ذكرت هذه الكلمة اليونانية خمسة عشر مرة في العهد الجديد، لكن المقصود بها هنا ليس عُري الجسد بل العري الروحي، وهذا ما توضحه الآية التالية، إذ يشير الرب على ملاك الكنيسة أن يشتري منه ثياباً بيض لكي يلبس فلا يظهر خزي عريه، وسوف نوضح المعنى المقصود بالعري والثياب لاحقاً في التعليق على الآية التالية.

رؤ ٣: ١٨ أُشِيرُ عَلَيْكَ أَنْ تَشْتَرِيَ مِنِّي ذَهَباً مُصَفًّى بِالنَّارِ لِكَيْ تَسْتَغْنِيَ، وَثِيَاباً بِيضاً لِكَيْ تَلْبَسَ، فَلاَ يَظْهَرُ خِزْيُ عُرْيَتِكَ. وَكَحِّلْ عَيْنَيْكَ بِكُحْلٍ لِكَيْ تُبْصِرَ.

أُشِيرُ عَلَيْكَ: ذُكِرَت الكلمة اليونانية المترجمة هنا "أشير" خمس مرات في العهد الجديد في (مت ٢٦: ٤؛ يو ١١: ٥٣؛ ١٨: ١٤؛ أع ٩: ٢٣)، بالإضافة إلى الآية موضع الدراسة، وقد استخدمت الكلمة في هذه الآية كما في (يو ١٨: ١٤) في الصيغة النشطة (active voice) لتوضح أن المسيح هو الذي يعطي الرأي، فهو لا يتشاور مع ملاك الكنيسة ليجد حلاً لمشكلته، لكنه يعطي الملاك رأيه الشخصي كمستشار، ويرى بعض الشُرَّاح أن هناك سخرية عميقة في هذه الكلمة، فالذي لا حاجة له إلى شيء يحتاج إلى المشورة بشأن النقاط الأساسية للحفاظ على الذات (٤٥)، هذا بالإضافة إلى أنه من اللافت للنظر أيضاً أن يأخذ الرب دور المستشار في هذه الرسالة بدلاً من وضعه الطبيعي كملك وكقاضي وبالتالي كآمر كما هو الحال في باقي الرسائل، الأمر الذي يذكرنا بالآية الأولى في هذه الرسالة إذ يقول الرب: "وَاكْتُبْ إِلَى مَلاَكِ كَنِيسَةِ اللاَّوُدِكِيِّينَ" (رؤ ٣: ١٤)، فالمسيح هنا كما سبق وذكرنا لا يملك هذه الكنيسة، بل اللاودكيين هم من يملكونها، أما هو فواقف على الباب خارجها (رؤ ٣: ٢٠)، ومن هذا المنطلق أشار الرب على الملاك بالحل ولم يأمره.

أَنْ تَشْتَرِيَ: لم يشر الرب على ملاك الكنيسة هنا أن يأخذ منه ذهباً وثياباً، بل أشار عليه أن يشتري منه هذه الأشياء، وشراء الشيء يتطلب دفع ثمنه، فكيف يشتري الفقير والشحاذ ذهباً وثياباً؟ هناك إجابتين لهذا السؤال بحسب الطريقة التي يفهم بها القارئ مشورة المسيح للكنيسة.

الطريقة الأولى والأصح لفهم الشراء من وجهة نظري هي أن ملاك الكنيسة سيدفع مقابل لما سيشتريه، هذا المقابل قد لا يكون من نفس نوع البضاعة، فيعقوب مثلاً عمل لدى لابان اربعة عشر سنة في مقابل الزواج من راحيل وليس في مقابل المال (تك ٢٩)، ومن هذا المنطلق يمكن للقارئ أن يفهم أن الرب يريد من ملاك الكنيسة أن يتخلى عن أشياء يملكها قد تكون قيِّمة في نظره، لكنها تعد بلا قيمة إذا قورنت بالفائدة التي ستعود عليه حين يحصل على الذهب (٢)، ومن أمثلة هذه الأشياء:

- محبة المال: فملاك الكنيسة الذي يقول أنه غني وقد استغنى يحتاج أولاً أن يضحي بهذا المال الذي يحبه لكي يستطيع أن يغتني روحياً، تماماً مثل ذلك الشاب الغني الذي حفظ جميع وصايا الناموس منذ حداثته وجاء إلى الرب يسوع يسأله: "أَيُّهَا الْمُعَلِّمُ الصَّالِحُ، مَاذَا أَعْمَلُ لأَرِثَ الْحَيَاةَ الأَبَدِيَّةَ؟" (لو ١٨: ١٨)، فأجابه يسوع قائلاً له أنه يعوزه شيء واحد، مكتوب ضمناً لا صراحة في الناموس: "بِعْ كُلَّ مَا لَكَ وَوَزِّعْ عَلَى الْفُقَرَاءِ، فَيَكُونَ لَكَ كَنْزٌ فِي السَّمَاءِ، وَتَعَالَ اتْبَعْنِي." (لو ١٨: ٢٢) (راجع: خر ٢٠: ٢-٦، وقارن ذلك مع: لو ١٠: ٢٧ الذي يوضح فهم اليهود للوصية الأولى)، ثم يكمل الكتاب قائلاً: "فَلَمَّا سَمِعَ (الشاب الغني) ذلِكَ حَزِنَ، لأَنَّهُ كَانَ غَنِيًّا جِدًّا. فَلَمَّا رَآهُ يَسُوعُ قَدْ حَزِنَ، قَالَ: مَا أَعْسَرَ دُخُولَ ذَوِي الأَمْوَالِ إِلَى مَلَكُوتِ اللهِ! لأَنَّ دُخُولَ جَمَل مِنْ ثَقْبِ إِبْرَةٍ أَيْسَرُ مِنْ أَنْ يَدْخُلَ غَنِيٌّ إِلَى مَلَكُوتِ اللهِ!." (لو ١٨: ٢٣-٢٥). إن محبة المال تتعارض صراحة مع محبة الله إذ يقول الكتاب المقدس: "لاَ يَقْدِرُ أَحَدٌ أَنْ يَخْدِمَ سَيِّدَيْنِ، لأَنَّهُ إِمَّا أَنْ يُبْغِضَ الْوَاحِدَ وَيُحِبَّ الآخَرَ، أَوْ يُلاَزِمَ الْوَاحِدَ وَيَحْتَقِرَ الآخَرَ. لاَ تَقْدِرُونَ أَنْ تَخْدِمُوا اللهَ وَالْمَالَ." (مت ٦: ٢٤)، ومعنى هذا أن هناك اختيارين فقط لا ثالث لهما لدى الله، فإما أن يبغض الإنسان الله ويحب المال، أو أن يلازم ذلك الإنسان الله ويحتقر المال. (قارن أيضاً مع: لو ١٤: ٣٣)، فأي الاختيارين تختار أنت لحياتك؟
- محبة العالم: يقول الكتاب المقدس في رسالة يعقوب التي كتبها للمسيحيين المؤمنين من أصل يهودي: "أَيُّهَا الزُّنَاةُ وَالزَّوَانِي، أَمَا تَعْلَمُونَ أَنَّ مَحَبَّةَ الْعَالَمِ عَدَاوَةٌ للهِ؟ فَمَنْ أَرَادَ أَنْ يَكُونَ مُحِبًّا لِلْعَالَمِ، فَقَدْ صَارَ عَدُوًّا للهِ." (يع ٤: ٤)، فمحبة العالم هنا ليست فقط عداوة لله، بل تجعل الإنسان زانياً في نظر الله أيضاً، ذلك لأن الزنى هنا معناه أن يترك الإنسان شريكه ويحب شخصاً آخر ويعيش معه، وهو بالضبط حال كل مؤمن يحب العالم، فهو يترك محبته للمسيح ويجعل العالم سيداً له بدل المسيح، لذلك يقول يوحنا الرسول: "لاَ تُحِبُّوا الْعَالَمَ وَلاَ الأَشْيَاءَ الَّتِي فِي الْعَالَمِ. إِنْ أَحَبَّ أَحَدٌ الْعَالَمَ

فَلَيْسَتْ فِيهِ مَحَبَّةُ الآبِ. لأَنَّ كُلَّ مَا فِي الْعَالَمِ: شَهْوَةَ الْجَسَدِ، وَشَهْوَةَ الْعُيُونِ، وَتَعَظُّمَ الْمَعِيشَةِ، لَيْسَ مِنَ الآبِ بَلْ مِنَ الْعَالَمِ. وَالْعَالَمُ يَمْضِي وَشَهْوَتُهُ، وَأَمَّا الَّذِي يَصْنَعُ مَشِيئَةَ اللهِ فَيَثْبُتُ إِلَى الأَبَدِ." (١يو ٢: ١٥-١٧). لقد أحبت كنيسة اللاودكيين العالم، فتصالحت معه وتباهت بغناها المادي، والمسيح هنا يدعوها للتخلي عن محبتها للعالم وبالتالي التخلي عن الأمان المادي والقبول الاجتماعي الذي تتمتع به كثمن تدفعه لشراء الذهب. فماذا عنك أنت عزيزي القارئ؟ هل تحب العالم أم المسيح؟ لا يمكنك أن تحب الاثنين معاً، فماذا تختار؟

- المكانة الاجتماعية والدينية: يقول الرسول بولس عن مكانته في الوسط اليهودي قبل إيمانه بالمسيح: "إِنْ ظَنَّ وَاحِدٌ آخَرُ أَنْ يَتَّكِلَ عَلَى الْجَسَدِ فَأَنَا بِالأَوْلَى. مِنْ جِهَةِ الْخِتَانِ مَخْتُونٌ فِي الْيَوْمِ الثَّامِنِ، مِنْ جِنْسِ إِسْرَائِيلَ، مِنْ سِبْطِ بِنْيَامِينَ، عِبْرَانِيٌّ مِنَ الْعِبْرَانِيِّينَ. مِنْ جِهَةِ النَّامُوسِ فَرِّيسِيٌّ. مِنْ جِهَةِ الْغَيْرَةِ مُضْطَهِدُ الْكَنِيسَةِ. مِنْ جِهَةِ الْبِرِّ الَّذِي فِي النَّامُوسِ بِلاَ لَوْمٍ." (في ٣: ٤ب-٦)، ثم يضيف قائلاً: "لَكِنْ مَا كَانَ لِي رِبْحاً فَهَذَا قَدْ حَسِبْتُهُ مِنْ أَجْلِ الْمَسِيحِ خَسَارَةً. بَلْ إِنِّي أَحْسِبُ كُلَّ شَيْءٍ أَيْضاً خَسَارَةً مِنْ أَجْلِ فَضْلِ مَعْرِفَةِ الْمَسِيحِ يَسُوعَ رَبِّي، الَّذِي مِنْ أَجْلِهِ خَسِرْتُ كُلَّ الأَشْيَاءِ، وَأَنَا أَحْسِبُهَا نُفَايَةً لِكَيْ أَرْبَحَ الْمَسِيحَ" (في ٣: ٧-٨). لقد رأى الرسول بولس أن كل المزايا التي وُلِد فيها والمكانة الاجتماعية التي حصل عليها بسبب تتلمذه عند رجلي غمالائيل معلم الناموس الشهير لا تتعدى قيمتها قيمة النفاية أمام فضل معرفة المسيح يسوع كرب وإله، ولأنه آمن بالرب فقد خسر كل هذا وهو غير نادم أو مبال. عزيزي القارئ، هل تخاف على مكانتك الاجتماعية إذا تكلمت عن الرب يسوع في الوسط الذي تعيش فيه، أو هل تتنازل عن طاعة بعض الوصايا لكي لا تصير مرفوضاً في مجتمعك؟ اشجعك أن ترفع قلبك إلى الرب وتسأله أن يعلن لك إن كنت تفضل مكانتك الاجتماعية على تبعيته وأنت غير مدرك لذلك مثل أهل لاودكية.

أما <u>الطريقة الثانية التي فهم بها البعض الشراء</u>، فهي أن ثمن هذا الذهب وهذه الثياب قد دفعه المسيح على الصليب، وعن هذا تنبأ إشعياء قائلاً: "أَيُّهَا الْعِطَاشُ جَمِيعًا هَلُمُّوا إِلَى الْمِيَاهِ، وَالَّذِي لَيْسَ لَهُ فِضَّةٌ تَعَالَوْا اشْتَرُوا وَكُلُوا. هَلُمُّوا اشْتَرُوا بِلاَ فِضَّةٍ وَبِلاَ ثَمَنٍ خَمْرًا وَلَبَنًا." (إش ٥٥: ١)، فالدعوة في سفر إشعياء كانت "هَلُمُّوا اشْتَرُوا"، لكن هذا الشراء هو "بِلاَ فِضَّةٍ وَبِلاَ ثَمَنٍ" لأن هناك من دفع الثمن بدلاً عن المشتري.

من المهم هنا أن يدرك القارئ أن هذه الطريقة الثانية لفهم الشراء قد تكون مناسبة فقط إذا كان المسيح هنا يتكلم عن عطايا الله المجانية مثل التبرير والخلاص الأبدي، فالإنسان لا يمكنه دفع أي مقابل من أي نوع للحصول على هذه العطايا، بل هي أمر يقبله الإنسان من المسيح (الذي دفع الثمن كاملاً) دون

أن يعطي شيئاً في مقابله على الإطلاق، لكن هذه الرسالة لا تتكلم عن عطايا التبرير والخلاص الأبدي كما سنرى في تفسير باقي الرسالة.

مِنِّي: الكلمة اليونانية المذكورة هنا مشددة (emphatic) (٦٠)، فالمسيح وحده هو الذي يملك هذه البضاعة التي يحتاجها ملاك كنيسة اللاودكيين، فلا يمكن للملاك أن يشتريها من. أي مكان أو شخص آخر،. فالناس والعالم. والشيطان لا يملكونها لأن فاقد الشيء لا يستطيع أن يعطيه لغيره. لقد سبق أن كتب بولس للكولوسيين واللاودكيين قائلاً: "فَإِنِّي أُرِيدُ أَنْ تَعْلَمُوا أَيُّ جِهَادٍ لِي لأَجْلِكُمْ، وَلأَجْلِ الَّذِينَ فِي لاَوُدِكِيَّةَ، وَجَمِيعِ الَّذِينَ لَمْ يَرَوْا وَجْهِي فِي الْجَسَدِ، لِكَيْ تَتَعَزَّى قُلُوبُهُمْ مُقْتَرِنَةً فِي الْمَحَبَّةِ لِكُلِّ غِنَى يَقِينِ الْفَهْمِ، لِمَعْرِفَةِ سِرِّ اللهِ الآبِ وَالْمَسِيحِ، الْمُذَّخَرِ فِيهِ جَمِيعُ كُنُوزِ الْحِكْمَةِ وَالْعِلْمِ. وَإِنَّمَا أَقُولُ هذَا لِئَلاَّ يَخْدَعَكُمْ أَحَدٌ بِكَلاَمٍ مَلِقٍ." (كو ٢: ١-٤)، (قارن مع: كو ٤: ١٦)، لكن اللاودكيين الذين قرأوا رسالة بولس للكولوسيين (كو ٤: ١٦) لم يتعلموا الدرس من رسالة بولس، فاضطر المسيح أن يعيد كلامه ويشير عليهم بأن يشتروا الثروات الحقيقية من المصدر الصحيح (٢، ٥).

ذَهَباً مُصَفًّى بِالنَّارِ لِكَيْ تَسْتَغْنِيَ: في وقت كتابة هذه الرسائل كانت مدينة لاودكية تشتهر بثلاثة أمور أولها البنوك والغنى المادي، وثانيها انتاج الأصواف الفاخرة وصباغتها باللون الأسود، وثالثها مدرسة الطب التي كان أشهر أطباء العيون فيها هو الطبيب "ديموسثينيس فيلاليثيس" (Demosthenes Philalethes) (٥٩)، وهذه المدرسة كانت تصنع مرهم للعين كانت تشتهر به وكانت تُصدِّره إلى باقي بلاد الإمبراطورية الرومانية؛ وقد استخدم المسيح في رسالته إلى كنيسة اللاودكيين هذه الأمور الثلاثة ليشرح لملاك الكنيسة حقيقة حالته ويصور أمامه العلاج بطريقة عملية يفهمها؛ والرب عادة ما يتكلم إلى قلب الإنسان من خلال الأمور التي تحيط به في حياته، فيظهر له ضعفاته ويرشده إلى العلاج بالطريقة التي يفهمها، فمثلاً حين دعا المسيح بطرس صنع معه معجزة في عمله إذ جعله يصطاد كمية كبيرة جداً من السمك بعد أن تعب الليل كله ولم يصطد شيئاً، ثم دعاه لكي يتبعه قائلاً له: "لاَ تَخَفْ! مِنَ الآنَ تَكُونُ تَصْطَادُ النَّاسَ" (لو ٥: ١٠).

أما عن أول أركان العلاج الذي هو الذهب المصفى بالنار، فالكتاب المقدس يتكلم عنه في عدة مواضع مشيراً إلى نقاوة وقيمة شخصية المؤمن الروحية، وبالتالي سلوكه في العالم إذ يقول: "حَسَبَ نِعْمَةِ اللهِ الْمُعْطَاةِ لِي كَبَنَّاءٍ حَكِيمٍ قَدْ وَضَعْتُ أَسَاسًا، وَآخَرُ يَبْنِي عَلَيْهِ. وَلكِنْ فَلْيَنْظُرْ كُلُّ وَاحِدٍ كَيْفَ يَبْنِي عَلَيْهِ. فَإِنَّهُ لاَ يَسْتَطِيعُ أَحَدٌ أَنْ يَضَعَ أَسَاسًا آخَرَ غَيْرَ الَّذِي وُضِعَ، الَّذِي هُوَ يَسُوعُ الْمَسِيحُ. وَلكِنْ إِنْ كَانَ أَحَدُ يَبْنِي عَلَى هذَا الأَسَاسِ: ذَهَبًا، فِضَّةً، حِجَارَةً كَرِيمَةً، خَشَبًا، عُشْبًا، قَشًّا،

فَعَمَلُ كُلِّ وَاحِدٍ سَيَصِيرُ ظَاهِرًا لأَنَّ الْيَوْمَ سَيُبَيِّنُهُ. لأَنَّهُ بِنَارٍ يُسْتَعْلَنُ، وَسَتَمْتَحِنُ النَّارُ عَمَلَ كُلِّ وَاحِدٍ مَا هُوَ. إِنْ بَقِيَ عَمَلُ أَحَدٍ قَدْ بَنَاهُ عَلَيْهِ فَسَيَأْخُذُ أُجْرَةً. إِنِ احْتَرَقَ عَمَلُ أَحَدٍ فَسَيَخْسَرُ، وَأَمَّا هُوَ فَسَيَخْلُصُ، وَلكِنْ كَمَا بِنَارٍ." (١كو ٣: ١٠-١٥)، فقد حسب بولس الرسول أن الكرازة والإيمان الحقيقي بالرب يسوع المسيح هو الأساس الذي وضعه هو، أما دور كل شخص حصل على أساس البناء فهو أن يتعب بانياً فوق هذا الأساس، فالبعض يستخدم الذهب والفضة والحجارة الكريمة للبناء، والآخرون يستخدمون الخشب والقش والعشب؛ فالعمل هنا إذاً ليس هو عمل الخدمة أو الأعمال الحسنة لكنه عمل البناء فوق الأساس الذي هو الرب يسوع المسيح، أي أنه عمل بناء الشخصية الروحية، والنار في هذه الآيات تشير إلى امتحان الله للبناء الذي أقامه المؤمن فوق الأساس الصحيح في اليوم الذي يقف فيه هذا المؤمن أمام كرسي المسيح إذ يقول الكتاب المقدس: "لِذلِكَ نَحْتَرِصُ أَيْضًا مُسْتَوْطِنِينَ كُنَّا أَوْ مُتَغَرِّبِينَ أَنْ نَكُونَ مَرْضِيِّينَ عِنْدَهُ. لأَنَّهُ لاَبُدَّ أَنَّنَا جَمِيعًا نُظْهَرُ أَمَامَ كُرْسِيِّ الْمَسِيحِ، لِيَنَالَ كُلُّ وَاحِدٍ مَا كَانَ بِالْجَسَدِ بِحَسَبِ مَا صَنَعَ، خَيْرًا كَانَ أَمْ شَرًّا. (٢كو ٥: ٩-١٠).

هناك معنى آخر للنار يتكلم عنه الكتاب في مواضع أخرى قائلاً: "أَنْتُمُ الَّذِينَ بِقُوَّةِ اللهِ مَحْرُوسُونَ، بِإِيمَانٍ، لِخَلاَصٍ مُسْتَعَدٍّ أَنْ يُعْلَنَ فِي الزَّمَانِ الأَخِيرِ. الَّذِي بِهِ تَبْتَهِجُونَ، مَعَ أَنَّكُمُ الآنَ إِنْ كَانَ يَجِبُ تُحْزَنُونَ يَسِيرًا بِتَجَارِبَ مُتَنَوِّعَةٍ، لِكَيْ تَكُونَ تَزْكِيَةُ إِيمَانِكُمْ، وَهِيَ أَثْمَنُ مِنَ الذَّهَبِ الْفَانِي، مَعَ أَنَّهُ يُمْتَحَنُ بِالنَّارِ، تُوجَدُ لِلْمَدْحِ وَالْكَرَامَةِ وَالْمَجْدِ عِنْدَ اسْتِعْلاَنِ يَسُوعَ الْمَسِيحِ،" (١بط ١: ٥-٧). (قارن مع: زك ١٣: ٩؛ مل ٣: ٢-٣؛ أي ٢٣: ١٠؛ مز ٦٦: ١٠). فالتجارب والضيقات التي يمر بها المؤمن في الحياة، والتي تتكلم عنها النار في هذه الآية قد تُحزِن المؤمن لكنها تُنَقِّيه أيضاً وتظهر حقيقة وقيمة إيمانه وشخصيته الروحية، بل وتساعد على تشكيله لكي تكون لديه شخصية روحية حقيقية فيصير سلوكه أكثر براً أمام الله.

عزيزي القارئ، إنه من رحمة الرب لنا ومن نعمته أنه يدعنا نمر بأوقات التجارب والضيقات فتنكشف ضعفاتنا وخفايا قلوبنا الشريرة أمام أعيننا، وهو ما يعطينا الفرصة للتوبة والتغيير قبل أن يأتي اليوم الذي نقف فيه أمام الرب فيحرق بنار عينيه كل ما هو بلا قيمة في حياتنا ونفقد المكافآت الأبدية التي تُعْطَى فقط للغالبين الذين بنوا بالذهب والفضة والحجارة الكريمة.

لقد أراد المسيح في هذا الجزء من الرسالة أن يقول لملاك كنيسة اللاودكيين أنه في حاجة إلى أن يأتي إلى المسيح منفصلاً عن الجوانب الوثنية لثقافة مجتمعه التي انخرط فيها ملطخاً نفسه بنجاساتها، وأن يفعل كما فعل ملاك كنيسة سميرنا الذي انفصل عن خطايا المجتمع المحيط به (٧). كما أن هذا الملاك الغني في المواهب الروحية والعطايا المادية، ولكنه شحاذ روحياً في نظر الله، يحتاج أولاً إلى أن يتنازل عن أعماله التي تظهر للناس جيدة لكنها في نظر المسيح بلا قيمة،

ويدفع الثمن بالجهاد الروحي والسلوك بالتقوى ليشتري من المسيح الذهب الذي يشير إلى شخصية روحية حقيقية تُبنى مع الوقت بالصبر والجهاد في التجارب، فيزكيها الرب. يقول الكتاب المقدس عن ذلك: "وَلَيْسَ ذلِكَ فَقَطْ، بَلْ نَفْتَخِرُ أَيْضًا فِي الضِّيقَاتِ، عَالِمِينَ أَنَّ الضِّيقَ يُنْشِئُ صَبْرًا، وَالصَّبْرُ تَزْكِيَةً، وَالتَّزْكِيَةُ رَجَاءً" (رو ٥: ٣-٤)، والتزكية هنا معناها "شخصية مستحسنة (أفضل)" (٣٤، ٧٧)، وبهذه الشخصية المستحسنة يصير هذا الملاك غنياً في عيني الله، وحين يأتي اليوم الذي يقف فيه أمام كرسي المسيح، فإن أعماله وجهاده في البناء بالذهب - على أساس الإيمان بالرب يسوع - تبقى ولا تحترق بعد أن تُمْتَحَن بالنار، فيأخذ أُجْرَة.

وَثِيَاباً بِيضاً لِكَيْ تَلْبَسَ، فَلاَ يَظْهَرُ خِزْيُ عُرْيَتِكَ: الثياب البيض في الكتاب المقدس قد تشير إلى عدة أشياء (كما سبق وذكرنا في التعليق على رؤ ٣: ٥) أهمها أمرين:

١- التبرير المجاني الذي قد سبق الرب ودفع ثمنه على الصليب كما يقول الكتاب:"بَعْدَ هذَا نَظَرْتُ وَإِذَا جَمْعٌ كَثِيرٌ لَمْ يَسْتَطِعْ أَحَدٌ أَنْ يَعُدَّهُ، مِنْ كُلِّ الأُمَمِ وَالْقَبَائِلِ وَالشُّعُوبِ وَالأَلْسِنَةِ، وَاقِفُونَ أَمَامَ الْعَرْشِ وَأَمَامَ الْخَرُوفِ، مُتَسَرْبِلِينَ بِثِيَابٍ بِيضٍ وَفِي أَيْدِيهِمْ سَعَفُ النَّخْلِ .... وَأَجَابَ وَاحِدٌ مِنَ الشُّيُوخِ قَائِلاً لِي: هؤُلاَءِ الْمُتَسَرْبِلُونَ بِالثِّيَابِ الْبِيضِ، مَنْ هُمْ؟ وَمِنْ أَيْنَ أَتَوْا؟ فَقُلْتُ لَهُ: يَا سَيِّدُ، أَنْتَ تَعْلَمُ. فَقَالَ لِي: هؤُلاَءِ هُمُ الَّذِينَ أَتَوْا مِنَ الضِّيقَةِ الْعَظِيمَةِ، وَقَدْ غَسَّلُوا ثِيَابَهُمْ وَبَيَّضُوا ثِيَابَهُمْ فِي دَمِ الْخَرُوفِ" (رؤ ٧: ٩، ١٣-١٤)، ويقول أيضاً: "فَرَحاً أَفْرَحُ بِالرَّبِّ. تَبْتَهِجُ نَفْسِي بِإِلَهِي لأَنَّهُ قَدْ أَلْبَسَنِي ثِيَابَ الْخَلاَصِ. كَسَانِي رِدَاءَ الْبِرِّ مِثْلَ عَرِيسٍ يَتَزَيَّنُ بِعِمَامَةٍ وَمِثْلَ عَرُوسٍ تَتَزَيَّنُ بِحُلِيِّهَا." (إش ٦١: ١٠). (راجع أيضاً: رؤ ٤: ٤؛ ٦: ١١؛ ١٩: ١٤)

٢- أعمال البر التي يعملها المؤمن كما يقول الكتاب: "وَأُعْطِيَتْ أَنْ تَلْبَسَ بَزّاً نَقِيّاً بَهِيّاً، لأَنَّ الْبَزَّ هُوَ تَبَرُّرَاتُ الْقِدِّيسِينَ" (رؤ ١٩: ٨)

من المهم أن يلاحظ القارئ أن دور الثياب البيض المذكورة هنا هو ستر العري، فقد كان اللاودكيين في خزي لم يدركوه أو يدروه بسبب أنهم عراة أمام الله والناس في وقت كتابة الرسالة، لكن المسيح أشار على الملاك أن يشتري الثياب البيض ويلبسها لكي يستر هذا العري، فلكي نفهم معنى الثياب البيض إذاً، فإنه من المهم أن ندرك أولاً معنى "خِزْيُ عُرْيَتِكَ". لقد ذكر الكتاب المقدس العري مرات عديدة في العهد القديم والجديد، فيقول في إحدى المرات عن الرب: " وَلَيْسَتْ خَلِيقَةٌ غَيْرَ ظَاهِرَةٍ قُدَّامَهُ، بَلْ كُلُّ شَيْءٍ عُرْيَانٌ وَمَكْشُوفٌ لِعَيْنَيْ ذلِكَ الَّذِي مَعَهُ أَمْرُنَا." (عب ٤: ١٣)، فإن كان كل شيء عن كل المخلوقات عريان ومكشوف أمام الرب، فهو إذاً لا يقصد إخفاء العري عن الرب بل عن الناس، لذلك يقول أيضاً: "هَا أَنَا آتِي كَلِصٍّ. طُوبَى لِمَنْ يَسْهَرُ وَيَحْفَظُ ثِيَابَهُ لِئَلاَّ يَمْشِيَ عُرْيَاناً فَيَرَوْا عُرْيَتَهُ" (رؤ ١٦: ١٥)، فالرب هنا لم يقل فأرى عريته، بل قال "

فيروا عريته" أي أن الناس هم من سيرون العري؛ وقد استخدم الرب مفهوم العري في عدة مواضع أثناء اتهامه لإسرائيل بالاشتراك في العبادات الوثنية، فيقول في إحدى المرات: "فَلِذلِكَ يَا زَانِيَةُ اسْمَعِي كَلاَمَ الرَّبِّ: هكَذَا قَالَ السَّيِّدُ الرَّبُّ: مِنْ أَجْلِ أَنَّهُ قَدْ أُنْفِقَ نُحَاسُكِ وَانْكَشَفَتْ عَوْرَتُكِ بِزِنَاكِ بِمُحِبِّيكِ وَبِكُلِّ أَصْنَامِ رَجَاسَاتِكِ، وَلِدِمَاءِ بَنِيكِ الَّذِينَ بَذَلْتِهِمْ لَهَا، لِذلِكَ هأَنَذَا أَجْمَعُ جَمِيعَ مُحِبِّيكِ الَّذِينَ لَذَذْتِ لَهُمْ، وَكُلَّ الَّذِينَ أَحْبَبْتِهِمْ مَعَ كُلِّ الَّذِينَ أَبْغَضْتِهِمْ، فَأَجْمَعُهُمْ عَلَيْكِ مِنْ حَوْلِكِ، وَأَكْشِفُ عَوْرَتَكِ لَهُمْ لِيَنْظُرُوا كُلَّ عَوْرَتِكِ." (حز ١٦: ٣٥-٣٧)، (قارن أيضاً مع: حز ٢٣: ٢٨-٣٠؛ إش ٢٠: ٤؛ نا ٣: ٤-٥؛ خر ٢٠: ٢٦؛ رؤ ١٧: ١٦).

إن المعنى المقصود هنا هو أن لإسرائيل عورة، هذه العورة تتكلم عن مواطن الضعف والخزي في الأمة اليهودية كما هو واضح أيضاً في قول يوسف لإخوته: "جَوَاسِيسُ أَنْتُمْ! لِتَرَوْا عَوْرَةَ الأَرْضِ جِئْتُمْ!" (تك ٤٢: ٩)، ومواطن الضعف والخزي هذه تشير إلى الطبيعة الساقطة التي تميل دائماً إلى الانغماس في العالم والخطيئة؛ والمسيح هنا لم يَعِد كنيسة اللاودكيين أن عورتها ستنتهي وتختفي، بل وعدها أنها إذا اشترت الثياب البيض ولبستها، فإن الثياب ستستر تلك العورة أي تبطل عملها وتوقفها، وقد تكلم الرسول بولس عن هذا المبدأ قائلاً: "وَإِنَّمَا أَقُولُ: اسْلُكُوا بِالرُّوحِ فَلاَ تُكَمِّلُوا شَهْوَةَ الْجَسَدِ." (غل ٥: ١٦)، أما إذا أكملت الكنيسة في طريقها واستمرت في الخطيئة فإن عورتها ستنكشف للجميع فيرى الناس خطاياها وضعفاتها. لقد قال الرب في آيات حزقيال التي ذكرناها هنا: "وَأَكْشِفُ عَوْرَتَكِ لَهُمْ لِيَنْظُرُوا كُلَّ عَوْرَتِكِ." (حز ١٦: ٣٧)، فالرب أحياناً يقصد أن يكشف عورة الشخص المستمر في الخطيئة بلا توبة ويفضحه أمام الآخرين مسبباً له الخزي، وذلك لأن الرب يحب هذا الشخص الخاطئ ويريد أن يعلمه درساً مهماً عن بشاعة هذه الخطيئة التي يرتكبها، وعن وبشاعة نتائجها، فتكون النتيجة أن يتوب هذا الإنسان ولا يعود يفعل هذه الخطيئة مرة أخرى. لقد أعطانا الرب أمثلة كثيرة في الكتاب المقدس لهذا الأمر، فمثلاً ترك الرب الشعب ليُهزَم ويموت الكثيرين منه ويُسْبَى سبعين سنة بسبب عبادة الأوثان (إر ٢٥: ٤- ١١)، لكن عند رجوع الشعب من السبي لا نرى في الكتاب المقدس أو في وقت وجود الرب يسوع على الأرض أي عبادة أوثان في وسط شعب إسرائيل، فقد تعلم الشعب الدرس بسبب السبي الذي تعرض له. مثال آخر لهذا الأمر هو فضح الرب للنميمة التي تكلمت بها مريم النبية أخت موسى سراً مع هرون، وضربه لها بالبرص سبعة أيام برغم أنه من الواضح أنها تراجعت عن خطيئتها حين واجهها الرب بها أمام موسى (عد ١٢: ١-١٥)، لكن مريم تعلمت مما فعله الله معها أن خطيئة النميمة التي ارتكبتها كانت لها نتيجة فظيعة هي البرص، فلم ترتكب هذه الخطيئة مرة أخرى. (قارن أيضاً مع ما جاء في: إش ٢٠: ١-٤).

أما عن الثياب البيض، فلقد كانت لاودكية تشتهر بالصوف الأسود الداكن الذي كان يتم تحضيره وصباغته هناك، لكن الرب هنا تكلم عن نوع آخر من الثياب

مختلف في اللون وفي العمل أيضاً، فالثياب التي أشار بها الرب على ملاك الكنيسة ثياباً بيضاء على عكس تلك الأصواف السوداء التي كانوا يصبغونها في لاودكية، كما أن هذه الثياب تكسو عري الطبيعة الخاطئة وليس عري الجسد. من كل هذا ندرك ما هي هذه الثياب البيضاء النقية التي يملكها الرب وحده والتي تستر عورة الطبيعة الخاطئة، إن هذه الثياب تشير إلى أعمال البر التي يفعلها التلميذ (١١) نتيجة سلوكه بالروح أي انقياده بالروح القدس وطاعته لصوته، فهي ليست مجرد أعمال حسنة يفعلها المؤمن، لكنها الأعمال التي سبق الله فاعدها لنا لكي نسلك فيها كما يقول الكتاب: "لأَنَّنَا نَحْنُ عَمَلُهُ، مَخْلُوقِينَ فِي الْمَسِيحِ يَسُوعَ لأَعْمَال صَالِحَةٍ، قَدْ سَبَقَ اللهُ فَأَعَدَّهَا لِكَيْ نَسْلُكَ فِيهَا." (أف ٢: ١٠).

لقد ظن بعض المفسرين أن الثياب البيضاء هنا تشير إلى تبرير الرب للخطاة الذين يأتون إلى الإيمان به وبفدائه لهم على الصليب، ولأن هذا التبرير هو عطية مجانية كما يقول الكتاب المقدس: "مُتَبَرِّرِينَ مَجَّانًا بِنِعْمَتِهِ بِالْفِدَاءِ الَّذِي بِيَسُوعَ الْمَسِيحِ،" (رو ٣: ٢٤)، فقد فسَّر هؤلاء المُفَسِّرون "الشراء" قائلين أن التبرير لم يكن مجاني بالنسبة للمسيح الذي دفع الثمن على الصليب، فأصبح من حق البشر شراء هذا التبرير بلا ثمن (راجع: إش ٥٥: ١)، فقط عليهم أن يدركوا حقيقة حالتهم، وأنهم ليسوا أبراراً في ذاتهم، وأنهم في احتياج شديد لتبرير الله لهم لكي يستر عريهم الروحي (١)، لكن مشكلة هذا التفسير الأساسية تكمن في أن المُفَسِّر هنا يعتبر أن الملاك الذي يكلمه الرب غير مؤمن ولم يحصل على الخلاص الأبدي، أو أنه من أولاد الرب، لكن الرب يكلم أعضاء الكنيسة في شخص الملاك، وهؤلاء الأعضاء كانوا كلهم غير مؤمنين، وهو افتراض غير منطقي على الإطلاق. لقد سبق الرب وشبَّه ملاك هذه الكنيسة بأنه نجم في يد المسيح، فمن المنطقي إذا أن يكون الملاك مؤمناً، كما أن اهتمام الرب بتوبيخ وتأديب الملاك والكنيسة يوضح بما لا يترك مجالًا للشك بأن هؤلاء كانوا من رعية المسيح وليسوا غرباء عنه، وبالتالي حصلوا على الخلاص الأبدي عن طريق التبرير، لكنهم مع ذلك لا يسلكون بالروح بل بالجسد، فكانوا في نظره ونظر الناس عراة.

إذاً فالثياب البيضاء هنا تتكلم عن أعمال البر التي يفعلها أولاد الله المبررين. ولا تتكلم عن تبرير الخطاة. واللاودكيين هنا يحتاجون أن يتخلوا عن السلوك بمعايير وطرق العالم لكي يشتروا من المسيح الأعمال التي سبق فاعدها لهم ويسلكوا فيها فلا يكملوا شهوة الجسد ولا يظهر خزي طبيعتهم الساقطة أمام الناس.

وَكَحِّلْ عَيْنَيْكَ بِكُحْل لِكَيْ تُبْصِرَ: من الملفت للنظر هنا أن بعض الترجمات ومنها ترجمة فان دايك العربية تضع نقطة قبل هذا المقطع، وكأن الكحل ليس من ضمن الأمور التي يحتاج هذا الملاك أن يشتريها، بينما بعض الترجمات الأخرى مثل كينج جيمس (KJV) وترجمة يانج الحرفية (YLT) تضع فصلة قبل هذا المقطع، لكنها تكتبه بنفس الصيغة التي كتب بها هذا المقطع في ترجمة فان دايك

العربية مما يضع القارئ في حيرة إذ لا يكون واضحاً إن كان الكحل من ضمن الأشياء التي على ملاك الكنيسة أن يشتريها أم أنه شيئاً متاحاً لدى الملاك لكنه لا يستخدمه؛ أما بعض الترجمات الأحدث مثل الترجمة الإنجليزية المعتمدة (ESV) والترجمة الدولية المعتمدة (ISV) والترجمة العربية المبسطة فتضع فصلة قبل المقطع الأخير ثم تترجمه: "ومرهم لتضعه على عينيك فتبصر"، وبهذا تجعل هذه الترجمات المرهم من ضمن الأشياء التي يتعين على ملاك الكنيسة شراءها.

هنا يجب على الدارس أن يعرف أن العهد الجديد كله كُتِبَ أساساً بالحروف الكبيرة (Capital Letters) وبدون مسافات بين الكلمات، كما أن المخطوطات القديمة للعهد الجديد احتوت على فصلات واختصارات قليلة، لكن الفصلات والنقط الموجودة في معظم الترجمات التي بين أيدينا اليوم بدأت إضافتها من قبل بعض نُسَّاخ الكتاب في القرن السادس الميلادي معتمدين على الفصلات الموجودة في المخطوطات القديمة بالإضافة إلى فهمهم للمقصود من النص اليوناني؛ كما أن الكتاب المقدس لم يُقَسَّم إلى أصحاحات وآيات إلا في القرن الثالث عشر على يد "ستيفن لانجتون" (Stephen Langton) الذي قسم الترجمة اللاتينية (الفولجاتا) سنة ١٢٠٥ ميلادية، أما التقسيم الموجود بين أيدينا اليوم فهو من عمل الفرنسي "روبرت إستيان" (Robert Estienne) سنة ١٥٥١ ميلادية.

فإذا رجع الدارس إلى الآية محل الدراسة كاملة، فإنه يدرك أن الرب أشار على ملاك الكنيسة بثلاثة أشياء هو وحده مصدرها، وبذلك لا يمكن فصل الكحل عن الذهب والثياب، بل إن المشكلة الأساسية التي تعاني منها هذه الكنيسة بحسب رأي الكثير من المفسرين تكمن في العمى الموجود لدى ملاك الكنيسة، فقد كان هذا الملاك واثقاً من رؤيته الثاقبة للأمور الروحية، لكنه في الحقيقة كان يحتاج إلى علاج لنظره وبصيرته؛ وقد أراد الرب يسوع أن يقول له: عليك أن تدرك أنك أعمى وإلا فلن يكون هناك أمل في شفائك (١).

من الملاحظ هنا أيضاً أن الرب أشار على ملاك الكنيسة بأن يكحل هو عينيه (٥٣)، فملاك الكنيسة عليه دور مهم في عملية العلاج لأن الرب سيبيع للملاك المرهم بلا ثمن، لكنه لن يكحل عيني الملاك بنفسه. إن قبول الملاك لهبة الرب له واقتناءه للعلاج ليس كافياً، إذ أن هذا العلاج لن يفيده شيئاً إن لم يستخدمه لعلاج بصره المفقود. يُذَكِّرنا هذا بما فعله المسيح حين أراد أن يشفي المولود أعمى إذ يقول الكتاب: "قَالَ هَذَا وَتَفَلَ عَلَى الأَرْضِ وَصَنَعَ مِنَ التُّفْلِ طِيناً وَطَلَى بِالطِّينِ عَيْنَيِ الأَعْمَى. وَقَالَ لَهُ: اذْهَبِ اغْتَسِلْ فِي بِرْكَةِ سِلْوَامَ. الَّذِي تَفْسِيرُهُ مُرْسَلٌ. فَمَضَى وَاغْتَسَلَ وَأَتَى بَصِيراً." (يو ٩: ٦-٧). في هذه القصة الأخيرة صنع الرب يسوع الطين وطلى به عيني الأعمى، لكن الأعمى لم يبصر في الحال، بل طلب منه الرب أن يذهب ويغتسل في بركة سلوام أولاً. لقد مضى هذا الأعمى من أمام الرب يسوع دون أن يبصر، بل إنه إن لم يذهب إلى بركة سلوام

كما قال له المسيح، فإن نهاية قصته كانت ستصبح مختلفة تماماً على الأرجح. لقد أراد الرب أن يقول لهذا الأعمى أنه عليه دوراً ليفعله، وعليه أن يقوم بهذا الدور معتمداً على أمر المسيح له وعلى الإيمان الذي خلقه هذا الأمر الإلهي في قلبه؛ كذلك ملاك كنيسة اللاودكيين أيضاً عليه دور مهم، وهو استخدام المرهم الإلهي بطريقة صحيحة وإلا أصبح المرهم بلا نفع.

أما عن المقصود بالمرهم (الكحل) نفسه فهو أحد أمرين أو كليهما معاً: يرى معظم المفسرين أن المرهم يشير إلى الروح القدس الذي ينير بصر وبصيرة الإنسان ويجعله يفهم أمور الله كما يقول الكتاب المقدس: "وَأَمَّا أَنْتُمْ فَلَكُمْ مَسْحَةٌ مِنَ الْقُدُّوسِ وَتَعْلَمُونَ كُلَّ شَيْءٍ." (١يو ٢: ٢٠)، ثم يكمل قائلاً: "وَأَمَّا أَنْتُمْ فَالْمَسْحَةُ الَّتِي أَخَذْتُمُوهَا مِنْهُ ثَابِتَةٌ فِيكُمْ، وَلاَ حَاجَةَ بِكُمْ إِلَى أَنْ يُعَلِّمَكُمْ أَحَدٌ، بَلْ كَمَا تُعَلِّمُكُمْ هذِهِ الْمَسْحَةُ عَيْنُهَا عَنْ كُلِّ شَيْءٍ، وَهِيَ حَقٌّ وَلَيْسَتْ كَذِباً. كَمَا عَلَّمَتْكُمْ تَثْبُتُونَ فِيهِ." (١يو ٢: ٢٧) [٣٩، ٥٣، ٦١، ٦٢]. إن الروح القدس يقنع الخاطئ أولاً بحقيقته ويشعره بالخجل، ثم يشفيه؛ فهو يفتح عيني الإنسان أولاً على حقيقة فساده الداخلي، ثم على قيمة ونقاوة المسيح [٣٧]. يقول بولس الرسول متكلماً عن صلاته لأجل الأفسسيين: "لاَ أَزَالُ شَاكِرًا لأَجْلِكُمْ، ذَاكِرًا إِيَّاكُمْ فِي صَلَوَاتِي، كَيْ يُعْطِيَكُمْ إِلهُ رَبِّنَا يَسُوعَ الْمَسِيحِ، أَبُو الْمَجْدِ، رُوحَ الْحِكْمَةِ وَالإِعْلاَنِ فِي مَعْرِفَتِهِ، مُسْتَنِيرَةً عُيُونُ أَذْهَانِكُمْ، لِتَعْلَمُوا مَا هُوَ رَجَاءُ دَعْوَتِهِ، وَمَا هُوَ غِنَى مَجْدِ مِيرَاثِهِ فِي الْقِدِّيسِينَ،" (أف ١: ١٦-١٨)، فالروح القدس هو الذي يعلن للإنسان أيضاً عن مقاصد الله ودعواته، وهو الذي ينير عيون الذهن لكي تبصر نور المسيح.

بعض المفسرين الآخرين يرون أنه كما أن جميع المراهم تتكون من عنصرين أساسيين على الأقل هما المادة الفعالة وقاعدة المرهم التي توصل المادة الفعالة للجسم، كذلك أيضاً المرهم المذكور هنا يشير إلى كلٍ من الكلمة المقدسة التي هي المادة الفعالة التي تشفي الإنسان، والروح القدس الذي يوصل ويُدخِل هذه المادة الفعالة إلى أعماق الإنسان لكي تعمل فيه وتشفيه. يقول الكتاب المقدس: "وَصَايَا الرَّبِّ مُسْتَقِيمَةٌ تُفَرِّحُ الْقَلْبَ. أَمْرُ الرَّبِّ طَاهِرٌ يُنِيرُ الْعَيْنَيْنِ." (مز ١٩: ٨) [١٨، ٢٣]، فكلمة الرب المعلنة لقلب الإنسان بالروح القدس تفتح عينيه ليدرك حقيقة أمره وحقيقة خطاياه، وحين يطبق الإنسان الكلمة المقدسة على حياته بقوة وتعضيد الروح القدس، فإن حياته تتغير، وسلوكه يستقيم أمام الله، ثم تبدأ طباعه في التغير نحو صورة المسيح إذ يقول الكتاب المقدس: "وَنَحْنُ جَمِيعًا نَاظِرِينَ مَجْدَ الرَّبِّ بِوَجْهٍ مَكْشُوفٍ، كَمَا فِي مِرْآةٍ، نَتَغَيَّرُ إِلَى تِلْكَ الصُّورَةِ عَيْنِهَا، مِنْ مَجْدٍ إِلَى مَجْدٍ، كَمَا مِنَ الرَّبِّ الرُّوحِ." (٢كو ٣: ١٨). إن الآيات السابقة لهذه الآية الأخيرة توضح أمراً هاماً جداً لكل تلميذ حقيقي للمسيح إذ يقول الكتاب المقدس: "وَلَيْسَ كَمَا كَانَ مُوسَى يَضَعُ بُرْقُعًا عَلَى وَجْهِهِ لِكَيْ لاَ يَنْظُرَ بَنُو إِسْرَائِيلَ إِلَى نِهَايَةِ الزَّائِلِ. بَلْ أُغْلِظَتْ أَذْهَانُهُمْ، لأَنَّهُ حَتَّى الْيَوْمِ ذلِكَ الْبُرْقُعُ نَفْسُهُ عِنْدَ قِرَاءَةِ الْعَهْدِ الْعَتِيقِ بَاقٍ غَيْرُ مُنْكَشِفٍ، الَّذِي يُبْطَلُ فِي الْمَسِيحِ. لكِنْ حَتَّى الْيَوْمِ، حِينَ

يُقْرَأُ مُوسَى، الْبُرْقُعُ مَوْضُوعٌ عَلَى قَلْبِهِمْ. وَلكِنْ عِنْدَمَا يَرْجِعُ إِلَى الرَّبِّ يُرْفَعُ الْبُرْقُعُ. وَأَمَّا الرَّبُّ فَهُوَ الرُّوحُ، وَحَيْثُ رُوحُ الرَّبِّ هُنَاكَ حُرِّيَّةٌ. وَنَحْنُ جَمِيعًا نَاظِرِينَ مَجْدَ الرَّبِّ بِوَجْهٍ مَكْشُوفٍ، كَمَا فِي مِرْآةٍ، نَتَغَيَّرُ إِلَى تِلْكَ الصُّورَةِ عَيْنِهَا، مِنْ مَجْدٍ إِلَى مَجْدٍ، كَمَا مِنَ الرَّبِّ الرُّوحِ." (٢كو ٣: ١٣-١٨). هذه الآيات تتكلم عن أمرين هامين للغاية: الكلمة المقدسة والروح، فالكلمة المقدسة من دون الروح القدس تنتج فريسيين يعلمون الناموس لكنهم لا يعيشون ما يُعَلِّمُونه، ويقرأون الكلمة بتدقيق لكن الكلمة لا تغير أي شيء في حياتهم؛ وعلى الجانب الآخر، فإن طلب الروح القدس من دون معرفة الكلمة المقدسة يصنع المهرطقين، فهؤلاء لم تتغير طباعهم وسلوكهم بحسب الكلمة المقدسة، بل تسوقهم شهواتهم وأفكارهم ظانين أنها قيادة الروح القدس لهم غير عالمين أنهم ينحرفون يوماً بعد يوم بعيداً عن طريق الله.

إن مرهم العينين الفعال الذي وصفه المسيح لملاك كنيسة اللاودكيين يتكون إذاً من عنصرين هامين هما الكلمة المقدسة والروح القدس، وهما عنصران مكملان لبعضهما، ولا يمكن الاستغناء عن أي منهما في صنع هذا العلاج، لكن هذا المرهم كما ذكرنا من قبل لا يفتح عيني الأعمى إن لم يضعه الأعمى بنفسه على عينيه.

أخيراً فإنه من الملاحظ أن ترتيب أسباب الشقاء والبؤس في الآية ١٧ هو الفقر والعمى والعري، لكن الرب غيَّر الترتيب حين تكلم عن العلاج إذ عالج الفقر بالذهب، ثم تخطى العمى وعالج العري بالثياب البيض، ثم عالج العمى في النهاية بالمرهم، لكن مع أن الترتيب مختلف إلا أن الرب لم يُشِرْ على الملاك بأن يشتري الذهب أولاً ثم الثياب البيض وأخيراً المرهم، لكنه أشار عليه بأن يشتري ثلاثتهم دفعة واحدة إذ أن العلاج لا يتم بشراء جزء مما أشار به الرب، أو بشراء العلاج على دفعات، ولكن الملاك والكنيسة يحتاجون إلى شراء عناصر العلاج الكامل في نفس الوقت؛ وكثيراً ما يقع المؤمنون في هذا الخطأ إذ يكشف لهم الرب مشكلة معينة في حياتهم ويريهم طريقة العلاج، فبدلاً من أن يستخدموا كل العلاج الذي يأمرهم به الرب، يبدأون في اختيار الجزء الذي يروق لهم ليفعلوه ويتركون ما لا يحلو لهم متجاهلين أن العلاج الجزئي لا يزيل المرض بل قد يجعله أكثر مقاومة للعلاج.

لا نستطيع أن نرى سبباً واضحاً جعل الرب يغير الترتيب حين تكلم عن العلاج، لكننا نستطيع أن نقول أن المرهم هو العلاج الأهم والأساسي إذ أنه سيفتح عيني الملاك فيرى حالته الحقيقية مما سيجعله غيوراً لتغيير تلك الحالة، كما سَيُريه مواطن الضعف في حياته وما يجب أن يكون عليه فيساعده على شراء الذهب، وسَيُظْهِر له مشيئة الله من حيث الأعمال الصالحة التي سبق الله فأعدها للملاك فيساعده بذلك على شراء الثياب البيض؛ فلا تهمل عزيزي القارئ قراءة كتابك

المقدس والصلاة طالباً من الرب أن يفتح عينيك ويكلمك بما تحتاجه في حياتك الشخصية لتصبح أكثر شبهاً بالرب يوماً بعد يوم.

رؤ ٣: ١٩ إِنِّي كُلُّ مَنْ أُحِبُّهُ أُوَبِّخُهُ وَأُؤَدِّبُهُ. فَكُنْ غَيُوراً وَتُبْ.

إِنِّي كُلُّ: هذا المقطع في الأصل اليوناني فيه تشديد على ضمير المتكلم (أنا)، وعلى كلمة "كل" (١)، وبذلك يمكن فهمه كالتالي: "إني أنا بنفسي أوبخ وأؤدب جميع الذين أحبهم بلا استثناء"، فالله يطبق مبدأ التوبيخ والتأديب على جميع الذين يحبهم ولا يستثني من ذلك أحداً.

أُحِبُّهُ: الكلمة اليونانية المستخدمة في هذا المقطع هي (phileō)، وهي كلمة تُظهر الاعتزاز بالشخص أو الشيء محل الحب فوق أي شيء آخر، كما تتكلم عن العاطفة، وعن التعلق الثابت بالشخص أو الشيء محل الحب من دافع التبجيل والتوقير فوق أي شخص أو شيء آخر، ولفهم معنى الكلمة بوضوح يمكننا الرجوع إلى قول الرب: "مَنْ يُحِبُّ (phileō) نَفْسَهُ يُهْلِكُهَا وَمَنْ يُبْغِضُ نَفْسَهُ فِي هَذَا الْعَالَمِ يَحْفَظُهَا إِلَى حَيَاةٍ أَبَدِيَّةٍ." (يو ١٢: ٢٥)، فحب النفس بمعنى الرغبة المفرطة في الحفاظ عليها مع نسيان الهدف الحقيقي من الحياة، وهو ما يَلْقَى توبيخاً واضحاً من الرب؛ لكن الكتاب المقدس يتكلم في موضع آخر عن حب الحياة الذي يمتدحه الرب إذ يقول: "لأَنَّ مَنْ أَرَادَ أَنْ يُحِبَّ (agapao) الْحَيَاةَ وَيَرَى أَيَّاماً صَالِحَةً، فَلْيَكْفُفْ لِسَانَهُ عَنِ الشَّرِّ وَشَفَتَيْهِ أَنْ تَتَكَلَّمَا بِالْمَكْرِ، " (١بط ٣: ١٠)، فالكلمة اليونانية المترجمة هنا "يُحِبَّ" تتكلم عن نوع الحب الذي يُقَيِّم ويحترم الحياة وأهدافها الحقيقية (٥٦).
المسيح هنا إذاً يقول أنه متعلق بثبات بملاك كنيسة اللاودكيين وبأعضائها، ومع أن حالة هذا الملاك الفاترة مقززة له، إلا أن المسيح يعتز جداً بهذا الملاك، وبسبب هذا التعلق والاعتزاز الذي لم يفعل الملاك ولا الأعضاء شيئاً صالحاً لاستحقاقه، فإن المسيح يوبخ ملاك الكنيسة ويؤدبه لكي يتوب، وهذه هي نعمة الله الحقيقية التي أجزلها لهذا الملاك. سبب هذا التوبيخ والتأديب إذاً ليس غضب الرب من ملاك الكنيسة، بل حب الرب له؛ كما أن هدف هذا التوبيخ والتأديب ليس عقاب الملاك بل توبته. يوضح الكتاب المقدس هذا المعنى في آيات كثيرة إذ يقول: "يَا ابْنِي، لاَ تَحْتَقِرْ تَأْدِيبَ الرَّبِّ وَلاَ تَكْرَهْ تَوْبِيخَهُ، لأَنَّ الَّذِي يُحِبُّهُ الرَّبُّ يُؤَدِّبُهُ، وَكَأَبٍ بِابْنٍ يُسَرُّ بِهِ." (أم ٣: ١١-١٢)، وقد أشار العهد الجديد إلى هذه الآيات مع تغيير بسيط فيها قائلاً: "وَقَدْ نَسِيتُمُ الْوَعْظَ الَّذِي يُخَاطِبُكُمْ كَبَنِينَ: يَا ابْنِي لاَ تَحْتَقِرْ تَأْدِيبَ الرَّبِّ، وَلاَ تَخُرْ إِذَا وَبَّخَكَ. لأَنَّ الَّذِي يُحِبُّهُ الرَّبُّ يُؤَدِّبُهُ، وَيَجْلِدُ كُلَّ ابْنٍ يَقْبَلُهُ. إِنْ كُنْتُمْ تَحْتَمِلُونَ التَّأْدِيبَ يُعَامِلُكُمُ اللهُ كَالْبَنِينَ. فَأَيُّ ابْنٍ لاَ

يُؤَدِّبُهُ أَبُوهُ؟ وَلكِنْ إِنْ كُنْتُمْ بِلاَ تَأْدِيبٍ، قَدْ صَارَ الْجَمِيعُ شُرَكَاءَ فِيهِ، فَأَنْتُمْ نُغُولٌ لاَ بَنُونَ." (عب ١٢: ٥-٨)، (قارن أيضاً مع: مز ٩٤: ١٢-١٥؛ أي ٥: ١٧-١٨؛ ١كو ١١: ٣١-٣٢).

إن أقوال سفر الأمثال تشرح تطبيق فكرة متكررة في كتابات الحكمة عن التأديب التعليمي هي: أهمية تأديب وتهذيب الأبناء بدافع الحب والاهتمام بتمام صحتهم وخيرهم، فيقول الكتاب المقدس: "مَنْ يَمْنَعُ عَصَاهُ يَمْقُتِ ابْنَهُ، وَمَنْ أَحَبَّهُ يَطْلُبُ لَهُ التَّأْدِيبَ." (أم ١٣: ٢٤)، ويقول أيضاً: "وَجِّهْ قَلْبَكَ إِلَى الأَدَبِ، وَأُذُنَيْكَ إِلَى كَلِمَاتِ الْمَعْرِفَةِ. لاَ تَمْنَعِ التَّأْدِيبَ عَنِ الْوَلَدِ، لأَنَّكَ إِنْ ضَرَبْتَهُ بِعَصًا لاَ يَمُوتُ. تَضْرِبُهُ أَنْتَ بِعَصًا فَتُنْقِذُ نَفْسَهُ مِنَ الْهَاوِيَةِ." (أم ٢٣: ١٢-١٤)، (قارن أيضاً مع: أم ٢٩: ١٧)، وهذا المبدأ يطبقه الكتاب المقدس أيضاً على العلاقة بين الله وشعبه إذ يقول: "فَاعْلَمْ فِي قَلْبِكَ أَنَّهُ كَمَا يُؤَدِّبُ الإِنْسَانُ ابْنَهُ قَدْ أَدَّبَكَ الرَّبُّ إِلهُكَ." (تث ٨: ٥)، (قارن أيضاً مع: إر ٢: ٣٠؛ ٥: ٣؛ أي ٥: ١٧-١٨؛ مز ٩٤: ١٢-١٥؛ أم ٣: ١١-١٢). لقد كان الله يعامل شعب إسرائيل كابنه البكر (خر ٤: ٢٢)، كما يعامل مؤمني العهد الجديد كأبناء (عب ٢: ١٠)، وهو أيضاً يؤدبهم كأبناء إذ يقول: "لأَنَّنَا لَوْ كُنَّا حَكَمْنَا عَلَى أَنْفُسِنَا لَمَا حُكِمَ عَلَيْنَا، وَلكِنْ إِذْ قَدْ حُكِمَ عَلَيْنَا، نُؤَدَّبُ مِنَ الرَّبِّ لِكَيْ لاَ نُدَانَ مَعَ الْعَالَمِ." (١كو ١١: ٣١-٣٢)، (قارن أيضاً مع: مز ١١٨: ١٨؛ عب ١٢: ٧-١١). لقد طبق الله فكرة التأديب التعليمي في علاقته بشعبه، على الأقل جزئياً، لشرح المغزى الأعمق لتجربة المعاناة والحرمان [٥٩].

أُوَبِّخُهُ وَأُؤَدِّبُهُ: التوبيخ يختلف عن التأديب، فالكلمة اليونانية المترجمة هنا "أُوَبِّخُهُ" هي (elencho)، وهي تعني التوبيخ اللفظي بحكم وإدانة [٥٦]، والرب يوبخ أولاده بعدة طرق:

- من خلال الكلمة المقدسة كما حدث هنا مع ملاك كنيسة اللاودكيين ومع باقي ملائكة الكنائس (رؤ ٢: ٤-٥، ١٦، ٢٠؛ ٣: ١)، وهو ما يؤكده الكتاب المقدس قائلاً: "وَلكِنْ إِنْ كُنْتُمْ تُحَابُونَ، تَفْعَلُونَ خَطِيَّةً، مُوَبَّخِينَ مِنَ النَّامُوسِ كَمُتَعَدِّينَ." (يع ٢: ٩)، فالناموس يوبخ الخاطئ لأن كلمة الله لها تأثير وسلطان على قلب الإنسان، فيقول الكتاب المقدس عنها: "لأَنَّ كَلِمَةَ اللهِ حَيَّةٌ وَفَعَّالَةٌ وَأَمْضَى مِنْ كُلِّ سَيْفٍ ذِي حَدَّيْنِ، وَخَارِقَةٌ إِلَى مَفْرَقِ النَّفْسِ وَالرُّوحِ وَالْمَفَاصِلِ وَالْمِخَاخِ، وَمُمَيِّزَةٌ أَفْكَارَ الْقَلْبِ وَنِيَّاتِهِ." (عب ٤: ١٢)
- ومن خلال عمل الروح القدس إذ يقول المسيح متكلماً عنه: "وَمَتَى جَاءَ ذَاكَ يُبَكِّتُ الْعَالَمَ عَلَى خَطِيَّةٍ وَعَلَى بِرّ وَعَلَى دَيْنُونَةٍ" (يو ١٦: ٨)
- ومن خلال المؤمنين الآخرين المحيطين بالمخطئ، والذين يوصيهم الرب في الكتاب المقدس قائلاً: "وَلاَ تَشْتَرِكُوا فِي أَعْمَالِ الظُّلْمَةِ غَيْرِ الْمُثْمِرَةِ بَلْ بِالْحَرِيِّ وَبِّخُوهَا." (أف ٥: ١١)، كما يقول لهم أيضاً: "وَإِنْ أَخْطَأَ إِلَيْكَ أَخُوكَ فَاذْهَبْ وَعَاتِبْهُ (وبخه) بَيْنَكَ وَبَيْنَهُ وَحْدَكُمَا. إِنْ سَمِعَ مِنْكَ فَقَدْ رَبِحْتَ أَخَاكَ." (مت ١٨: ١٥) (قارن أيضاً مع: ١كو ١٤: ٢٤)

- ومن خلال قادة الكنيسة الذين يجب أن تتوافر فيهم صفات كثيرة من أهمها معرفة الكلمة المقدسة وملازمتها كما يقول الكتاب: "مُلاَزِمًا لِلْكَلِمَةِ الصَّادِقَةِ الَّتِي بِحَسَبِ التَّعْلِيمِ، لِكَيْ يَكُونَ قَادِرًا أَنْ يَعِظَ بِالتَّعْلِيمِ الصَّحِيحِ وَيُوَبِّخَ الْمُنَاقِضِينَ." (تيط ١: ٩). لقد وضع الله على القادة مسؤولية تصحيح وتوجيه إخوتهم في الإيمان حين يخطئ هؤلاء الإخوة، ويوضح هذا قول الرسول بولس عن الكريتيين في رسالته إلى تلميذه تيطس: "هذِهِ الشَّهَادَةُ صَادِقَةٌ. فَلِهذَا السَّبَبِ وَبِّخْهُمْ بِصَرَامَةٍ لِكَيْ يَكُونُوا أَصِحَّاءَ فِي الإِيمَانِ،" (تيط ١: ١٣)، كما يوجه أيضاً تيموثاوس شارحاً له كيفية التعامل مع الشيوخ الذين يخطئون قائلاً: "اَلَّذِينَ يُخْطِئُونَ وَبِّخْهُمْ أَمَامَ الْجَمِيعِ، لِكَيْ يَكُونَ عِنْدَ الْبَاقِينَ خَوْفٌ." (١تي ٥: ٢٠)، (قارن أيضاً مع: تيط ٢: ١٥).

أما التأديب فيعني تدريب الأولاد وتعليمهم (٥٦)، وهو ما يوضحه الكتاب المقدس حين يستخدم هذه الكلمة لشرح نوع ومقدار التعليم والتهذيب الذي حصل عليه موسى في بيت فرعون قائلاً: "فَتَهَذَّبَ مُوسَى بِكُلِّ حِكْمَةِ الْمِصْرِيِّينَ، وَكَانَ مُقْتَدِرًا فِي الأَقْوَالِ وَالأَعْمَالِ." (أع ٧: ٢٢)، (قارن أيضاً مع: أع ٢٢: ٣ ؛ ومع: تيط ٢: ١٢)، وهذا التأديب والتعليم إما أن يكون:

- لفظاً بالإرشاد والنصح والتوبيخ مستخدماً قادة الكنيسة، وهو ما يوضحه قول بولس لتيموثاوس: "مُؤَدِّبًا بِالْوَدَاعَةِ الْمُقَاوِمِينَ، عَسَى أَنْ يُعْطِيَهُمُ اللهُ تَوْبَةً لِمَعْرِفَةِ الْحَقِّ،" (٢تي ٢: ٢٥)
- أو عملاً حين يوجه الله بنفسه ضربات مؤلمة للمخطئ أو يسمح بحدوث مصائب له، وهو ما يوضحه الكتاب المقدس حين يقول عن الكورنثوسيين: " مِنْ أَجْلِ هذَا فِيكُمْ كَثِيرُونَ ضُعَفَاءُ وَمَرْضَى، وَكَثِيرُونَ يَرْقُدُونَ. لأَنَّنَا لَوْ كُنَّا حَكَمْنَا عَلَى أَنْفُسِنَا لَمَا حُكِمَ عَلَيْنَا، وَلكِنْ إِذْ قَدْ حُكِمَ عَلَيْنَا، نُؤَدَّبُ مِنَ الرَّبِّ لِكَيْ لاَ نُدَانَ مَعَ الْعَالَمِ." (١كو ١١: ٣٠-٣٢)، ويقول عن إيزابل والذين يزنون معها وعن أولادها: "هَا أَنَا أُلْقِيهَا فِي فِرَاشٍ، وَالَّذِينَ يَزْنُونَ مَعَهَا فِي ضِيقَةٍ عَظِيمَةٍ، إِنْ كَانُوا لاَ يَتُوبُونَ عَنْ أَعْمَالِهِمْ. وَأَوْلاَدُهَا أَقْتُلُهُمْ بِالْمَوْتِ. " (رؤ ٢: ٢٢-٢٣أ)، كما يقول أيضاً عن آبائنا الأرضيين: "أَنَّ أُولئِكَ أَدَّبُونَا أَيَّامًا قَلِيلَةً حَسَبَ اسْتِحْسَانِهِمْ، وَأَمَّا هذَا فَلأَجْلِ الْمَنْفَعَةِ، لِكَيْ نَشْتَرِكَ فِي قَدَاسَتِهِ." (عب ١٢: ١٠)، (قارن أيضاً مع: لو ٢٣: ١٦ ؛ عب ١٢: ٦-٧)، ويقول أيضاً عن الملك سليمان: "أَنَا أَكُونُ لَهُ أَباً وَهُوَ يَكُونُ لِيَ ابْناً. إِنْ تَعَوَّجَ أُؤَدِّبْهُ بِقَضِيبِ النَّاسِ وَبِضَرَبَاتِ بَنِي آدَمَ. وَلَكِنَّ رَحْمَتِي لاَ تُنْزَعُ مِنْهُ كَمَا نَزَعْتُهَا مِنْ شَاوُلَ الَّذِي أَزَلْتُهُ مِنْ أَمَامِكَ." (٢صم ٧: ١٤-١٥). إن المعنى المباشر لقول الرب عن سليمان: "أؤدبه بقضيب الناس وبضربات بني آدم" هو أن الرب سوف يعاقب سليمان تماماً كما يعاقب أي إنسان خاطئ على خطيته (٦٩)، وهو الأمر الذي فعله الرب حين أخطأ سليمان وذهب وراء آلهة أخرى إذ أقام لسليمان خصوماً في فترة حياته لكي يضايقوه (١مل ١١: ١٤، ٢٣)، ثم مزق المملكة عنه في أيام ابنه إذ لم يرد أن يمزقها في

أيامه من أجل داود أبيه (١مل ١١: ١١-١٢)، لكن الرب فعل ما وعد به ولم ينزع رحمته عن سليمان، بل أبقى سبطاً واحداً لابنه (١مل ١١: ١٣).
إن الألم الجسدي الذي لا يحبه الأولاد، بل ويخافون منه قد يكون هو الحل الأمثل للتخلص من بعض الخطايا، ويشرح الكتاب المقدس هذا الأمر قائلاً: "فَإِنَّ مَنْ تَأَلَّمَ فِي الْجَسَدِ، كُفَّ عَنِ الْخَطِيَّةِ،" (١بط ٤: ١ب)، والرب الذي تكلم من خلال سليمان في القديم قائلاً: "لاَ تَمْنَعِ التَّأْدِيبَ عَنِ الْوَلَدِ، لأَنَّكَ إِنْ ضَرَبْتَهُ بِعَصًا لاَ يَمُوتُ. تَضْرِبُهُ أَنْتَ بِعَصًا فَتُنْقِذُ نَفْسَهُ مِنَ الْهَاوِيَةِ." (أم ٢٣: ١٣-١٤) لن يمتنع عن استخدام العصا مع أولاده لكي يؤدبهم وينقذهم من الضلال والانغماس في الخطية

- أو قد يطبقه الرب عملاً بالاشتراك مع أولاده من قادة الكنائس، وهو ما يوضحه الكتاب المقدس في موقف بولس من الذين جدفوا: "الَّذِينَ مِنْهُمْ هِيمِينَايُسُ وَالإِسْكَنْدَرُ، اللَّذَانِ أَسْلَمْتُهُمَا لِلشَّيْطَانِ لِكَيْ يُؤَدَّبَا حَتَّى لاَ يُجَدِّفَا." (١تي ١: ٢٠)، وفي موقفه من زاني كورنثوس إذ يقول مساقاً بالروح القدس: "بِاسْمِ رَبِّنَا يَسُوعَ الْمَسِيحِ إِذْ أَنْتُمْ وَرُوحِي مُجْتَمِعُونَ مَعَ قُوَّةِ رَبِّنَا يَسُوعَ الْمَسِيحِ أَنْ يُسَلَّمَ مِثْلُ هذَا لِلشَّيْطَانِ لِهَلاَكِ الْجَسَدِ، لِكَيْ تَخْلُصَ الرُّوحُ فِي يَوْمِ الرَّبِّ يَسُوعَ." (١كو ٥: ٤-٥)

إن محبة الله لأولاده المؤمنين تجعله يستخدم كل الوسائل المتاحة في تربيته لهم، فهو يصححهم ويوجههم، فإذا أكملوا في الخطيئة أو كرروها فإنه قد يوبخهم، فإن لم يتراجعوا، فإنه قد يستخدم العصا بالقدر المطلوب بحسب رؤيته لكي يتوبوا، فإن لم يتوبوا أيضاً فإن ضربات عصا الله تصبح أثقل وأقوى، وقد تصل إلى المرض أو الموت الجسدي، فإن تابوا، فإن عصا التأديب قد لا تُرفَع سريعاً بل قد تظل أحيانا تؤلم التائب لوقت بعد توبته بهدف أن يتعلم هذا الإبن مقدار بشاعة الخطيئة فلا يعود يفعلها ثانية (قارن مع: عد ١٢: ١-١٥). هذا هو ما يقوله الكتاب المقدس ويوضحه عن توبيخ وتأديب الله لأولاده.
يرى البعض أن هذا التعليم صعب إذ يقارنون الرب بالآباء الأرضيين ويقولون أن الأب الذي يعاقب ابنه بكسر ساقه أو قتله يكون أب فاسد يستحق السجن والموت، فكيف يفعل أبونا السماوي الصالح هذا مع أولاده؟، لكن هؤلاء ينسون أن الرب لا يرى فقط حياة الإنسان على الأرض بل يرى أيضاً حياته الأبدية، بل ويرى أيضاً تأثير هذا الشخص على الآخرين، فإن تَرَكه بدون كسر ساقه، فقد تقوده ساقه إلى الموت، وإن لم يميته في أحيان أخرى فقد يتسبب هذا الإنسان في إفساد أو في عثرة آخرين، ولمثل هذه الأسباب وأسباب أخرى قد يتدخل الرب بحكمته وحبه وينهي حياة بعض أولاده على الأرض ويستقبلهم في السماء غافراً لهم خطاياهم على أساس عمله الكفاري على الصليب.

ولنختم الكلام عن التوبيخ والتأديب، فإننا لا يجب أن نغفل أن هناك فرقاً كبيراً بين توبيخ الله لأولاده وشكاية الشيطان على ضميرهم، فشكاية الشيطان تقود

الإنسان للشفقة على نفسه، والإحساس بالعار وانعدام القيمة والشعور بأنه غير مقبول من الله، إلخ. كما أن هذه الأحاسيس قد تستمر حتى بعد أن يتوب الإنسان عن خطيئته، فيظل يشعر بالندم والعار وقد تقوده هذه المشاعر إلى الاكتئاب. إن هدف الشيطان الأساسي من هذه الشكاية هو إبعاد الإنسان عن الله، وهو ما حدث مع آدم وحواء بعد أن أخطآ، إذ إختبآ من الله لعدم قدرتهما على مواجهته وهما يشعران بعار الخطيئة وبأنهما غير كفؤ للترائي أمام البار (تك ٣: ٨-١٠)، كذلك أيضاً فإن يهوذا الإسخريوطي لم يحتمل تلك الأحاسيس فشنق نفسه (مت ٢٧: ٣-١٠).

أما توبيخ الله، فقد يبدو للوهلة الأولى مماثلاً لشكاية الشيطان من حيث شعور الإنسان بالحزن والبكاء، أو مروره بأوقات ضيق وتعب، لكن توبيخ الله يختلف تمام الاختلاف عن شكاية الشيطان لأنه يقود الإنسان إلى طريق مختلف تماماً هو طريق التوبة والتغير. لقد زنى داود وقتل بريئاً (٢صم ١١)، لكن توبيخ الله له عن طريق ناثان النبي لم يقده إلى الانتحار كيهوذا، بل تاب بانكسار وطلب من الله أن يغيره (مز ٥١)؛ كذلك أيضاً فإن بطرس الذي أنكر الرب ثلاث مرات بكى بكاءاً مراً وتاب حين نظر إليه يسوع (لو ٢٢: ٥٥-٦٢)، ثم كانت لديه الشجاعة لاحقاً ليوبخ اليهود قائلاً لهم: "وَلكِنْ أَنْتُمْ أَنْكَرْتُمُ الْقُدُّوسَ الْبَارَّ، وَطَلَبْتُمْ أَنْ يُوهَبَ لَكُمْ رَجُلٌ قَاتِلٌ. وَرَئِيسُ الْحَيَاةِ قَتَلْتُمُوهُ، الَّذِي أَقَامَهُ اللهُ مِنَ الأَمْوَاتِ، وَنَحْنُ شُهُودٌ لِذلِكَ." (أع ٣: ١٤-١٥).

لقد كتب بولس الرسول في رسالته الثانية إلى كنيسة كورنثوس شارحاً للكنيسة ولنا أن التوبيخ الذي أحزنهم به في الرسالة الأولى كان مهماً ونافعاً لهم لأنه أحزنهم بحسب مشيئة الله فقال: "أَنِّي وَإِنْ كُنْتُ قَدْ أَحْزَنْتُكُمْ بِالرِّسَالَةِ لَسْتُ أَنْدَمُ، مَعَ أَنِّي نَدِمْتُ. فَإِنِّي أَرَى أَنَّ تِلْكَ الرِّسَالَةَ أَحْزَنَتْكُمْ وَلَوْ إِلَى سَاعَةٍ. اَلآنَ أَنَا أَفْرَحُ، لاَ لأَنَّكُمْ حَزِنْتُمْ، بَلْ لأَنَّكُمْ حَزِنْتُمْ لِلتَّوْبَةِ. لأَنَّكُمْ حَزِنْتُمْ بِحَسَبِ مَشِيئَةِ اللهِ لِكَيْ لاَ تَتَخَسَّرُوا مِنَّا فِي شَيْءٍ. لأَنَّ الْحُزْنَ الَّذِي بِحَسَبِ مَشِيئَةِ اللهِ يُنْشِئُ تَوْبَةً لِخَلاَصٍ بِلاَ نَدَامَةٍ، وَأَمَّا حُزْنُ الْعَالَمِ فَيُنْشِئُ مَوْتًا. فَإِنَّهُ هُوَذَا حُزْنُكُمْ هذَا عَيْنُهُ بِحَسَبِ مَشِيئَةِ اللهِ، كَمْ أَنْشَأَ فِيكُمْ: مِنَ الاجْتِهَادِ، بَلْ مِنَ الاحْتِجَاجِ، بَلْ مِنَ الْغَيْظِ، بَلْ مِنَ الْخَوْفِ، بَلْ مِنَ الشَّوْقِ، بَلْ مِنَ الْغَيْرَةِ، بَلْ مِنَ الانْتِقَامِ. فِي كُلِّ شَيْءٍ أَظْهَرْتُمْ أَنْفُسَكُمْ أَنَّكُمْ أَبْرِيَاءُ فِي هذَا الأَمْرِ." (٢كو ٧: ٨-١١)

لقد أنشأ هذا الحزن الذي بحسب مشيئة الله غيرة في قلوب الكورنثوسيين، وهو نفس الأمر تماماً الذي يطلبه ويرغبه الرب يسوع كنتيجة لتوبيخه ملاك كنيسة اللاودكيين.

فَكُنْ غَيُوراً وَتُبْ: هذا هو هدف الرب من رسالته إلى ملاك هذه الكنيسة، فهو يريده أن يكون غيوراً ويتوب؛ وأزمنة الأفعال اليونانية المذكورة هنا لتصف الغيرة والتوبة مختلفة، فالفعل "كُنْ غَيُوراً" يأتي في زمن مماثل للمضارع المستمر في اللغة العربية، وذلك يعني أن الرب يريد من ملاك هذه الكنيسة أن

يكون غيوراً باستمرار كأسلوب للحياة (٣٦، ٣٧)، أما الفعل "تُبْ" فيأتي في اليونانية في زمن يدل على فعل الشيء مرة واحدة ودُفْعة واحدة (٣٧).
أما عن معنى الغيرة التي يطلبها الرب هنا، فالفعل اليوناني "zeleue" المترجم في العربية "كُنْ غَيُوراً" يعني السعي لشيء والرغبة فيه بلهفة (٥٦)، وهذا الفعل اليوناني يُشْتَق من الكلمة اليونانية (zeo) التي تعني "الغليان"، وهذه الكلمة اليونانية الأخيرة هي أصل الكلمة اليونانية "zestos" المذكورة في (رؤ ٣: ١٦)، والمترجمة "حار" (٣٧). من هذا نفهم أن المسيح يقول لملاك كنيسة اللاودكيين أن رسالته إليه وتوبيخه وتأديبه له هدفهم أن تتغير حالة هذا الملاك من الفتور إلى الغليان، وأن تتولد لدى هذا الملاك رغبة جدية للسعي والجهاد المستمر نحو اتباع الرب والحياة بأمانة أمامه بغض النظر عن الاضطهاد الذي لابد أن يلاقيه من العالم جزاءاً لتلك الأمانة ولتغير سلوكه. لكن هذه الرغبة المشتعلة للتغير التي يطلبها الرب من ملاك الكنيسة ليست كل شيء، فالأشواق المشتعلة ستنطفئ مع الوقت إن لم يتخذ الإنسان خطوة نحو التغيير العملي إذ يقول الكتاب المقدس عن الرب يسوع: "الَّذِي بَذَلَ نَفْسَهُ لأَجْلِنَا، لِكَيْ يَفْدِيَنَا مِنْ كُلِّ إِثْمٍ، وَيُطَهِّرَ لِنَفْسِهِ شَعْبًا خَاصًّا غَيُورًا فِي أَعْمَال حَسَنَةٍ." (تيط ٢: ١٤)، فالغيرة يجب أن تنتج أعمالاً حسنة وإلا أصبحت هذه الغيرة بلا قيمة، وهو ما أوضحه الرب في الآية محل الدراسة إذ أضاف قائلاً للملاك: "وَتُبْ". إن التوبة المقصودة هنا هي أن يغير الإنسان طريقة تفكيره وبالتالي سلوكه، فبدلاً من أن يحب الملاك المال ويفتخر بغناه، فإنه عليه أن يغير طريقة تفكيره ويسعى نحو الغنى الروحي لا المادي، وبدلاً من أن يطلب الصلح مع العالم خوفاً من الاضطهاد، فإنه عليه أن يطلب الصلح مع الرب والعمل في حقله مرحباً بالاضطهاد كثمن زهيد يدفعه في مقابل ربح النفوس التي مات المسيح لأجلها.

رؤ ٣: ٢٠ هَئَنَذَا وَاقِفٌ عَلَى الْبَابِ وَأَقْرَعُ. إِنْ سَمِعَ أَحَدٌ صَوْتِي وَفَتَحَ الْبَابَ، أَدْخُلُ إِلَيْهِ وَأَتَعَشَّى مَعَهُ وَهُوَ مَعِي.

هَئَنَذَا وَاقِفٌ عَلَى الْبَابِ وَأَقْرَعُ: بحسب فهمنا لهذه الرسالة، فإن المسيح لم يكن يخاطب بكلماته هذه خطاة هالكين كما سبق وشرحنا، لكنه كان يخاطب ملاك الكنيسة وأعضاءها من المؤمنين الفاترين، من هذا ندرك أن المعنى المتداول للآية محل الدراسة الذي يقول أن الرب يقف على باب قلب الخاطئ قارعاً ومنتظراً طويلاً ليفتح له ذلك الخاطئ ليس هو المعنى الحقيقي لهذه الآيات (١٢).
من العجيب أن يقف الرب على باب الكنيسة أو الإنسان قارعاً، فيجب علينا نحن أن نقف على باب الرب، لأنه هو نفسه الباب (يو ١٠: ٧)، وقد علمنا أن نطرق على بابه في أي وقت يكون لنا فيه احتياج (مت ٧: ٧؛ لو ١١: ٩). لقد رضي

هذا الإله العجيب أن تنعكس هذه العلاقة بيننا وبينه، وبدلاً من أن نقف نحن على بابه، رضي هو بنفسه أن يقف على بابنا (٧). يا له من إله عجيب ارتضى أن يقف على باب مخلوقاته الضعيفة الصغيرة، وامتنع عن أن يسمي أتباعه عبيداً، بل رقَّاهم إلى مرتبة الأحباء (يو ١٥: ١٥)، وجعلهم من أهل بيته (أف ٢: ١٩)؛ ويالـلإنسان من مخلوق متكبر منتفخ عجيب، فبدلاً من أن يسجد لله معترفاً بربوبيته (يو ٢٠: ٢٨) ومُسَلِّماً له كل مفاتيح العمر، فإنه قد ترك الرب يقرع على الباب دون أن يعيره أي انتباه أو احترام. والسؤال الذي يجب أن يسأله القارئ لنفسه ويجيب عنه بأمانة هو كيف أتعامل أنا مع الرب ومع طَرَقاتُه وصوت مناداته؟

توجد آيات أخرى كثيرة في الكتاب المقدس تتكلم عن وقوف الرب على الباب، وعن قرعه عليه منها ما أشار إليه المسيح في إنجيل لوقا حيث يقول الكتاب: " لِتَكُنْ أَحْقَاؤُكُمْ مُمَنْطَقَةً وَسُرُجُكُمْ مُوقَدَةً وَأَنْتُمْ مِثْلُ أُنَاسٍ يَنْتَظِرُونَ سَيِّدَهُمْ مَتَى يَرْجِعُ مِنَ الْعُرْسِ حَتَّى إِذَا جَاءَ وَقَرَعَ يَفْتَحُونَ لَهُ لِلْوَقْتِ. طُوبَى لأُولَئِكَ الْعَبِيدِ الَّذِينَ إِذَا جَاءَ سَيِّدُهُمْ يَجِدُهُمْ سَاهِرِينَ. اَلْحَقَّ أَقُولُ لَكُمْ إِنَّهُ يَتَمَنْطَقُ وَيُتْكِئُهُمْ وَيَتَقَدَّمُ وَيَخْدِمُهُمْ. وَإِنْ أَتَى فِي الْهَزِيعِ الثَّانِي أَوْ أَتَى فِي الْهَزِيعِ الثَّالِثِ وَوَجَدَهُمْ هَكَذَا فَطُوبَى لأُولَئِكَ الْعَبِيدِ." (لو ١٢: ٣٥-٣٨). هذه الآية توضح لنا أن الرب يطلب أولئك العبيد الأمناء الذين يعملون بجد ويسهرون على أملاك سيدهم في أثناء غيابه منتظرين إياه، فإذا جاء ذلك السيد في وقت لا يعلمونه ووجدهم ساهرين وأمناء فإنه يكرمهم، كذلك أيضاً فإن المسيح ينتظر من ملاك هذه الكنيسة وأعضائها أن يكونوا أمناء وساهرين في وقت غيابه عنهم، كما أنه يريد منهم ومن جميع المؤمنين أن يكونوا في حالة انتظار له متوقعين مجيئه في أية لحظة، فإذا جاء ووجدهم أمناء في كل ما أوكلهم عليه، فإنه سوف يكرمهم كثيراً.

نرى أيضاً تشابه آخر بين وقوف الرب على الباب قارعاً في الآية محل الدراسة وبين ما جاء في سفر نشيد الأنشاد (٧، ٣٧، ٤٥) حيث تقول العروس: "أَنَا نَائِمَةٌ وَقَلْبِي مُسْتَيْقِظٌ. صَوْتُ حَبِيبِي قَارِعًا: اِفْتَحِي لِي يَا أُخْتِي، يَا حَبِيبَتِي، يَا حَمَامَتِي، يَا كَامِلَتِي! لأَنَّ رَأْسِي امْتَلأَ مِنَ الطَّلِّ، وَقُصَصِي مِنْ نُدَى اللَّيْلِ. قَدْ خَلَعْتُ ثَوْبِي، فَكَيْفَ أَلْبَسُهُ؟ قَدْ غَسَلْتُ رِجْلَيَّ، فَكَيْفَ أُوَسِّخُهُمَا؟" (نش ٥: ٢-٣). يظهر في هذه الآيات مدى تعلق العريس بمحبوبته عروس النشيد التي كانت في حالة ما بين الصحو والنوم، ولم تكن حتى تريد أن تفتح له الباب بسبب كسلها وتراخيها، وبالمقابل فإن الرب يريد أن يقول في رسالته إلى كنيسة اللاودكيين التي كانت فاترة وتركته يقف على الباب خارجاً أنه متعلق بها كما الحبيب بعروس النشيد، وأنها ليست مستبعدة بل محبوبة (٤٥)

تشابه آخر لهذا المقطع من الآية محل الدراسة نجده مع ما ذكر في رسالة يعقوب إذ يقول الكتاب: "لاَ يَئِنَّ بَعْضُكُمْ عَلَى بَعْضٍ أَيُّهَا الإِخْوَةُ لِئَلاَّ تُدَانُوا. هُوَذَا الدَّيَّانُ وَاقِفٌ قُدَّامَ الْبَابِ." (يع ٥: ٩)، من هذا التشابه نفهم أن جملة "هَئَنَذَا وَاقِفٌ عَلَى الْبَابِ" قد تعبر عن قرب مجيء الرب أو بالأحرى مجيئه المفاجئ للدينونة

بحسب رسالة يعقوب، وبذلك فإن قرعه على الباب يكون بمثابة الإنذار أو التنبيه الذي سوف يعطيه الرب قبل هذا المجيء من خلال بعضاً من خدامه ومن خلال علامات النهاية التي سيراها الكثيرون لكن لن يدركها إلا القليلون لأن الغالبية سيكونون في حالة من النعاس التي سوف تستولي حتى على معلمي الدين واللاهوت؛ لكن هذا النعاس لن يغلب صراخ منتصف الليل (مت ٢٥: ٦) الذي سيوقظ الجميع (٢٣).؛ لكن بعض المفسرين يرون أن هذا التفسير بعيد عن موضوع حديث الرب هنا إذ أن هدف ما يقوله الرب ليس دينونة من لا يفتح الباب بل الشركة والعشاء مع من يفتحه (٧).

أخيراً، فإن كنيسة اللاودكيين قد وقفت أيضاً على طرف النقيض من كنيسة فيلادلفيا السابقة لها، فكنيسة اللاودكيين أغلقت أبوابها في وجه المسيح الذي وقف خارجها يقرع منتظراً من يسمع ويفتح له الباب، أما كنيسة فيلادلفيا فقد أحبت الرب وتمسكت به فجعل هو أمامها باباً مفتوحاً لا يستطيع أحد أن يغلقه (٤٠).

إِنْ سَمِعَ أَحَدٌ صَوْتِي وَفَتَحَ الْبَابَ: نلاحظ في هذا المقطع أن الكتاب لا يقول هنا: "إن سمع أحد صوت قرعي وفتح الباب"، بل يقول "صَوْتِي"، ومعنى هذا أن الرب يسوع الذي يقرع على الباب ينادي بصوته أيضاً على من بالكنيسة لكي يعرفوا من الذي يقف بالخارج طارقاً على الباب، وقد تكون هذه المناداة عادة كانت موجودة في وقت كتابة يوحنا للرسالة (١٠).

فما هي طَرَقاته وما هو صوته؟ إنهما عنايته الإلهية ، وجميع إنذارات وتنبيهات روحه في روح الإنسان وضميره ، والدعوات المباشرة لكلمته المكتوبة أو المنطوقة، باختصار، إنهما كل ما يجذب ويُميل قلب الإنسان للاستسلام لله وتتويجه ملكاً (٦٣)، ويرى البعض أن طَرَقات الله هي تعاملاته مع الأمور الخارجية للإنسان من أمراض وضيقات وما إلى ذلك، والتي من خلالها يعلن الله للإنسان عن وجوده معه؛ أما صوته فهو الذي يُعَرِّف الإنسان بشخصية الطارق، وهذا هو صوت الروح القدس الذي يتكلم لقلب الإنسان ويشرح له معنى ما يمر به من امتحانات وتجارب.

نلاحظ أيضاً في هذا المقطع أن الرب لم يعد يوجه كلامه إلى ملاك الكنيسة، بل إلى أي شخص يسمع صوته، وتَحَوَّلَ الرب في قرعه هنا من القرع على باب الكنيسة إلى القرع على باب قلب الإنسان، فالكنيسة متمثلة في ملاكها استغنت عن الرب وتركته خارجاً غير عابئة بطرقاته وبرغبته في دخولها، كما أنها قد خلت من الأمناء من أمثال أولئك الذين لم ينجسوا ثيابهم في ساردس (رؤ ٣: ٤)، ولذلك فقد اعتمد الرب هنا على أمانة البعض الشخصية في حال لم تستجب الكنيسة لدعوته الجماعية لها للتوبة.

أخيراً، فإن سماع الإنسان لصوت القرع على باب قلبه، وتمييزه لصوت وشخص القارع ليس كافياً في عيني الرب، فالرب لن يفرض نفسه ويكسر الباب ليدخل إلى حياة الإنسان، ذلك لأنه يحترم الحرية التي وهبها للإنسان منذ أن خلق آدم، لذلك فعلى الإنسان أن يفتح بنفسه لله داعياً إياه للدخول إلى حياته ومُسَلِّماً له مقاليد الحكم والملك.

أَدْخُلُ إِلَيْهِ وَأَتَعَشَّى مَعَهُ وَهُوَ مَعِي: من الملاحظ هنا أن الرب لم يقل أنه سيتغذى أو يفطر أو حتى يأكل معه بشكل عام، بل تكلم بوضوح عن وجبة العشاء، وهي الوجبة الأخيرة والأساسية في اليوم في ذلك الزمان. لقد كان الناس يذهبون إلى الحقول للعمل طوال اليوم، ثم يرجعون إلى بيوتهم ليستريحوا في وقت العشاء، وكانوا يتحدثون معاً ويتسامرون ويقصُّون أحداث يومهم أثناء تناول هذه الوجبة، فكان عشاؤهم يأخذ وقتاً طويلاً، والمسيح هنا يريد أن يقول أنه سيقيم علاقة شركة مشبعة مع كل من يفتح له الباب (٤٠).
العشاء أيضاً هو آخر وجبة يأكلها الإنسان قبل أن ينام، ثم بعد ذلك يأتي فجر اليوم الجديد، وبذلك ترسم هذه الآية صورة المسيح الذي يقف على باب كنيسة الأيام الأخيرة طالباً الدخول ومنادياً على كل من يريد أن يتعشى معه، فقد "تَنَاهَى اللَّيْلُ وَتَقَارَبَ النَّهَارُ" (رو ١٣: ١٢) الذي يشير إلى مجيء المسيح؛ وتناول العشاء مع المسيح قبل بزوغ الفجر هو دلالة على الشركة العميقة التي سوف يتمتع بها القليلون من مؤمني الأيام الأخيرة مع المسيح على الأرض قبل أن يأخذهم معه إلى المجد العتيد (٦٤).
لم يكتف الرب بأن يقول في هذه الآيات "أَتَعَشَّى مَعَهُ" فقط، لكنه قال مضيفاً: " وَهُوَ مَعِي"، فأثناء هذا العشاء لن يكون محور شركة المسيح مع المؤمن هو ما يدور في فَلَك الإنسان وأموره الأرضية والروحية فقط، وهو ما يشير إليه لفظ " أتعشى معه"، لكن الرب هنا أشار أيضاً إلى أن هذا المؤمن سيتعشى مع المسيح بمعنى أن الرب سيفصح لهذا المؤمن عما بقلبه من نحو أمور كثيرة، وهو ما يُذَكِّرنا بما قاله الرب في سفر التكوين عن ابراهيم: " ثُمَّ قَامَ الرِّجَالُ مِنْ هُنَاكَ وَتَطَلَّعُوا نَحْوَ سَدُومَ. وَكَانَ إِبْرَاهِيمُ مَاشِيًا مَعَهُمْ لِيُشَيِّعَهُمْ. فَقَالَ الرَّبُّ: هَلْ أُخْفِي عَنْ إِبْرَاهِيمَ مَا أَنَا فَاعِلُهُ، وَإِبْرَاهِيمُ يَكُونُ أُمَّةً كَبِيرَةً وَقَوِيَّةً، وَيَتَبَارَكُ بِهِ جَمِيعُ أُمَمِ الأَرْضِ؟" (تك ١٨: ١٦-١٨)؛ كما يُذَكِّرنا أيضاً بما أظهره الرب ليوحنا الرائي دون غيره من البشر إذ سمع ما قالته الرعود السبعة لكنه لم يُسْمَح له بأن يكتبها إذ يقول الكتاب المقدس: "وَبَعْدَ مَا تَكَلَّمَتِ الرُّعُودُ السَّبْعَةُ بِأَصْوَاتِهَا، كُنْتُ مُزْمِعًا أَنْ أَكْتُبَ، فَسَمِعْتُ صَوْتًا مِنَ السَّمَاءِ قَائِلًا لِيَ: اخْتِمْ عَلَى مَا تَكَلَّمَتْ بِهِ الرُّعُودُ السَّبْعَةُ وَلاَ تَكْتُبْهُ." (رؤ ١٠: ٤). لم يسمع يوحنا ما قالته الرعود السبعة عن طريق الخطأ أو السهو، لكن الرب أراد أن يعلن له دون باقي البشرية عن أمور سوف يفعلها في المستقبل بعد أن يموت يوحنا بآلاف السنين. لقد أعلن الرب

ليوحنا عما بقلبه تماماً كما أعلن لإبراهيم عما بقلبه، وكما سيعلن لكل مؤمن يفتح له الباب ليدخل إليه.

وإذا عدنا وتأملنا في قصة ظهور الرب مع ملاكين في صورة ثلاثة رجال لإبراهيم، فإننا نجد أن الرب هو الذي زار ابراهيم إذ يقول الكتاب: "فَرَفَعَ عَيْنَيْهِ وَنَظَرَ وَإِذَا ثَلاَثَةُ رِجَالٍ وَاقِفُونَ لَدَيْهِ" (تك ١٨: ٢)، لكن ابراهيم قام بدوره وتجاوب مع زيارتهم ودعاهم ليستريحوا ويأكلوا كما يقول الكتاب: "وَقَالَ: يَا سَيِّدُ، إِنْ كُنْتُ قَدْ وَجَدْتُ نِعْمَةً فِي عَيْنَيْكَ فَلاَ تَتَجَاوَزْ عَبْدَكَ. لِيُؤْخَذْ قَلِيلُ مَاءٍ وَاغْسِلُوا أَرْجُلَكُمْ وَاتَّكِئُوا تَحْتَ الشَّجَرَةِ، فَآخُذَ كِسْرَةَ خُبْزٍ، فَتُسْنِدُونَ قُلُوبَكُمْ ثُمَّ تَجْتَازُونَ" (تك ١٨: ٣-٥)، ثم أسرع ابراهيم وطلب من سارة أن تعد لهم خبزاً، وأعطى خادمه عجلاً جيداً ليعمله، "ثُمَّ أَخَذَ زُبْدًا وَلَبَنًا، وَالْعِجْلَ الَّذِي عَمِلَهُ، وَوَضَعَهَا قُدَّامَهُمْ. وَإِذْ كَانَ هُوَ وَاقِفًا لَدَيْهِمْ تَحْتَ الشَّجَرَةِ أَكَلُوا." (تك ١٨: ٨). وبعد هذا يقول الكتاب أن الرب أعلن لإبراهيم عن ميعاد ولادة إسحق، ثم أخبره بعزمه على إفناء سدوم وعمورة (تك ١٨: ٩-٣٣). لقد أعلن الرب عما بقلبه لإبراهيم في هذه القصة بعد أن أكل مما قدم له إبراهيم في دلالة واضحة على أن الرب يعلن عما بقلبه لأولئك الذين يتجاوبون مع زياراته لهم، بل وينفقون الوقت والجهد وحتى المال لكي ما يقضوا وقتاً في الشركة معه. لم تكن لإبراهيم (الذي يحدثنا عن المؤمن) أي ممتلكات في سدوم وعمورة (اللتان تتكلمان عن العالم الفاسد)، ولم يكن ليتضرر بهلاكهما على أي حال إلا بفقدان إبن أخيه لوط (الذي يكلمنا عن المؤمن المنشغل بالعالم وملذاته)، لكن الرب اختار أن يخبر إبراهيم عما سيفعله بالمدينتين، تماماً كما اختار أن يخبرنا نحن من خلال بقية سفر الرؤيا بما سيفعله مع العالم والخطاة في نهاية الأيام. وكما تجاوب إبراهيم (المؤمن المكرس) مع زيارة الرب، كذلك تجاوب لوط (المؤمن المنشغل بالعالم) أيضاً مع زيارة الملاكين وأضافهما (تك ١٩: ١-٣)، فأخبره الملاكان بما سيفعلان بالمدينتين وأنقذاه، لكنه خسر كل شيء آخر بسبب اهتمامه بالعالم، إذ خسر بناته المتزوجات اللاتي بقين في المدينة، وخسر امرأته التي تحولت إلى عامود ملح إذ نظرت وراءها، وحتى ابنتاه العذارى زنتا معه فيما بعد وأنجبتا موآب أبو الموآبيين وبن عمي أبو بني عمون اللذان كانا عدوين لشعب الرب بعد خروجه من مصر (تك ١٩: ٣٧-٣٨).

عزيزي القارئ، إن هذه القصة تؤكد لنا أن الرب سينقذ أولاده من الغضب الآتي على العالم، لكن التلميذ البليد المنشغل بالعالم وشهواته سيخسر الكثير. لن يخسر خلاصه، لكنه سيخسر أموراً كثيرة أخرى مثل تحقيق الأمور التي خلقه الرب ليفعلها (أف ٢: ١٠)، وسيفقد الهدف من حياته، كما أنه سيفقد المكافآت الأبدية التي وعد بها الرب الغالبين، بل وسيفقد حتى الممتلكات المادية التى عاش لأجلها. هذه القصة تؤكد أيضاً على أهمية أن تتجاوب مع الرب وأن تكون لك شركة معه كما فعل كلا من إبراهيم ولوط لكي يعلن لك الرب عما بقلبه ويقودك لينقذك من الأخطار التي يتعرض لها المحيطون بك بسبب خطاياهم.

الأمر الآخر الذي نلاحظه في هذا الجزء من الآية محل الدراسة هو أن صاحب العشاء الذي بدا أولاً أنه المؤمن تحول أخيراً ليكون هو الرب، فالأمر المنطقي والطبيعي هو أن يتعشى الضيف مع صاحب العشاء كما أشار الكتاب في قوله " أتعشى معه"، لكن الضيف الإلهي هنا أصبح هو بنفسه صاحب العشاء حين عكس الأمر وقال "وهو معي". هذه المفارقة تشير ثانية إلى ما جاء بسفر النشيد حين قالت عروس النشيد للعريس: "لِيَأْتِ حَبِيبِي إِلَى جَنَّتِهِ وَيَأْكُلْ ثَمَرَهُ النَّفِيسَ" (نش ٤: ١٦)، فالعروس هنا تدعو العريس للتمتع بثمر جنته، بالرغم من أنه هو صاحب الجنة وهو من أعطاها الثمر لتتذوقه في البداية، إذ قالت قبل ذلك: "وَثَمَرَتُهُ حُلْوَةٌ لِحَلْقِي" (نش ٢: ٣).

نفس المفارقة حدثت في (يو ٢١: ٦-١٣) حين ذهب التلاميذ ليصطادوا بعد قيامة المسيح، فناداهم الرب من على الشاطئ في الصبح بعد أن فشلوا في اصطياد أي سمك وسألهم إن كان لديهم طعاماً، فأجابوه "لا"، فقال لهم الرب: ألقوا الشبكة إلى جانب السفينة الأيمن فتجدوا، ففعلوا ذلك ولم يعودوا يقدرون أن يجذبوها من كثرة السمك. المسيح هنا إذاً هو من أعطى التلاميذ السمك، لكنهم حين خرجوا إلى البر "نَظَرُوا جَمْرًا مَوْضُوعًا وَسَمَكًا مَوْضُوعًا عَلَيْهِ وَخُبْزًا."، فالرب هنا إذاً هو من أعد لهم الطعام أيضاً، لكنه لم يكتف بذلك بل قال لهم: " قَدِّمُوا مِنَ السَّمَكِ الَّذِي أَمْسَكْتُمُ الآنَ."، وبذلك أكلوا هم معه من السمك والخبز اللذان أعدهما هو، كما أكل هو معهم من السمك الذي اصطادوه بقيادته هو وأمره (٣٧).

يرى بعض المفسرين أيضاً أن "أَتَعَشَّى مَعَهُ" تشير إلى شركة الرب مع المؤمن في فترة حياته على الأرض، وأما "وَهُوَ مَعِي" فتشير إلى الشركة التي سيتمتع بها المؤمن مع الرب في السماء؛ لكن بعض المفسرين الآخرين يرفضون هذا التفسير ويرون أن "أَتَعَشَّى مَعَهُ وَهُوَ مَعِي" يجب أن تؤخذ كوحدة واحدة تدل على المجد والفرح اللذان سيتمتع بهما المؤمنون في العالم الذي سيأتي حيث سيكون المؤمن مع سيده إلى الأبد (٣٦)، كما أنه من الملاحظ أيضاً أن الفعلين " أَدْخُلُ" و"أَتَعَشَّى" يأتيان في أزمنة مستقبلية، فيمكن ترجمتهما : "سأدخل" و" سأتعشى"(٦٠).

أخيراً فإن كتابات يوحنا الرسول تتميز بذكر أقوال المسيح التي تعبر عن العلاقات المتبادلة بينه وبين أتباعه مثل قوله: "مَنْ يَأْكُلْ جَسَدِي وَيَشْرَبْ دَمِي يَثْبُتْ فِيَّ وَأَنَا فِيهِ." (يو ٦: ٥٦)، وقوله أيضاً: "فِي ذلِكَ الْيَوْمِ تَعْلَمُونَ أَنِّي أَنَا فِي أَبِي، وَأَنْتُمْ فِيَّ، وَأَنَا فِيكُمْ." (يو ١٤: ٢٠)، وأيضاً: "اُثْبُتُوا فِيَّ وَأَنَا فِيكُمْ." (يو ١٥: ٤). (قارن أيضاً مع: يو ١٠: ٣٨؛ ١٥: ٥؛ ١٧: ٢١، ٢٦) (٦١).

رؤ ٣: ٢١ مَنْ يَغْلِبُ فَسَأُعْطِيهِ أَنْ يَجْلِسَ مَعِي فِي عَرْشِي، كَمَا غَلَبْتُ أَنَا أَيْضاً وَجَلَسْتُ مَعَ أَبِي فِي عَرْشِهِ.

مَنْ يَغْلِبُ: في وسط هذا الحال البائس لملاك وأعضاء كنيسة اللاودكيين - التي يقول أصحاب الرأي التاريخي أنها تشير أيضاً إلى كنيسة الأيام الأخيرة التي نعيش فيها الآن - هناك دائماً رجاء، فالمسيح لم يقل هنا: "إن غلب أحد ..."، لكنه قال: "مَنْ يَغْلِبُ ..." بمعنى أنه يعرف أن هناك من سيغلبون ويعيشون حياة أمينة نقية شاهدة في وسط جيلهم المعوج والمليء بالمرتدين والمهرطقين والذين يَدَّعون المسيحية وهم قبور مبيضة من الخارج. هؤلاء الغالبين لم يغلبوا بقوتهم أو إمكانياتهم الشخصية، لكنهم استخدموا عطايا الرب المجانية من مرهم لفتح عيونهم وثياب بيض لستر عورة الخطيئة والضعف التي لديهم وذهب مصفى بالنار أغناهم بعد فقر، هؤلاء الغالبين يعدهم الرب هنا بالجلوس معه في عرشه، وسوف نتناول معنى هذه المكافأة في السطور التالية.

فَسَأُعْطِيهِ: ليس من حق أي إنسان أو ملاك أن يشارك الرب في الجلوس في عرشه، لكن الرب صاحب العرش من حقه أن يعطي هذا الشرف وهذه المكانة لمن يريد هو أن يعطيه إياهما. لقد حاول الشيطان في القديم أن يأخذ هذه المكانة لنفسه لكن الرب أسقطه من السماء إذ يقول الكتاب المقدس: "كَيْفَ سَقَطْتِ مِنَ السَّمَاءِ يَا زُهَرَةُ، بِنْتَ الصُّبْحِ؟ كَيْفَ قُطِعْتَ إِلَى الأَرْضِ يَا قَاهِرَ الأُمَمِ؟ وَأَنْتَ قُلْتَ فِي قَلْبِكَ: أَصْعَدُ إِلَى السَّمَاوَاتِ. أَرْفَعُ كُرْسِيِّي فَوْقَ كَوَاكِبِ اللهِ، وَأَجْلِسُ عَلَى جَبَلِ الاجْتِمَاعِ فِي أَقَاصِي الشَّمَالِ. أَصْعَدُ فَوْقَ مُرْتَفَعَاتِ السَّحَابِ. أَصِيرُ مِثْلَ الْعَلِيِّ. لكِنَّكَ انْحَدَرْتَ إِلَى الْهَاوِيَةِ، إِلَى أَسَافِلِ الْجُبِّ." (إش ١٤: ١٢-١٥). كان هدف الشيطان هو أن يصير مثل العلي، فهو لم يكن يحلم بأن يَطْرَح العلي من مكانه أو سلطانه ويجلس هو في هذا المكان، بل كان يريد أن يصير شريكاً مساوياً لله في سلطانه على الخليقة؛ وهو لم يحلم أيضاً أن يجلس مع الله في عرشه، لكنه أراد أن يضع عرشه الخاص في مستوى عرش الله، لكن الله إله غيور (خر ٢٠: ٥) لا يعطي مجده لآخر (إش ٤٢: ٨)، وهو أيضاً يقاوم المستكبرين (يع ٤: ٦)، لذلك فقد قطعه الله إلى الأرض. أما الأمناء الغالبين من كنيسة اللاودكيين، فسيعطيهم المسيح نِعَماً لم يكن لهم أن يحلموا بمثلها، إذ سيعطيهم أن يشاركوه عرشه الخاص في ملكوته. يذكر لنا الكتاب المقدس أن أقصى ما تمنته أم يعقوب ويوحنا حين طلبت من أجل ابنيها هو أن يجلس واحد عن يمين الرب والآخر عن يساره في ملكوته، والرب نفسه وعد الرسل أن يجلسوا على إثني عشر كرسياً ويدينوا أسباط إسرائيل (مت ١٩: ٢٨)، كما يؤكد الرسول بولس لجميع المؤمنين أنهم إن صبروا فسيملكون أيضاً مع المسيح (٢تي

٢: ١٢)؛ لكن مصطلح "في عرشي" غير موجود في أي موضع آخر في الكتاب المقدس.

أَنْ يَجْلِسَ مَعِي فِي عَرْشِي: هذه المكافأة تعتبر أعظم المكافآت التي وعد الرب بها أي إنسان في رسائله إلى الكنائس السبع؛ ومن المهم هنا أن نفهم أن الرب يسوع لم يَعِدْ بأن يعطي لأحد. أن يجلس في عرش الآب، لأن عرش الآب لا يجلس فيه إلا الله ولا يمكن أو يسمح لإنسان مخلوق أن يجلس في هذا العرش الذي يتشارك فيه الآب والإبن، لكن العرش المقصود هنا هو عرش المسيح، وهو عرش مختلف عن عرش الآب.

بحسب رأي أصحاب المدرسة القبل ألفية، فإن المسيح يجلس الآن عن يمين الآب في عرشه منتظراً أن يضع الآب أعداء المسيح موطئاً لقدميه (مز ١١٠: ١؛ مت ٢٢: ٤٤؛ أع ٢: ٣٤-٣٥)، ثم سيأتي الوقت الذي يتكلم عنه الكتاب قائلاً: "لَكِنِ الْحَقِيقَةُ هِيَ أَنَّ الْمَسِيحَ قَدْ قَامَ بِالْفِعْلِ مِنَ الْمَوْتِ، وَهُوَ أَوَّلُ حَصَادِ الَّذِينَ مَاتُوا. فَبِمَا أَنَّ الْمَوْتَ جَاءَ بِإِنْسَانٍ، كَذَلِكَ جَاءَتْ قِيَامَةُ الْأَمْوَاتِ بِإِنْسَانٍ. الْجَمِيعُ يَمُوتُونَ بِسَبَبِ مَا فَعَلَهُ آدَمُ، وَكَذَلِكَ يَحْيَا الْجَمِيعُ بِسَبَبِ مَا فَعَلَهُ الْمَسِيحُ. لَكِنْ يُقَامُ كُلُّ وَاحِدٍ حَسَبَ تَرْتِيبِهِ الْخَاصِّ: الْمَسِيحُ الَّذِي هُوَ أَوَّلُ الْحَصَادِ، ثُمَّ الَّذِينَ يَنْتَمُونَ إِلَى الْمَسِيحِ حِينَ يَأْتِي ثَانِيَةً. ثُمَّ تَأْتِي النِّهَايَةُ، حِينَ يُسَلِّمُ الْمَسِيحُ الْمَلَكُوتَ لِلَّهِ الآبِ، بَعْدَ أَنْ يَقْضِيَ عَلَى كُلِّ رِئَاسَةٍ وَسُلْطَةٍ وَقُوَّةٍ تُقَاوِمُ اللهَ. إِذْ يَنْبَغِي أَنْ يَمْلُكَ الْمَسِيحُ إِلَى أَنْ يَضَعَ اللهُ أَعْدَاءَهُ تَحْتَ قَدَمَيْهِ. وَسَيَكُونُ الْمَوْتُ آخِرَ عَدُوٍّ يُقْضَى عَلَيْهِ. إِذْ يَقُولُ الْكِتَابُ إِنَّ: كُلَّ الْأَشْيَاءِ أُخْضِعَتْ تَحْتَ قَدَمَيْهِ. وَحِينَ يَقُولُ الْكِتَابُ إِنَّ كُلَّ الْأَشْيَاءِ أُخْضِعَتْ، فَمِنَ الْوَاضِحِ أَنَّ هَذِهِ الْأَشْيَاءَ لَا تَشْمَلُ اللهَ الَّذِي أَخْضَعَ كُلَّ الْأَشْيَاءِ لِلْمَسِيحِ. وَبَعْدَ أَنْ تُخْضَعَ كُلُّ الْأَشْيَاءِ، فَسَيُخْضِعُ الْابْنُ نَفْسَهُ لِلهِ الَّذِي أَخْضَعَ لَهُ كُلَّ الْأَشْيَاءِ، لِكَيْ يَكُونَ اللهُ كُلَّ شَيْءٍ بَيْنَ الْجَمِيعِ." (١كو ١٥: ٢٠-٢٨ - الترجمة العربية المبسطة). ففي التجديد (مت ١٩: ٢٨) متى جعل الآب أعداء المسيح موطئاً لقدميه، وغُلِبَ آخر عدو الذي هو الموت، وانتهت الحاجة إلى شفاعة المسيح حيث أن الكنيسة المحاربة ستكون قد تغيرت إلى الكنيسة المنتصرة الممجدة، فالمسيح -الذي كان إنساناً في وقت ما- سيجلس في عرشه الخاص الذي هو كرسي داود (لو ١: ٣٢؛ أع ٢: ٣٠؛ أع ١٥: ١٤-١٦)، والذي منه سيملك المسيح على بيت يعقوب إلى الأبد (لو ١: ٣٣)، فإنه في ذلك الوقت سوف يُحقِّق وعده بأن يُجلس المنتصرين من كنيسة اللاودكيين وأمثالهم معه في عرشه. نلاحظ هنا أن هذا العرش وذلك المُلك ليسا أموراً معنوية أو روحية لأن المسيح لن يملك على بيت إبراهيم وأولاده في الإيمان، بل سيملك على بيت يعقوب الذين هم اليهود (٢، ٦٥).

كَمَا غَلَبْتُ أَنَا أَيْضاً وَجَلَسْتُ مَعَ أَبِي فِي عَرْشِهِ: عن هذه الآية يقول القديس إندراوس القيصري (Andrew of Caesarea) (٥٦٣ - ٦٣٧ ميلادية): "

العرش (يقصد عرش المسيح) يشير إلى الملكوت وبقية الدهر الآتي. لهذا فإنه يقول أن هؤلاء الذين غلبوا العدو سيتمجدون مع المسيح وسيحكمون معه (رو ٨: ١٧). وحين يقول "كَمَا غَلَبْتُ أَنَا أَيْضاً"، فإنه يتكلم من وجهة نظر بشرية باعتباره إنسان، ذلك لأن الله الكلمة لم يكتسب أو يحصل على المُلك كمكافأة على فضيلة، لأنه له المُلك أساساً كجزء من ممتلكاته الأبدية، فلو لم يكن له ذلك المُلك أبدياً لما كان بإمكانه أن يشاركه مع آخرين. لكن طبقاً للاهوتي "إبن الرعد" (يقصد الرسول يوحنا) فإنه شارك من ملئه مع كل القديسين (يو ١: ١٦)، لهذا السبب أيضاً وعد المسيح رسله القديسين أن يجلسوا على إثني عشر عرشاً ويدينوا أسباط إسرائيل الإثني عشر المستقبليين. لأنه حين أصبح الله والمَلِك الأبدي إنساناً لأجلنا، فإنه شاركنا في كل ما لنا باستثناء الخطيئة فقط، كما شارك أيضاً مع أولئك الذين غلبوا الشيطان كل ما له بحسب استطاعة الطبيعة البشرية أن تحتمل، لهذا فإن الذي جعل من السحاب مركبة يصعد بها إلى السماء قال من خلال الرسول أن القديسين سوف يخطفون لملاقاته على السحاب (١تس ٤: ١٧)، وحين يأتي الخالق ورب الخليقة كقاضي، فإنه سوف يسمح لقديسيه أن يحاكِموا أولئك الذين تمردوا ضد الخدمة الإلهية الحقيقية والمباركة" [٦٦].

رأينا هنا إذاً شخصية الرب المحب الذي شارك خلائقه في كل أمورهم حين تجسد، وهو يريد أيضاً أن تشاركه خلائقه في كل ما له من مجد وسلطان. لكننا قرأنا أيضاً في (إش ١٤: ١٢-١٥) عن شخصية مخالفة تماماً لشخصية الله، وهي شخصية الشيطان الذي كان يريد أن يستولي على السلطة لنفسه متخطياً باقي الملائكة بهدف التسلط عليهم، فأي إله تريد أن تتبع؟ هذا هو ما سيحدد أبديتك، فالرب سيشاركك ملكه إن ذهبت وراءه، أما الشيطان فسوف يتسلط عليك إن أصررت على تبعيته.

رؤ ٣: ٢٢ مَنْ لَهُ أُذُنٌ فَلْيَسْمَعْ مَا يَقُولُهُ الرُّوحُ لِلْكَنَائِسِ.

في ختام هذه الدراسة، ينبغي أن ننتبه إلى أن المسيح أنهى هذه الرسالة وكل الرسائل بهذا القول المبارك، وتكرار المسيح لأي قول دائماً ما يكون الغرض منه هو أن ينبهنا إلى أهمية هذا القول ومحوريته، والمسيح هنا يقول بوضوح أن كل هذه الرسالة ليست موجهة فقط إلى كنيسة اللاودكيين، لكنها موجهة إليك أنت أيضاً وإلى كل تلميذ حقيقي ليسوع المسيح لديه ولو أذن روحية واحدة يسمع بها ما يقوله الروح القدس له. فاذكر ما تعلمت وارفع طلبات لله أن يملأك بقوة الروح القدس لتعيش ما تعلمت وتطبقه في حياتك اليومية، بل وتتكلم به في بيتك لأولادك وفي خدمتك لمن أوكلك الله أن توصل لهم كلمته. إن المعرفة الكتابية الذهنية بدون تطبيق في الحياة العملية تنشيء أناساً كالفريسيين المرائين الذين

وبخهم وقاومهم المسيح كما قاوموه هم أيضاً وأسلموه للصلب، فلا تتشبه بهم بل عش الأمور والدروس التي علمك الروح إياها، وإن رأيت أنك لا تستطيع، فاطلب معونة السماء كما فعل التلاميذ حين ألقى الكهنة وجند الهيكل والصدوقيون القبض على بطرس ويوحنا وهددوهما لكي يتوقفا عن الكلام عن قيامة الرب يسوع المسيح، إذ يقول الكتاب: "وَلَمَّا أُطْلِقَا أَتَيَا إِلَى رُفَقَائِهِمَا وَأَخْبَرَاهُمْ بِكُلِّ مَا قَالَهُ لَهُمَا رُؤَسَاءُ الْكَهَنَةِ وَالشُّيُوخُ. فَلَمَّا سَمِعُوا، رَفَعُوا بِنَفْسٍ وَاحِدَةٍ صَوْتًا إِلَى اللهِ وَقَالُوا: أَيُّهَا السَّيِّدُ، ...... وَالآنَ يَا رَبُّ، انْظُرْ إِلَى تَهْدِيدَاتِهِمْ، وَامْنَحْ عَبِيدَكَ أَنْ يَتَكَلَّمُوا بِكَلاَمِكَ بِكُلِّ مُجَاهَرَةٍ، بِمَدِّ يَدِكَ لِلشِّفَاءِ، وَلْتُجْرَ آيَاتٌ وَعَجَائِبُ بِاسْمِ فَتَاكَ الْقُدُّوسِ يَسُوعَ». وَلَمَّا صَلَّوْا تَزَعْزَعَ الْمَكَانُ الَّذِي كَانُوا مُجْتَمِعِينَ فِيهِ، وَامْتَلأَ الْجَمِيعُ مِنَ الرُّوحِ الْقُدُسِ، وَكَانُوا يَتَكَلَّمُونَ بِكَلاَمِ اللهِ بِمُجَاهَرَةٍ." (أع ٤: ٢٣-٢٤، ٢٩-٣١).

ملخص الرسالة:

يختم الرب رسائله إلى الكنائس في آسيا الصغرى برسالة إلى كنيسة اللاودكيين في شخص ملاكها، وهؤلاء كانوا يتعاملون مع الكنيسة على أنها ملكية خاصة وليست كنيسة المسيح، والمسيح نفسه كان يرى ذلك أيضاً إذ يقول أنه واقف على الباب خارجها يقرع لعل أحدهم يسمع صوته ويفتح الباب له ليدخل.

كتب الرب لهذه الكنيسة بصفته الحق، والشاهد الأمين الصادق الذي يرى كل شيء ويعرف كل شيء وليس شيء خفي عن عينيه؛ وبصفته الخالق الذي ابتدأ الخليقة كلها وبالأخص الخليقة الجديدة، وابتدأ الكنيسة.

لقد كانت كنيسة اللاودكيين ترى في نفسها أنها غنية مادياً وغنية في المواهب والموارد وكل شيء وقد استغنت عن أي شخص أو احتياج، لكنها في الحقيقة كانت كنيسة فاترة كاد الرب أن يلفظها من فمه، وكان ملاكها وشعبها في حالة شقاء وبؤس لأنهم كانوا فقراء وعريانين وهم لا يعلمون لأنهم عميان أيضاً. مع أن رسالة الرب لهذه الكنيسة لم تكن مفرحة إلا أنها أظهرت محبة الرب لكنيسته الضالة، ونعمته الفائضة لها إذ اهتم بها وبعث لها بالرسالة لكي يوقظها ويشجعها على التوبة، ووصف لها احتياجها وكيف تصلح حالها البائس، إذ أشار عليها أن تشتري منه الذهب الذي يشير إلى الشخصية المسيحية الثمينة لكي تصير غنية، والثياب البيض التي تشير إلى أعمال البر التي بحسب مشيئة الله لكي تستر عورتها، ومرهم لعيونها الذي يشير إلى الكلمة المقدسة العاملة في الإنسان بقوة الروح القدس لكي تبصر حقيقة نفسها وتطلب التغيير، وأن تدفع ثمناً هو التوبة والجهاد الروحي.

أخيراً وعد الرب الغالب من تلك الكنيسة بأنه سوف يجلس معه في عرشه الخاص في إشارة إلى الملك والحكم الذي سيشاركه المسيح مع كنيسته في نهاية الأيام.

الفصل التاسع
الخاتمة

في نهاية هذا الكتاب أحب أن أضع أمام القارئ العزيز نظرة شاملة على الرسائل السبع، بالإضافة إلى بعض الملخصات لما سبق وذكرناه في شرح الرسائل.

١- يُظهِر لنا الشكل التالي كيف أن حالة كل كنيسة من السبع كنائس يمكن أن تؤدي إلى حالة كنيسة أخرى:

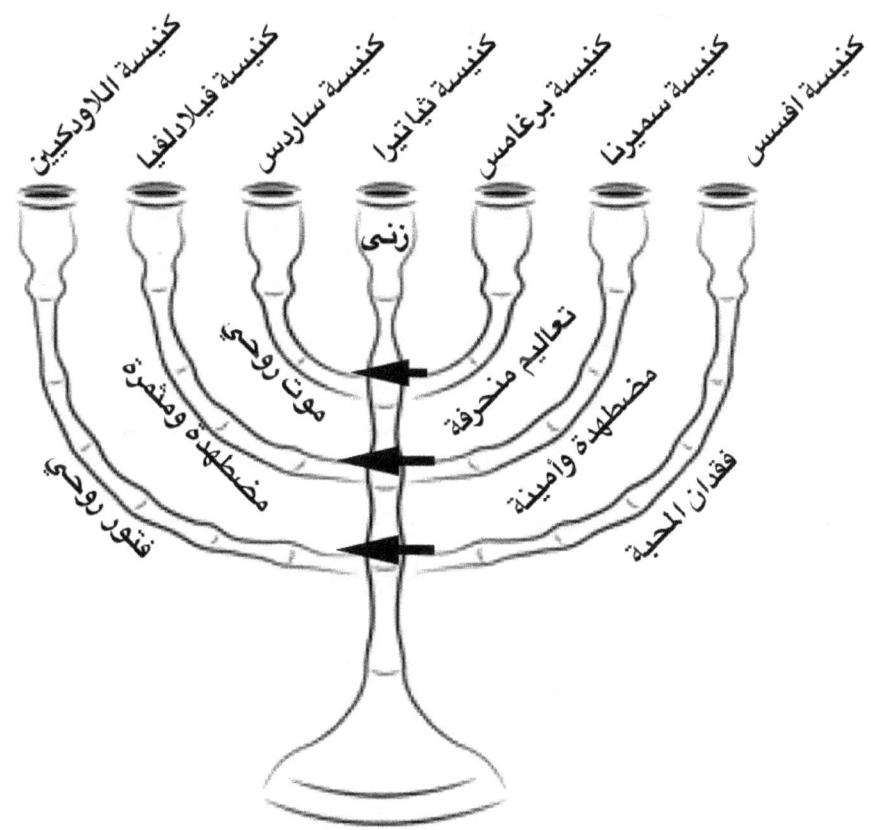

إن الكنائس السبع مرتبطة ببعضها، فإن لم تتب كنيسة أفسس التي فقدت المحبة الأولى فسوف تنتهي بحالة كنيسة اللاودكيين الفاترة، وأن بقيت كنيسة سميرنا أمينة رغم الاضطهاد، فسوف يجعلها الرب مثمرة مثل كنيسة فيلادلفيا إذ سيفتح لها المسيح باباً لا يستطيع أحد أن يغلقه، وكنيسة برغامس التي بها تعاليم منحرفة سوف تتحول إلى كنيسة ميتة مثل كنيسة ساردس إن لم تتب هي أيضاً، أما كنيسة ثياتيرا فيمكننا القول أنها كنيسة متفردة في حالتها.

٢- أما من جهة التفسير التاريخي لهذه الرسائل فيمكننا أن نلخصه في الجدول التالي:

الكنيسة	تمثل في تاريخ الكنيسة	التاريخ	الشواهد
كنيسة أفسس	الكنيسة في عصر الرسل	٣٠ - ١٠٠م	رؤ ٢: ١-٧
كنيسة سميرنا	الكنيسة في عصر الاضطهاد الروماني	١٠٠ - ٣١٣م	رؤ ٢: ٨-١١
كنيسة برغامس	الكنيسة في عصر قسطنطين وما تلاه	٣١٣ - حوالي ٦٠٠م	رؤ ٢: ١٢-١٧
كنيسة ثياتيرا	الكنيسة في العصور المظلمة	٦٠٠ - ١٥١٧م	رؤ ٢: ١٨-٢٩
كنيسة ساردس	الكنيسة في عصر حركة الإصلاح	١٥١٧ - ١٧٩٨م	رؤ ٣: ١-٦
كنيسة فيلادلفيا	كنيسة الحركة التبشيرية العظمى	١٧٩٨ - حوالي ١٩٠٠م	رؤ ٣: ٧-١٣
كنيسة اللاودكيين	كنيسة الإرتداد	١٩٠٠ - الآن	رؤ ٣: ١٤-٢٢

لكن هذا التفسير التاريخي لا يعني أبداً أنه ليست هناك اليوم كنائس أو أشخاص حالهم مثل حال إحدى الكنائس السبعة المذكورة هنا، فهناك كنائس كثيرة اليوم مثل كنيسة سميرنا المضطهدة، كما أن هناك كنائس مثل كنيسة فيلادلفيا، إلا أن الغالبية العظمى من الكنائس الموجودة اليوم أو بمعنى آخر الحال العام للمسيحية اليوم هو حال كنيسة اللاودكيين بحسب هذه النظرة التاريخية.

٣- وإذا نظرنا إلى استراتيجيات الشيطان المختلفة لإضعاف الكنائس نجدها كالتالي:

- في كنيسة أفسس، أضعف الشيطان الكنيسة بأن أفقدها محبتها الأولى، والكتاب المقدس يذكرنا بأن تفشي الفساد الداخلي هو الذي يفقد الإنسان محبته إذ يقول: "وَلِكَثْرَةِ الإِثْمِ تَبْرُدُ مَحَبَّةُ الْكَثِيرِينَ." (مت ٢٤: ١٢)
- وفي كنيسة سميرنا، اضطهد الشيطان الكنيسة لإضعافها ومنع انتشار كلمة الرب، وفي مناطق كثيرة من العالم اليوم، وحتى في الغرب الذي يظن الكثيرون أنه مسيحي، يخاف الكثير من المسيحيين اليوم من الأشكال المختلفة للاضطهاد إذا تجرأوا وأعلنوا عن إيمانهم المسيحي، لكن الحقيقة التي تجلت عبر صفحات التاريخ هي أن الكنيسة تنمو وتزدهر وتقوى كلما ازداد الاضطهاد عليها، وهذا لأن المضطهَدين دائماً ما يهتمون بعلاقتهم بالرب وبالصلاة، تماماً كما حدث مع التلاميذ حين اضطهدهم اليهود إذ يقول الكتاب: "وَلَمَّا أُطْلِقَا (بطرس ويوحنا) أَتَيَا إِلَى رُفَقَائِهِمَا وَأَخْبَرَاهُمْ بِكُلِّ مَا قَالَهُ لَهُمَا رُؤَسَاءُ الْكَهَنَةِ وَالشُّيُوخُ. فَلَمَّا سَمِعُوا رَفَعُوا بِنَفْسٍ وَاحِدَةٍ صَوْتاً إِلَى اللهِ وَقَالُوا ..... وَالآنَ يَا رَبُّ انْظُرْ إِلَى تَهْدِيدَاتِهِمْ وَامْنَحْ عَبِيدَكَ أَنْ يَتَكَلَّمُوا بِكَلاَمِكَ بِكُلِّ مُجَاهَرَةٍ بِمَدِّ يَدِكَ لِلشِّفَاءِ وَلْتُجْرَ آيَاتٌ وَعَجَائِبُ بِاسْمِ فَتَاكَ الْقُدُّوسِ يَسُوعَ." (أع ٤: ٢٣-٣٠)، ثم يظهر الكتاب حالاً نتيجة الصلاة واستجابة الرب المعجزية لها إذ يكمل قائلاً: "وَلَمَّا صَلَّوْا تَزَعْزَعَ الْمَكَانُ الَّذِي كَانُوا مُجْتَمِعِينَ فِيهِ وَامْتَلأَ الْجَمِيعُ مِنَ الرُّوحِ الْقُدُسِ وَكَانُوا يَتَكَلَّمُونَ بِكَلاَمِ اللهِ بِمُجَاهَرَةٍ." (أع ٤: ٣١)
- وفي كنيسة برغامس أضعف الشيطان الكنيسة بإدخال عقائد خاطئة وملتوية مثل تعاليم بلعام (الذي أوحى لبالاق أن يغوي اليهود ليحضروا الاحتفالات الوثنية، ثم يقدم لهم لحوماً نجسة ذُبِحَت للوثن ثم يقدم لهم النساء الموآبيات للزنا)، وتعاليم النيقولاويين (الذين قالوا أن الله قد أعطى للمسيحيين الحرية الكاملة ليفعلوا كل شيء بما فيه الخطيئة)، وكلا التعليمين المذكورين هنا يؤديان إلى نتيجة واحدة هي إيقاع المؤمنين في الخطيئة.
- وفي كنيسة ثياتيرا استخدم الشيطان المرأة إيزابل في إشارة إلى الملكة إيزابل التي أغوت الملك آخاب ليفعل الخطيئة ويغيظ الرب، واستبدلت عبادة يهوه (القادر أن يسدد كل احتياجات شعبه وأن يعطي الشعب النجاح في كل أموره) بعبادة البعل (الإله الوثني الذي كانوا يعبدونه على أنه إله الرعد والمطر وخصوبة الأرض)، كما استبدلت عبادة الإله الحقيقي الذي يقود شعبه لتسديد احتياجاته العاطفية والجنسية والاجتماعية بالطريقة الصحيحة، استبدلتها بعبادة السواري (الإلهة عشيراة إلهة الحب والجمال والجنس والرغبة الجنسية والخصوبة والحرب والمعارك والقوة السياسية). الملكة إيزابل أيضاً قتلت معظم أنبياء الرب لتبعد الشعب عن الرب وتجعلهم غير

قادرين على سماع صوته وتوجيهاته، هذا بالإضافة إلى أنها هاجمت واضطهدت وقتلت كل من تجرأ على عصيانها (كما قتلت نابوت اليزرعيلي بأن جعلت شيوخ المدينة ووجهائها ينصبون له مكيدة ويتهمونه بأنه قد جدف على الله وعلى الملك؛ كما أنها هددت إيليا بأنها سوف تقتله وهزت إيمانه؛ كما هددت ياهو بأنه سوف يموت مثل ما مات زمري الذي تمرد على الملك). لقد أوجد الشيطان إمرأة مثل إيزابل في ثياتيرا ليضل بها المؤمنين ولكي يقيم لها أولاداً يتبنون تعاليمها المفسدة للكنيسة.

- وفي ساردس قاوم الشيطان الكنيسة بأن خدعهم بالسمعة والشهرة ظانين أنهم كنيسة الله الحقيقية في الوقت الذي كانوا فيه نياماً وأمواتاً روحياً.
- كما قاوم الشيطان كنيسة فيلادلفيا بأن دفع بعض المعترفين بالرب بالفم فقط دون الإيمان الحقيقي من اليهود المتعصبين الفاسدين لكي يقاوموا الكنيسة ويسببوا المشاكل والملامة على شهادتها للمسيح.
- أما في كنيسة اللاودكيين، فقد أفقدهم حرارتهم الروحية وخدعهم بأن جعلهم يظنون أنهم أغنياء روحياً وأنهم ليسوا محتاجين إلى شيء في الوقت الذي كانوا فيه فقراء روحياً في نظر الله.

٤- أما الأعداء الداخليين والخارجيين للكنائس، فالجدول التالي يوضحهم بالترتيب:

الكنيسة	الأعداء الداخليين	الأعداء الخارجيين
أفسس	رسل كاذبين، أعمال النيقولاويين	لا يوجد
سميرنا	لا يوجد	مجمع اليهود (مجمع الشيطان)، اضطهادات الإمبراطورية الرومانية
برغامس	قوم متمسكين بتعاليم بلعام، وتعاليم النيقولاويين	كرسي الشيطان، اضطهادات الإمبراطورية الرومانية
ثياتيرا	المرأة إيزابل وأولادها، التعاليم الغنوسية (أعماق الشيطان)	لا يوجد
ساردس	لا يوجد	لا يوجد
فيلادلفيا	لا يوجد	مجمع اليهود (مجمع الشيطان)
لاودكية	لا يوجد	لا يوجد

نلاحظ من الجدول السابق كيف أن الكنيستين اللتين لم يمدحهما الرب على شيء لم يكن لديهما أعداء داخليين أو خارجيين، وكأن الشيطان لم يعرهما اهتماماً، أو أنهما لم يمثلا أي تهديد حقيقي لمملكة الظلمة، فلم يحاربهما.

نلاحظ أيضاً كيف أن التدين الظاهري المتمثل في مجمع اليهود الذي دعاه الرب مجمع الشيطان كان هو المحارب الأساسي للكنيستين الأمينتين اللتين كانتا في سميرنا وفي فيلادلفيا.

أخيراً نلاحظ أن أربعة من السبع كنائس لم يكن لديها أعداء داخليين، كما أن هناك عدد مماثل من الكنائس لم يكن عندها أعداء خارجيين.

٥ـ كما كانت للرب رؤية لحال الكنائس مختلفة تماماً عن رؤية المسيحيين العاديين وعن رؤية العالم لها، وهذا لأن الرب يهتم بأمور مختلفة تماماً عن تلك التي نهتم نحن بها:

- فكنيسة أفسس ظهرت للعالم على أنها الكنيسة المثالية التي تعمل أموراً كثيرة وتخدم الرب كثيراً وترفض التعاليم الخاطئة، لكن الله الذي يرى القلوب كان يعلم أنهم قد فقدوا محبتهم الأولى وأنهم كانوا يفعلون كل ما يفعلونه لأسباب أخرى غير محبة الرب الحقيقية.

- وكنيسة سميرنا ظهرت للعالم على أنها كنيسة فقيرة ومرفوضة، لكن السيد الرب كان يراهم أغنياء وبلا عيب، كما كان يرى خوفهم من الاضطهاد.

- كنيسة برغامس ظهرت للرب وللناس أنها الكنيسة التي تدافع عن الإيمان ولا تنكر الرب حتى في وقت الاضطهاد، لكن الله كان يرى فيها أيضاً الكثير من التعاليم الخاطئة والغير مقبولة عنده.

- كما ظهرت كنيسة ثياتيرا للناس على أنها الكنيسة التي تحب الرب وتضحي كثيراً في الخدمة، لكن الله كان يرى سرطاناً يسري في جسد الكنيسة متمثلاً في المرأة إيزابل التي لم ترفضها الكنيسة، فصارت تغوي أعضاء الكنيسة وتدمر جسد الرب بتعاليمها الخاطئة، وتجر الكثيرين إلى الزنى والفجور بعيداً عن العبادة الحقيقية الحية للإله الحي الحقيقي، وتضطهد الخدام الأمناء.

- أما كنيسة ساردس فظهرت للناس على أنها الكنيسة المشهورة الكبيرة، بينما رآها الرب كنيسة ميتة.

- ثم نرى كنيسة فيلادلفيا التي رأى العالم أنها كنيسة ضعيفة وضالة، لكن الرب مدحها ولم يلمها على أي شيء، بل شهد أيضاً أنها كنيسة أمينة.

- وأخيراً نرى كنيسة اللاودكيين التي ظهرت للعالم أنها غنية روحياً ومليئة بالمواهب والأنشطة، ولا تحتاج إلى أي شيء إضافي، لكن الرب رآها كنيسة فقيرة وعمياء وعريانة.

يا له من اختلاف عجيب بين نظرة الناس ونظرة الله، لكن الأهم هنا هو أن تسأل نفسك عزيزي القارئ إن كنت ترى حالتك كما يراها الناس والمجتمع أم كما يراها الله؟ لن تتمكن من رؤية حقيقتك كما يراها الله إن لم تجلس أمامه وتستمع إليه كما كان يوحنا جالساً أمام الرب محصوراً في الروح حين أعطاه الرب هذه الرؤيا والرسائل.

الجدول التالي يلخص استراتيجيات الشيطان لإضعاف الكنائس، وكيف كان العالم يرى كل كنيسة، ورؤية الرب المختلفة لتلك الكنائس:

الكنيسة	استراتيجية الشيطان	رؤية العالم للكنيسة	رؤية الرب للكنيسة
أفسس	إضعاف المحبة	الكنيسة المثالية	لا نفع من وجود كنيسة ضعيفة في المحبة
سميرنا	الاضطهاد من الرومان واليهود	فقيرة ومرفوضة	كنيسة غنية، ولكنها خائفة
برغامس	إدخال عقائد خاطئة ملتوية	مدافعة عن الإيمان والعقيدة	متمسكة بالرب لكن بها تعاليم منحرفة
ثياتيرا	المرأة إيزابل	تحب الرب وتضحي لأجل خدمته	تسيب المرأة إيزابل
ساردس	جعلها كنيسة مشهورة ذات سمعة رنانة	مشهورة وكبيرة ومليئة بالحضور والأنشطة	ميتة
فيلادلفيا	الاضطهاد من الرومان واليهود	ضعيفة وضالة	أمينة
لاودكية	إفقادهم الحرارة والبصيرة الروحية	غنية ومليئة بالمواهب والأنشطة	فقيرة وعمياء وعريانة

٦- نرى في هذه الرسائل أيضاً كيف سيتعامل الرب مع القادة أو الكنيسة أو المؤمنين الذين لا يتجاوبون مع توبيخه ويتوبون:

- فقد أنذر الرب كنيسة أفسس أنه مزمع أن يزحزح منارتها من مكانها إن لم تتب، وهذا معناه أن الرب مستعد للإنهاء على وجود هذه الكنيسة إن ظلت تخدم وتتعب من دون أن يكون الدافع الأساسي الذي يقودها هو حبها له وحبها للخطاة الهالكين.
- كما أنذر الكنيسة التي في برغامس أنه سيأتيها سريعاً ويحارب أولئك المتمسكين بتعاليم بلعام وبتعاليم النيقولاويين بسيف فمه.
- كما أنذر الكنيسة التي في ثياتيرا أنه سيلقي المرأة إيزابل في فراش المرض، والذين يزنون معها في ضيقة عظيمة إن لم يتوبوا، كما سيقتل أولادها بالموت جاعلاً منها ومن أولادها والذين يزنون معها عبرة للكنائس الأخرى ليعرفوا أن الرب لا يأخذ بالمظاهر وإنما يفحص الكلى والقلوب ويكافئ الأنسان بحسب أعماله.

- كما أنذر ملاك الكنيسة التي في ساردس أنه إن لم يسهر، فإنه - أي الرب - سيقدم عليه كلص في ساعة لا يعرفها الملاك ويعامله كما يعامل السيد عبده المستهتر الذي كان يعلم إرادة السيد ولكن لم يفعلها ظاناً أن السيد يبطئ في قدومه (لو ١٢: ٤٧)
- وأخيراً هدد الرب ملاك كنيسة اللاودكيين بأنه مزمع أن يتقيأه من فمه تاركاً إياه لأهوائه الشخصية ورافضاً له من العمل الإلهي.

٧- أخيراً نرى ونتعلم من هذه الرسائل كيف أن الرب دائماً ما يكافئ الأمناء من شعبه:

لقد وعد الرب الغالبين من السبع كنائس بإثنتين وعشرين مكافأة، ومن المهم أن ندرك أن الكثير من هذه المكافآت قد وعد الرب بمثلها لأي شخص يَقْبَل الإيمان بالمسيح، لكن هذه المكافآت تُعْطَى للمؤمنين بدرجات مختلفة بحسب أمانتهم وتعبهم للمسيح، وهي مكافآت إضافية على عطية الحياة الأبدية، فالرب في هذه الرسائل يكلم ملائكة كنائسه، وموضوع الخلاص أمر مفروغ منه، أما محور الاهتمام في رسائله فهو أمانة الكنيسة والمؤمنين، ومن يتوب ويصير أميناً فسيحصل على المكافآت بقدر أمانته.

- ففي أفسس سيكافئ الرب أولئك الذين يتمسكون بمحبتهم الأولى بأن يعطيهم أن يأكلوا من شجرة الحياة.
- وفي سميرنا سيكافئ الرب أولئك الذين اضطهدوا وقتلوا من أجل اسمه بأن يعطيهم إكليل الحياة.
- وفي رسالته إلى برغامس وعد الرب أولئك الذين رفضوا أن يشبعوا رغباتهم وشهواتهم عن طريق الخطيئة، بل اختاروا أن يسيروا في الطريق الضيق من أجل المسيح بأن يشبعهم من المن المخفي وأن يعطيهم حصاة بيضاء عليها اسم الرب للدلالة على أنهم بلا لوم في عيني الله بسبب عمل المسيح.
- وفي رسالته إلى ثياتيرا، أولئك الذين رفضوا أن يقبلوا المرأة إيزابل أو أن يزنوا معها بل تمسكوا بالرب وسلكوا في الدعوة التي دعاهم الرب إليها بالرغم من الاتهامات والاضطهاد الذي أتى عليهم من داخل الكنيسة، وعدهم الرب بأن يعطيهم سلطاناً على الأمم وأن يعطيهم المسيح كوكب الصبح.
- أما في رسالته إلى ساردس، أولئك الذين تمسكوا بإيمانهم وشهادتهم عن الرب بالرغم من المسيحية الإسمية والموت الروحي والمجتمع الرافض للإيمان المسيحي الذي يحيط بهم من كل جانب، فقد وعدهم الرب بأن يعطيهم ثياباً بيضاً للدلالة على اعترافه الرسمي بطهارتهم، كما سيشهد المسيح بأنهم له معترفاً بهم أمام الله وأمام ملائكته.
- وفي فيلادلفيا، أولئك التلاميذ الذين لديهم قوة قليلة - ومضطهدين حتى من المدعوين يهود لكنهم بلا حياة حقيقية في داخلهم - لكنهم ظلوا يخرجون

للعالم مبشرين الخطاة بالمسيح، وسلكوا بالإيمان مؤمنين بالرب، وعدهم السيد بأن يجعلهم أعمدة في هيكل الله وأن إسم الرب وإسم أورشليم الجديدة سيكون مكتوباً عليهم.

- أخيراً في رسالته إلى اللاودكيين، اولئك الذين لا يعتمدون على معرفتهم الذهنية للكتاب ولا على ميراثهم المسيحي أو تاريخ عائلاتهم في الكنيسة بل يسعون مجاهدين لأجل معرفة الله طالبين الغنى الروحي الحقيقي، وعدهم الرب بأن يعطيهم أن يجلسوا معه في عرشه.

الجدول التالي يلخص خطيئة كل كنيسة، وحكم الرب على أولئك الخطاة الذين لا يستجيبون للرسالة، والمكافأة التي سوف يمنحها للأمناء:

الكنيسة	الخطيئة	الحكم على الخطاة	المكافأة للأمناء
أفسس	فقدان المحبة الأولى	زحزحة المنارة	الأكل من شجرة الحياة
سميرنا	لا يوجد إلا الخوف من الاضطهاد	لا يوجد	إكليل الحياة
برغامس	تعاليم بلعام والنيقولاويين المنحرفة	سيأتي الرب ويحارب أصحاب التعاليم المنحرفة بسيف فمه	الأكل من المن المخفي، وإعطائهم حصاة بيضاء عليها اسم جديد
ثياتيرا	المرأة إيزابل وأولادها، التعاليم الغنوسية (أعماق الشيطان)	سيلقي المرأة إيزابل في فراش، والذين يزنون معها في ضيقة عظيمة، وأولادها يقتلهم بالموت	يعطيهم سلطاناً على الأمم، ويعطيهم كوكب الصبح
ساردس	الكنيسة ميتة	يقدم عليهم كلص في ساعة لا يعلمونها	يلبسون ثياباً بيضاء، ولا يمحو اسماءهم من سفر الحياة، وسيعترف بأسمائهم أمام الآب والملائكة
فيلادلفيا	لا يوجد	لا يوجد	يجعله عموداً في هيكل الآب، ولا يعود يخرج إلى خارج، ويكتب عليه اسم الآب، واسم أورشليم الجديدة، واسم المسيح الجديد
لاودكية	الفتور والعمى الروحي	سوف يتقيأهم من فمه	يجلسون معه في عرشه

يا لها من عطايا ثمينة تلك التي وعد الرب بها الغالبين. أصلي من كل قلبي أن نكون أنا وأنت من الذين سيحصلون على هذه العطايا الثمينة في هذه الحياة وفي

اليوم الذي سوف نقف فيه أمام ربنا ومخلصنا يسوع المسيح لنعطي حساباً عن أمانتنا في هذه الحياة وعن تجارتنا بالوزنات التي أعطاها لنا الهنا كوديعة لكي نتاجر بها.

أخيراً عزيزي القارئ أحب أن أتركك مع ما كتبه بولس الرسول مساقاً من الروح القدس: "هذَا وَإِنَّكُمْ عَارِفُونَ الْوَقْتَ، أَنَّهَا الآنَ سَاعَةٌ لِنَسْتَيْقِظَ مِنَ النَّوْمِ، فَإِنَّ خَلاَصَنَا الآنَ أَقْرَبُ مِمَّا كَانَ حِينَ آمَنَّا. قَدْ تَنَاهَى اللَّيْلُ وَتَقَارَبَ النَّهَارُ، فَلْنَخْلَعْ أَعْمَالَ الظُّلْمَةِ وَنَلْبَسْ أَسْلِحَةَ النُّورِ. لِنَسْلُكْ بِلِيَاقَةٍ كَمَا فِي النَّهَارِ: لاَ بِالْبَطَرِ وَالسُّكْرِ، لاَ بِالْمَضَاجعِ وَالْعَهَرِ، لاَ بِالْخِصَامِ وَالْحَسَدِ. بَلِ الْبَسُوا الرَّبَّ يَسُوعَ الْمَسِيحَ، وَلاَ تَصْنَعُوا تَدْبِيرًا لِلْجَسَدِ لأَجْلِ الشَّهَوَاتِ." (رو ١٣: ١١-١٤). إن إلهنا الذي أرسل لنا كلماته وأعلن لنا عن حقه في الكتاب المقدس وفي هذه الرسائل السبعة يتوقع من كل منا أن نتجاوب مع هذه الكلمة وأن يكون لها ثمر حقيقي يدوم في حياتنا. لنطرح إذاً كل ثقل، والخطية المحيطة بنا بسهولة، ولنحاضر بصبر في الجهاد الموضوع أمامنا (عب ١٢: ١)، ولنطلب دائما تعضيد وتأييد الروح القدس لنحيا حياة منتصرة أمينة ولتكون خدمتنا مؤثِرة ومؤيَّدة بالآيات التابعة.
إن الحصاد كثير والفعلة الأمناء قليلون، لذلك دعونا نصرخ بتواضع أمام الرب لكي ينير بصائرنا فندرك قيمة نفس كل إنسان في عينيه، وحقيقة قُرب مجيئه الثاني.
آمين تعال أيها الرب يسوع (رؤ ٢٢: ٢٠).

الملحق رقم ١
من هي السبعة الأرواح التي أمام عرش الله

إختلف اللاهوتيون على مر التاريخ في فهم معنى السبعة الأرواح، وسوف نشرح هنا الرأيين الرئيسيين اللذين قدمهما اللاهوتيون لشرح هذا التعبير:
الرأي الأول: يرى العديد من المفسرين أن السبعة أرواح الله هي إشارة إلى الروح القدس سواء في كمال إعلانه عن نفسه أو لكونه العامل في السبع كنائس التي أرسِلَ إليها كتاب هذا السفر في صورة رسالة.
الرأي الثاني: يرى العديد من المفسرين الآخرين أن السبعة أرواح الله هي إشارة إلى كائنات ملائكية وليس إلى الروح القدس.
في السطور التالية سنناقش كلا الرأيين من عدة جوانب لنتوصل معاً إلى المعنى الأصح لهذا التعبير الذي ذُكر أكثر من مرة في سفر الرؤيا:
من المنطقي أن نستهل دراسة هذا الجزء بأن نطرح هذا السؤال المهم: هل لله سبعة أرواح أم روح واحد؟ بالطبع هو روح واحد، لكن سفر الرؤيا كما نرى مليء بالتشبيهات والاستعارات، والحقيقة أن هذا التعبير مهم، إذ أنه يتكرر أربع مرات في هذا السفر (رؤ ١: ٤ ؛ ٣: ١ ؛ ٤: ٥ ؛ ٥: ٦)، ولكي نستطيع أن نجد المعنى الحقيقي لما يقصده يوحنا، فعلينا أن ندقق في هذه الآيات الأربعة ونفسرها طبقاً لسياق الحديث الذي ذُكِرَت فيه كل منها.

يقول الكتاب المقدس في المرة الأولى التي ذكر فيها التعبير محل الدراسة:
"يُوحَنَّا، إِلَى السَّبْعِ الْكَنَائِسِ الَّتِي فِي أَسِيَّا: نِعْمَةٌ لَكُمْ وَسَلاَمٌ مِنَ الْكَائِنِ وَالَّذِي كَانَ وَالَّذِي يَأْتِي، وَمِنَ السَّبْعَةِ الأَرْوَاحِ الَّتِي أَمَامَ عَرْشِهِ، وَمِنْ يَسُوعَ الْمَسِيحِ الشَّاهِدِ الأَمِينِ، الْبِكْرِ مِنَ الأَمْوَاتِ، وَرَئِيسِ مُلُوكِ الأَرْضِ." (رؤ ١: ٤-٥أ).
نرى في هذا العدد الأمور التالية:

- الترحيب في بداية الرسالة هو "النعمة والسلام" المرسلين من الإله يهوه الذي هو "الكائن والذي كان والذي يأتي"، ومن "السبعة الأرواح التي أمام عرشه"، ومن يسوع المسيح بصفته ابن الإنسان والمُخَلِّص وليس أقنوم الابن. النعمة (khar'-ece في اليونانية) هي عطية مجانية من الله (٢كو ٨: ١) ومن الله الآب والرب يسوع المسيح (أف ١: ٢؛ تيط ١: ٤)؛ والسلام هو عطية من الرب يسوع (يو ١٤: ٢٧) الذي هو رب السلام (٢تس ٣: ١٦) إذ أنه هو الذي صنع سلاماً بيننا وبين الآب (رو ٥: ١)، كما أن الله الآب يطلق عليه أيضاً إله السلام (رو ١٥: ٣٣؛ ١٦: ٢٠؛ في ٤: ٩؛ ١تس ٥: ٢٣؛ عب ١٣: ٢٠)؛ والنعمة والسلام كعطيتين حينما يذكران معاً في الكتاب المقدس فإنهما يذكران كعطيتين من الله الآب ومن الرب يسوع المسيح (٢يو ١: ٣؛ ١بط ١:

٢؛ ٢بط ١: ٢؛ فل ٣؛ ٢تيم ١: ٢؛ تيط ١: ٤؛ كو ١: ٢؛ غل ١: ٣). من الملاحظ أننا لا نرى ذِكر مباشر للروح القدس في جميع الآيات الأخرى التي تذكر هاتين العطيتين، فلماذا نتوقع أن تختلف هذه الآية (رؤ ١: ٤-٥) عن بقية الآيات؟، لكننا أيضاً لا نرى النعمة مقدمة من ملائكة في أي مكان في الكتاب المقدس، فالنعمة عطية من الله وحده، أما السلام فقد سبق أن نطق به الملاك في تحيته حين ظهر للعذراء مريم (لو ١: ٢٨).

- السبعة أرواح ليست على العرش بل أمامه، وهذا هو ما يجعل الكثيرون يقولون أنهم كائنات ملائكية ولا يعبروا عن الروح القدس، لكن الكتاب المقدس لا يتكلم في أي مكان عن عرش للروح القدس، الكتاب يتكلم فقط عن عرش الله الآب (عب ٨: ١؛ رؤ ٣: ٢١؛ مت ٢٣: ٢٢)، أو كرسي الله (مت ٥: ٣٤)، كما يتكلم عن كرسي المسيح (عب ١: ٨؛ مت ١٩: ٢٨)، أو عرشه (رؤ ٣: ٢١). من هذا نفهم أنه لا ذِكر لعرش للروح القدس، فلا مانع في هذا السياق أن تكون السبعة أرواح رمزاً للروح القدس طبقاً لبعض المفسرين، لكن مفسرين آخرين يرون أن الملائكة والأرواح التي تخدم الرب هي التي تقف أمام عرشه في كل آيات الكتاب المقدس الأخرى، وأنه إن أراد الرب أن يصف الروح القدس هنا كان أجدر به أن يقول أن الروح القدس ينطلق من العرش مثلاً، وذلك بدلاً من أن يضعه في مكان ومرتبة الملائكة والشيوخ وبقية المؤمنين (١٠)، ولذلك ترى هذه المجموعة الثانية من المفسرين أن هذه السبعة أرواح هي أرواح ملائكية وليست تعبير عن الروح القدس.
- الذين يفسرون السبعة أرواح أنها رمز للروح القدس يرون أن هذه الآيات تذكر الله الاب باعتباره "الكائن والذي كان والذي يأتي"، والابن يسوع المسيح وتضع بينهما السبعة أرواح، وهو ما يجعل القارئ يفهم من الوهلة الأولى أن هذه إشارة إلى الاقنوم الثالث من الثالوث، وفي علوم التفسير، إذا كان هناك معنى واضحاً لشيء فهو دائماً المعنى الأساسي أو المقصود، لكن هذا التفسير معيوب إذ أن "الكائن والذي كان والذي يأتي" لا يتكلم عن أقنوم الاب بل عن الثالوث كله في شخص الإله يهوه كما سبق وأوضحنا في الفصل الأول من هذا الكتاب، كما أن الرب يسوع المسيح لا يتم ذكره بصفته أقنوم الابن في هذه الأعداد لكن بصفته المُخَلِّص المُمَجَّد، فإذا نظرنا الى الاعداد محل الدراسة من هذا المنظور لا نرى سبباً ملحاً لتفسير السبعة أرواح بأنها الروح القدس.

ثم يقول الكتاب أيضاً في المرة الثانية التي ذكر فيها هذا التعبير: "وَاكْتُبْ إِلَى مَلاَكِ الْكَنِيسَةِ الَّتِي فِي سَارْدِسَ: هَذَا يَقُولُهُ الَّذِي لَهُ سَبْعَةُ أَرْوَاحِ اللهِ وَالسَّبْعَةُ الْكَوَاكِبُ. أَنَا عَارِفٌ أَعْمَالَكَ، أَنَّ لَكَ اسْماً أَنَّكَ حَيٌّ وَأَنْتَ مَيِّتٌ." (رؤ ٣: ١)

نفهم من هذا العدد الأمور التالية:

- السبعة أرواح الله ليست هي ملائكة السبع كنائس لأن الكتاب يقول عن الرب يسوع أنه "الَّذِي لَهُ سَبْعَةُ أَرْوَاحِ اللهِ وَالسَّبْعَةُ الْكَوَاكِبُ"، فالسبع أرواح الله إذاً ليست هي السبعة كواكب، لكن بعض الذين يفسرون السبعة كواكب على أنها ملائكة حقيقية مسؤولة عن الكنائس يظنون أن السبعة أرواح الله هي نفسها ملائكة الكنائس أي الكواكب، وهم يعللون هذا التفسير بأن حرف العطف " و" الذي يأتي بين "سبعة أرواح الله" و "السبعة كواكب" يمكن أن يعني في اليونانية "أي"، فتكون الآية "سبعة أرواح الله أي السبعة كواكب"، ويتبنى " مايكل هايزر" وهو أحد أشهر المفسرين المعاصرين للكتاب المقدس هذا التفسير، لكن الأغلبية العظمى من الدارسين تستبعد هذا الرأي (١)، وإن صَحَّ رأي "هايزر"، فسوف تكون هذه هي المرة الوحيدة في السبع رسائل التي يفسر فيها المسيح في رسائله إحدى صفاته التي جاءت في الأصحاح الأول.
- السبعة أرواح الله لا يمكن أن تكون هي السبع كنائس مع أن المسيح تكلم في الإصحاح الثالث قائلاً: "هَذَا يَقُولُهُ الَّذِي لَهُ سَبْعَةُ أَرْوَاحِ اللهِ وَالسَّبْعَةُ الْكَوَاكِبُ." (رؤ ٣: ١)، وهذا الوصف مقتبس من الأصحاح الأول مع استبدال المناير (التي تشير إلى الكنائس) في الأصحاح الأول بالأرواح؛ والأرواح بدورها مشار إليها بالمصابيح في الأصحاح الرابع (رؤ ٤: ٥)، ومع ذلك فالأرواح والمناير (الكنائس) لا يعبران عن نفس الشيء، والسبب في ذلك هو أن الكنائس لايمكن أن توصف بأنها قرون وأعين المسيح المرسلة إلى كل الأرض كما هي موصوفة في (رؤ ٥: ٦)، كما أن الكنائس لا توصف في أي مكان آخر بأنها أرواح، بل هي هيكل الله (١كو ٣: ١٦).

ثم يقول الكتاب في المرة الثالثة التي ذكر فيها هذا التعبير: "وَمِنَ الْعَرْشِ يَخْرُجُ بُرُوقٌ وَرُعُودٌ وَأَصْوَاتٌ. وَأَمَامَ الْعَرْشِ سَبْعَةُ مَصَابِيحِ نَارٍ مُتَّقِدَةٌ، هِيَ سَبْعَةُ أَرْوَاحِ اللهِ." (رؤ ٤: ٥)

- يربط بعض المفسرين هذا العدد بما جاء في سفر حزقيال إذ يقول الكتاب في شرحه للكائنات الملائكية التي كانت تحمل عرش الله: "أَمَّا شِبْهُ الْحَيَوَانَاتِ فَمَنْظَرُهَا كَجَمْرِ نَارٍ مُتَّقِدَةٍ, كَمَنْظَرِ مَصَابِيحَ هِيَ سَالِكَةٌ بَيْنَ الْحَيَوَانَاتِ. وَلِلنَّارِ لَمَعَانٌ, وَمِنَ النَّارِ كَانَ يَخْرُجُ بَرْقٌ." (حز ١: ١٣). لقد كان هذا المنظر الذي رآه حزقيال لكائنات ملائكية نعرف لاحقاً انها قد تكون الكروبيم (راجع: حز ١١: ٢٢)، لكنها ظهرت هنا بصورة مختلفة عن الصورة التي رآها عليها يوحنا الرسول (راجع: رؤ ٤: ٦-٩).
- الكلمة اليونانية المترجمة "مصباح" هنا ذكرت مرة أخرى في سفر الرؤيا في إشارة إلى كائن سماوي إذ يقول الكتاب: " ثُمَّ بَوَّقَ الْمَلاَكُ الثَّالِثُ، فَسَقَطَ مِنَ السَّمَاءِ كَوْكَبٌ عَظِيمٌ مُتَّقِدٌ كَمِصْبَاحٍ، وَوَقَعَ عَلَى ثُلْثِ الأَنْهَارِ وَعَلَى يَنَابِيعِ الْمِيَاهِ." (رؤ ٨: ١٠)

ثم يقول الكتاب أخيراً في المرة الرابعة التي ذكر فيها هذا التعبير: "وَرَأَيْتُ فَإِذَا فِي وَسَطِ الْعَرْشِ وَالْحَيَوَانَاتِ الأَرْبَعَةِ وَفِي وَسَطِ الشُّيُوخِ خَرُوفٌ قَائِمٌ كَأَنَّهُ مَذْبُوحٌ، لَهُ سَبْعَةُ قُرُونٍ وَسَبْعُ أَعْيُنٍ، هِيَ سَبْعَةُ أَرْوَاحِ اللهِ الْمُرْسَلَةُ إِلَى كُلِّ الأَرْضِ." (رؤ ٥: ٦)

هذا العدد فيه العديد من الأمور التي يجب أن نشير إليها:

- لقد جعل الكتاب هنا القرون والأعين جزءاً من الخروف الذي يشير إلى المسيح، ولهذا يرى الكثيرين أن هذه القرون والأعين التي تشير إلى سبعة أرواح الله إنما هي إشارة واضحة للروح القدس.
- يقول الكتاب هنا أن الخروف الذي له السبعة قرون والسبعة أعين كان في وسط العرش، وهو ما يجعل الكثيرين يرون أن السبعة أرواح الله موجودة على العرش وليس أمامه هذه المرة كونها جزءاً من الخروف، وهي بالتالي تشير إلى الروح القدس، إلا أن البعض الآخر من المفسرين يرون أن هذا العدد قد لا يشير إلى أن الخروف كان على العرش بل "في وسط العرش والحيوانات الأربعة وفي وسط الشيوخ" أي أنه في رأيهم كان في محيط العرش أي في دائرة العرش القريبة مما يجعله بين الحيوانات والشيوخ، وما يثبت هذا الرأي هو أن الكتاب سبق وقال عن الحيوانات أنها في وسط العرش كما هو مكتوب: "وَقُدَّامَ الْعَرْشِ بَحْرُ زُجَاجٍ شِبْهُ الْبَلُّورِ. وَفِي وَسَطِ الْعَرْشِ وَحَوْلَ الْعَرْشِ أَرْبَعَةُ حَيَوَانَاتٍ مَمْلُوَّةٌ عُيُوناً مِنْ قُدَّامٍ وَمِنْ وَرَاءٍ." (رؤ ٤: ٦)، فالحيوانات بحسب هذا العدد الأخير لم تكن تجلس على العرش بل كانت في وسطه إي في دائرته القريبة. لكننا نرى أن هذه الحجة الجدلية ليست ذات قيمة لأن مكان الرب يسوع في السماء هو على العرش عن يمين الاب (مر ١٦: ١٩).
- يربط الدارسين هذا العدد بالرؤيا التي رآها زكريا النبي في الأصحاح الرابع من سفره، ولا نريد هنا أن نفسر الإصحاح بكامله لكننا يجب أن نشير إلى العديد من الأمور فيه. لقد رأى زكريا شجرتي زيتون لكل منهما فرع يقفان على جانبي كوز، ويصل أنبوب واحد من كل فرع من الفرعين إلى الكوز، وهذه الأنابيب تحمل زيت الزيتون من الفرعين إلى الكوز، والكوز موجود أعلى منارة يهودية ذات سبع سرج، والزيت ينساب من الكوز إلى السرج من خلال أنابيب تصل منه إلى كل سراج من السرج السبع، فينير المنارة. هذه باختصار هي الرؤيا، وقد شرح الملاك لزكريا أن معنى الرؤيا هو أن زربابل حاكم أورشليم في ذلك الوقت سوف ينجح في إتمام بناء الهيكل الذي كان بناؤه قد توقف حوالي خمسة عشر سنة، وأنه مهما كانت الصعوبات التي يواجهها حالياً فالنجاح لن يكون بقوته هو بل بقوة الروح القدس، وقال له: "هذِهِ كَلِمَةُ الرَّبِّ إِلَى زَرُبَّابِلَ قَائِلًا: لاَ بِالْقُدْرَةِ وَلاَ بِالْقُوَّةِ، بَلْ بِرُوحِي قَالَ رَبُّ الْجُنُودِ.

" (زك ٤: ٦)، ثم قال له أيضاً: "فَتَفْرَحُ أُولئِكَ السَّبْعُ، وَيَرَوْنَ الزِّيجَ بِيَدِ زَرُبَّابِلَ. إِنَّمَا هِيَ أَعْيُنُ الرَّبِّ الْجَائِلَةُ فِي الأَرْضِ كُلِّهَا." (زك ٤: ١٠)، وبعض الذين يفسرون أن أعين الرب هي الروح القدس يقولون أن الرؤيا كلها تتكلم عن عمل الروح القدس، فبكل تأكيد هذه الأعين تشير إلى الروح القدس، لكن قبل أن يتسرع الدارس في توقع معنى الأعين يجب أن يفهم الرؤيا أولاً، وهذا هو شرحها: فرعي الزيتون هما الحاكم المدني زربابل والحاكم الروحي الذي هو رئيس الكهنة في ذلك الوقت واسمه يهوشع (راجع: زك ٣: ١)، ولأن الزيتون المملوء زيتاً لا يستطيع أن ينتج الزيت تلقائياً دون عصره، فالزيت المنساب من فرعي الزيتون إلى الكوز إنما هو معجزة إلهية، فالنجاح ليس بقوة الزيتونتين ولا بقدرتهما وإنما بقوة الروح، فالزيت يشير دائماً إلى الروح القدس في الكتاب المقدس، وهو ينساب إلى الكوز أولاً فيختلط زيت الزيتونتين معاً لئلا يقول أحدهما في وقت من الأوقات أنه هو من أنجح العمل، وهو ما يذكرنا بقول الرسول بولس: "لأَنَّهُ مَتَى قَالَ وَاحِدٌ: أَنَا لِبُولُسَ وَآخَرُ: أَنَا لأَبُلُّوسَ أَفَلَسْتُمْ جَسَدِيِّينَ؟ فَمَنْ هُوَ بُولُسُ؟ وَمَنْ هُوَ أَبُلُّوسُ؟ بَلْ خَادِمَانِ آمَنْتُمْ بِوَاسِطَتِهِمَا، وَكَمَا أَعْطَى الرَّبُّ لِكُلِّ وَاحِدٍ: أَنَا غَرَسْتُ وَأَبُلُّوسُ سَقَى، لكِنَّ اللهَ كَانَ يُنْمِي." (١كو ٣: ٤-٦)، ثم ينساب الزيت إلى المنارة التي تشير إلى الأمة اليهودية فتنير وتعود ثانية إلى القيام بدورها كنور للعالم المحيط (راجع التعليق على معنى كهنوت المؤمنين في الفصل الأول من هذا الكتاب)، ونتيجة لذلك "تَفْرَحُ أُولئِكَ السَّبْعُ"، فمن هم أولئك السبع؟ إنهم ليسوا السبع منابر وإنما سبع أعين موجودة على حجر الأساس أو حجر الزاوية الذي وضعه الرب أمام يهوشع إذ يقول الكتاب: "فَهُوَذَا الْحَجَرُ الَّذِي وَضَعْتُهُ قُدَّامَ يَهُوشَعَ عَلَى حَجَرٍ وَاحِدٍ سَبْعُ أَعْيُنٍ. هأَنَذَا نَاقِشٌ نَقْشَهُ، يَقُولُ رَبُّ الْجُنُودِ، وَأُزِيلُ إِثْمَ تِلْكَ الأَرْضِ فِي يَوْمٍ وَاحِدٍ." (زك ٣: ٩)، وهذا الحجر الذي له سبعة أعين يشير إلى المسيح حجر الزاوية (راجع: إش ٢٨: ١٦؛ مز ١١٨: ٢٢)، لكن هذه الأعين تفرح فقط حين تعود الأمة اليهودية فتقوم بدورها كمنارة للأمم من جديد إذ يتم بناء الهيكل، ولعلنا نلاحظ أن كلمة "فرح" العبرية المذكورة هنا جاءت ١٠٥ مرات في العهد القديم منها مرة واحدة فقط ذكرت صراحة عن الرب أنه فرح إذ يقول الكتاب: "يَكُونُ مَجْدُ الرَّبِّ إِلَى الدَّهْرِ. يَفْرَحُ الرَّبُّ بِأَعْمَالِهِ." (مز ١٠٤: ٣١)، إلا أن العهد الجديد يقول لنا أيضاً أن الملائكة تفرح بخلاص الخطاة (لو ١٥: ١٠).

- سبعة أرواح الله بحسب هذا العدد مرسلة إلى كل الأرض، والكلمة اليونانية المترجمة هنا "مرسلة" سبق استخدامها في العهد الجديد للإشارة إلى إرسال الروح القدس (لو ٢٤: ٤٩)، كما أنه سبق استخدامها للإشارة إلى إرسال الملائكة (مت ٢٤: ٣١؛ مر ١٣: ٢٧؛ لو ١: ١٩، ٢٦؛ عب ١: ١٤؛ رؤ ١: ١؛ ٢٢: ٦)

إذاً فهذا العدد الأخير (رؤ ٥: ٦) هو الذي يجعل الكثيرون يميلون إلى تفسير السبعة أرواح الله بأنها إشارة إلى الروح القدس، وفي السطور التالية سوف نقوم بشرح كلا من الرأيين وجوانب الضعف في كل منهما في ضوء فهمنا للآيات المشروحة أعلاه:

شرح الرأي الأول: يرى بعض المفسرين أن السبعة أرواح الله هي إشارة إلى الروح القدس، وأن سفر إشعياء يشرح تشبيه "السبعة أرواح الله" بأكثر تفصيل متكلماً عن السبع أوجه لروح الله التي عبرت عنها آيات سفر الرؤيا بأنها قرون وأعين الخروف قائلاً: "وَيَخْرُجُ قَضِيبٌ مِنْ جِذْعِ يَسَّى، وَيَنْبُتُ غُصْنٌ مِنْ أُصُولِهِ، وَيَحُلُّ عَلَيْهِ رُوحُ الرَّبِّ، رُوحُ الْحِكْمَةِ وَالْفَهْمِ، رُوحُ الْمَشُورَةِ وَالْقُوَّةِ، رُوحُ الْمَعْرِفَةِ وَمَخَافَةِ الرَّبِّ." (إش ١١: ١-٢). نرى هذا الربط في كتابات الآباء بدءاً من القديس فيكتورينوس البتاوي (Victorinus of Pettau, 250-303 AD)، وهو تفسير مقبول لدى الكثير من المفسرين المعاصرين (١).
إذاً فالروح القدس في هذه الآية بحسب هؤلاء المفسرين هو:
١- روح الرب (قارن مع: إش ٦١: ١).
٢- روح الحكمة (قارن مع: أف ١: ١٧).
٣- روح الفهم (قارن مع: أي ٢٨: ٢٨؛ أم ٤: ١، ٥، ٧).
٤- روح المشورة (مز ٣٣: ١٠-١١ [مؤامرة ومشورة هما نفس الكلمة العبرية]؛ مز ٧٣: ٢٤).
٥- روح القوة (قارن مع: ٢تي ١: ٧).
٦- روح المعرفة (قارن مع: مز ١٩: ٢؛ ٩٤: ١٠؛ أم ٢: ٦).
٧- روح مخافة الرب (قارن مع: أم ١: ٧؛ ٨: ١٣؛ ١٩: ٢٣).
هذا هو الروح القدس في ملء إعلانه عن نفسه بحسب رأي هؤلاء المفسرين، وهو بذلك يُذكِّر الكنائس والمؤمنين بأنه مصدر كل هذه الفضائل. المسيح هنا إذاً يريد أن يقول أن له كل ما للروح القدس، كما أنه يرسل الروح القدس (يو ١٦: ٧) فيسكن في كل مؤمن حقيقي بالمسيح كما يقول الكتاب المقدس: "أَمَّا أَنْتُمْ فَلَسْتُمْ خَاضِعِينَ لِلطَّبِيعَةِ الجَسَدِيَّةِ، بَلْ لِلرُّوحِ، إنْ كَانَ رُوحُ اللهِ سَاكِنًا فِيكُمْ. لَكِنْ إنْ كَانَ أَحَدٌ لَيْسَ فِيهِ رُوحُ المَسِيحِ، فَهوَ لَا يَنْتَمِي لِلمَسِيحِ." (رو ٨: ٩ - الترجمة العربية المبسطة)، وعلى أساس ذلك، فإن الله يطلب أيضاً من الكنيسة عابدين وساجدين على مستوى لا يتحقق إلا بالروح القدس: "وَلكِنْ تَأْتِي سَاعَةٌ، وَهِيَ الآنَ، حِينَ السَّاجِدُونَ الْحَقِيقِيُّونَ يَسْجُدُونَ لِلآبِ بِالرُّوحِ وَالْحَقِّ، لأَنَّ الآبَ طَالِبٌ مِثْلَ هؤُلاَءِ السَّاجِدِينَ لَهُ." (يو ٤: ٢٣). لكن للأسف، فإن بعض الكنائس مثل كنيسة ساردس التي قال لها المسيح أن له "السبعة أرواح الله" كانت كنيسة ميتة في مجملها إذ كان ينقصها عمل الروح القدس، وكما هو حال المنارة بدون زيت كذلك فإن الكنيسة بدون الروح القدس الذي ينيرها لتضئ للعالم المظلم من حولها لا تنفع شيئاً، فوظيفتها الأساسية هي الإضاءة، وبدون الضوء تصبح قطعة من

المعدن بلا نفع قد يستخدمها الناس ليزينوا بها مكان ما، أو يأخذوا معدنها ليستخدموه في شيء آخر مفيد. يقول الكتاب المقدس: "أَنْتُمْ مِلْحُ الأَرْضِ، وَلكِنْ إِنْ فَسَدَ الْمِلْحُ فَبِمَاذَا يُمَلَّحُ؟ لاَ يَصْلُحُ بَعْدُ لِشَيْءٍ، إِلاَّ لأَنْ يُطْرَحَ خَارِجًا وَيُدَاسَ مِنَ النَّاسِ. أَنْتُمْ نُورُ الْعَالَمِ. لاَ يُمْكِنُ أَنْ تُخْفَى مَدِينَةٌ مَوْضُوعَةٌ عَلَى جَبَلٍ، وَلاَ يُوقِدُونَ سِرَاجًا وَيَضَعُونَهُ تَحْتَ الْمِكْيَالِ، بَلْ عَلَى الْمَنَارَةِ فَيُضِيءُ لِجَمِيعِ الَّذِينَ فِي الْبَيْتِ. فَلْيُضِئْ نُورُكُمْ هكَذَا قُدَّامَ النَّاسِ، لِكَيْ يَرَوْا أَعْمَالَكُمُ الْحَسَنَةَ، وَيُمَجِّدُوا أَبَاكُمُ الَّذِي فِي السَّمَاوَاتِ." (مت ٥: ١٣-١٦).

على كل تلميذ حقيقي إذاً أن يأخذ حذره جيداً في الحياة لئلا ينشغل بأموره الخاصة ويندمج في مجتمعه وينسى أنه سراج منير، وأن الرب قد أبقاه في هذه الحياة وهذا المجتمع لهدف أساسي هو أن يضيء، والضوء لا ينتج عن السراج أو المنارة نفسها، بل عن الزيت الذي بداخلهما، لذلك فإن رأى ذلك التلميذ أن ضوءه ينطفئ فعليه أن يصلي إلى الله ويطلب زيت الروح القدس الذي يستطيع أن ينيره ثانية، والكتاب المقدس يخبرنا أن الآب يريد أن يعطينا الروح القدس حين نطلب منه إذ يقول: "فَإِنْ كُنْتُمْ وَأَنْتُمْ أَشْرَارٌ تَعْرِفُونَ أَنْ تُعْطُوا أَوْلاَدَكُمْ عَطَايَا جَيِّدَةً، فَكَمْ بِالْحَرِيِّ الآبُ الَّذِي مِنَ السَّمَاءِ، يُعْطِي الرُّوحَ الْقُدُسَ لِلَّذِينَ يَسْأَلُونَهُ؟" (لو ١١: ١٣).

<u>مواطن الضعف في هذا التفسير</u>: يجد الدارس المدقق عدداً غير قليل من مواطن الضعف في هذا التفسير كالتالي:

١- يرى أصحاب هذا التفسير ضرورة وجود الروح القدس في (رؤ ١: ٤) هذا العدد لأنهم يفسرون "الكائن والذي كان والذي يأتي" أنه الاب، وبذلك يجدون في هذا العدد أقنوم الاب وأقنوم الابن "الرب يسوع المسيح" وبينهم "السبعة أرواح"، فيقولون أنه لابد أن تكون هذه السبعة أرواح رمزاً للروح القدس، لكننا سبق وشرحنا أن "الكائن والذي كان والذي يأتي" لا يشير إلى أقنوم الاب وإنما يشير إلى الاله يهوه مثلث الاقانيم.

٢- حتى إن افترض الدارس جدلاً أن لفظ "الكائن والذي كان والذي يأتي" يشير إلى أقنوم الاب، فهناك آيات أخرى في الكتاب المقدس يُذكَر فيها الاب والابن والملائكة بدون ذكر للروح القدس مثل قول الرسول بولس: "أُنَاشِدُكَ أَمَامَ اللهِ وَالرَّبِّ يَسُوعَ الْمَسِيحِ وَالْمَلاَئِكَةِ الْمُخْتَارِينَ أَنْ تَحْفَظَ هذَا بِدُونِ غَرَضٍ، وَلاَ تَعْمَلَ شَيْئًا بِمُحَابَاةٍ." (١تي ٥: ٢١)، ومثلما كتب لوقا: "لأَنَّ مَنِ اسْتَحَى بِي وَبِكَلاَمِي فَبِهذَا يَسْتَحِي ابْنُ الإِنْسَانِ مَتَى جَاءَ بِمَجْدِهِ وَمَجْدِ الآبِ وَالْمَلاَئِكَةِ الْقِدِّيسِينَ." (لو ٩: ٢٦)، فليس من الضروري إذاً أن نفسر "السبعة أرواح" في (رؤ ١: ٤) أنها إشارة للروح القدس.

٣- ربط السبعة أرواح الله بأوصاف الروح القدس المذكورة في (إش ١١: ١-٢) الذي رأيناه في بداية شرح هذا الرأي هو ربط غير موفق لأن أوصاف الروح القدس في هذه الأعداد من سفر إشعياء ليست سبعة، إذ أن تعبير "روح

الرب" ليس وصفاً أو إعلاناً عن الروح القدس، بل هو اسمه، كما أن روح الحكمة والفهم مرتبطين ببعضهما وليسا أمرين مختلفين، كذلك أيضاً المشورة والقوة مرتبطين، والمعرفة ومخافة الرب مرتبطين، فبذلك تكون الصفات المعلنة هنا هي ثلاثة صفات أو على الأكثر ستة صفات وليست سبعة.

٤- يذكر الكتاب المقدس أوصافاً أخرى للروح القدس في مواضع عدة إذ يسميه أيضاً "روح الحياة" (رو ٨: ٢)، و"روح النعمة" (عب ١٠: ٢٩)، و"روح الحق" (يو ١٤: ١٧)، و"روح القداسة" (رو ١: ٤)، و"روح القضاء" (إش ٢٨: ٦)، و"روح الإحراق" (إش ٤: ٤)، و"روح المجد" (١بط ٤: ١٤)، فهل يصح أن نسمي الروح القدس في هذه الحالة "أرواح الله الأربعة عشر"؟ كلا بالطبع، فحتى آيات (إش ١١: ١-٢) لا تقول: "وتحل عليه أرواح الرب، روح الحكمة و......"، لكنها تقول: "ويحل عليه روح الرب ..."، فروح الرب يذكر بصيغة المفرد في كل الكتاب المقدس، فلماذا يتوقع الدارس أن يشذ سفر الرؤيا عن هذا النهج ويصفه بالجمع هنا؟

٥- أخيراً فإن العديد من المفسرين الذين رأوا أنه لا يمكن الربط بين "السبعة أرواح" وصفات روح الرب المذكورة في (إش ١١: ١-٢)، لكنهم مازالوا يرون أن "السبعة أرواح" هي إشارة للروح القدس قالوا أن الأرواح سبعة لأنها تتوافق مع السبع كنائس، فالروح القدس يعمل بطريقة مختلفة في كل كنيسة، السباعيات كثيرة في سفر الرؤيا، كما أن العدد سبعة يشير إلى الكمال، والكمال هنا هو كمال الصفات وكمال العمل. لكن هذا الرأي ضعيف أيضاً، فالمسيح في رسائله للكنائس لم يقل أبداً: "من له أذن فليسمع ما تقوله الأرواح للكنائس"، لكنه قال: "مَنْ لَهُ أُذُنٌ فَلْيَسْمَعْ مَا يَقُولُهُ الرُّوحُ لِلْكَنَائِسِ." (رؤ ٢: ٧، ١١، ١٧، ٢٩؛ ٣: ٦، ١٣، ٢٢) معطياً للروح القدس صيغة المفرد، فإن كان الكتاب يقصد الروح القدس الذي يعمل بطرق مختلفة في السبع كنائس حين ذكر "السبعة أرواح"، فإنه كان من المفترض أن يحافظ المسيح على هذا النهج في رسائله إلى الكنائس.

<u>شرح الرأي الثاني:</u> يرى أصحاب هذا الرأي أن السبعة أرواح تتكلم عن سبعة كائنات ملائكية جبارة تقف أمام عرش الرب لتخدمه وتنفذ أوامره، وقد كان التقليد اليهودي يقول أن هناك سبع ملائكة يقفون أمام الله مذكورة أسماء ستة منهم في كتاب أخنوخ (Enoch chapter 20)، لكنه من المستبعد أن يشير الرب إلى التقليد اليهودي في سفر الرؤيا.

كما يرى بعض من أصحاب هذا الرأي أن ال"سبعة أرواح الله" المذكورة في (رؤ ٤: ٥)، و "السبعة الملائكة الذين يقفون أمام الله" في (رؤ ٨: ٢) يأتون في اليونانية مسبوقين بما يوازي ألف لام التعريف في العربية، وهي بذلك إشارة إلى أن هؤلاء قد سبق ذكرهم، والذكر الوحيد السابق للسبع ملائكة أو سبعة أرواح أمام العرش يأتي في (رؤ ١: ٤) ويتكرر في (رؤ ٣: ١).

يؤيد هذا الرأي العديد من آباء الكنيسة مثل "كليمندس الروماني" وهو أحد الآباء الرسوليين، والقديس "اندراوس القيصري" وآخرون، كما يؤيده العديد من المفسرين الأحدث مثل "هاموند" و "ادم كلارك" (١٠)، وبعض المعاصرين مثل "مايكل هايزر"، والعديد من كتب التفسير مثل التفسير الدولي الجديد (NIC)، وآخرين.

<u>مواطن الضعف في هذا التفسير:</u> هناك موطني ضعف رئيسيين في هذا التفسير هما:

١- النعمة المرسلة في (رؤ ١: ٤) هي عطية إلهية (قارن مع: رو ١: ٧؛ ١كو ١: ٣؛ ٢كو ١: ٢؛ غل ١: ٣؛ أف ١: ٢؛ في ١: ٢؛ كو ١: ٢؛ ١تس ١: ١؛ ٢تس ١: ٢؛ تيط ١: ٤؛ فل ٣؛ ٢يو ١: ٣ - لاحظ أن النعمة السلام في هذه الأعداد مرسلة من الله الآب والرب يسوع المسيح بدون ذكر للروح القدس)، وهي لا تعطى من ملائكة أو كائنات روحية، أما السلام، فقد سبق وقدمته الملائكة كتحية للبشر عند ظهورهم (راجع: لو ١: ٢٨).

لكن هذا الاعتراض تتضائل أهميته إذا ما قارن الدارس هذه التحية الافتتاحية بتحية الرسول بطرس الافتتاحية في رسالته الأولى إذ يقول: "لِتُكْثَرْ لَكُمُ النِّعْمَةُ وَالسَّلاَمُ." (١بط ١: ٢)، فإن كانت هذه هي تحية الرسول بطرس وهو إنسان في الجسد، فلماذا نقول أن الكائنات الملائكية لا تستطيع أن ترسل تحية مماثلة؟ كما أن باقي التحيات الافتتاحية لجميع رسائل العهد الجديد لا تذكر الروح القدس بصفته أحد مرسلي النعمة بجانب الله الآب والرب يسوع المسيح، فلماذا نقوم بتفسير السبعة أرواح الله في العدد محل الدراسة على أنها إشارة إلى الروح القدس؟

٢- تفسير (رؤ ٥: ٦) في ضوء نبوة سفر زكريا، يجعل القارئ يفسر أن الأعين السبعة هي جزء من الذات الإلهية، فبذلك يُرجِّح الرأي الذي يفسرها بأنها رمز للروح القدس، لكن المفسر هنا يقع في مشكلة أخرى في التفسير وهو أنه يفسر رمزاً برمز آخر، بمعنى أن الأعين تشير إلى السبعة أرواح التي تشير بدورها إلى الروح القدس، وطبقاً لعلوم التفسير يعتبر هذا أمر مستبعد أو غير جائز.

الحل الآخر الذي اقترحه البعض لهذا الجزء هو أن الروح القدس حاضر في التحية في (رؤ ١: ٤-٦)، وهو لديه سبعة كائنات ملائكية جبارة تمثل أمام العرش وتخدمه وتتمم مشيئته في العالم (٦٨).

الملحق رقم ٢
معنى سر السبعة كواكب أي ملائكة السبع الكنائس

لقد اختلف المفسرون في فهم المقصود بالملائكة في الآية محل الدراسة (رؤ ١: ٢٠)، ففسر البعض الملائكة بأنهم ملائكة حقيقيين، وفسرهم آخرون بأنهم قادة الكنائس، وآخرون بأنهم تجسيداً للروح المسيطرة على الكنيسة بشكل عام، وآخرون بأنهم رسل السبع كنائس الذين ذهبوا إلى يوحنا في المنفى ليستلموا تعليماته لكنائسهم؛ ولكل تفسير من هذه التفاسير مواطن قوة ومواطن ضعف سوف نتكلم عنها بالتفصيل في الصفحات التالية، ثم نوضح رأي مؤلف هذا الكتاب في النهاية:

التفسير الأول: ملاك الكنيسة هو كائن ملائكي سماوي

يعتقد البعض أن الملائكة المقصودة هنا هي الملائكة الحارسة للكنائس، فكما أن هناك ملائكة أشرار قائمين على ممالك الأمم كما يقول دانيال: "وَرَئِيسُ مَمْلَكَةِ فَارِسَ وَقَفَ مُقَابِلِي....." (دا ١٠: ١٣)، وأيضاً: "فَقَالَ: هَلْ عَرَفْتَ لِمَاذَا جِئْتُ إِلَيْكَ؟ فَالآنَ أَرْجِعُ وَأُحَارِبُ رَئِيسَ فَارِسَ. فَإِذَا خَرَجْتُ هُوَذَا رَئِيسُ الْيُونَانِ يَأْتِي." (دا ١٠: ٢٠)، وكما أن ميخائيل هو الملاك المسؤول عن شعب الله كما يقول سفر دانيال: "..... وَلاَ أَحَدٌ يَتَمَسَّكُ مَعِي عَلَى هؤُلاَءِ إِلاَّ مِيخَائِيلُ رَئِيسُكُمْ." (دا ١٠: ٢١) (قارن أيضاً مع: دا ١٢: ١)، وكما أن هناك ملائكة لأطفال البشر في السماوات كما أكد الرب يسوع في إنجيل متى قائلاً: "اُنْظُرُوا لاَ تَحْتَقِرُوا أَحَدَ هؤُلاَءِ الصِّغَارِ لأَنِّي أَقُولُ لَكُمْ إِنَّ مَلاَئِكَتَهُمْ فِي السَّمَاوَاتِ كُلَّ حِينٍ يَنْظُرُونَ وَجْهَ أَبِي الَّذِي فِي السَّمَاوَاتِ." (مت ١٨: ١٠)، وكما أن المؤمنين الأوائل كانوا يعتقدون على ما يبدو أن للرسول بطرس ملاك خاص به إذ قالوا للجارية التي سمعت صوت بطرس على الباب: "..... أَنْتِ تَهْذِينَ!. وَأَمَّا هِيَ فَكَانَتْ تُؤَكِّدُ أَنَّ هكَذَا هُوَ. فَقَالُوا: إِنَّهُ مَلاَكُهُ!." (أع ١٢: ١٥)، كذلك فإن الكنائس لها ملائكة خاصة بها تعمل على تتميم مشيئة الله في هذه الكنائس.

يؤيد هذا الرأي كون الكواكب التي ترمز إلى ملائكة الكنائس موضعها دائماً في السماء، وهي دائمة الإضاءة على عكس المنابر التي توضع على الأرض وقد يخبو نورها نتيجة أمور عديدة مثل نقص الزيت (قارن مع: مت ٢٥: ٨)، وبذلك يرى مؤيدو هذا الرأي أن الملائكة المذكورين هنا كائنات سماوية لا يتأثر نورها ولا حالها بالأمور الدنيوية مثل المنابر.

من هذا المنطلق فسر بعض من آباء الكنيسة الأوائل مثل "كليمندس الروماني" و"اندراوس القيصري" وآخرون، ومن المفسرين الحديثين مثل "Valla, Beza, Drusius, Hammond" وغيرهم فسروا "السبعة أرواح

الله" المذكورة في قول الكتاب: "وَمِنَ الْعَرْشِ يَخْرُجُ بُرُوقٌ وَرُعُودٌ وَأَصْوَاتٌ. وَأَمَامَ الْعَرْشِ سَبْعَةُ مَصَابِيحِ نَارٍ مُتَّقِدَةٌ، هِيَ سَبْعَةُ أَرْوَاحِ اللهِ." (رؤ ٤: ٥) على أنها السبع الملائكة المشار إليهم في الآية محل الدراسة، فهم سبعة أرواح أمام العرش وليست جالسة عليه، وهذا يشير إلى أنها أرواحاً خادمة لله؛ كما ربط هؤلاء المفسرون أيضاً بين الملائكة المذكورين هنا والسبعة ملائكة المذكورين في الرؤيا لاحقاً حين قال يوحنا: "وَرَأَيْتُ السَّبْعَةَ الْمَلاَئِكَةَ الَّذِينَ يَقِفُونَ أَمَامَ اللهِ وَقَدْ أُعْطُوا سَبْعَةَ أَبْوَاقٍ." (رؤ ٨: ٢)، وهذا الربط جاء لأن يوحنا لم يقل في هذه الآية الأخيرة أنه رأى سبعة ملائكة بل عرف هؤلاء الملائكة السبعة بالألف واللام (τοὺς في اليونانية) وهذا يدل على أنه يعرف هؤلاء الملائكة السبع قبل رؤيته لهم هنا، هذا في الوقت الذي لا يوجد فيه أي ذكر لسبعة ملائكة آخرين في سفر الرؤيا بين الأصحاحين الثالث والثامن. (٦)

كما أن العلامة أوريجانوس (١٨٥ إلى ٢٥٤ ميلادية) وهو مؤسس التفسير الرمزي للكتاب المقدس قد كتب في الباب السادس من كتابه "عن الصلاة" (On Prayer) مفسراً السبع ملائكة أنهم ملائكة سماويين حقيقيين مسؤولين أو قائمين على هذه الكنائس (بعكس اتجاهه العام للتفسير الرمزي)، وقد اتفق القديس جيروم (٣٤٧ إلى ٤٢٠ ميلادية) أيضاً مع هذا الرأي (٥).

يرى أيضاً بعض مؤيدي هذا الرأي أن فكرة تمثيل ملاك سماوي لكنيسة معينة أمام الله مع الأخذ في الإعتبار بأن الكنيسة التي يمثلها الملاك هي المقصودة بالرسالة فكرة تحل الكثير من معضلات التفسير في هذه الآية، فالملائكة أنفسهم قد ناظروا أنفسهم بالمؤمنين حين قال أحدهم ليوحنا: "انْظُرْ لاَ تَفْعَلْ! أَنَا عَبْدٌ مَعَكَ وَمَعَ إِخْوَتِكَ الَّذِينَ عِنْدَهُمْ شَهَادَةُ يَسُوعَ." (رؤ ١٩: ١٠)، وحين قال آخر ليوحنا لاحقاً: "انْظُرْ لاَ تَفْعَلْ! لأَنِّي عَبْدٌ مَعَكَ وَمَعَ إِخْوَتِكَ الأَنْبِيَاءِ، وَالَّذِينَ يَحْفَظُونَ أَقْوَالَ هذَا الْكِتَابِ." (رؤ ٢٢: ٩). وفي الأصحاح الثامن من نفس السفر يقول الكتاب: "وَجَاءَ مَلاَكٌ آخَرُ وَوَقَفَ عِنْدَ الْمَذْبَحِ، وَمَعَهُ مِبْخَرَةٌ مِنْ ذَهَبٍ وَأُعْطِيَ بَخُوراً كَثِيراً لِكَيْ يُقَدِّمَهُ مَعَ صَلَوَاتِ الْقِدِّيسِينَ جَمِيعِهِمْ عَلَى مَذْبَحِ الذَّهَبِ الَّذِي أَمَامَ الْعَرْشِ. فَصَعِدَ دُخَانُ الْبَخُورِ مَعَ صَلَوَاتِ الْقِدِّيسِينَ مِنْ يَدِ الْمَلاَكِ أَمَامَ اللهِ." (رؤ ٨: ٣-٤)، ونرى في هذه الآيات كيف أن هذا الملاك قد مَثَّلَ المؤمنين حيث أنه أخذ صلواتهم وقدمها أمام الله. بناء على هذا يرى المفسر أن الملائكة في (رؤ ١: ٢٠) هم أيضاً ملائكة حقيقيون يمثلون السبع كنائس أمام الله (٧).

هنا يضيف المفسر أنه قد يسأل أحدهم: لماذا تخاطب الكنائس من خلال ممثلها الملائكي في الرسائل خاصة وأنه قد يبدو من غير المعقول أن تُوَبَّخ الملائكة على خطايا الكنائس؟ والإجابة البديهية على هذا السؤال بحسب المفسر أنه بالتلازم مع مبدأ التمثيل، فالملاك مسؤول عن أفعال الكنيسة والكنيسة مسؤولة وتستفيد من أفعال ومكانة الملاك (٧).

أما السبب الأكمل لمخاطبة الرب للكنائس من خلال الملائكة الممثلة لهم بحسب هذا التفسير هو أن تتذكر الكنائس بأن أحد أبعاد كينونتها هو بعد سماوي وأن

بيتها الحقيقي ليس مع سكان الأرض الغير مؤمنين، كما أن لديها معونة وحماية من السماء في معركتها مع العالم الوثني لكي لا تتمثل به وتعيش مثله.

مواطن القوة في هذا التفسير:
١- كل المرات الأخرى التي ذكرت فيها كلمة ملاك في سفر الرؤيا (حوالي ٦٥ مرة) كان المقصود منها ملاك سماوي حقيقي.
٢- الأغلبية العظمى من مترجمي الكتاب المقدس (باستثناء ترجمة ISV وYLT وترجمات قليلة أخرى) التزموا بترجمة الكلمة اليونانية "angelos" إلى كلمة ملاك ولم يحاولوا تفسيرها أو ترجمتها "رسول".

مواطن الضعف في هذا التفسير:
١- لا يذكر الكتاب المقدس في أي موضع آخر أن الرب وجه كلامه لملاك سماوي من خلال إنسان، أو أنه استخدم الإنسان لتوبيخ أو تشجيع ملاك، بل على العكس، كل الأحداث المذكورة في الكتاب المقدس التي كان فيها حديث أو لقاء بين الناس والملائكة كان الملاك دائماً هو من ينقل كلام الله وتوجيهاته للإنسان. [أمثلة: تك ١٨-١٩ (ملائكة يظهرون لإبراهيم وللوط)؛ يش ٥: ١٣-١٤ (ملاك يظهر ليشوع)؛ دا ١٠ (ملاك يظهر لدانيال)؛ ١مل ١٩ (ملاك يظهر لإيليا)؛ إش ٦ (ملائكة يظهرون لإشعياء)؛ لو ١: ١١-٢٠ (ملاك يظهر لزكريا)؛ لو ١: ٢٦-٣٨ (ملاك يظهر للعذراء مريم)؛ لو ٢: ٨-١٤ (ملائكة تظهر للرعاة)؛ يو ٢٠: ١١-١٣ (ملاكان يظهران لمريم المجدلية عند قبر يسوع)].
٢- ما الهدف من إرسال الرسالة إلى ملاك سماوي من خلال إنسان؟ فأسفار الوحي جميعها موجهة للإنسان وليس للملائكة، وما الهدف من كتابة الرسالة الموجهة للملائكة السماويين بحبر على ورق؟ وإن كانت الكنائس هي المقصودة بالرسائل وليس الملائكة الممثلين للكنائس، فلماذا يخاطب الملائكة من الأساس ويسبب كل هذه الحيرة وهذا اللغط؟
٣- لا يذكر في أي موضع آخر في الكتاب المقدس أن الرب وجه توبيخاً لملائكة أطهار لسبب تقصيرهم في أداء عملهم حتى وإن كان المقصود بالتوبيخ هو البشر.
٤- كيف نفسر أن الملاك يمكن أن يكون في ضيقة وفقر (رؤ ٢: ٩)، أو أنه ترك محبته الأولى (رؤ ٢: ٤)، أو أنه من الممكن أن يكون خائفاً من الاضطهاد (رؤ ٢: ١٠)، وكيف يمكن أن يسكن أحد هؤلاء الملائكة حيث كرسي الشيطان (رؤ ٢: ١٣)، ثم كيف يمكن أن يكون للملاك الطاهر اسم أنه حي وهو ميت (رؤ ٣: ١)، وكيف يتكلم الرب عن أحد هؤلاء الملائكة الأقوياء قائلاً أن له قوة يسيرة (رؤ ٣: ٨)، وهل من الممكن أن ينكر الملاك الطاهر اسم الرب (رؤ ٣: ٨)، أو هل من الممكن أن يتقيأ الرب ملاكاً من فمه (رؤ ٣: ١٦)؟

٥- يلوم الرب الملائكة في هذه الرسائل على خطايا متعددة، لكن الملائكة الأطهار لا يخطئون مثل هذه الخطايا التي لم يرتكب مثلها إلا الشيطان وملائكته، فلا يمكن أن يقول لهم الرب كلاماً مثل "فَاذْكُرْ مِنْ أَيْنَ سَقَطْتَ وَتُبْ" (رؤ ٢: ٥) (٨).
٦- لا توجد سابقة في الكتاب المقدس كلم فيها الرب ملاكاً وهو يقصد الكنيسة أو إنسان، كما أن فكرة التمثيل بهذا المفهوم غير موجودة في أي مكان آخر في الكتاب المقدس، واستخدام آيات (رؤ ٨: ٣-٤) للقول بأن الملائكة تأخذ صلوات المؤمنين وتقدمها أمام الله كممثلين عن المؤمنين هي فكرة غير مدعومة بأي تعليم مماثل في أي مكان آخر في الكتاب المقدس، وهي تضع الملائكة في مكانة الوسيط بين الله والإنسان، كما أنها تنافي محدودية الملائكة وعدم محدودية الله بمعنى أن الملائكة لا يسمعون صلوات الإنسان الغير منطوقة لأنهم لا يفحصون قلب الإنسان وأفكاره، لكن الله يفعل ذلك، كما أن الملائكة محدودة وغير موجودة في كل مكان لتسمع صلوات المؤمنين في كل مكان في آن واحد، لكن الله موجود في كل مكان في آن واحد وهو وحده سامع الصلاة. لذلك فإن افتراض أن الملاك هو ممثل المؤمنين أمام الله هو افتراض ضعيف في أساسه.
٧- افتراض أن الملائكة مسؤولين عن حالة الكنيسة باعتبارهم الملائكة الحارسة وباعتبارهم ممثلين أمام الله للكنيسة فكرة غير صحيحة كتابياً، لأننا بذلك نلوم ملاكاً على اختيارات خاطئة قام بها أشخاص مَتَّعَهُم الله بحرية الإرادة. من هذا المنظور يمكن أن نضع اللوم على الرب نفسه بسبب سقوط آدم في الخطيئة باعتبار أن الرب كان مسؤولاً عن آدم في جنة عدن، وهذا بالطبع فكر خاطئ تماماً.
كل هذه القضايا تضعف من هذا التفسير وتنفيه.

<u>التفسير الثاني:</u> الملائكة هم رسل الكنائس السبع الذين أرسلتهم الكنائس فذهبوا إلى يوحنا في المنفى ليتسلموا رسائله وتوجيهاته للكنائس (٩).
يقول مؤيدو هذا الرأي أن الكلمة اليونانية ملائكة (angelos) المستخدمة هنا تعني رسل، فالملاك في اللغة اليونانية هو الرسول، وقد استخدم الكتاب المقدس هذه الكلمة في أسفار أخرى من العهد الجديد للحديث عن أشخاص أرسلهم الله لشعبه مثل ما تكلم عن يوحنا المعمدان قائلاً: "فَإِنَّ هذَا هُوَ الَّذِي كُتِبَ عَنْهُ: هَا أَنَا أُرْسِلُ أَمَامَ وَجْهِكَ مَلاَكِي الَّذِي يُهَيِّئُ طَرِيقَكَ قُدَّامَكَ." (مت ١١: ١٠) (قارن أيضاً مع: مر ١: ٢؛ لو ٧: ٢٧)، كما استخدمت نفس الكلمة للإشارة إلى الرسولين الذين أرسلهما يوحنا إلى الرب يسوع كما يقول الكتاب: "فَلَمَّا مَضَى رَسُولاَ (angelos) يُوحَنَّا ابْتَدَأَ يَقُولُ لِلْجُمُوعِ عَنْ يُوحَنَّا...." (لو ٧: ٢٤)، كما استخدمت للإشارة إلى بعض من تلاميذ المسيح كما يقول الكتاب: "وَأَرْسَلَ أَمَامَ وَجْهِهِ رُسُلاً (angelos) فَذَهَبُوا وَدَخَلُوا قَرْيَةً لِلسَّامِرِيِّينَ حَتَّى يُعِدُّوا لَهُ." (لو ٩: ٥٢)، وللإشارة إلى الجاسوسين الذين أرسلهما يشوع لتجسس أريحا: "كَذلِكَ

رَاحَابُ الّزَانِيَةُ أَيْضاً، أَمَا تَبَرَّرَتْ بِالأَعْمَالِ، إِذْ قَبِلَتِ الرُّسُلَ (angelos) وَأَخْرَجَتْهُمْ فِي طَرِيقٍ آخَرَ؟" (يع ٢: ٢٥).
يرى مؤيدو هذا الرأي أيضاً أن الرسل الذين أرسلتهم الكنائس ليوحنا لم يكونوا حاملي رسائل عاديين، بل قادة وممثلين عن كل كنيسة ليبلغوا يوحنا بأحوال الكنائس ثم ينقلوا مرة أخرى نبوءاته الرسولية إلى الكنائس، وبالتالي فإنهم يشغلون وظيفة مشابهة بينه وبين الكنائس السبعة لتلك التي كان من المحتمل أن يشغلها أبفرودتس بين بولس وأهل فيلبي (قارن مع: في ٢: ٢٥؛ ٤: ١٨)

مواطن الضعف في هذا التفسير:
١- الرسائل المبعوثة بيد رسول لا تكون موجهة للرسول أبداً، لكنها توجه للمرسل إليه تماماً كما أن الرسائل التي يرسلها أي شخص في هذه الأيام لا تكون موجهة لهيئة البريد بل للمرسل إليه، فكيف تكون رسائل الرب للسبع الكنائس موجهة لرسل الكنائس الذين لا يملكون أي سلطان أو درجة قيادية في هذه الكنائس؟ الحل الوحيد لهذه المعضلة هو أن يكون هؤلاء الرسل هم أنفسهم قادة هذه الكنائس السبع، لكن هذا الأمر يمكن استبعاده تماماً إذا وضعنا في الاعتبار بقية مواطن ضعف هذا التفسير.
٢- يوحنا الرسول كان في منفى روماني، فكيف وصل إليه سبعة رسل أو سبعة قادة من الكنائس؟ وكيف سُمِحَ لهم بمقابلته والجلوس معه واستلام الرسائل منه؟ هذا بالإضافة إلى أنه لا توجد أي شواهد في التاريخ المسيحي تدل على صحة هذه القصة (١٠). وللرد على هذا الاعتراض يقول البعض أن يوحنا أرسل رسائله بالفعل إلى الكنائس من المنفى بحسب أمر الرب له في الأصحاح الأول، فما المانع من أن يكون قادة الكنائس هم من استلموها منه.
٣- لا يصف الكتاب المقدس الرسل البشريين أبداً بالكواكب.
٤- هذا التفسير لا يجعل لسر السبعة كواكب معنى، فما السر وراء أن رسل هذه الكنائس سينقلون رسائل يوحنا، أو بالأحرى رسائل الرب إلى السبع كنائس؟ ولماذا يسمي الرسل في هذه الحالة كواكب؟
٥- كيف يلوم الرب رسل الكنائس (في حال أنهم ليسوا قادة الكنائس) على تقصيرهم في أمور لا سلطان لهم عليها مثل تسيب المرأة إيزابل (رؤ ٢: ٢٠)، وكيف يطلب من أحدهم أن يكون ساهراً ويشدد ما بقي (رؤ ٣: ٢) وهو ليس له سلطان يمكنه من فعل ذلك في الكنيسة؟ ولماذا يهدد الرب بمعاقبة الكنيسة على خطايا ارتكبها رسول لأحد هذه الكنائس بحسب هذا التفسير (رؤ ٢: ١٦،٥).
للإجابة على هذا الاعتراض، يقول البعض أن الرب كان بالفعل يكلم الكنائس في شخص رسلها، أي أن الرسائل كانت موجهة للكنائس وليست للرسل، لكن الرب كلم الرسل باعتبارهم الممثلين عن الكنائس؛ لكن هذه الاجابة معيبة لأن شعب الكنيسة كأفراد (وليس كجماعة) ليس لهم سلطة في الكنيسة أن يتحكموا في تعليم إيزابل، أو النيقولاويين، أو مثل ذلك، كما أن هذا التفسير يجعل استخدام الرب

لصيغة المفرد أحياناً وصيغة الجمع في أحيان أخرى بلا معنى إذ أنه في كل الأحوال يوجه كلامه إلى الكنيسة ككل وليس إلى أي قائد.

٦- لم تكن الرسائل السبعة مرسلة من خلال الملائكة، ولكنها كانت مرسلة إليهم (١٠).إذ يقول الكتاب: "أُكْتُبْ إِلَى مَلاَكِ كَنِيسَةِ أَفَسُسَ" (رؤ ٢: ١)، كما يقول: " وَالَّذِي تَرَاهُ اكْتُبْ فِي كِتَابٍ وَأَرْسِلْ إِلَى السَّبْعِ الْكَنَائِسِ الَّتِي فِي أَسِيَّا" (رؤ ١: ١١)، فالملائكة لم يكونوا مع يوحنا أو أمامه، لكنهم كانوا في أماكن بعيدة، ويوحنا أرسل لهم هذه الرسائل، وهذا الاعتراض في الحقيقة هو أقوى اعتراض على هذا التفسير.

يرى ترينش أن: هذا التفسير يتحطم عند كل نقطة، وبين تفاسير أخرى كسيحة وبلا نفع، فإن هذا التفسير هو الأسوأ (٥).

<u>التفسير الثالث:</u> الملائكة هم تجسيد للروح المسيطرة على الكنيسة بشكل عام.

كما ذكرنا من قبل، فإن وظيفة المناير هي الإنارة على الأرض، أما الكواكب فهي تنير في السماء؛ والمناير قد يخبو نورها نتيجة نقص الزيت، لكن الكواكب دائمة الإنارة، فالكواكب إذاً هي شخصيات اعتبارية تمثل العنصر السماوي الروحي في الكنيسة وليس بالضرورة شخص بعينه بحسب هذا الرأي.

يرى أصحاب هذا الرأي أنه يظهر تماثل ملاك كل كنيسة مع الكنيسة نفسها بشكل ملحوظ من خلال حقيقة أنه على الرغم من أن كل رسالة موجهة إلى الملاك ، إلا أن القول المتكرر باستمرار هو "... فليسمع ما يقوله الروح للكنائس" وليس "لملائكة الكنائس". الملاك والكنيسة هما إذاً نفس الشيء في جوانب مختلفة: الأول هو طابعهما الروحي المتجسد. والآخر هو جماعة المؤمنين الذين يمتلكون جماعياً هذه الصفة. (٢)

<u>مواطن الضعف والنقاط الجدلية في هذا التفسير:</u>

١- هذا التفسير يجعل الكنيسة والملاك شيئاً واحداً، وهو بذلك يجعل الكواكب والمناير شيئاً واحداً، وهذا يجعل فصل الرب لهما بلا معنى، كما أنه يجعل "سر الكواكب والمناير" بلا معنى أيضاً.

٢- هذا التفسير يجعل مخاطبة الرب في رسائله للملائكة بالمفرد وللكنيسة بالجمع بلا معنى (راجع: رؤ ٢: ١٠)

٣- هذا التفسير يجعل الكنيسة كجماعة تتحمل مسؤولية أمور كثيرة من اختصاص قادة الكنيسة مثل نقاوة التعليم (راجع: رؤ ٢: ١٤-١٦)، وهو أمر غير معقول عملياً.

<u>التفسير الرابع:</u> الملائكة هم قادة الكنائس باعتبارهم رُسُل (ملائكة) الله لكنائسه

يعتبر هذا التفسير من أسهل التفاسير وأكثرها شيوعاً، فكما أن الكتاب سمى يوحنا المعمدان ملاكاً (angelos) باعتباره رسول الرب إلى شعبه إسرائيل (مت ١١: ١٠)، وكما أطلق الرب على الكاهن في العهد القديم لقب "ملاك \ رسول" (âk'mal) (ملا ٢: ٧)، فكذلك أيضاً أطلق الرب لقب "ملائكة \ رسل" (angelos) على قادة الكنائس السبع باعتبارهم رسله إلى الكنائس.

مواطن القوة في هذا التفسير:

١- قادة الكنائس هم المسؤولون عن حالة الكنيسة الروحية ورفض التعاليم المضلة، كما أنهم المسؤولون عن توبيخ المخطئين وفرزهم من الكنيسة؛ ومسؤولية القائد هي أمر واضح في الكتاب المقدس من أوله إلى آخره.

٢- هذا التفسير يعطي معنى لكون الملائكة محفوظون في يد المسيح.

٣- هذا التفسير يعطي معنى أيضاً لتسمية المسيح لهؤلاء القادة بالكواكب طبقاً لمعنى الكواكب الذي شرحناه في بداية تفسير هذا العدد.

مواطن الضعف والنقاط الجدلية في هذا التفسير:

١- لا توجد سابقة في العهد الجديد أو في تاريخ الكنيسة أو في كتابات الآباء الأوائل أُطلِق فيها لقب كواكب على قادة أي كنيسة، أو حتى على الرسل أنفسهم. (١٢)

٢- إذا كان الرب يقصد قادة الكنائس فلماذا سماهم ملائكة ولم يقل " قساوسة" مثلاً، أو "شيوخاً " وهو اللقب الذي كان متعارفاً عليه في الكنيسة (مثال: ١بط ٥: ١؛ ٢يو ١: ١؛ ٣يو ١: ١) واستخدم لاحقاً في سفر الرؤيا ١٢ مرة. (١٣).

٣- لا يذكر الكتاب المقدس أن كنيسة مدينة مثل أفسس كان لها أسقفاً واحداً، لكن يقول أن بولس استدعى قسوس الكنيسة (أع ٢٠: ١٧)، (قارن أيضاً مع: أع ١٤: ٢٣؛ ١٥: ٢-٤؛ ٢١: ١٨؛ في ١: ١؛ ١تس ٥: ١٢؛ تيط ١: ٥؛ عب ١٣: ١٧؛ يع ٥: ١٤؛ ١بط ٥: ١-٥).

من المهم أن يلاحظ القارئ أيضاً أن الوقت الذي كُتِبت فيه هذه الرسائل كان زمن اضطهاد للكنيسة من قِبَل الإمبراطور دوميتيان، وهذا الاضطهاد هو السبب في وجود يوحنا في المنفى من الأساس، وبسبب الاضطهاد لم يكن متاحاً للمؤمنين أن يجتمعوا بأعداد كبيرة في مجامع أو دور عبادة علنية، بل كانوا يجتمعون في البيوت في الخفاء بأعداد صغيرة، وعلى ذلك فقد كان في كل مدينة كنائس بيوت صغيرة عديدة، وبالتالي عدد من القسوس لهذه الكنائس.

وللرد هذا الاعتراض يرى البعض أن أشخاصاً مثل تيموثاوس وتيطس لم يكونوا رسلاً، كما أنهم لم يكونوا شيوخاً عاديين في الكنيسة بل كانوا بمثابة قادة للشيوخ، إذ أن بولس طلب من تيطس أن يقيم شيوخاً في كل كنيسة (تيط ١: ٥)، كما انه طلب من تيموثاوس أن لا يقبل شكاية على شيخ إلا على فم شاهدين أو

ثلاثة (١تيم ٥: ١٩) معطياً إياه سلطاناً على شيوخ الكنيسة، كما أن بولس ترك تيموثاوس في أفسس في الأساس لكي يصحح ويقوم التعليم في الكنيسة (١تيم ١: ٣-٤) مما يجعله بمثابة قائداً للكنيسة في أفسس كما يجعل تيطس قائداً للكنيسة في كريت. هذا بالإضافة إلى أن هذه الوظيفة الكنسية التي سماها البعض فيما بعد "الأسقف" [مميزين إياها عن وظيفة "القس" ووظيفة "الشيخ" في حين أن الثلاثة وظائف هم وظيفة واحدة بحسب ما يقوله الكتاب المقدس]، هذه الوظيفة قد لاحت أيضاً في رسائل القديس إغناطيوس في بداية القرن الثاني الميلادي أي بعد عقدين فقط من كتابة الرسول يوحنا لسفر الرؤيا بحسب التقليد الكنسي المعترف به، إذ ذكر وظيفة الأسقف ١٤١ مرة في رسائله السبع إلى الكنائس، وكان في كل مرة يتكلم عن أسقف واحد بعينه وليس عن أحد الشيوخ في الكنيسة. (مثال: رسالة القديس إغناطيوس إلى أفسس، الباب الأول، الأعداد من ٦ إلى ٨ التي يتكلم فيها عن أنسيمس أسقف أفسس) (١٤).

٤- إذا اعتبر هنا الملاك رمزاً للأسقف، فإنها ستكون المرة الأولى في الكتاب المقدس التي يشرح فيها الرب رمزاً برمز آخر، وهذا في علوم تفسير الكتاب المقدس يعتبر أمراً غير وارد. لكن هذا الاعتراض يمكن دحضه بسهولة إذا اعتبرنا أن الرب يكلم قائد أو قادة هذه الكنائس بصفتهم رسله للكنائس، وبالتالي فإن النجوم ترمز لرسل الله لكنائسه، وبذلك ينتفي وجود رمز لرمز آخر.

<u>رأي مؤلف هذا الكتاب:</u>

من بين التفسيرات السابقة يمكن بسهولة استبعاد التفسير الأول الذي يرى أن الملائكة المقصودين هنا هم ملائكة سماويون حقيقيون، وذلك بسبب كثرة مواطن الضعف في هذا التفسير وعدم منطقيته. كذلك أيضاً ولنفس السبب يمكن استبعاد التفسير الثالث الذي يقول أن الملاك هو تجسيد للروح المسيطرة على الكنيسة.

التفسير الثاني الذي يقول أن الملائكة هم رسل الكنائس الذين ذهبوا للقديس يوحنا في المنفى هو أيضاً تفسير غير منطقي إلا إذا كان هؤلاء الرسل هم قادة الكنائس أنفسهم وهو ما سبق واستبعدناه.

بذلك يمكننا القول بأن الملائكة المقصودين هم قادة وخدام الكنائس، أو أصحاب المواهب التي تنير في الكنيسة ولاسيما المعلمين أو الأساقفة الذين يحكمون مميزين بين الصواب والخطأ وبين الخير والشر وبين الأمور المتخالفة، ويحكمون في التعليم.

يمكن أن يكون هناك شخص واحد بعينه يقود الكنيسة مثل تيموثاوس الذي قاد كنيسة أفسس لفترة، أو قد يكون في كنيسة كيان أو جماعة شيوخ أو قسوس يديرون الكنيسة من خلال مجلس أو مجمع أو لجنة؛ في كل الأحوال يكلم الرب هذا الشخص أو الكيان بصيغة المفرد باعتبارهم قيادة الكنيسة المسؤولة عن حالة الكنيسة أمامه، وباعتبارهم ممثلين عن هذه الكنائس.

الملحق رقم ٣
معنى لقب "القدوس"

لقد قصد الرب بأن يقول لملاك كنيسة فيلادلفيا أنه هو الإله الحقيقي يهوه، وأنهم لم يضلوا الطريق حين تبعوه وعبدوه كما يدعي اليهود، ولكي يوضح لهم ذلك وصف نفسه بلقب "القدوس" الذي يطلق فقط على الله (وبالتالي على المسيح باعتباره الإله يهوه).

من المهم أن نوضح في البداية أن قداسة الله موضوع أكبر وأوسع بكثير من أن يتم شرحه في ملحق كتاب، بل إنه في الحقيقة أكبر بكثير من استيعاب العقل البشري، لكننا في الصفحات التالية سنتناول أهم معاني لقب القدوس بإيجاز شديد، وبالتالي فإن هذا الملحق لا يغطي موضوع قداسة الله من جميع جوانبه، وهو بالتالي ليس دراسة مستفيضة في قداسة الله.

من المهم أيضاً أن نوضح أن هذا الملحق معظمه مأخوذ عن برنامج تلمذة للقس هاني باسيلي، وهو بالتالي ليس من تأليف كاتب هذا الكتاب، لكن الكاتب قد لخص بعض النقاط الهامة في برنامج التلمذة ليقدمها بشكل مختصر في هذا الملحق (٧٠).

إن لقب القدوس إذاً هو أحد ألقاب الله التي لا تطلق على البشر أو على الملائكة [باستثناء ما جاء في (دا ٤: ١٣، ١٧، ٢٣) إذ أُطلق هذا اللقب على الملائكة، غير أن الأصل الآرامي لكلمة "قدوس" التي جاءت في هذه الآيات يختلف عن أصل لقب "القدوس" الذي يطلق على الله]، ومعناه أن الله منفصل في طبيعته وصفاته، ومتميز تميزاً تاماً عن كل الخليقة بما فيها إبليس وجميع الملائكة بمختلف رتبهم من حيث:

١- طبيعته، فالله روح، وهو أيضاً ثالوث:

- روح: يقول الكتاب المقدس: "اَللهُ رُوحٌ. وَالَّذِينَ يَسْجُدُونَ لَهُ فَبِالرُّوحِ وَالْحَقِّ يَنْبَغِي أَنْ يَسْجُدُوا" (يو ٤: ٢٤)، وروحه مختلفة عن أرواحنا وأرواح الملائكة، فالله خارج منظومة الخليقة وأعظم منها بكثير، وهو ليس مصنوعاً من أي مادة وليس له أجزاءاً، أي أنه لا ينقسم، والحقيقة أنه لا يمكننا إدراك حقيقة الله الخالق بحواسنا الجسدية المخلوقة المحدودة، فالله أعظم وأروع من أي كيان آخر مخلوق مهما كان. ولأن الله روح، فإننا نستطيع أن نتواصل معه بأرواحنا. يقول الكتاب المقدس: "فَإِنَّ اللهَ الَّذِي أَعْبُدُهُ بِرُوحِي، فِي إِنْجِيلِ ابْنِهِ، شَاهِدٌ لِي كَيْفَ بِلاَ انْقِطَاعٍ أَذْكُرُكُمْ،" (رو ١: ٩).
- ثالوث: فهو متميز عن كل الخليقة في أنه إله واحد مثلث الأقانيم (كلمة أقنوم كلمة سريانية تعني شخص)، وكل أقنوم هو الله الكامل وليس جزءاً منه،

فالثلاثة أقانيم واحد في الجوهر، متساوون في القدرة والمجد، لكنهم متميزون عن بعضهم البعض في الوظائف والعمل.

إن كون الله ثلاثة أقانيم مع كونه إله واحد في نفس الوقت أمر يفوق العقل البشري، ذلك لأننا لم نر في الخليقة مثله، فلا يوجد كيان مثل الله في الطبيعة يستطيع أن يقرب لنا فكرة ثالوث الله الواحد.

إن حقيقة كون الله ثالوثاً توضح لنا أيضاً كيف أن الله مكتفٍ بذاته، إذ أن المحبة والشركة كانتا موجودتين بين الآب والإبن والروح القدس قبل إنشاء العالم، لذلك فإنه ليس في احتياج للمحبة أو للشركة، كذلك أيضاً هو ليس في احتياج للمجد من خليقته، أي أنه بدون وجود الخليقة ستظل صفاته ووجوده كما هما، وسيظل كلي المحبة والعدل والمعرفة أيضاً.

٢- صفاته المشتركة مع الخليقة: على خلاف جميع المخلوقات، فإن الله وحده فيه كمال كل الصفات المشتركة مع المخلوقات المختلفة، وهذه الصفات تشمل: الصلاح والحب والكره والمعرفة والعدالة والرحمة والعقل والمصداقية والحكمة والنطق والتواصل، إلخ.

٣- صفاته الغير مشتركة مع الخليقة: هذه الصفات يملكها الله ولا يشترك فيها مع أي من مخلوقاته وهي:

- الله كائن بذاته، فوجوده لا يعتمد على أي شخص أو شيء آخر، وهو لا يحتاج إلى أي شيء خارجه ليكون موجوداً. يسمي الله نفسه في الكتاب المقدس: "أَهْيَهِ الَّذِي أَهْيَهْ" (خر ٣: ١٤)، أي أنا الكائن بذاتي.

- سرمدي، أزلي أبدي، فهو بلا بداية، كما أنه بلا نهاية. يقول الكتاب المقدس: "يَا رَبُّ، مَلْجَأً كُنْتَ لَنَا فِي دَوْرٍ فَدَوْرٍ. مِنْ قَبْلِ أَنْ تُولَدَ الْجِبَالُ، أَوْ أَبْدَأْتَ الأَرْضَ وَالْمَسْكُونَةَ، مُنْذُ الأَزَلِ إِلَى الأَبَدِ أَنْتَ اللهُ." (مز ٩٠: ١-٢). وأبدية إلهنا مختلفة عن أبديتنا، فأبديتنا محدودة بحدود الخليقة والكون والسموات التي خلقها الله، أما إلهنا فهو خارج تلك المنظومة، فأبديته هو أعظم وأوسع بكثير من أبديتنا وأبدية الملائكة.

- غير محدود، فلا يمكن قياس حجمه أو أبعاده. يقول الكتاب المقدس: "هُوَذَا اللهُ عَظِيمٌ وَلاَ نَعْرِفُهُ وَعَدَدُ سِنِيهِ لاَ يُفْحَصُ." (أي ٣٦: ٢٦). والله أيضاً متفوق على الخليقة، فهو غير محدود بحدود الكون أو المادة أو الزمن، وهو ليس جزءاً من الكون تماماً كما أن صانع الكمبيوتر ليس جزءاً من برامجه، لكن الله يملأ الكون أيضاً دون الاختلاط مع مادته.

- ثابت غير متغير، فشخصيته وصفاته وأفكاره وقيمه وكل ما فيه لا يتغير بحسب الأحداث أو مع مرور الوقت. يقول الكتاب المقدس: "مِنْ قِدَمٍ أَسَّسْتَ الأَرْضَ، وَالسَّمَاوَاتُ هِيَ عَمَلُ يَدَيْكَ. هِيَ تَبِيدُ وَأَنْتَ تَبْقَى، وَكُلُّهَا كَثَوْبٍ تَبْلَى، كَرِدَاءٍ تُغَيِّرُهُنَّ فَتَتَغَيَّرُ. وَأَنْتَ هُوَ وَسِنُوكَ لَنْ تَنْتَهِيَ." (مز ١٠٢: ٢٥-٢٧)،

ويقول أيضاً: "لأَنِّي أَنَا الرَّبُّ لاَ أَتَغَيَّرُ فَأَنْتُمْ يَا بَنِي يَعْقُوبَ لَمْ تَفْنُوا." (ملا ٣: ٦)، وأيضاً: "لاَ أَنْقُضُ عَهْدِي، وَلاَ أُغَيِّرُ مَا خَرَجَ مِنْ شَفَتَيَّ." (مز ٨٩: ٣٤)، وأيضاً: "كُلُّ عَطِيَّةٍ صَالِحَةٍ وَكُلُّ مَوْهِبَةٍ تَامَّةٍ هِيَ مِنْ فَوْقُ، نَازِلَةٌ مِنْ عِنْدِ أَبِي الأَنْوَارِ، الَّذِي لَيْسَ عِنْدَهُ تَغْيِيرٌ وَلاَ ظِلُّ دَوَرَانٍ." (يع ١: ١٧). من المهم هنا أن نفرق بين ثبات شخصية وقيم وصفات وأفكار الله وبين تغيير الله لقرار كان سيتخذه تجاه شخص أو أمة نتيجة توبة الإنسان أو الأمة أو نتيجة انغماسهم في الخطيئة، فالله يتفاعل مع البشر بحسب استجابتهم لندائه، وذلك لأن الرب يحترم حرية الإرادة التي أعطاها للإنسان، لكنه في ذات الوقت لا يغير من قيمه أفكاره كما سبق وذكرنا؛ فإذا نظرنا مثلاً إلى قصة شاول الملك نجد أن الرب اختاره ليكون ملكاً، لكنه عاد فندم على جعله ملكاً نتيجة خطيئة شاول (راجع: ١صم ١٥: ١٠-١١)، فالرب هنا لم يغير قيمه المتمثلة في وصاياه، ولم يغير رأيه في الخطيئة معتبراً أنها أمر يمكن التغاضي عنه، لكنه غير حكمه على شاول بسبب تعدي شاول لوصيته وقلب شاول غير التائب، فعزله من الملك ومسح داود ملكاً بدلاً منه؛ وهناك أمثلة كثيرة مشابهة لا يمكننا شرحها جميعاً هنا، لكننا يجب أن نلاحظ أيضاً أن تفاعل الرب مع الخليقة وتغييره لقراره بحسب استجابة الإنسان أو أعماله لا يخالف أيضاً كون الله كلي العلم.

- كلي القدرة والقوة، فلا يوجد شيء لا يستطيع الله أن يفعله إلا الخطيئة وإنكار نفسه (٢تي ٢: ١٣).
- كلي الوجود، فهو الوحيد الموجود في كل مكان في نفس الوقت. يقول الكتاب المقدس: "إِذَا اخْتَبَأَ إِنْسَانٌ فِي أَمَاكِنَ مُسْتَتِرَةٍ أَفَمَا أَرَاهُ أَنَا، يَقُولُ الرَّبُّ؟ أَمَا أَمْلأُ أَنَا السَّمَاوَاتِ وَالأَرْضَ، يَقُولُ الرَّبُّ؟" (إر ٢٣: ٢٤)، فالملائكة والقديسين والشياطين ليست لديها القدرة على الوجود في كل مكان في نفس الوقت، لذلك لا يمكننا الصلاة أو التكلم مع أي من المخلوقات التي في السماء أو التي صعدت إلى السماء والتوقع بأنها تسمعنا، ببساطة لأنها لن تسمعنا إن لم تكن موجودة في مكاننا في نفس الوقت الذي نتكلم معها فيه، لكن ستسمعنا الشياطين والملائكة الأخرى الموجودة في دائرتنا، والشياطين ستستغل الفرصة لتحاول خداعنا، كما أن الله كلي الوجود سيسمع أيضاً وستكون هذه جريمة في حقه أن نصلي أو نطلب من غيره؛ وإذا قرأنا الكتاب من أوله إلى آخره لا نجد أي من رجال الله يصلي أو يتكلم إلى الملائكة أو القديسين إن لم يرسل الله الملائكة لتتكلم معه أو تنقل رسالة معينة إليه، هذا باستثناء شاول الملك الذي ذهب إلى عرافة ليستحضر روح صموئيل فكان جزاؤه الموت هو وأبناؤه والكثير من جيش اسرائيل الذي كان شاول يملك عليه (١صم ٢٨).
- كلي العلم، فهو الوحيد الذي يعرف كل شيء وكل العلوم هي من تصميمه واختراعه، لذلك فإن محاولة الإنسان استيعاب الله في ذهنه هي من دلائل كبرياء القلب لأن الإنسان المحدود الذي له بعض العلم لا يستطيع استيعاب الله

كلي العلم وغير المحدود. هذا بالإضافة إلى أن الله هو الوحيد الذي يعرف أفكار القلب ونياته، يتضح هذا من تكرار قول الكتاب عن الرب أنه فاحص القلوب ومختبر الكلى (إر ١٧: ١٠)، وأنه عرف أفكارنا من بعيد (مز ١٣٩: ٢). تأمل معي فيما قاله الروح الشرير لأولاد سكاوى: "أَمَّا يَسُوعُ فَأَنَا أَعْرِفُهُ، وَبُولُسُ أَنَا أَعْلَمُهُ، وَأَمَّا أَنْتُمْ فَمَنْ أَنْتُمْ؟" (أع ١٩: ١٥)، إن كلمتي "أَعْرِفُهُ" و"أَعْلَمُهُ" يحملان معنيين مختلفين تماماً في الأصل اليوناني للآية، فالكلمة الأولى "أَعْرِفُهُ" تعني المعرفة الاختبارية الناتجة عن القرب الشديد من شخص، أما الكلمة الثانية "أَعْلَمُهُ" فتعني فهم الشخص من خلال التركيز عليه لدراسته، فالشيطان هنا لا يعرف بولس من خلال معرفة قلبه وأفكاره، بل من خلال دراسته بغرض فهمه، فهو إذاً ليس كلي العلم، فلا الملائكة ولا الشياطين تعرف قلب الإنسان، لكنها قد تتوقع ردود أفعاله وتفهم ضعفاته نتيجة دراسته دراسة دقيقة وملاحظته لفترات طويلة.

- مكتفٍ بذاته، فالله لا يحتاج إلى أي شيء أو شخص خارجه ليمارس معه صفاته، فهو ثالوث في حد ذاته. يقول الكتاب المقدس: "الإِلهُ الَّذِي خَلَقَ الْعَالَمَ وَكُلَّ مَا فِيهِ، هذَا، إِذْ هُوَ رَبُّ السَّمَاءِ وَالأَرْضِ، لاَ يَسْكُنُ فِي هَيَاكِلَ مَصْنُوعَةٍ بِالأَيَادِي، وَلاَ يُخْدَمُ بِأَيَادِي النَّاسِ كَأَنَّهُ مُحْتَاجٌ إِلَى شَيْءٍ، إِذْ هُوَ يُعْطِي الْجَمِيعَ حَيَاةً وَنَفْسًا وَكُلَّ شَيْءٍ." (أع ١٧: ٢٤-٢٥).
- كلي السيادة، فهو السيد على كل الخليقة، وهو لا يعطي حساباً لأحد، وله كمال الحق في أن يفعل بخليقته ما يحلو له. لذلك فإنه من الحماقة أن تدين الله في قلبك حينما تقابل صعاباً أكبر منك فتسأله: "لماذا يارب ؟"، لكن القلب الحكيم يسأل الله في مثل هذه الظروف: "ماذا تريد يارب ؟"، أو: "ما هي مقاصدك يا رب وماذا تريدني أن أفعل ؟".
- متفرد، فهو الوحيد من نوعه ولا يوجد مثيل له، ولا يوجد اله غيره. يقول الرب في الكتاب المقدس: "اُذْكُرُوا الأَوَّلِيَّاتِ مُنْذُ الْقَدِيمِ، لأَنِّي أَنَا اللهُ وَلَيْسَ آخَرُ. الإِلهُ وَلَيْسَ مِثْلِي." (إش ٤٦: ٩).

٤- <u>الخطيئة:</u> فالخطيئة هي ببساطة عدم طاعة الله، والله لا يستطيع أن يعصى نفسه، فهو صاحب القانون وواضعه، كما أنه يلتزم بالقانون الذي يضعه هو، فهو لا يغير رأيه بحسب الظروف. نرى هذا في قول الرب لآدم: "وَأَمَّا شَجَرَةُ مَعْرِفَةِ الْخَيْرِ وَالشَّرِّ فَلاَ تَأْكُلْ مِنْهَا، لأَنَّكَ يَوْمَ تَأْكُلُ مِنْهَا مَوْتًا تَمُوتُ." (تك ٢: ١٧)، وحين أكل آدم من الشجرة لم يغير الله رأيه، فقال له: "لأَنَّكَ سَمِعْتَ لِقَوْلِ امْرَأَتِكَ وَأَكَلْتَ مِنَ الشَّجَرَةِ الَّتِي أَوْصَيْتُكَ قَائِلاً: لاَ تَأْكُلْ مِنْهَا، مَلْعُونَةٌ الأَرْضُ بِسَبَبِكَ. بِالتَّعَبِ تَأْكُلُ مِنْهَا كُلَّ أَيَّامِ حَيَاتِكَ. وَشَوْكًا وَحَسَكًا تُنْبِتُ لَكَ، وَتَأْكُلُ عُشْبَ الْحَقْلِ. بِعَرَقِ وَجْهِكَ تَأْكُلُ خُبْزًا حَتَّى تَعُودَ إِلَى الأَرْضِ الَّتِي أُخِذْتَ مِنْهَا. لأَنَّكَ تُرَابٌ، وَإِلَى تُرَابٍ تَعُودُ." (تك ٣: ١٧-١٩). لم يكن الموت الذي قصده الله في (تك ٢: ١٧) موتاً جسدياً فقط بل روحياً أيضاً، لذلك فلقد رتب الله خطة الفداء

التي تمت بتجسد المسيح وصلبه وقيامته، فالمسيح أخذ مكاننا وتحمل نتيجة خطايانا مقدماً لنا الفداء، وأعطانا البر وأعاد لنا الشركة مع الله التي فقدها آدم حين أخطأ. يقول الكتاب المقدس: "لكِنِ اغْتَسَلْتُمْ، بَلْ تَقَدَّسْتُمْ، بَلْ تَبَرَّرْتُمْ بِاسْمِ الرَّبِّ يَسُوعَ وَبِرُوحِ إِلهِنَا." (اكو ٦: ١١)، لذلك علينا نحن أيضاً أن نسلك بالقداسة في حياتنا العملية بما يتوافق مع التبرير والقداسة التي منحها الله لنا في الفداء. يقول الكتاب المقدس: "كَأَوْلاَدِ الطَّاعَةِ، لاَ تُشَاكِلُوا شَهَوَاتِكُمُ السَّابِقَةَ فِي جَهَالَتِكُمْ، بَلْ نَظِيرَ الْقُدُّوسِ الَّذِي دَعَاكُمْ، كُونُوا أَنْتُمْ أَيْضًا قِدِّيسِينَ فِي كُلِّ سِيرَةٍ. لأَنَّهُ مَكْتُوبٌ: كُونُوا قِدِّيسِينَ لأَنِّي أَنَا قُدُّوسٌ." (ابط ١: ١٤-١٦)، (قارن مع: لا ١١: ٤٤).

الملحق رقم ٤
ساعة التجربة العتيدة أن تأتي على العالم كله لتجرب الساكنين على الأرض

كما سبق وأوضحنا، فإن المفسرين لا يختلفون على أن الرب سوف يختطف الكنيسة في المستقبل، لكنهم يختلفون على ميعاد اختطافها وترتيب أحداث نهاية الأيام ومعنى الضيق الآتي على العالم كالتالي:

أولاً: المدرسة اللا ألفية (Amillennialism):

يؤمن أصحاب هذا الرأي أن المسيح سيظل يحمي الكنيسة روحياً (وليس جسدياً) من الضيقة الآتية. هذه الحماية في وسط الضيقة ظهرت في سفر الرؤيا بحسب تفسيرهم في موقف ختم عبيد الرب على جباههم قبل أن يضر الملائكة الأربعة الأرض في (رؤ ٧: ١-٤)، وأيضاً في قياس يوحنا للهيكل والمذبح والساجدين فيه وتركه الدار الخارجية لأنها تكون مدوسة من الأمم في (رؤ ١١: ١-٢)، وأيضاً في موقف هروب المرأة من التنين إلى البرية ومساعدة الأرض لها في (رؤ ١٢: ٦، ١٤-١٧). بذلك نرى أن المسيحيين ستتم حمايتهم روحياً من أي أخطار قد تأتي على إيمانهم بسبب الضيقة التي سيسمح بها الله كجزاء للأشرار على خطاياهم. يرى بعض من أصحاب هذا الرأي أيضاً أن وقت الضيقة قد بدأ بالفعل إذ يقول الرسول يوحنا أنه شريك المؤمنين في الضيقة (رؤ ١: ٩)، كما يتكلم أيضاً عن ضيقة كنيسة سميرنا (رؤ ٢: ٩)، لكن هذه الضيقة ستشتد في وقت من الأوقات كما في (رؤ ٢: ١٠، ٢٢).

ويرى أصحاب هذا الرأي أن حفظ الرب للكنيسة وشهادتها يماثل حفظه للمسيح الذي كان أميناً، وكان صبوراً في شهادته عن الآب، فكما أن قمة حفظ الآب للمسيح ظهرت في موته وقيامته، كذلك سيحفظ الرب أيضاً الكنيسة روحياً بأن يحفظ إيمانها من التهديدات الآتية عليها في الضيقة. نرى هذا النوع من الحفظ في قول الكتاب عن الرب: "الَّذِي، فِي أَيَّامِ جَسَدِهِ، إِذْ قَدَّمَ بِصُرَاخٍ شَدِيدٍ وَدُمُوعٍ طَلِبَاتٍ وَتَضَرُّعَاتٍ لِلْقَادِرِ أَنْ يُخَلِّصَهُ مِنَ الْمَوْتِ، وَسُمِعَ لَهُ مِنْ أَجْلِ تَقْوَاهُ،" (عب ٥: ٧)، فالآب لم يخلص المسيح بإبعاده عن التعذيب أو الموت لأن المسيح تألم ومات على الصليب، لكن الآب سمع لصلاة الابن وأرسل ملاك ليقويه ثم أقامه من الأموات.

أما عن الضيقة، فالرب يقصد منها أن تكون جزاءاً وعقوبة للخطاة الغير مؤمنين، وهذا التركيز على غير المؤمنين يظهر في لفظ "الساكنين على الأرض".

أما عن رفض فكرة الاختطاف قبل الضيقة، فيقول هذا الرأي أن الآية الوحيدة الأخرى التي تتكلم عن الحفظ من الضيقة في العهد الجديد والتي يمكن مقارنتها بهذه الآية هي قول الرب: "لَسْتُ أَسْأَلُ أَنْ تَأْخُذَهُمْ مِنَ الْعَالَمِ بَلْ أَنْ تَحْفَظَهُمْ مِنَ الشِّرِّيرِ." (يو ١٧: ١٥)، وهذا الحفظ طبقاً ليوحنا ١٧ هو نتيجة مباشرة لحفظ التلاميذ لكلام الآب (يو ١٧: ٦)، وهو ما يماثل مبدأ المكافأة الذي نراه في الرسالة محل الدراسة، أما عن التجربة نفسها فقد سماها المسيح "السَّاعَةُ" في بداية كلامه (يو ١٦: ٢، ٤، ٣٢)، وبذلك نرى أن الرب يسوع بنفسه ينفي فكرة اختطاف الكنيسة جسدياً من الضيقة ويؤكد على الحماية الروحية من الشرير (قارن مع: أم ٧: ٥؛ يع ١: ٢٧).

نلاحظ أيضاً في (يو ١٧: ١٥) أن الرب استخدم نفس الألفاظ اليونانية (تَحْفَظَهُمْ مِنَ الشِّرِّيرِ) التي استخدمها في (رؤ ٣: ١٠) إذ تقول الآية: "سَأَحْفَظُكَ مِنْ سَاعَةِ التَّجْرِبَةِ"، فاستخدام الرب للفظ "مِنْ" وليس اللفظ "في" أو "خلال" في الآية الأولى كما في الثانية لا يعني اختطاف المؤمنين بل حفظهم روحياً بحسب هذا الرأي.

يؤكد هذا المعنى أيضاً قول الرب يسوع للتلاميذ: "قَدْ كَلَّمْتُكُمْ بِهذَا لِيَكُونَ لَكُمْ فِيَّ سَلاَمٌ. فِي الْعَالَمِ سَيَكُونُ لَكُمْ ضِيقٌ، وَلكِنْ ثِقُوا: أَنَا قَدْ غَلَبْتُ الْعَالَمَ." (يو ١٦: ٣٣)، فبالرغم من أن التلاميذ سيجتازون في الضيق، إلا أن هذا الضيق لن يهز إيمانهم لأن لهم سلاماً إذ قد غلب المسيح العالم.

يستبعد هذا الرأي حماية المسيح للمؤمنين جسدياً إذ أن الرسائل إلى الكنائس السابقة كانت كلها تتكلم عن الحماية الروحية حتى على حساب موت الجسد كما في (رؤ ٢: ٨-١١، ١٣)، فإن كانت (رؤ ٣: ١٠) تتكلم عن حماية الكنيسة جسدياً من الضيقة، فهي بذلك الآية الوحيدة في كل السفر التي تتحدث عن ذلك (٧).

وإذا قارنا هذا الجزء مع ما جاء في سفر دانيال: "وَفِي ذلِكَ الْوَقْتِ يَقُومُ مِيخَائِيلُ الرَّئِيسُ الْعَظِيمُ الْقَائِمُ لِبَنِي شَعْبِكَ، وَيَكُونُ زَمَانُ ضِيق لَمْ يَكُنْ مُنْذُ كَانَتْ أُمَّةٌ إِلَى ذلِكَ الْوَقْتِ. وَفِي ذلِكَ الْوَقْتِ يُنَجَّى شَعْبُكَ، كُلُّ مَنْ يُوجَدُ مَكْتُوبًا فِي السِّفْرِ.... كَثِيرُونَ يَتَطَهَّرُونَ وَيُبَيَّضُونَ وَيُمَحَّصُونَ، أَمَّا الأَشْرَارُ فَيَفْعَلُونَ شَرًّا. وَلاَ يَفْهَمُ أَحَدُ الأَشْرَارِ، لكِنِ الْفَاهِمُونَ يَفْهَمُونَ." (دا ١٢: ١، ١٠)، فإننا نجد أن زمان الضيق الذي هو ساعة التجربة بحسب المفسرين سيُطهر الأتقياء ويبيضهم ويمحصهم، أما الأشرار فسيزدادون شراً، وهو ما يؤكده لاحقاً سفر الرؤيا بحسب تفسير هذا الرأي قائلاً عن مؤمني الضيقة: "هؤُلاَءِ هُمُ الَّذِينَ أَتَوْا مِنَ الضِّيقَةِ الْعَظِيمَةِ، وَقَدْ غَسَّلُوا ثِيَابَهُمْ وَبَيَّضُوا ثِيَابَهُمْ فِي دَمِ الْخَرُوفِ." (رؤ ٧: ١٤)، وبذلك نفهم من هذا الجزء أيضاً أن الحماية من الضيقة هنا هي حماية روحية وليست جسدية إذ سيعبر الجميع في الضيقة؛ ومن الجدير بالذكر أن نوضح هنا أن هذا الرأي يرى أيضاً أن أي إشارة في الآيات إلى إسرائيل يجب

أن نفهمها اليوم على أنها تتكلم عن الكنيسة التي هي إسرائيل الحقيقية بحسب هذا الرأي.
أخيراً، فإن الكتاب المقدس كله يتكلم عن أمثلة لضيقات كثيرة حفظ الرب شعبه من نتائجها الروحية (قارن مع: رو ٨: ٣٥-٣٩)، وفي بعض الأحيان الجسدية أيضاً مثلما حدث مع شعب إسرائيل في وقت الضربات العشرة على مصر (خر ٧-١٢).

ثانياً: المدرسة القبل ألفية - الاختطاف قبل الضيقة (Dispensational Premillennialism):

يؤمن أصحاب هذا الرأي أن المسيح سيختطف الكنيسة أي المؤمنين الحقيقيين إلى السماء قبل سبعة سنوات الضيقة التي تكلم عنها دانيال النبي (راجع: دا ٩: ٢٧)، وبذلك يكون قد حماها من ساعة التجربة.
وحين يفسر أصحاب هذا الرأي هذه الآية، فإنهم يرون أن المسيح يَعِد مؤمني كنيسة فيلادلفيا الذين جازوا بنجاح العديد من التجارب بأن يحفظهم من ساعة التجربة النهائية، وأن هذا الوعد يتخطى كنيسة فيلادلفيا ليشمل جميع الكنائس الأمينة على مر العصور، والحفظ من الضيقة هنا يعني ضمناً أنه سيختطف الكنيسة الحقيقية (أي المؤمنين الحقيقيين) قبل الضيقة، لكن الوعد هنا مشروط بحفظ كلمة صبر المسيح، ولذلك فسر أصحاب هذا الرأي حفظ كلمة صبر المسيح بأنه الإيمان الحقيقي وعدم التفريط في التعليم الأساسي لكلمة الله، وبذلك يكون الأمناء بحسب هذا الرأي هم المؤمنين الحقيقيين بغض النظر عن مقدار أمانتهم العملية في حياتهم اليومية.
يرى أصحاب هذا الرأي أن هناك شواهد رئيسية تتكلم عن الاختطاف في العهد الجديد هي (يو ١٤: ١-٤)، و(١كو ١٥: ٥١-٥٤)، و(١تس ٤: ١٣-١٧)، وهذه الثلاث شواهد لا تتكلم أبداً عن الدينونة، بل تؤكد على أن الكنيسة ستؤخذ إلى السماء. أيضاً فإن الهدف من ساعة التجربة هذه هو "السَّاكِنِينَ عَلَى الأَرْضِ" الذين يشيرون لغير المؤمنين كما رأينا سابقاً.
وإذا نظرنا لنبوة دانيال (دا ٩: ٢٤-٢٧) نجد أن النبوة تتكلم عن شعب إسرائيل فقط وليس الكنيسة التي كانت سراً مكتوماً عن أنبياء العهد القديم كما يقول الكتاب في (أف ٣: ٣-٦)، وتتكون نبوة دانيال من سبعين أسبوع منها تسعة وستين أسبوعاً حدثت، والأسبوع الأخير لم يحدث بعد؛ ويصف إرميا النبي هذا الأسبوع الأخير قائلاً: "هُوَ وَقْتُ ضِيق عَلَى يَعْقُوبَ" (إر ٣٠: ٧)، فالكنيسة إذاً ليست محل التجربة في هذا الوقت بل شعب إسرائيل، ونتيجة لتلك التجربة سيتوب جزء من هذا الشعب (رؤ ٦: ٩-١١؛ ٧: ٩-١٠، ١٤؛ ١٤: ٤؛ ١٧: ١٤)، والجزء الآخر من الشعب والأمم سيزداد شراً (رؤ ٦: ١٥-١٧؛ ٩: ٢٠؛ ١٦: ١١؛ ١٩: ١٧-١٨).

وإذا نظرنا إلى اللفظ اليوناني الذي استخدمه الكتاب المقدس حين قال "سَأَحْفَظُكَ مِنْ" نجد أن اللفظ "ek" الذي ترجم "مِنْ" يعني حرفياً "خارجاً عن" أو "بعيداً عن"، ولو أراد الرب أن يقول أن الكنيسة ستحفظ في أثناء اجتيازها للتجربة كان سيستخدم اللفظ اليوناني "en" الذي يعني "في" أو "خلال" أو اللفظ "eis" الذي يعني "في"، وقد استخدم اللفظ "en" مع الفعل "يحفظ" ثلاث مرات في العهد الجديد: (أع ١٢: ٥؛ ١بط ١: ٤؛ يه ٢١)، كذلك أيضاً استخدم اللفظ "eis" مع نفس الفعل مرة واحدة في (أع ٢٥: ٤)، فإن كنا نؤمن بالوحي اللفظي للكتاب المقدس، فالمسيح بكل تأكيد كان يعني معاني الألفاظ التي اختارها.
أما عن استخدام المسيح للفظ "ek" في (يوحنا ١٧: ١٥) حين قال "تَحْفَظَهُمْ مِنَ الشِّرِّيرِ"، فالمسيح هنا بكل تأكيد لم يكن يصلي للآب أن يحفظ التلاميذ "في الشرير"، فالمؤمنين قد أنقذوا من سلطان الظلمة ونقلوا إلى ملكوت ابن محبته (كو ١: ١٣)، والمسيحيون الحقيقيون هم الذين رجعوا من ظلمات إلى نور "وَمِنْ سُلْطَانِ الشَّيْطَانِ إِلَى اللهِ" (أع ٢٦: ١٨)، ويوضح يوحنا في رسالته الأولى قائلاً: "نَعْلَمُ أَنَّنَا نَحْنُ مِنَ اللهِ، وَالْعَالَمَ كُلَّهُ قَدْ وُضِعَ فِي الشِّرِّيرِ." (١يو ٥: ١٩)، فالمؤمنين إذاً لا يمكن أن نطلق عليهم لفظ "في الشرير"، وبذلك نفهم أن المسيح يقصد من قوله "تَحْفَظَهُمْ مِنَ الشِّرِّيرِ" في (يو ١٧: ١٥) أن الآب سيحفظهم بالتمام خارج الشرير، وهو نفس المعنى المستخدم في (رؤ ٣: ١٠) محل الدراسة.
وإذا نظرنا إلى مصير مؤمني الضيقة من اليهود نجد أنهم لن يُحفظوا، بل سيعانوا ويضطهدوا ويقتلوا (رؤ ٦: ٩-١١؛ ٧: ٩-١٦)، فإن قلنا أن الحماية هنا حماية روحية بمعنى أن المؤمنين سيكونون محميين من ترك الإيمان، فالمسيح هنا إذاً لم يضف شيئاً جديداً إذ أنه سبق وأكد أن جميع المؤمنين محميين روحياً من اختطاف الشيطان لهم فقال: "خِرَافِي تَسْمَعُ صَوْتِي، وَأَنَا أَعْرِفُهَا فَتَتْبَعُنِي. وَأَنَا أُعْطِيهَا حَيَاةً أَبَدِيَّةً، وَلَنْ تَهْلِكَ إِلَى الأَبَدِ، وَلاَ يَخْطَفُهَا أَحَدٌ مِنْ يَدِي. أَبِي الَّذِي أَعْطَانِي إِيَّاهَا هُوَ أَعْظَمُ مِنَ الْكُلِّ، وَلاَ يَقْدِرُ أَحَدٌ أَنْ يَخْطَفَ مِنْ يَدِ أَبِي." (يو ١٠: ٢٧-٢٩)، وبذلك تكون المكافأة بلا قيمة إذ أن حدوث عكسها أمر مستحيل.
كذلك أيضاً يضعنا تفسير المدرسة اللا الفية أمام مشكلة أخرى وهي وجود احتمال لهلاك المؤمن الذي لا يحفظ كلمة صبر المسيح بأمانة، لان الوعد بالحفظ الروحي بحسب المدرسة اللا الفية مشروط بحفظ المؤمن لكلمة صبر المسيح، فان كان المؤمن ضعيفاً ولم يحفظ كلمة صبر المسيح، فلن يحمي الرب ايمانه من الفناء، وبذلك ينافي تفسير المدرسة اللا الفية المعنى الصريح لآيات (يو ١٠: ٢٧-٢٩) اذ يفسح المجال لاحتمال هلاك المؤمن الحقيقي.
أيضاً إذا تتبعنا ما فعله الله على مر التاريخ مع شعبه نجد أن الرب جعل شعب إسرائيل يعيش في أرض جاسان التي لم تأت عليها الضربات (خر ٨: ٢٢)، فالشعب لم يكن يعيش وسط المصريين بل وحده؛ كذلك أيضاً أخرج الملاكان لوط من سدوم قبل تدميرها (تك ١٩)؛ وفي نبوة المسيح عن خراب أورشليم،

أمر الرب المؤمنين أن يهربوا إلى الجبال (لو ٢١: ٢٠-٢٢)، وهو تماماً ما فعلته الكنيسة بحسب التاريخ حين فك الرومان الحصار عن أورشليم لفترة قصيرة قبل أن يعيدوا حصارها وتدميرها. من كل هذا نجد أن فكرة الاختطاف لإخراج الكنيسة من العالم الذي أتت عليه الضيقة ليست فكرة جديدة بل مكررة في الكتاب المقدس على مر التاريخ.

كذلك أيضاً، فإن الكنيسة الأولى كانت تنتظر استعلان الرب يسوع المسيح في أي لحظة (١كو ١: ٧؛ ١٦: ٢٢؛ في ٤: ٥)، فإن كانت الكنيسة ستعبر في الضيقة، فانتظار الكنيسة الأولى لاستعلان الرب كان خطأ منهم لأن الاستعلان لا يمكن أن يحدث إلا إذا حدثت الضيقة أولاً بحسب رأي اللا ألفيين، كذلك أيضاً يكون قول الرب: "وَأَمَّا ذَلِكَ الْيَوْمُ وَتِلْكَ السَّاعَةُ فَلاَ يَعْلَمُ بِهِمَا أَحَدٌ، وَلاَ الْمَلاَئِكَةُ الَّذِينَ فِي السَّمَاءِ، وَلاَ الاِبْنُ، إِلاَّ الآبُ." (مر ١٣: ٣٢)، يكون قوله هذا بلا معنى لأنه بإمكان أي شخص أن يتوقع بالتقريب اليوم والساعة إذا حسب سبعة سنوات من بداية الضيقة، وهذا المعنى يعارض أيضاً الرأي الذي يقول أن الاختطاف سيحدث في منتصف الضيقة لنفس الأسباب.

أخيراً فإنه جدير أيضاً بالذكر أن نلاحظ أن ذكر الكنيسة اختفى تماماً من سفر الرؤيا بعد الأصحاح الثالث، فإن كانت الكنيسة ستعبر في الضيقة التي يتكلم عنها السفر في باقي أصحاحاته، فلماذا هذا الاختفاء المفاجئ؟ لكن أصحاب المدرسة اللا ألفية يجيبون بأن الجزء الثاني من سفر الرؤيا (أصحاح ٦ وما تلاه) لا تخص الكنيسة بل تخص قضاء الرب على الخطاة، فلا مكان لذكر الكنيسة في هذا الحديث.

من البراهين الأخرى أيضاً ما كتبه بولس الرسول للتسالونيكيين قائلاً: "وَتَنْتَظِرُوا ابْنَهُ مِنَ السَّمَاءِ، الَّذِي أَقَامَهُ مِنَ الأَمْوَاتِ، يَسُوعَ، الَّذِي يُنْقِذُنَا مِنَ الْغَضَبِ الآتِي." (١تس ١: ١٠)، فالكتاب هنا واضح إذ كان بولس يمدح مؤمني تسالونيكي لأنهم ينتظرون الإبن من السماء لأنه سوف ينقذهم من الغضب الآتي، والكلمة اليونانية المترجمة "من" هي كلمة apo التي تعني "بعيداً عن" أو "خارجاً عن" أو "منفصلاً عن".

يرى أصحاب هذه المدرسة أن الكتاب يتكلم أيضاً عن "ما يحجز" و "من يحجز" أي يمنع استعلان إنسان الخطيئة وسر الإثم إذ يقول: "وَالآنَ تَعْلَمُونَ مَا يَحْجِزُ حَتَّى يُسْتَعْلَنَ فِي وَقْتِهِ. لأَنَّ سِرَّ الإِثْمِ الآنَ يَعْمَلُ فَقَطْ، إِلَى أَنْ يُرْفَعَ مِنَ الْوَسَطِ الَّذِي يَحْجِزُ الآنَ،" (٢تس ٢: ٦-٧)، ويفسر أصحاب هذه المدرسة هذين العددين أن الكنيسة والروح القدس هما ما يمنعان إنسان الخطيئة من الظهور، لكن حين تختطف الكنيسة وترفع من الأرض، فحينئذ سيستعلن الأثيم، لكن يجدر بنا أن نذكر أن الكثير من المفسرين وآباء الكنيسة مثل يوحنا ذهبي الفم فسروا ما يحجز أنه هو تعدد الحكومات العالمية الذي ابتداه الرب حين بلبل ألسنة الناس في بابل (تك ١١: ١-٩)، لكن حين يتحد العالم تحت حكومة واحدة في نهاية الأيام، فسوف يرأسها ضد المسيح ويُستعلن الأثيم.

أخيراً، فإن أصحاب هذه المدرسة يقولون أن الكتاب المقدس لم يوضح أو يذكر في أي جزء أو آية أن للاختطاف أي علامات، فإذا كان الاختطاف بعد الضيقة أو في منتصفها، فهذه علامة واضحة، فكيف لا يذكرها الكتاب إذاً؟

ثالثاً: المدرسة القبل ألفية (Premillennialism) - الاختطاف قبل السبعة أبواق أو قبل السبعة جامات:

يتفق أصحاب هذه الآراء مع أصحاب الرأي السابق في أن الرب سوف يختطف الكنيسة لينقذها من الغضب، لكنهم يختلفون مع أصحاب الرأي السابق في المقصود بالغضب، وبالتالي يختلفون معهم في ميعاد اختطاف الكنيسة، فالبعض يرون أن يوم الرب الذي يبدأ فيه غضبه سوف يبدأ مع بداية الأبواق (راجع: يوئيل ٢: ٣٠-٣١؛ أش ١٣: ٩-١٠ وقارن ذلك مع ما جاء في: مت ٢٤: ٢٩؛ مر ١٣: ٢٤-٢٥؛ لو ٢١: ٢٥)، وبالتالي يرون أن الرب سوف يختطف الكنيسة في الختم السادس (راجع: رؤ ٦: ١٢ إلى ٧: ١٧ وقارن ذلك مع ما جاء في: مت ٢٤: ٢٩-٣١؛ مر ١٣: ٢٤-٢٧؛ لو ٢١: ٢٥-٢٨)، والبعض الآخر يرون أن الغضب الحقيقي مرتبط بالجامات (راجع: رؤ ١٦: ١)، وبذلك يرون أن الرب سوف يختطف الكنيسة في البوق السابع (راجع: رؤ ١٠: ٥-٧ وقارن ذلك مع: اكو ١٥: ٥١-٥٢؛ اتس ٤: ١٦-١٧؛ مت ٢٤: ٣١).
لكن هذه الآراء لا تتفق مع فهمنا لما قاله الرب في (رؤ ٣: ١٠) في أنه سيحفظ الأمناء من ساعة التجربة وليس من الغضب، فالغضب هو غضب الرب، لكن التجربة مصدرها إبليس كما سبق وشرحنا، ولذلك فإن تفسير (رؤ ٣: ١٠) أنها تتكلم أساساً عن ما سيحدث في نهاية الأيام لا يتفق مع هذا الرأي الأخير في ترتيب أحداث النهاية.

رأي الكاتب: قد يكون الرأي الثاني (المدرسة القبل ألفية - الاختطاف قبل الضيقة) هو التفسير الأدق من وجهة نظري، لكنني أؤمن أيضاً أننا لا نستطيع أن نتأكد تماماً من كيفية وقوع أحداث نهاية الأيام إلا حينما تحدث أمام أعيننا. لقد كانت هناك نبوات كثيرة وواضحة عن كل شيء متعلق بمجيء الرب يسوع الأول، وكان اليهود يعرفون باليقين أنه آت في ذلك الوقت إذ فهموا نبوة السبعين أسبوعاً التي قالها دانيال (دا ٩: ٢٤-٢٧)، وحسبوا وقت مجيء المسيح بحسب النبوة ففهموا أنه دل على أيامهم، ولذلك قام الكثيرون في ذلك الوقت وادعوا أنهم هم المسيح (أع ٥: ٣٤-٣٩)، ولذلك أيضاً اجاب يوحنا المعمدان الذين سألوه: " من أنت" قائلاً بوضوح أنه ليس هو المسيح (يو ١: ١٩-٢٠)، لكن أحداً من اليهود لم يتوقع بالضبط كيف ستتم كل هذه النبوات معاً، ولم يفهموا ترتيب أحداث المجيء الأول للمسيح. بل إن الأمر المدهش حقاً هو أن الشخصين الوحيدين اللذين عرفا المسيح دون ظهور ملائكة أو نجم سماوي لهما كانا

سمعان الشيخ وحنة النبية اللذان لم يكونا من معلمي الشريعة بل كانت لهما علاقة شركة حقيقية عميقة مع الرب (لو ٢: ٢٥-٣٨).

عزيزي القارئ، إن دراستك للكلمة المقدسة يجب أن يكون الهدف منها هو أن تتغير حياتك لتصبح يوماً بعد يوم أكثر شبهاً وقرباً من الرب يسوع المسيح، لكن إن درست كلمة الرب بهدف معرفة المستقبل فسوف تكون تماماً مثل أولئك الكهنة الذين استقبلوا الرب يسوع في الهيكل وختنوه دون أن يعرفوا من هو، ثم حينما كبر وبشرهم بمجيئه كملك خافوا منه وقرروا أن يقتلوه غير عالمين أنهم يحققون النبوات التي درسوها ولم يفهموها؛ لكن على النقيض من هؤلاء نرى مثالي سمعان الشيخ وحنة النبية اللذان اهتما بالصلاة وكانا ممتلئين بالروح القدس مع فهمهما للكلمة المقدسة، فعَرِفا الرب من دون الباقين.

في النهاية أحب أن أوضح أنه بالرغم من اختلاف اللاهوتيين على طريقة حفظ الرب للكنيسة، إلا أن التركيز في الآية محل الدراسة ليس على طريقة حفظ الرب للكنيسة، بل على مبدأ أن الرب سيكافئ الأمناء بحفظهم، وهو ما سيحدث بكل تأكيد. قد لا نعرف أو نتأكد اليوم كيف سيحدث هذا بالضبط، لكننا يجب أن نثق في إلهنا ومخلصنا أنه لا يكذب أبداً، كما أنه لا يبالغ في أقواله، بل أن كل وعوده حق وسوف تتحقق كل نبوات كتابه بالطريقة التي يحددها هو وفي الوقت المناسب بلا تأخير.

الملحق رقم ٥
من هو الإنسان البارد، والحار، والفاتر؟

كما سبق وذكرنا، فإنه هناك أربعة تفسيرات للبارد والحار والفاتر، وهذه التفسيرات تعتمد أساساً على فهم المفسر لمن هم الفاترون في كنيسة اللاودكيين. في السطور التالية سأشرح باختصار التفسيرات الأربعة:

١- التفسير الأول والأدق من وجهة نظري هو أن البارد هو الإنسان الخاطئ الذي يرفض المسيح ويعيش في جهالة غير مبالٍ بحياته الأبدية، والحار هو المؤمن الحقيقي الذي يعيش حياة مشتعلة بقوة الروح القدس مليئة بالاجتهاد في عمل الرب والجدية في الحياة الروحية كما يقول الكتاب: "غَيْرَ مُتَكَاسِلِينَ فِي الاِجْتِهَادِ حَارِّينَ فِي الرُّوحِ عَابِدِينَ الرَّبَّ" (رو ١٢: ١١)، وأما الفاتر المذكور في الآية التالية فهو الشخص المسيحي الذي نال الميلاد الثاني [الذي هو تغيير حقيقي في القلب يفعله الروح القدس، وهو الذي تكلم عنه المسيح مع نيقوديموس (يو ٣: ٣-١٠)]، ويذهب إلى الكنيسة ويشترك في الخدمات ولكنه لا يبالي بأن يكون له عمقاً حقيقياً في الحياة الروحية، فهو لا يريد المزيد ولا يريد أن يغير أولوياته، بل يظن أن ما وصل إليه هو كل ما يحتاجه؛ والأغنياء من جهة المال مثل أهل لاودكية كثيراً ما يميلون إلى أخذ أمور الحياة بلا مبالاة وكسل، وقد يصل بهم الحال إلى أخذ إيمانهم بنفس الطريقة (٦)، وقد يكون هؤلاء قد أطفأوا الروح القدس بكسلهم وتراخيهم (١تس ٥: ١٩) (٥٧)، وبذلك فقدت حياتهم طعم المسيح ورائحته، وفقدوا شهادتهم التي هي القضية الرئيسية التي على أساسها مدح الرب أو وبَّخ باقي الكنائس؛ وسيكون الأمر غريباً إن كانت كنيسة اللاودكيين هي الاستثناء الوحيد في هذا الأمر (٧).
هذا التفسير به نقطة ضعف وحيدة هي أن المسيح قال في هذه الآية: "لَيْتَكَ كُنْتَ بَارِداً"، الأمر الذي يصعب فهمه مع هذا التفسير، إلا إذا كان المسيح يريد أن يقول أن تَغَيُّر هذا المسيحي الفاتر ليكون تلميذا حاراً مشتعلاً بالغيرة ليسوع المسيح هو أمر أكثر صعوبة من تَغَيُّر الخاطئ البارد وتوبته، تماماً كما أن الشخص الذي يُزيد من مرضه متعمداً أمامه فرصة ليتوب في وقت من الأوقات ويحاول التعافي من الخطر الذي وضع نفسه فيه، أما الإنسان الذي يعيش في جهل ولا مبالاة بوجود المرض فلا يمكنه التعافي حتى يستيقظ على معرفة كاملة بحالته؛ وبذلك يكون الشخص الأول أفضل من الثاني، والبارد أفضل من الفاتر (٢).

ومن المهم أن ندرك أن قول الرب هنا: "لَيْتَكَ كُنْتَ بَارِداً أَوْ حَارّاً" لا يدل على رغبة المسيح في أن تصبح الكنيسة إما باردة أو حارة، بل يدل على تأسفه أنها

ليست باردة ولا حارة، فالمسيح بكل تأكيد يريد للكنيسة أن تكون حارة طوال الوقت وألا تكون باردة أو فاترة أبداً.

٢- التفسير الثاني مماثل للتفسير الأول مع فارق أن الفاتر في رأي بعض المفسرين هو الخاطئ الذي يدَّعي المسيحية أو المسيحي الإسْمِي، وهؤلاء قد يكونوا قد وُلِدوا مسيحيين وتعودوا أن يذهبوا إلى الكنيسة مع والديهم ويصوموا ويؤدوا بعض الطقوس، لكن حياتهم لم تستنير أو تتغير ولم يحصلوا على معجزة الميلاد الثاني التي تَحْدُث في القلب حين يسلم الإنسان حياته للمسيح بصدق، أو يمكن أن يكونوا قد سمعوا الكلمة وتأثروا بها تماماً مثل الأرض الحجرية في مثل الزارع (مت ١٣: ٥-٦)، لكنهم لم يثبتوا في الإيمان بل ظنوا أنهم بتأثرهم هذا وصلاتهم مرة لطلب الرب قد صاروا مسيحيين وعاشوا ضحية لخدعة أنهم مؤمنون وهم ليس لهم أي علاقة حقيقية بالرب ولا يتبعون تعاليمه أو يعيشون حياة التقوى، فهؤلاء ينطبق عليهم قول الرسول بطرس: "لأَنَّهُ كَانَ خَيْراً لَهُمْ لَوْ لَمْ يَعْرِفُوا طَرِيقَ الْبِرِّ، مِنْ أَنَّهُمْ بَعْدَمَا عَرَفُوا يَرْتَدُّونَ عَنِ الْوَصِيَّةِ الْمُقَدَّسَةِ الْمُسَلَّمَةِ لَهُمْ." (٢بط ٢: ٢١)، كما ينطبق عليهم أيضاً ما قاله يوحنا المعمدان للفريسيين والصدوقيين: "يَا أَوْلاَدَ الأَفَاعِي، مَنْ أَرَاكُمْ أَنْ تَهْرُبُوا مِنَ الْغَضَبِ الآتِي؟ فَاصْنَعُوا أَثْمَارًا تَلِيقُ بِالتَّوْبَةِ." (مت ٣: ٧-٨)، وأيضاً قول الرب لرؤساء الكهنة وشيوخ الشعب: "مَاذَا تَظُنُّونَ؟ كَانَ لإِنْسَانٍ ابْنَانِ، فَجَاءَ إِلَى الأَوَّلِ وَقَالَ: يَا ابْنِي، اذْهَبِ الْيَوْمَ اعْمَلْ فِي كَرْمِي. فَأَجَابَ وَقَالَ: مَا أُرِيدُ. وَلكِنَّهُ نَدِمَ أَخِيرًا وَمَضَى. وَجَاءَ إِلَى الثَّانِي وَقَالَ كَذلِكَ. فَأَجَابَ وَقَالَ: هَا أَنَا يَا سَيِّدُ. وَلَمْ يَمْضِ. فَأَيُّ الاثْنَيْنِ عَمِلَ إِرَادَةَ الأَبِ؟ قَالُوا لَهُ: الأَوَّلُ. قَالَ لَهُمْ يَسُوعُ: اَلْحَقَّ أَقُولُ لَكُمْ: إِنَّ الْعَشَّارِينَ وَالزَّوَانِيَ يَسْبِقُونَكُمْ إِلَى مَلَكُوتِ اللهِ، لأَنَّ يُوحَنَّا جَاءَكُمْ فِي طَرِيقِ الْحَقِّ فَلَمْ تُؤْمِنُوا بِهِ، وَأَمَّا الْعَشَّارُونَ وَالزَّوَانِي فَآمَنُوا بِهِ. وَأَنْتُمْ إِذْ رَأَيْتُمْ لَمْ تَنْدَمُوا أَخِيرًا لِتُؤْمِنُوا بِهِ." (مت ٢١: ٢٨-٣٢). وعلى هذا الأساس يرى أصحاب هذا التفسير أن كنيسة اللاودكيين تتكلم عن الكنيسة الاسمية ولا تتكلم عن كنيسة مؤمنين حقيقية، لكن هذا الاحتمال ضعيف للأسباب التي ذكرناها في بداية الحديث عن هذه الكنيسة.

٣- التفسير الثالث هو أن الرب أراد هنا أن يتكلم عن شهادة هذه الكنيسة بين الأمم، فقارنها بحالة المياه التي كانت تصل إليهم. لقد كانت مياه هيرابوليس الساخنة المليئة بالمعادن تستخدم للدواء، ومياه كولوسي الباردة نافعة لإنعاش النفس العطشة، أما المياه الفاترة التي كانت تصل إلى لاودكية فقد كانت تسبب القيء لمن يشربها على حالها؛ كذلك فإن الكنيسة التي في لاودكية لم تكن تقدم شهادة تَشْفي المرضى روحياً أو حتى تنعش أولئك المتعبين روحياً، ذلك لأن هذه الكنيسة ببساطة لم تكن تباشر دورها في الشهادة بإنجيل المسيح، فكاد الرب أن يتقيأها من فمه؛ وبذلك فإن الرب لم يكن يقصد قياس درجة الحرارة الروحية

لكنيسة اللاودكيين، لكنه كان يريد أن يتكلم عن خواء الكنيسة وعقمها من جهة الشهادة والأعمال (٧٠١)، وهذا التفسير يُسَهِّل فهم تفضيل الرب أن تكون الكنيسة باردة عن أن تكون فاترة (١).

٤- التفسير الرابع هو أن الرب كان يقارن حال ملاك الكنيسة هنا بحال ملاك كنيسة ساردس الذي يمكن اعتباره بارداً روحياً، وبحال ملاك كنيسة فيلادلفيا الذي يمكن اعتباره حاراً روحياً؛ وملاك الكنيسة هنا يقف في مكان ما في المنتصف ظاناً أنه حار ومنشغلاً بأنشطة الكنيسة الكثيرة لكنه في نظر الله ليس كما يظن عن نفسه، وهو أيضاً ليس بارداً ونائم غير مبال بالحياة الروحية مثل ملاك كنيسة ساردس الذي كان يسهل تمييز حالته الباردة (٥٥).

المراجع

١- The New International Commentary
٢- The Pulpit Commentary
٣- Strong's Hebrew and Greek Dictionaries
٤- Derek Prince - Spiritual Warfare
٥- Trench - Commentary on the Epistles to the Seven Churches in Asia
٦- The Preacher's Complete Homiletical Commentary
٧- The New International Greek Testament Commentary
٨- Augustine: Epistle 43, Chapter 8, Paragraph 22
٩- MacArthur Bible Commentary
١٠- Albert Barnes' Notes on the Bible
١١- The Biblical Illustrator Commentary
١٢- E.W. Bullinger, Commentary on Revelation
١٣- Morris, The revelation Record, 45
١٤- Ante-Nicene fathers, Volume 1
١٥- يوسف رياض، برنامج كل الكتاب، سفر الرؤيا، الحلقة ٦
١٦- Ambrose: Concerning Repentance 2.11.107
١٧- Augustine: Sermon 101.7
١٨- Matthew Henry's Commentary on the Whole Bible
١٩- ماهر صموئيل، يسوع القاضي، الحلقة ١، رسالة سفر الرؤيا للكنيسة اليوم
٢٠- Ignatius, Ephes - 6.8.
٢١- ماهر صموئيل، يسوع القاضي، الحلقة ٢، رسالة سفر الرؤيا للكنيسة اليوم
٢٢- Ignatius, Ephes - 3.
٢٣- John Gill's Exposition of the Bible
٢٤- Tertullian - On Baptism, 17
٢٥- Jerome, On Illustrious Men, In Lucca 7
٢٦- Iranaeus, Against Heresies, 3.11.1
٢٧- Iranaeus, Against Heresies 3.3.4
٢٨- Oecumenius, Commentary on the Apocalypse 2.1-7
٢٩- Ignatius, Ephes - 8.
٣٠- Clement, Stromateis 2.118.3-5
٣١- Iraneus, Against Heresies 1.26.3
٣٢- Homer Hailey, Revelation, An Introduction and Commentary
٣٣- R. J. Buckram, The Role of the Spirit in the Apocalypse

٣٤- Thayer's Greek Definitions
٣٥- Joseph Stowell, The 7 churches of revelation
٣٦- A Popular Commentary on the New Testament
٣٧- Jamieson, Fausset and Brown Commentary
٣٨- The Popular Commentary of the Bible by Paul E. Kretzmann
٣٩- B. W. Johnson, The People's New Testament Commentary
٤٠- David Guzik's Enduring Word Commentary
٤١- Adam Clarke's Commentary on the Bible
٤٢- History of Romanism, pp. 541, 542. New York: 1871
٤٣- Bede, Explanation of the Apocalypse 3.1-2
٤٤- Joseph Benson's Commentary on the Old and New Testaments
٤٥- The Cambridge Bible for Schools and Colleges
٤٦- Clarence Larkin, The book of Revelation, Sep 2006, P.26
٤٧- Ignatius, Philad. 6:1
٤٨- Shabbat 147b .b
٤٩- يوسف رياض، برنامج كل الكتاب، سفر الرؤيا، الحلقة ١٤
٥٠- Darby Bible
٥١- Young's Literal Translation
٥٢- The New American Commentary
٥٣- Alexander MacLaren, Expositions of Holy Scripture
٥٤- Sophrone Pétridè's "Laodicea" in *Catholic Encyclopedia*, New York 1910
٥٥- يوسف رياض، برنامج كل الكتاب، سفر الرؤيا، الحلقة ١٥
٥٦- Vine's Complete Expository Dictionary
٥٧- Oecumenius, Commentary on the Apocalypse
٥٨- What Christ Thinks of the Church [Grand Rapids: Eerdmans, 1980], 116
٥٩- The Word Biblical Commentary
٦٠- Robertson's Word Pictures
٦١- M. R. Vincent, Word Studies in the New Testament
٦٢- John Wesley's notes on the Bible
٦٣- Great Texts of the Bible
٦٤- K. L. Brooks, The Summarized Bible
٦٥- Scofield Reference Bible Notes

٦٦- Andrew of Caesarea, Commentary on the Apocalypse 3.21-22.
٦٧- د. ماهر صموئيل، يسوع القاضي، الحلقة ٣، رسالة سفر الرؤيا للكنيسة اليوم، ٢٠٢١\٤\١٠
٦٨- د. ماهر صموئيل، يسوع القاضي، الحلقة ٧، رسالة سفر الرؤيا للكنيسة اليوم، ٨ مايو ٢٠٢١
٦٩- Keil and Delitzsch Biblical Commentary on the Old Testament
٧٠- د. ق. هاني باسيلي، كنيسة أنهار الحياة تورنتو، كورس التلمذة، المستوى الثاني، لأعرفه.
٧١- Andrew of Caesarea, Commentary on the Apocalypse 1.4
٧٢- Augustine, City of God 20.10.
٧٣- Bede, Explanation of the Apocalypse 1.6
٧٤- Ancient Christian Commentary on Scripture
٧٥- Augustine, Sermons 198a
٧٦- Leo the Great, Sermons 4
٧٧- Mounce Concise Greek to English Dictionary
٧٨- Bible Knowledge Commentary